Der Fontane-Ton

Schriften der
Theodor Fontane Gesellschaft

Herausgegeben von der
Theodor Fontane Gesellschaft e. V.

Wissenschaftlicher Beirat
Hugo Aust
Helen Chambers

Band 13

De Gruyter

Der Fontane-Ton
Stil im Werk Theodor Fontanes

Herausgegeben von
Andrew Cusack
Michael White

De Gruyter

Gedruckt mit Unterstützung der Fritz Thyssen Stiftung für Wissenschaftsförderung

ISBN 978-3-11-108705-4
e-ISBN (PDF) 978-3-11-054173-1
e-ISBN (EPUB) 978-3-11-054021-5
ISSN 1861-4396

Library of Congress Control Number: 2020943775

Bibliografische Information der Deutschen Nationalbibliothek
Die Deutsche Nationalbibliothek verzeichnet diese Publikation in der Deutschen Nationalbibliografie; detaillierte bibliografische Daten sind im Internet über http://dnb.dnb.de abrufbar.

© 2022 Walter de Gruyter GmbH, Berlin/Boston
Dieser Band ist text- und seitenidentisch mit der 2021 erschienenen gebundenen Ausgabe.
Einbandabbildung: Porträt von Theodor Fontane,
Deutsches Historisches Museum Bildarchiv
Satz: Meta Systems Publishing & Printservices GmbH, Wustermark
Druck: CPI books GmbH, Leck

www.degruyter.com

Inhalt

Michael White, Andrew Cusack
Einleitung 1

Michael White
Objektivität und Dichtertum: Fontanes Stilauffassung
und ihre Kontexte 21

Regina Dieterle
Fontanes Methode des Überschreibens: Wenn einer kommt
und mit Texten spielt 47

Gabriele Radecke
»und während ich meine Notizen machte«: Theodor Fontanes
Autorkommentare im schriftstellerischen Produktionsprozess:
Möglichkeiten der Textanalyse und editorischen Repräsentation 67

Andrew Cusack
Von den »Würdenträgern« zum »Wanderer-Ton«: Fontanes
Wanderungen im Lichte der populären Historiographie 89

Clarissa Blomqvist
Zur Bestimmung des Fontane-Tons: Eine produktions-
und textorientierte Methode zur Analyse des Individualstils
in journalistischen Texten 111

Patricia Howe
Briefe aus England: Theodor Fontane und Emile Zola 135

Matthias Bickenbach
Einladung zum Lesen: Fontanes Mythopoetik und der Plauderton . . 151

Helen Chambers
Ehebruchsromane: Fontanes Ton im Vergleich
mit Joaquim Maria Machado de Assis und Hjalmar Söderberg 177

Ernest Schonfield
Der Fontane-Ton am Beispiel der *Poggenpuhls* 195

Barry Murnane
Die pharmazeutische Form Fontanes: Von *Vor dem Sturm*
bis *Effi Briest* 217

John Walker
»Der Reine darf alles«: Theodor Fontane und die literarische Kritik
des Kulturprotestantismus 245

Andreas Beck
Dass die Schrift erfüllet würde: Semantisierte Typografie
in Theodor Fontanes *Märkischen Reimen* 257

Siglen und Abkürzungen 287

Zu den Autoren und Autorinnen 289

Namenregister 293

Einleitung

Michael White und Andrew Cusack

»Ich bilde mir ein, [...] ein Stilist zu sein«,[1] hat Fontane über sich selbst geschrieben, und die Wirkungsgeschichte scheint diese Behauptung zu bestätigen. Walter Jens konnte sogar im Jahre 2000 dem Fontane-Leser versichern: »Wer Fontane studiert, darf gewiß sein, daß alles, was er liest, *Belletristik* ist, glänzend formulierte Zeit- und Weltbeschreibung mit interessanter Historie und einem faszinierenden Personal«.[2] Und doch, wie der Begriff Stil selbst, dieser »vortheoretische« aber trotzdem wiederkehrende Terminus,[3] ist der ›Fontane-Ton‹ oft genug in der Literatur zu Fontane erwähnt worden, hat sich sogar als geflügeltes Wort etablieren können, ohne doch je gründlich und zufriedenstellend analysiert worden zu sein. Ziel dieses Bandes ist es, unserem Verständnis dieses – sehr Fontane'schen – Themas näher zu kommen, und zwar indem wir methodologisch wie auch inhaltlich gerade das Vielseitige dieses Eigentlichen anerkennen.

Stil als Thema wurde im neunzehnten Jahrhundert lebendiger diskutiert als je zuvor;[4] das Jahrhundert stellt sogar eine grundlegende Entwicklung im gängigen Stilverständnis dar, die allmähliche Durchsetzung einer Vorstellung von Stil als der mehr oder weniger gelungene Versuch der Verkörperung einer ganzen Persönlichkeit oder eines ganzen Charakters in Wort und Schrift. Selbst die einhellige Verabschiedung des Stilbegriffs im Vormärz tut der Vorherrschaft des Individualstils keinen Abbruch: waren doch Heine und seine Zeitgenossen samt und sonders auf die Subjektivität der »Schreibart« als wichtigstes Prinzip der neuen Literatur verpflichtet.[5]

---

1 HFA IV/3, S. 120.
2 Walter Jens, *Wer am besten redet, ist der reinste Mensch. Über Fontane*, Weimar 2000, S. 6.
3 Antoine Compagnon, *Chassez le style par la porte, il rentrera par la fenêtre*. In: *Littérature* 105 (1997), S. 5–13, hier S. 5.
4 Pierre Guirard, *La stylistique*. 8., durchgeseh. Aufl., Paris 1975, S. 31.
5 Wolfgang Preisendanz, *Der Funktionsübergang von Dichtung und Publizistik bei Heine*. In: H. R. Jauß (Hrsg.), *Die nicht mehr schönen Künste: Grenzphänomene des Ästhetischen*, München 1968, S. 343–374, hier S. 343: »Dieses Wort [Schreibart –

Zu den Stimmen, die die Auffassung vom guten Stil als Ausdruck eines einheitlichen und ganzen auktorialen Charakters anzweifeln, gehört Theodor Fontane – dies hat bereits Thomas Mann erkannt. Im 1910 veröffentlichten Aufsatz *Der alte Fontane* erinnert Mann an Fontanes Gottfried-Keller-Kritik von 1883, in der es um Kellers stets gleichbleibenden Ton geht. Fontane moniert an Keller einen Mangel an Objektivität – die Unfähigkeit, den jeweiligen Gegenstand reden zu lassen. Was aber versteht Fontane unter Stil?

> Versteht man darunter die sogenannte charakteristische Schreibweise, deren Anerkenntnis in dem Buffon'schen »le style c'est l'homme« gipfelt, so hat Keller nicht nur Stil, sondern auch mehr davon als irgendwer. Aber diese Bedeutung von »Stil« ist antiquiert, und an ihre Stelle ist etwa die folgende, mir richtiger erscheinende Definition getreten: »Ein Werk ist um so stilvoller, je objektiver es ist, das heißt: je mehr nur der Gegenstand selbst spricht, je freier es ist von zufälligen oder wohl gar der darstellenden Idee widersprechenden Eigenschaften und Angewöhnungen des Künstlers«. Ist dies richtig (und ich halt' es für richtig), so läßt sich bei Keller eher von Stilabwesenheit als von Stil sprechen. Er gibt eben all und jedem einen ganz bestimmten, allerpersönlichsten Ton, der mal paßt und mal nicht paßt, je nachdem. Paßt er, so werden, ich wiederhol' es, allergrößte Wirkungen geboren, paßt er aber nicht, so haben wir Dissonanzen, die sich gelegentlich bis zu schreienden steigern. Er kennt kein Suum cuique, verstößt vielmehr beständig gegen den Satz: »Gebet dem Kaiser, was des Kaisers, und *Gott, was Gottes* ist.« Erbarmungslos überliefert er die ganze Gotteswelt seinem Keller-Ton.[6]

Man lese diese Sätze – so schlägt Thomas Mann vor – auf ihren Ton und Rhythmus hin, und man frage sich, ob man ihnen nicht auch in einem Fontane'schen Romandialog begegnen könnte. Auch Fontane habe »die ganze Gotteswelt seinem Fontane-Ton überliefert«.[7] Fontanes Stiltheorie wäre nicht auf der Höhe seiner Praxis. Auch er besaß einen Individualstil, der sich in jedem einzelnen Werk als eigentümlicher »Fontane-Ton« manifestierte. Dass Fontane einen Individualstil besaß, der sein ganzes Werk von den kleinen Aufsätzen und Theaterkritiken über die Novellen bis hin zu den Romanen durchzog, war für Mann kein Manko.

Manns Aufsatz ist die erste grundlegende Erörterung eines Gegenstandes, des Fontane-Stils, der schon zu Fontanes Lebzeiten als Markenzeichen seines Werkes galt. Die Zeitgenossen erwähnten Fontanes Vorliebe für den humor-

---

Anm. der Verfasser] verdrängt um 1830 wie auf Verabredung bei Heine, Wienbarg, Engels usw. das Wort *Stil*.«
6   HFA III/1, S. 501–502.
7   Thomas Mann, *Der alte Fontane*. In: *Die Zukunft* 19, 1910, H.1. Nachdruck in Thomas Mann, *Gesammelte Werke in dreizehn Bänden*, Frankfurt am Main 1990, Bd. 9, S. 9–34.

voll zugespitzten Satz, seine Lust auf Umgangssprachliches, seine Abneigung gegenüber dem Pathetischen und dem überspitzt Dramatischen und seinen Hang zu einer ironisch-distanzierten Erzählhaltung. Mit Thomas Mann setzte sich dann der Begriff des »Fontane-Tons« in der Forschung durch. Er bleibt nach wie vor ein Kernbegriff für Fontane-Leser und -Forscher.

Gerade die Selbstverständlichkeit, mit der dieser Begriff im Diskurs über Fontane gehandhabt wird, hat den Weg zu einer breiteren Auseinandersetzung mit der Frage des Fontane-Stils weitgehend versperrt. Eine Suche in der elektronischen *Bibliographie der deutschen Sprach- und Literaturwissenschaft*, dem ausführlichsten Verzeichnis der seit 1985 veröffentlichten germanistischen Publikationen, ergab keine Treffer für Fontane-Studien mit den Lemmata ›Stil‹ oder ›Ton‹ in deren Titeln. In ihrem umfassenden Überblick über die Fontane-Forschung führt Charlotte Jolles nur sechs Studien unter der Rubrik »Stil und Prosa« auf.[8] Die einzige monographische Studie, die den Anspruch einer breit angelegten Behandlung des Gegenstands erhebt, ist Erich Wengers Greifswalder Dissertation *Theodor Fontane. Sprache und Stil in seinen modernen Romanen* (1913).[9]

Unter den monographischen Darstellungen des Fontane-Stils finden wir seit 1945 lediglich Josef Thanners *Die Stilistik Theodor Fontanes* (1967),[10] deren Schwerpunkt nicht auf der werkinternen und kontextualisierten Stilanalyse selbst liegt. Jolles hält das Titelwort »Stilistik« bei Thanner für »irreführend«.[11] Obwohl Stil keineswegs als stark profilierte Kategorie der Fontane-Forschung fungiert, wird sie immer wieder als Dreh- oder Angelpunkt einer Kritik verwendet, die gelegentlich auch andere Ziele als die der Stilanalyse verfolgt. Thomas Manns Essay *Der alte Fontane* (1910) war insofern für die Fontane-Rezeption folgenschwer, als er eine durchaus differenzierte und subtile Darlegung des Fontane-Stils im Dienst einer Abkoppelung Fontanes von der Tradition des europäischen Realismus entwickelte.

Die Wirkungsgeschichte des Fontane-Tons

Wenn Thomas Mann den Begriff »Fontane-Ton« in seinem Essay von 1910 verwendet und ihn somit als feste Wendung in den Diskurs über Theodor

---

8   Charlotte Jolles, *Theodor Fontane*, 4. Aufl., Stuttgart/Weimar 1993.
9   Erich Wenger, *Theodor Fontane. Sprache und Stil in seinen modernen Romanen*, Greifswald 1913.
10 Josef Thanner, *Die Stilistik Theodor Fontanes. Untersuchungen zur Erhellung des Begriffes ›Realismus‹ in der Literatur*, Den Haag/Paris 1967.
11 Jolles, wie Anm. 8, S. 160.

Fontane einführt, so waren die typischen Eigentümlichkeiten des Fontane-Stils schon für die zeitgenössische Rezeption seiner Romane von großer Bedeutung, und viele der Merkmale, die wir noch heute als typisch Fontane'sche erkennen würden, bilden die Leitfäden der Rezensionen seiner Zeit. In den Besprechungen und Rezensionen seiner Romane kehren immer wieder Fontanes Meisterschaft der Sprachgestaltung, sein Sprachbewusstsein und sein Talent der Nachahmung der Sprache als miteinander verwobene Themen wieder. Fontanes Stil sei unveränderlich und ganz eindeutig *sein* Stil:

> Fontanes Schreibweise kennt man. Ein ganz klein wenig macht sich ja doch das Älterwerden jetzt bemerkbar in gelegentlich etwas manieristisch anmutendem Ausschraffiren nebensächlicher Bildstellen. Sonst ist sie sich gleich geblieben. Immer das Ziel im Auge, aber doch gemächlich ausruhend, wo das erfreulich ist, Eile mit Weile. [...] Wo, ausnahmsweise, ein Dreinreden des Verfassers geschieht, nur ein paar aber scharf wie Schlagschatten treffende Worte.[12]

Fontanes Werke kennzeichnet eine »hohe Vollendung des Stils« im Allgemeinen,[13] doch ist es eine eigentümliche Verbindung scheinbarer Gegensätze, welche das spezifisch Fontane'sche für seine Zeitgenossen ausmacht: Der »Plauder-Ton« des alten Fontane wirkt für sein Publikum urban und doch mündlich, geistreich und doch »anheimelnd« zugleich.[14] Für Eduard Engel ist dies Folge von Fontanes Abstammung:

> Es steckt aber noch etwas von der Race, der er durch seine Abstammung angehört, in unserm Fontane: das Franzosentum in seiner besten Betätigung, der Beherrschung der Sprache, macht sich in diesem eingefleischten Brandenburger liebenswürdig geltend, so etwas Vornehm-Ungezwungenes, was durch keine Tanz- und »Gesellschafts«-Stunde annähernd so sicher gewonnen wird, wie durch ein bischen Race.[15]

---

12 Joseph Ettlinger. In: *Allgemeine Zeitung* (4. Juli 1892), zitiert nach: Walter Wagner (Hrsg.), *Frau Jenny Treibel. Erläuterungen und Dokumente*, Stuttgart 1976, S. 74.

13 G. [Verfasser unbenannt]. In: *Westermanns Illustrierten Deutschen Monatsheften* 80 (1896), zitiert nach: Walter Schafarschik (Hrsg.), *Effi Briest. Erläuterungen und Dokumente*, Stuttgart 1972, S. 123.

14 [Verfasser unbenannt]. In: *Das Magazin für die Litteratur des In- und Auslandes* 57 (1888), zitiert nach Frederick Betz (Hrsg.), *Irrungen, Wirrungen. Erläuterungen und Dokumente*, Stuttgart 1979, S. 90.

15 Eduard Engel, *Schach von Wuthenow*. In: *Das Magazin für die Litteratur des In- und Auslandes* 51 (1882), zitiert nach: Walter Wagner (Hrsg.), *Schach von Wuthenow. Erläuterungen und Dokumente*, Stuttgart 1980, S. 75.

Das »Ungezwungene« in Engels Aufsatz wird anderswo als »Leichtigkeit« oder »Anmut« gepriesen;[16] Fontanes »reifste[r] künstlerische[r] Ökonomie« wird gehuldigt,[17] seiner Kunst der Andeutung sowie seiner »leise[n] Ironie«.[18] Fontanes Fähigkeit, die Sprache einer Gesellschaftssphäre, auch historisch, lebendig darzustellen, ist »bewundernswert«, nochmals aber ist hier die »Leichtigkeit«, mit welcher Fontane diese schwere Kunst zu üben versteht, Gegenstand besonderen Lobes.[19]

Die vorherrschende Sichtweise auf Fontanes Stil zu seiner Lebenszeit bis in die vierziger Jahre des 20. Jahrhunderts hinein lässt sich treffend mit dem geflügelten Wort »Heiteres Darüberstehen« zusammenfassen, so der Titel einer 1937 veröffentlichten Sammlung der Familienbriefe.[20] Der Titel deutet auf den Mythos eines resignierten, distanzierten, wohlwollenden und friedlichen Fontane, der über den Wirren seiner Zeit in heiterer Ruhe schwebt.

Von diesem Gesichtspunkt aus schreibt Erich Wenger, dessen Dissertation zu Fontanes »Sprache und Stil« schon 1913 erschien. Wenger will »die Eigentümlichkeiten des Stils in psychologischer Betrachtungsweise auf das Wesen des Dichters zurückführen«, um sie »aus diesem zu erklären«.[21] Für ihn aber ist Fontanes Ironie eher mild als kritisch, sein Realismus idealisierend, »mit der Sonne seines goldenen Humors« überstrahlt.[22] Wengers Arbeit steht noch in der positivistischen Tradition und zielt auf eine objektive und möglichst detaillierte Beschreibung der Eigenschaften von Fontanes Sprache. Wir geben hier einige der Befunde Wengers als Beispiele wieder. In der Laut- und Flexionslehre notiert Wenger die »Ausstossung des unbetonten e«.[23] Wortbildungen seien vorzugsweise durch Dialekt und Umgangssprache geprägt, und hier sieht Wenger interessanterweise eine Neigung zum Seltsamen, sogar zum Grotesken. Wenger weist auf wenige typische Fontane-Wörter hin (›Front‹ und ›gehen‹), Fremdwörter kommen im Allgemeinen jedoch häufig vor. Syntaktisch sei Fontanes Prosa durch Parenthese und Ellipse gekennzeichnet.

---

16 [Verfasser unbenannt]. In: *Die Grenzboten* 42 (1883), zitiert nach: Wagner, wie Anm. 15, S. 83.
17 Otto Pniower. In: *Die deutsche Litteraturzeitung* 8 (1896), zitiert nach: Schafarschik, wie Anm. 13, S. 123.
18 Felix Poppenberg. In: *Die Nation* 46 (1895), zitiert nach: Schafarschik, wie Anm. 13, S. 116.
19 [Verfasser unbenannt]. In: *Die Grenzboten* 42 (1883), zitiert nach: Wagner, wie Anm. 15, S. 83.
20 Theodor Fontane, *Heiteres Darüberstehen. Familienbriefe. Neue Folge*, hrsg. v. Friedrich Fontane mit einer Einführung von Hanns Martin Elster, Berlin 1937.
21 Erich Wenger, wie Anm. 8, S. 13.
22 Ebd., S. 19.
23 Ebd., S. 28.

In Bezug auf die Satzverbindung erscheinen Polysyndeton und Asyndeton bei der gesprochenen Sprache in den Romanen häufig, und Polysyndeton am häufigsten, weit weniger aber in der Erzählsprache. Hypotaktisch bevorzugt Fontane Relativ- und Partizipialsätze,[24] in Wengers Analyse gilt dies als eine Übereinstimmung mit dem französischen Stil. Partizipialkonstruktionen werden von Wenger ebenfalls als Gallizismen analysiert. Rhetorische Figuren werden sparsam eingeführt, Wortverdoppelungen und Klangmalerei wiederum dienen der Verklärung und unterscheiden Fontanes Kunst vom Naturalismus.[25] Andere Besonderheiten des Fontane-Stils, die miteinander verwandt sind, bilden Zitate, Sentenzen und Verallgemeinerungen. Fontanes Sentenzen, die er in den Mund seiner Figuren legt, betrachtet Wenger zu Recht als einen Höhepunkt des Fontane'schen Stils. Ebenfalls lobt er Fontanes Kunst, treffende Epitheta zu finden, vor allem diejenigen, die Abstrakta sinnliche Eigenschaften beilegen: z. B. helle Empörung.[26]

Diese ersten Jahrzehnte der Fontane-Forschung sahen ebenfalls die ersten einer Reihe von Untersuchungen zu Einzelaspekten der Fontane-Sprache, die in der Stilanalyse relevant sind. Die Zahl dieser Untersuchungen stieg im Laufe des Jahrhunderts: Joachim Krauses Arbeit zum Dialekt von 1932;[27] Adolf Sauers Studie des »aphoristischen Elements« von 1935 über Fontanes Hang zum geistreichen Satz;[28] Forschungen zu der Häufigkeit der Fremdwörter im Romanwerk;[29] zum Begriff des Altersstils;[30] zur Form und erzählerischen Funktion der Anekdote;[31] zum Superlativ;[32] zu Fontanes

---

24 Ebd., S. 87.
25 Ebd., S. 101.
26 Ebd., S. 147.
27 Joachim Krause, *Fontane und der Dialekt*, Kirchheim 1932.
28 Adolf Sauer, *Das aphoristische Element bei Theodor Fontane. Ein Beitrag zur Erkenntnis seiner geistigen und stilistischen Eigenart*, Berlin 1935.
29 Albin Schultz, *Das Fremdwort bei Theodor Fontane. Ein Beitrag zur Charakteristik des modernen realistischen Romans*, Greifswald 1912; Iman Osman Khalil, *Das Fremdwort im Gesellschaftsroman Theodor Fontanes. Zur literarischen Untersuchung eines sprachlichen Phänomens*, Frankfurt am Main 1978.
30 Bruno Hildebrandt, *Fontanes Altersstil in seinem Roman ›Der Stechlin‹*. In: *German Quarterly* 38 (1965), S. 139–156.
31 Siegfried Hayek, *Anekdoten in Theodor Fontanes Roman ›Vor dem Sturm‹*. In: *Jahrbuch der Raabe-Gesellschaft* (1979), S. 72–93; Andrea MhicFhionnbhairr, *Anekdoten aus allen fünf Weltteilen: The anecdote in Fontane's fiction and autobiography*. Europäische Hochschulschriften Reihe 1, Deutsche Sprache und Literatur, Bd. 864. Bern/New York 1985.
32 Peter Pütz, *Der Superlativ bei Fontane*. In: *Oxford German Studies* 10 (1979), S. 139–149.

Humor und Ironie;[33] zu Fontanes Briefstil;[34] zu Fontane als Übersetzer;[35] u. a. m.

Gleichwohl sind die wichtigsten Ergebnisse der Forschung, die für unser Verständnis des Fontane-Stils von Belang sind, Produkte allgemeinerer Entwicklungen im Fontane-Bild und gehören meistens breiter angelegten Studien an. Das frühe Fontane-Bild, das Wengers Arbeit zugrunde lag, wurde schon in den fünfziger Jahren durch Kurt Schreinerts Ausgabe von Fontanes Korrespondenz mit Georg Friedlaender einer grundlegenden Revision unterworfen.[36] Diese Briefausgabe förderte den politisch bewussten und sozialkritischen Fontane zutage und bahnte den Weg zu der Fontane-Renaissance der sechziger und siebziger Jahre, der eine komplexere Vision der dichterischen Persönlichkeit zugrunde lag. Mit gewollter Anspielung auf Thomas Mann eröffnete Georg Lukács eine neue Perspektive auf den »alten Fontane« und damit auf den Altersstil. Lukács stimmt mit Mann darin überein, dass er die Vollendung des Fontane-Stils im Spätwerk sieht. Der Altersstil ist für Lukács das Produkt eines Reifungsprozesses, Fontanes Skepsis eine Folge der politisch-sozialen Bewusstwerdung des Verfassers.[37]

Die Fontane-Forschung erhielt einen bedeutenden Impuls in den sechziger Jahren durch das Erscheinen der ersten Bände der Nymphenburger- (1959), Hanser- (1962) und Aufbau-Editionen (1969). Zu den aus stilistischer Perspektive wichtigen Veröffentlichungen dieses entscheidenden Jahrzehnts gehören Wolfgang Preisendanz' Analyse des Humors im deutschen Realismus, *Humor als dichterische Einbildungskraft* (1963), und Richard Brinkmanns elegante Studie von Fontanes Romankunst, *Theodor Fontane: Über die Verbindlichkeit des Unverbindlichen* (1967). Im Kontext des breiteren wissenschaftlichen Interesses am Realismus jener Jahre behandeln beide Fontanes Romanwerk mit Hinblick

---

33 Wolfgang Preisendanz, *Humor als dichterische Einbildungskraft. Studien zur Erzählkunst des poetischen Realismus*, München 1963.

34 Hans-Heinrich Reuter, *Der Briefschreiber Fontane*. In: Theodor Fontane, *Von Dreißig bis Achtzig. Sein Leben in seinen Briefen*, hrsg. v. Hans-Heinrich Reuter, München 1975, S. 7–17; Helmuth Nürnberger, *Fontanes Briefstil*. In: Hugo Aust (Hrsg.), *Fontane aus heutiger Sicht*, München 1980, S. 56–80.

35 Michael White: *Herder and Fontane as Translators of Percy's ›Reliques of Ancient English Poetry‹. The Ballad ›Edward, Edward‹*. In: Ritchie Robertson und Michael White (Hrsg.), *Fontane and Cultural Mediation*, Germanic Literatures 8, Cambridge/Leeds 2015, S. 107–119.

36 Theodor Fontane, *Briefe an Georg Friedlaender*, hrsg. v. Kurt Schreinert, Heidelberg 1954.

37 Georg Lukács, *Der alte Fontane*. In: Georg Lukács, *Werke*. Neuwied und Berlin 1964, Bd. 7, S. 452–498.

auf seine Verklärungsästhetik und stellen somit die sprachliche Form seiner Gesellschaftsromane als Ausdruck seiner Humanität dar. Brinkmann sieht im Romanwerk ein »Novum, dessen Stilprinzip als Summe und Variation« »konventioneller Elemente der deutschen und europäischen Tradition« nicht zureichend bezeichnet sei: nämlich, die Durchschaubarkeit des subjektiven Charakters seiner Wirklichkeitsdarstellungen;[38] für Preisendanz bedeute der Humor Fontanes »der Verzicht, den Widerspruch festzuhalten zwischen dem was ist und dem was sein sollte«.[39]

Einer der wichtigsten Hoffnungsträger für eine umfassende stilistische Untersuchung war in dieser Epoche Peter Demetz, dessen *Formen des Realismus. Theodor Fontane* 1964 veröffentlicht wurde. Demetz war geschult in der amerikanischen Tradition des *New Criticism*, und sein Hauptaugenmerk galt den formalen Aspekten von Fontanes Werk, die er sorgfältig in komparatistischen Interpretationen herausarbeitete. Doch Demetz' Beschäftigung mit Form und Stil forderte die Opposition des DDR-Germanisten Hans-Heinrich Reuter heraus, der Demetz' Ansatz als »Ästhetizismus« ablehnte und sich für eine sozialgeschichtliche Lesart von Fontanes Werk einsetzte. Reuters Fontane-Biographie von 1968 gehört neben der Monographie von Demetz zu den Marksteinen der Fontane-Forschung der sechziger Jahre. Auch Reuter sieht in Fontanes Altersstil die Kulmination eines Entwicklungsgangs und den Gipfel seiner künstlerischen Leistung, bietet dennoch in seiner Gesamtdarstellung, die noch Standardlektüre bleibt, eine umfassende Vision des persönlichen, dichterischen und politischen Werdegangs dergestalt, dass auch frühe Schriften zur Geltung kommen. Verständlicherweise bleibt das Bild des alten Fontane lange ein Interpretationsmuster: Unter den weiteren wertvollen stilistischen Arbeiten dieser Epoche findet man einen Aufsatz von Bruno Hildebrandt (1965), in dem Fontanes Altersstil über die Sprache einer einzelnen Figur – des alten Dubslav von Stechlin – pars pro toto erschlossen und charakterisiert wird. Nichtdestoweniger begehen zwei Publikationen des Jahrzehnts neue Wege, indem sie den jungen Fontane ins Licht rücken: Helmuth Nürnberger in der BRD mit seiner Monographie *Der frühe Fontane* (1967)[40] und Helmut Richter in der DDR mit der edierten Sammlung *Der junge Fontane* (1969).[41]

---

38 Richard Brinkmann, *Theodor Fontane. Über die Verbindlichkeit des Unverbindlichen*, 2. Aufl., Tübingen 1977, S. 180–181.
39 Wolfgang Preisendanz, *Humor als dichterische Einbildungskraft. Studien zur Erzählkunst des poetischen Realismus*, 3. durchgeseh. Aufl., München 1985, S. 218.
40 Helmuth Nürnberger, *Der frühe Fontane. Politik – Poesie – Gedichte 1840 bis 1860*, 2. Auflage, München 1971.
41 *Der junge Fontane. Dichtung, Briefe, Publizistik*, hrsg. v. Helmut Richter, Berlin 1969.

Die durch die Studentenbewegung angestoßene Reform der Germanistik hatte zur Folge, dass sozialhistorische Ansätze zu Fontanes Werk sich in den siebziger Jahren in weit größerem Maße durchsetzen konnten als stilkritische oder werkimmanente Interpretationen. Dies geschah paradoxerweise zu einer Zeit, in der neue Materialiensammlungen und Editionsbände verbesserte Bedingungen für Untersuchungen zu Fontanes Stil schufen. Stellvertretend für die sozialkritische Richtung in der Fontane-Forschung ist Walter Müller-Seidels *Theodor Fontane. Soziale Romankunst in Deutschland* (1975). Hingegen verdienen Untersuchungen wie Ingrid Mittenzweis Monographie *Die Sprache als Thema* (1970) Beachtung als wichtige Beiträge zur Stilfrage bei Fontane, selbst wenn der Stil nicht vordergründig als Forschungsthema profiliert ist. Dass Stil wie ein roter Faden viele Studien durchzieht, die sich in erster Linie mit anderen Themen befassen, stellt eine Herausforderung für jeden Versuch einer umfassenden Untersuchung des Fontane-Stils dar. In diesem Zusammenhang wäre die Forschung zu nennen, die die Verklärungsästhetik behandelt, da diese an sich eine Beschäftigung mit der sprachlichen Darstellung des Realen voraussetzt. Hatten Preisendanz und Brinkmann diese Ästhetik primär als Ausdruck einer auktorialen Haltung gesehen, als Individualstil, so betont Hugo Austs *Theodor Fontane: »Verklärung«. Eine Untersuchung zum Ideengehalt seiner Werke* (1974) vielmehr die Weltbilder und Ideologien der dargestellten Figuren und argumentiert, dass Fontanes Verlangen nach Versöhnung in der Dichtung sowohl eine »Sinnsubstanz« fördert als auch künstlerische Geformtheit im formellen Sinne: letzten Endes sei das »Was« vom »Wie« im Erzählwerk nicht zu trennen.[42]

In den achtziger Jahren haben sich neben der sozialgeschichtlichen Forschung auch strukturalistische und poststrukturalistische Ansätze zu Fontanes Werk bemerkbar gemacht. Diese sind insofern von Interesse, als sie für einen spezifisch postmodernen Zugang zum Stilproblem stehen. Aus dieser Perspektive wird Stil nicht mehr als die Handschrift eines Verfassers, sondern als die Strategie der Zeichen – das Spiel der Signifikanten im Zeichensystem des literarischen Textes – aufgefasst, mit der bekannten Folge, dass die Stilfrage von Fragen auktorialer Intentionalität oder Persönlichkeit abgelöst wird. Eine weitere Richtung der Fontane-Forschung der achtziger Jahre widmete sich der Aufdeckung irrationaler Elemente in Fontanes Werk, z. B. Helen Chambers' *Supernatural and Irrational Elements in the Works of Theodor Fontane* (1980). Auch solche Arbeiten kommen als Beiträge zur Stilforschung in Betracht, dienen sie doch dem Verständnis der Heterogenität eines realistischen Stils, in

---

42 Hugo Aust, *Theodor Fontane: ›Verklärung‹. Eine Untersuchung zum Ideengehalt seiner Werke*. Bonner Arbeiten zur deutschen Literatur, Bd. 26, Bonn 1974, S. 17.

dem Motive und Themen der Romantik, einschließlich der Schauerromantik, weiterleben.

Mittenzweis Studie gehört in eine Reihe von Untersuchungen zur stilbildenden Funktion des Gesprächs oder der gesprochenen Sprache bei Fontane. Stichwörter, die sehr häufig in diesem Zusammenhang fallen, sind »Anekdote«, »Causerie«, »Plauderei« und »Zitat«. In diesem Sinne kehrt Norbert Mecklenburg (*Figurensprache und Bewußtseinskritik in Fontanes Romanen*, 1991) den Altersroman *Der Stechlin* als ausgezeichnetes Beispiel der Dialogizität im deutschen Roman des neunzehnten Jahrhunderts hervor. Die Art, in der Fontane Zitate von einzelnen Figuren und aus sozialen Diskursen handhabt und präsentiert, eröffnet einen kritischen Dialog zwischen dem Leser und den von den Figuren verkörperten Positionen. Auf diese Weise zeigt Mecklenburg, wie ein formaler oder stilistischer Aspekt von Fontanes literarischer Komposition dem Zweck einer Ideologiekritik dient. Zu ähnlichen Befunden kommt auch John Walker (*The Truth of Realism*, 2011), der dafür argumentiert, dass Fontane mit der Repräsentation der Figurensprache eine Kritik der Sprache als Instrument der Ideologie bietet. Als stilistische Untersuchungen gelten schließlich etliche der von Mecklenburg in seiner neulich erschienen Monographie, *Theodor Fontane: Realismus, Redevielfalt, Ressentiment* (2019), behandelten Themen, wie Sentenzen, Zweideutigkeiten und Gemeinplätze der Alltagssprache.[43]

Der gegenwärtige Forschungszusammenhang

Auch wenn Nürnberger und Richter in den sechziger Jahren eine Alternative zum vorherrschenden Interesse am Altersstil angeboten haben, gilt das Hauptanliegen der Forschung, soweit sie sich seitdem mit Stilistik oder mit dem »Fontane-Ton« befasst, dem Romanwerk und der Charakterisierung des angesehenen Altersstils: »wie er am Ende war, so war er eigentlich«, um das von Reuter als Leitfaden verwendete Fontane-Wort zu gebrauchen. Seit Anfang der neunziger Jahre hat sich hingegen ein verstärktes Interesse für die anderen zwei der »three creative periods« (so der Untertitel einer von Aldona M. Walker 1979 an der Northwestern University eingereichten Dissertation) in Fontanes außerordentlich langer und abwechslungsreicher Karriere als Literat geltend gemacht.[44]

---

43 Norbert Mecklenburg, *Theodor Fontane. Realismus, Redevielfalt, Ressentiment*, Stuttgart 2019.
44 Aldona Mogenis Walker, *Theodor Fontane's Emergence as a Novelist. The Three Creative Periods*. Unveröffentlichte Doktorarbeit der Northwestern University, 1979.

Seit den neunziger Jahren sind es vor allem die Erzeugnisse der mittleren Epoche, Fontanes journalistische Arbeiten, und unter diesen an erster Stelle die *Wanderungen durch die Mark Brandenburg*, die in den Mittelpunkt wissenschaftlicher Aufmerksamkeit gerückt werden. Wichtige Meilensteine für die Erforschung von Fontanes Journalismus waren das von Heide Streiter-Buscher herausgegebene Werk (1996) über Fontanes »unechte Korrespondenzen« in der *Kreuz-Zeitung*[45] und die 2002 von der Theodor Fontane Gesellschaft veranstaltete Potsdamer Tagung, die die *Wanderungen* in einen Zusammenhang mit der europäischen Reiseliteratur stellte.[46] Die seit 1997 erschienenen Bände der »großen Brandenburger Ausgabe« von Fontanes Werk setzen neue textkritische Maßstäbe und ermöglichen tiefere Einblicke in Fontanes Schreibtechnik, indem sie die sukzessiven Schritte der Komposition und Umarbeitung besser nachvollziehen lassen und textgenetische Zugänge unterstützen. So hat sich Gabriele Radecke (2002) bei ihrer textgenetischen Arbeit zu *L'Adultera* zum Teil auf die »große Brandenburger Ausgabe« stützen können.[47]

Clarissa Blomqvists Artikel *Der Fontane-Ton. Typische Merkmale der Sprache Theodor Fontanes*, der sich ausdrücklich mit der Stilfrage befasst, verdient hier unsere Aufmerksamkeit.[48] Er bietet eine kurze Behandlung der Frage und ist notwendigerweise begrenzt, fokussiert sich aber auf Fontanes Journalismus und bringt die Stilforschung damit auf neue Wege. Auf der Textebene seien Fontanes journalistische Arbeiten durch sehr klare Gliederung gekennzeichnet, die durch zusammenfassende und weiterleitende Sätze markiert wird. Auf syntaktischer Ebene bestätigt Blomqvist Wengers Beobachtung, Fontane ziehe die Konjunktion *und* vor, erweitert aber Wengers Befund, indem sie argumentiert, Fontanes *und*-Stil sei ebenso relevant für seine Essayistik wie für die fiktiven Gespräche im Romanwerk; auch die Konjunktion *aber* werde von Fontane auffallend oft verwendet. Und wo Wenger Relativ- und *während*-Sätze hervorgehoben hatte, notiert Blomqvist Fontanes Vorliebe für konzessive Konstruktionen mit *wiewohl, wenngleich, indes*. Auf der Ebene der Lexik verweist Blomqvist auf einige Fontane-Wörter: *Hauptsache, mit Recht, mit Unrecht*. Man mag hier fragen, wie nützlich es sein kann, auf einige

---

45 Heide Streiter-Buscher (Hrsg.), *Unechte Korrespondenzen. Theodor Fontane*, 2 Bde, Berlin 1996.
46 Hanna Delf von Wolzogen (Hrsg.), ›*Geschichte und Geschichten aus Mark Brandenburg‹. Fontanes Wanderungen durch die Mark Brandenburg im Kontext der europäischen Reiseliteratur*, Würzburg 2003.
47 Gabriele Radecke, *Vom Schreiben zum Erzählen. Eine textgenetische Studie zu Theodor Fontanes ›L'Adultera‹*, Würzburg 2002.
48 Clarissa Blomqvist, *Der Fontane-Ton. Typische Merkmale der Sprache Theodor Fontanes*. In: *Sprachkunst* 35/1 (2004), S. 23–34.

Wendungen außerhalb von Kontexten oder Klassifizierung hinzuweisen, vor allem wenn diese allgemeiner Art sind. Aufschlussreicher bleibt die Beobachtung Blomqvists, die die frühe Arbeit Wengers auch hier bestätigt, Fontanes Sprache sei rhetorisch durch viele Dualismen geprägt.

Es gibt Anzeichen dafür, dass eine erneute Auseinandersetzung mit der Stilfrage den Teilergebnissen älterer Studien unerforschte Seiten abgewinnen könnte, indem sie eine neue Sichtung und synthetische Zusammenführung dieser Ergebnisse ermöglicht. Die sozialhistorischen Studien der siebziger und achtziger Jahre sind heute ihrerseits einigermaßen historisch geworden: Ihre Ergebnisse gehören zu den allgemein akzeptierten Befunden der Forschung. Das Pro und Contra des Arguments hinsichtlich ästhetischer Autonomie *versus* gesellschaftlicher Relevanz ist nun ausgefochten. Neuen Ansätzen zur Stilfrage stehen keine wissenspolitischen Hindernisse mehr im Weg. Im Gegenteil, die sogenannte Rephilologisierung der Germanistik – die Besinnung der Germanisten auf die philologischen Wurzeln ihres Fachs – lässt solche Ansätze wünschenswert erscheinen. Solche Ansätze haben keineswegs von den Erkenntnissen der historischen Forschung zu abstrahieren: Sie versprechen nur dann zielführend zu werden, wenn sie stilanalytische Befunde an die komplexe und sich verändernde historische Persönlichkeit Fontanes rückbinden.

Auch wenn wir die positivistische Auffassung vom Stil als ganzheitliche Kategorie, die das Werk und die Persönlichkeit in ihrer räumlich-zeitlichen Determiniertheit als Ganzes umschließt, nicht teilen, so bietet sich dennoch Stil als »gestalthafte Kategorie« der literarischen Interpretation an.[49] Der Stil ist deshalb eine gestalthafte Kategorie, weil sie Form und Inhalt als Einheit denken lässt und es möglich macht, eine Vorentscheidung zu Gunsten der sprachlichen ›Oberfläche‹ oder des zugrundeliegenden Gedankens zu vermeiden. Insofern wird die Interpretation eines literarischen Textes über die Stilkategorie der Erfahrung des Lesers gerecht, der dem Text stets als komplexem Zusammenspiel von Form und Inhalt begegnet. Maximilian Benz zieht folgendes Fazit zum Nutzen der Stilkategorie für die Interpretation literarischer Texte: »Gerade mit Fokus auf den ›Stil‹ lässt sich im Rahmen einer literaturwissenschaftlichen Untersuchung die Notwendigkeit operationalisieren, dass das phänomenal vorliegende Ineinander der ja durchaus unterschiedlichen und unterscheidbaren Ebenen von Inhalt und Form dialektisch zu denken ist.«[50]

Einen Weg zum Stil, den zu gehen es sich lohnt, ist der Weg der Komparatistik. Helen Chambers konnte noch 1997 bemängeln, dass der Blick der

---

49 Maximilian Benz, *Über den ›Stil‹. DVjs* 89/4 (2015), S. 666–674.
50 Ebd., S. 667.

Komparatisten von Fontanes Werk weitgehend abgewandt geblieben sei.[51] Dabei versprechen komparatistisch angelegte Arbeiten zum Stil sowohl neue Einsichten in die Eigenart des Fontane-Stils zu liefern, als auch zur besseren Einschätzung von Fontanes Stellenwert im weltliterarischen Zusammenhang beizutragen.

»Was ist nun Stil?«

Fontanes Frage in seiner Rezension zu Brahms Keller-Studie ist gerechtfertigt, denn Definitionen von Stil umfassen sowohl durchschaubare Begriffsbestimmungen als auch fast uferlose Bereiche: in H. Bußmanns *Lexikon der Sprachwissenschaft* bedeutet Stil schlicht »charakteristischer Sprachgebrauch«,[52] für E. Epstein dagegen bezeichnet Stil eine »perceptive strategy« oder Erkenntnisstrategie;[53] das Suchen nach Stil wird von Epstein als eine Grundfunktion des Geistes dargestellt, die unsere Fähigkeit, andere von uns selbst, Bach von anderen Barockkomponisten unterscheiden zu können, beschreibt.[54] Das wissenschaftliche Studium des Phänomens »Stil«, die Stilistik, befasst sich demzufolge mit den unterschiedlichsten Methoden und Zielen: War für Charles Bally, ein Schüler Saussures, in seinem *Traité de stylistique française* (1902) die Aufgabe der Stilistik die Affektmöglichkeiten der Sprache (*langue*) zu verzeichnen und zu beschreiben,[55] sie studiere »les faits d'expression du langage du point de vue de leur contenu affectif«, eine Definition des Faches, die noch heute nichts an ihre Gültigkeit eingebüßt hat,[56] ist die Stilistik für die Herausgeber vom *Cambridge Handbook of Stylistics* dagegen »the proper study of literature«,[57] das Studium des sprachlichen Kunstwerkes anhand linguistischer Begriffe und Methodik, das sowohl Standardthemen wie »Metapher«

---

51 Helen Chambers, *The Changing Image of Theodor Fontane*, Columbia, SC 1997, S. 123–126.
52 Hadumod Bußmann (Hrsg.), *Lexikon der Sprachwissenschaft*, 4., durchgeseh. Aufl., Stuttgart, 2008, S. 684.
53 E. L. Epstein, *Language and Style*, London 1978, S. 1.
54 »the stylistic search [...] seems to be a basic function of the mind«. Ebd., S. 7–8.
55 Siehe Guiraud, wie Anm. 4, S. 43–7.
56 Es sei hier wiederum auf eine Definition in Bußmanns *Lexikon der Sprachwissenschaft* hingewiesen, »Wissenschaft und Lehre von den Normen des Sprachgebrauchs« (Bußmann, wie Anm. 52, S. 685), oder an Helmut Seifferts Feststellung, die Stilistik sei eine Alltagsangelegenheit, siehe Helmut Seiffert, *Stil heute*, München 1977, S. 18.
57 Peter Stockwell und Sara Whiteley (Hrsg.), *The Cambridge Handbook of Stylistics*, Cambridge 2014, S. 1.

einschließt als auch Bereiche, die üblich der Literaturwissenschaft im engeren Sinne zugeschrieben würden.

Diese begriffliche Breite ist teilweise auf die Entwicklung der Stilistik als Disziplin im 20. Jahrhundert zurückzuführen: Die Stilistik ist aus dem Verlangen gewachsen, auch den emotionellen Inhalt der Sprache innerhalb der Linguistik einzubeziehen, da diese eine möglichst umfassende Theorie der Sprache im allgemeinen und von einzelnen Sprachen zu entwickeln habe und weil, sowohl für Bally wie auch für modernere Modellen, die Stiltypen analysieren,[58] dem Sprecher eine strukturierte Auswahl von Ausdrucksmöglichkeiten innerhalb eines Sprachsystems zur Verfügung steht, die sich zwar wie die Sprache selbst strukturell analysieren lasse aber letzten Endes anders als die Normen des grammatischen oder lexikalischen Systems einer Sprache zu beschreiben sei. Es folgt, dass, auch wenn frühe Theoretiker wie Leo Spitzer in seinen *Stilstudien* noch im frühen zwanzigsten Jahrhundert den Impuls gaben,[59] die wesentlichsten Entwicklungen der Stilistik, ähnlich wie etwa bei der Übersetzungstheorie, erst mit der Erweiterung des linguistischen Horizontes durch die Funktionsgrammatik, und die Text- und Diskurslinguistik der 1960er bis 1980er Jahre verbunden sind.[60] Teilweise ist die oft thematisierte Unschärfe der disziplinären Grenzen der Stilistik aber auch das Ergebnis der Zwischenstellung der Stilistik zwischen der Linguistik und der Literaturwissenschaft,[61] Bereiche, deren Ziele und Ansätze sich zwar oft parallel aber nicht immer im Einklang mit einander im Laufe des zwanzigsten Jahrhunderts entwickelten. Während René Wellek und Austin Warren in der klassisch gewordene *Theory of Literature* von 1949 ein Kapitel zu »Style and Stylistics« als Teil der »Intrinsic Study of Literature« widmeten,[62] und Stil

---

58 Stiltyp erinnert an den Terminus Texttyp der Textlinguistik im Unterschied zu Textsorte. Die zwei Begriffe sind dennoch nicht deckungsgleich, da Stiltyp in der Stilistik eine typologische Zuordnung bezeichnen kann, die den Textsortenstil miteinschließt. Siehe W. Fleischer, G. Michel et al., *Stilistik der deutschen Gegenwartssprache*, 2. Aufl., Frankfurt am Main 1996, S. 28–50.
59 Leo Spitzer, *Stilstudien*, 2. unveränd. Aufl., München 1961.
60 Für die Entwicklung der Stilistik als Disziplin sei der Leser hier auf: Bernhard Sowinski, *Stilistik: Stiltheorien und Stilanalysen*. 2., überarb. Aufl., Stuttgart, 1999, verwiesen. Eine detailliertere Darstellung der Leistung Spitzers und seine Wirkung bietet Guiraud, wie Anm. 4, S. 65–73, und neulich Isabelle Serça, *Leo Spitzer, philologue humaniste*. In: Remigiusz Forycki (Hrsg.), *L'Europe et ses intellectuels. Actes du colloque international organisé par l'Université de Varsovie, Varsovie, 30 mai–2 juin 2016*, Warschau 2019, S. 127–37.
61 Jean-Marie Schaeffer, *La stylistique littéraire et son objet*. In: *Littérature* 105 (1997), S. 14–23, hier S. 14.
62 René Wellek und Austin Warren, *Theory of Literature*, 3., durchgeseh. Aufl., Harmondsworth 1963, S. 174–185.

somit als Grundkategorie der Analyse förderten, ist der Begriff in dem modernen Klassiker von Terry Eagleton, *Literary Theory*, abwesend, und fehlt sogar im Register.[63] Stattdessen ist dort, wie auch in Jochen Schulte-Sasses und Renate Werners sprachwissenschaftlich geprägter *Einführung in die Literaturwissenschaft*,[64] von Strukturen und Semiotik die Rede.[65] Ironischerweise wird Stil als Begriff in den zeitgenössischen Literaturtheorien anscheinend durch die neuen Paradigmen in der Linguistik verdrängt, so grundlegend letztere für die Entwicklung der Stilistik auch waren. Und ist in manchen Darstellungen der Methoden und der »Philosophie«[66] der Stilistik noch eine Gereiztheit zu spüren, dass die Literaturwissenschaft nicht immer die methodologischen Fortschritte der Stilistik anerkenne, dann ist dieser Sachverhalt vielleicht auf die zunehmende Spezialisierung innerhalb der Sprach- und Literaturwissenschaften insgesamt zurückzuführen. Schließlich ist die Vielfältigkeit der Stilistik teilweise mit dem Begriff ›Stil‹ selbst verbunden, der an sich fachübergreifend ist. Da nicht nur literarische Werke Stil vorweisen, hat die Stilistik, unter dem Einfluss der Textlinguistik und der Diskurslinguistik, Stil als ein Textphänomen aller Textsorten zu beschreiben, und dieses Phänomen von Texten als Teil einer kommunikativen oder sogar kognitiven Handlung zu begreifen.

Angesichts der disziplinären Breite der Stilistik dürfte man sich wohl, wie Jean-Marie Schaeffer, eine genauere Fokussierung des Objekts der Analyse herbeiwünschen.[67] Für die Herausgeber dieses Bandes bezeugt dieses fachliche Ausmaß die Relevanz des Sprach- und Literaturstudiums – der Philologie – für alle Bereiche des menschlichen Denkens, Handelns und Empfindens an sich. Ferner: Die scheinbare methodologische Diskrepanz zwischen der Stilanalyse als Teil der Deutung literarischer Werke im engeren Sinne und der Stilistik als das linguistische Studium des Stilphänomens in Texten jeglicher Art erweist sich in diesem Bande als eine Komplementarität. Fontane ist ja sowohl der größte deutschsprachige Romancier des neunzehnten Jahrhunderts wie auch ein Briefschreiber, dessen Briefausgaben seit langem zu seinem eigentlichen Werk gehören; er ist ein Journalist, dessen *Wanderungen* sicher wirkungsmächtiger gewesen sind als viele seiner literarischen Nebenwerke

---

63 Terry Eagleton, *Literary Theory: An Introduction*, 3. Aufl., Oxford 1989.
64 Jochen Schulte-Sasse und Renate Werner, *Einführung in die Literaturwissenschaft*, 4., unveränd. Aufl., München 1986.
65 Eagleton, wie Anm. 63, S. 91–126.
66 Michael Toolan, *The theory and philosophy of stylistics*. In: Stockwell/Whiteley, wie Anm. 57, S. 13–31.
67 Schaeffer, wie Anm. 61, S. 1.

oder Gedichte. Die Fokussierung auf einen Autor und auf ein Gesamtwerk ermöglicht, erfordert sogar, eine angemessene methodologische Offenheit.

Fontanes Stil aus heutiger Sicht

Ziel dieses Bandes ist es vornehmlich zu fragen, was die gegenwärtige *Fontane*-Forschung unter Stil in Fontanes Werk versteht und welche Einsichten sich durch die Forschungsmethoden von heute zu dem noch zentralen Thema des Stils in seinem Werk gewinnen lassen. Auch wenn demzufolge der Band sich nicht als einen Beitrag zu der Stilistik versteht, behandeln mehrere der hier dargebotenen Analyse trotzdem Kernfragen der Stilforschung. Schon das Fundament der Stilforschung, der Text, und vor allem hier der Text, der als exemplarisch, als typisch für Fontane angesehen werden darf, wird sowohl durch Beiträge in Frage gestellt, die sich mit den Texten des jungen Fontane befassen, als auch durch Abhandlungen, die andere Entstehungsstufen und Stimmen in Fontanes Texten entdecken und offenlegen. Oft kommt Fontane spielerisch vor, und nicht weniger finden Forscher den echten Fontane erst im Umgang mit anderen Stimmen, Texten und Ideen. Wenn die Forschung zum Fontane-Stil bisher das Romanwerk bevorzugt hat, dann wird hier ein vielseitigeres Schaffen betont: Briefe, Gedichte, Reiseliteratur, Feuilletons, Marginalien und Notizen, alle haben ihren berechtigten Platz neben den Romanen. Daneben erweisen sich Hauptthemen der Fontane-Forschung – der Plauderton, der Realismus-Begriff, Dialogizität, Ehebruchsromane – in neuen Zusammenhängen als nach wie vor ergiebige Felder.

Im ersten Kapitel dieses Bandes bringt Michael White unterschiedliche Aussagen Fontanes zum Thema Stil aus Briefen und seinen kritischen Schriften zusammen, um diese zu systematisieren. Im Allgemeinen betont Fontane, Schriftsteller haben möglichst maßvoll zu schreiben, ihre eigene Subjektivität in Schranken zu halten und objektiv hinter das Dargestellte zu rücken; wahre Dichter jedoch, deren Persönlichkeiten und Gesinnungen uns ebenso interessieren, haben originell und daher subjektiv zu schreiben. Diese scheinbaren Widersprüche entsprechen logisch und terminologisch erstens theoretischen Stellungnahmen im Jahrhundert und gehören zu den sich oft widersprechenden kritischen Stimmen der 1880er Jahre, die als Vertreter der naturalistischen Bewegung sowohl Objektivität wie auch erneuernde Subjektivität verlangten. Drittens thematisiert Fontanes Romanwerk, hier *Effi Briest*, Stil und dessen Bedeutung: Der Ton-Diskurs in *Effi Briest* verweist auf die soziale Bedingtheit stilistischer Merkmale.

Im zweiten Kapitel untersucht Regina Dieterle Fontanes Art, die Texte anderer umzugestalten und ihnen den Fontane'schen Schliff zu geben. Fontane, langjähriger Journalist und Rezensent, übernimmt Texte »fremder Feder« in seine Werke, so dass sich das »typisch Fontane'sche« auch aus textgenetischer Perspektive als ein vielseitiger Komplex entlarvt. Anhand des Begriffs des Hypertextes von Genette analysiert Dieterle die transformative Arbeit Fontanes an fremden Texten, wie seine syntaktischen Änderungen, die den Erzählfluss verbessern, oder Strategien der Literarisierung.

Auch von einem textgenetischen Standpunkt bringt Gabriele Radecke uns im dritten Kapitel die Komplexität Fontane'scher Texte nahe, diesmal anhand von Fontanes Autorkommentaren und Notizen in den Vorstufen seiner Werke. Stil wird hier als Textbildungsprozess verstanden; Fontanes Metakommentare – ebenfalls Fontanetexte – geben, anders als etwa Briefe, über die Autorpersönlichkeit Auskunft und liefern Ergebnisse für das Verständnis der endgültigen Form der Werke: Aus dieser Beschreibungs- und Deutungsarbeit ergibt sich, zum Beispiel, wie Fontanes objektive Erzählinstanz erst im Umarbeiten entsteht.

Das vierte Kapitel von Andrew Cusack betreibt Stilanalyse in einem gattungsspezifischen Rahmen und versucht das Eigentümliche des Fontane-Stils anhand eines Vergleichs zu präzisieren, in diesem Falle eines »internen Vergleichs« mit dem heute »vergessenen« Johannes Scherr, dessen *Menschliche Tragikomödie* als Folie zu Fontanes *Wanderungen* dient. Beide Werke sind stilistisch sehr verschiedene Beispiele für die Gattung der populären Geschichtsschreibung. Cusack sieht in Fontanes Wandererbild eine Metapher für den Stil der *Wanderungen* selbst in ihrem Unterwegssein zu Land und Leuten, in ihrer Leichtigkeit und Anekdotenhaftigkeit, aber auch im auktorialen Verzicht auf den Anspruch der Wissenschaftlichkeit und in ihrer toleranten Mehrstimmigkeit.

Vom reifen Geschichtsschreiber zum jungen Journalisten: Im fünften Kapitel liefert Clarissa Blomqvist eine linguistische Analyse journalistischer Texte aus Fontanes Londoner Zeit und vergleicht diese mit ähnlichen Berichten in der englischen Presse, die Fontane als Quellen dienten, sowie mit deutschen Zeitungsartikeln. Blomqvist interessiert sich für diese Texte, denn wenn es auch verständlich ist, dass ein Autor in Briefen oder in der Dichtung die Sprache als Ausdruck seines Selbst gestaltet, wie sieht es demgegenüber aus »mit journalistischen Texten, mit Auftragsarbeiten also, die mit Rücksicht auf Redakteure, Herausgeber und das Publikum und geltende Textsortenkonventionen verfasst sind, die oft auf der Grundlage von Texten anderer entstehen und auch von anderen redigiert werden?« Hier, wie in vielen Beiträgen, kommt die Komplexität der Stilfrage zum Vorschein, da diese auf zwei Fundamenten der Interpretation – Autor und Werk – beruht, Fundamenten, deren Selbstverständlichkeit vor allem von der Postmoderne in Frage gestellt wurden.

Im sechsten Kapitel nimmt Patricia Howe Fontanes Briefwerk unter die Lupe, dazu die Korrespondenz des jungen Fontane, der sich als temperamentvoll mit sprunghaftem und spontanem Schreiben erweist. Sie vergleicht die ›englischen‹ Briefe Fontanes und Zolas, Briefe, die während Aufenthalten in London geschrieben wurden und allen Unterschieden zum Trotz biographisch viel Gemeinsames aufweisen. Briefe bilden einen »Probefall« für Ton und Stil, da letzterer als »inszenierte Darstellung des Selbst« verstanden werden darf. Letzten Endes betont Howe die emotionale Vielfalt der Fontane-Briefe, die fast bildungsromanhaft wirken und dadurch einen anderen Fontane-Stil belegen.

Matthias Bickenbach leitet uns im siebenten Kapitel auf wohl bekannte Wege der Fontane-Forschung, nämlich zum Begriff des Plaudertons in den Romanen, um diesen wiederum zu problematisieren, und zwar auf eine Weise, die sich ebenfalls mit den vielen Formen der Intertextualität, die in anderen Beiträgen abgehandelt wurden, vereinbaren lässt. Für Bickenbach sind Anspielungen auf moderne Mythen für den Plauderton charakteristisch, wobei Zitate und Anspielungen nicht als gelehrter Schmuck zu betrachten seien, vielmehr zu Deutungsmöglichkeiten anregen. Wie auch bei Dieterle kommt Fontanes spielerisches Umgehen mit Quellen und Verweisen hier zum Ausdruck: Moderne Mythen – es handelt sich oft um nicht nachschlagbare Quellen und kurze symbolische Verweise – sind Anspielungsräume in Texten, die zur Funktion haben, den Deutungshorizont zu erweitern. Fontane scheint sich dementsprechend zweier Stilarten zu bedienen, einer realistischen und eines »Stil[s] der Andeutung« in dem Namen und Dinge zu Zeichen werden.

Mit dem achten Kapitel von Helen Chambers betreten wir wiederum klassischen Boden der Fontane-Forschung, den Ehebruchsroman und *Effi Briest*, zweifellos Fontanes »Eigentliches«, diesmal aber aus komparatistischer Sicht, um dabei, wie Chambers betont, den Blick möglichst weg von den etablierten Stichwörtern der Forschung auf die Sprache Fontanes zu richten. Als Vergleichspunkte dienen Machado de Assis *Dom Casmuro* und Hjalmar Söderbergs *Doktor Glas*. Als besondere Vergleichspunkte, wo das Fontane'sche sich entdecken lässt, hebt Chambers Fontanes Art des »hiding in plain sight« (sich im Sichtbaren verstecken) sowie die Körpersprache und nichtverbale Kommunikation hervor.

Für Ernest Schonfield, der *Die Poggenpuhls* als »Stilübung« analysiert, bilden Kategorien der Rhetorik den methodologischen Rahmen. Wie Howe, die den Ton eher als emotionalen Gehalt sieht und diesen innerhalb einer kommunikativen Situation auslegt, ist Fontanes Stil für Schonfield ein Mittel, den richtigen Ton zu treffen, sich seinem Publikum im Sinne der Rhetorik anzupassen, um desto überzeugender zu wirken. Fontanes »Einleitung« stelle die Erzählfigur als vertrauenswürdig dar; die häufigen Wiederholungen thematisieren die Routine; Einschränkungen und Gegensätze ermöglichen die berühmte Fontane'sche Vielstimmigkeit; insgesamt ist Fontanes Stil ein Mittel, menschlicher Toleranz Ausdruck zu verleihen.

Stil als Kategorie, die die Person des Autors mit der Form des Geschriebenen verbindet, bildet auch im zehnten Kapitel von Barry Murnane erneut den Gegenstand der Forschung, und wiederum kommen die frühen Jahre Fontanes zur Geltung. Ist bisher die Frage »was und wie viel ist Fontane an einem Fontanetext« eher aus philologischer Sicht gestellt worden, zeigt Murnane eine Tendenz Fontanes zum Mischen auf, zum Zusammenbringen disparater Elemente, ein Verfahren, das er als »pharmakologisch« analysiert, biographisch in Anlehnung an Fontanes Jahre als Apotheker einerseits und theoretisch unter Einbeziehung des Begriffs des »Pharmakons« von Derrida andererseits.

Mit dem elften Kapitel von John Walker wird Stil als Element von Fontanes kritischem Realismus behandelt. Wie andere Referenten sieht Walker einen Hauptzug des Fontane'schen in seiner Behandlung fremder Stimmen. »Stil ist bei Fontane von Inhalt untrennbar, da in der von seinen Romanen widergespiegelten Gesellschaft soziale Konflikte oft auf einer Diskursebene ausgetragen werden, welche die Erkenntnis der gesellschaftlichen Wirklichkeit nicht vermittelt, sondern erschwert oder gar verhindert.« Fontanes Realismus sei durch die distanzierte Einbeziehung ideologischer Diskurse als Romanstoff markiert. Walker zeigt, dass Fontanes Romane eine Kritik vorherrschender Bewusstseinsstrukturen üben: »In Fontanes Welt werden Diskurs- und Handlungsebene auseinandergehalten. In seinem Werk werden sie aber durch seine dialogische Kunst für seine Leser aufeinander bezogen.«

Andreas Beck beschäftigt sich im zwölften Kapitel ebenfalls mit dem Altersstil Fontanes, hier aber anhand der Gedichte, die in der Zeitschrift *Zur guten Stunde* veröffentlicht wurden. Wie andere Beiträger bemüht sich Beck, bekannte Themen – hier den neuen Ton und die eher nicht lyrische Form der späten Lyrik – mit neuen Forschungsmethoden zu hinterfragen und zu nuancieren: Ton selbst als Begriff, so Beck, setzt der Stilanalyse deshalb Grenzen, weil er Textualität im Sinne des Sichtbaren und Typographischen ausschließe. Beck untersucht die *mise en page* der Texte, um deren Bedeutung für die Stilfrage herauszuarbeiten, und weist zum Beispiel auf Strategien der Wiederholung, Verlangsamung und auf – nochmals spielerische – Semantisierungen der Typographie hin.

Der Fontane-Stil ist immer schon Stilisierung, das zeigen ganz eindeutig die Beiträge von Blomqvist, Dieterle und Radecke in diesem Band, aber auch die Essays von Cusack und Beck. Bei Fontane entsteht Stil – mehr noch als bei seinen Zeitgenossen, und das liegt sicher zum Teil an seiner journalistischen Erfahrung – im Zuge einer bewussten Auseinandersetzung mit den Schreibarten seiner Gewährsmänner, Quellen und Vorbilder. Dem Fontane-Stil eignet folglich ein hoher Grad an Dialogizität, weil er auf dem Substrat fremder Stile entsteht, indem er diese assimiliert oder ›verbessert‹, sich von ihnen ironisch abhebt oder auf sie anspielt.

Der Reichtum an Perspektiven und Ergebnissen der folgenden Analysen lässt sich nur schwerlich kurz zusammenfassen: Der Zauber steckt, wie so oft, im Detail. Trotzdem ergänzen einander die Beiträge vielfach, ohne dass dies im Voraus geplant wurde, und weisen vielleicht zwei Hauptthemen auf.

Erstens, die grundlegenden Kategorien Autor und Werk: Lädt eine Stilanalyse an erster Stelle zu werkimmanenter Interpretation ein, dann ist es bemerkenswert, dass Fontane als Autor und sein Werk in vielen Beiträgen als Ganzes behandelt werden. Dabei verfolgt man weder die Absicht, ein geschlossenes Bild von Fontanes Weltanschauung zu vermitteln, noch sein »eigentlichstes« Werk auszuwählen; vielmehr handelt es sich hier genau darum, dass sein Gesamtwerk, seine volle Person zum Bild gehören und dementsprechend zum Stilverständnis beitragen. Fontane ist hier ebenso gut der Alte wie der Junge, der Apotheker wie der Wanderer, der Kritiker wie der Romancier. Dies mag der Grund dafür sein, dass in mehreren Beiträgen von Stilvielfalt und von Stil als Schreibpraxis die Rede ist.

Zweitens, Stil im Zusammenhang und als Prozess: Es ist bemerkenswert, dass viele Beiträge Fontanes Stil erst im Umgang mit Anderen entdecken, sei es aus textgenetischer Sicht, sei es in Fontanes Art, andere Texte in seine eigenen einzuarbeiten und sie in Fontane-Texte umzuwandeln, sei es in der Dialogizität seiner Texte, ihrer »Mythenpoetik«, sei es in den breiteren literaturgeschichtlichen Kontexten seiner Romane. Der Stil des Journalisten, Briefschreibers, Rhetorikers, des ideologiekritischen Romanciers wird immer wieder im kommunikativen und kulturellen Handeln verstanden. Dies mag paradox erscheinen, bedeutet doch Stil gemeinhin das organische Gepräge des Einzelnen; gleichwohl soll diese Neigung, das Fontane'sche in Kontakt mit Anderen zu finden, unsere Bewunderung des Dichters keineswegs mindern. Vielmehr laden seine Worte zur spielerischen Deutung ein, erweisen sich als Eingangspforten zu verwobenen Schichten und Geschichten der Sprache.

Objektivität und Dichtertum

Fontanes Stilauffassung und ihre Kontexte

Michael White

Einleitung

Der Stand der Forschung zu Fontanes Stil ist nicht eindeutig zusammenzufassen. Zur Beschreibung des Fontane-Stils liegen zum einen anscheinend zahlreiche Schlüsselwörter der Fontane-Forschung auf der Hand, die teilweise Gesamtinterpretationen der dichterischen Persönlichkeit und des Werks voraussetzen, teilweise Einzelaspekte seines Schaffens zu definieren versuchen: vom heiteren Darüberstehen[1] zum Plauder-Ton,[2] vom Stil des »alten Fontane«[3] zur Vielstimmigkeit.[4] Im Laufe der Zeit hat die Forschung ferner auf typische oder wiederkehrende Merkmale der Fontane'schen Sprache aufmerksam gemacht, die sich in Fontanes Prosa identifizieren lassen und als roter Faden einer stilistischen Analyse dienen können, Stilzüge, wie sie in dem folgenden Auszug aus *Irrungen, Wirrungen*, einem Rückblick Bothos auf schönere Tage mit Lene, zutage treten:

> »So machten wir denn den weiten Weg, und ich begleitete sie nach Haus und war entzückt von allem, was ich da sah, von der alten Frau, von dem Herd, an dem sie saß, von dem Garten, darin das Haus lag, und von der Abgeschiedenheit und Stille. Nach einer Viertelstunde ging ich wieder, und als ich mich draußen am Gartengitter von der Lene verabschiedete, frug ich, ob ich wiederkommen dürfe, welche Frage sie mit einem einfachen »Ja« beantwortete. Nichts von falscher Scham, aber noch weniger von Unweiblichkeit. Umgekehrt, es lag etwas Rührendes in ihrem Wesen und ihrer Stimme. [...] Das war um Ostern, und wir hatten einen Sommer lang allerglücklichste Tage. Soll ich

---

1   Theodor Fontane, *Heiteres Darüberstehen. Familienbriefe. Neue Folge*, hrsg. v. Friedrich Fontane, Berlin 1937.
2   Siehe z. B. den Aufsatz von Andrew Cusack in diesem Band.
3   Z. B.: Thomas Mann, "*Der alte Fontane*". In: Wolfgang Preisendanz (Hrsg.), *Theodor Fontane*, Darmstadt 1973, S. 1–24.
4   Z. B.: Norbert Mecklenburg, *Theodor Fontane. Romankunst der Vielstimmigkeit*, Frankfurt am Main 1998.

davon erzählen? Nein. Und dann kam das Leben mit seinem Ernst und seinen Ansprüchen. Und das war es, was uns trennte.«[5]

Wir bemerken hier die Neigung zu einfacher Koordination,[6] ein einfaches Vokabular und zuweilen Regionalismen (»frug«), die der bekannten Mündlichkeit der Fontane'schen Erzählkunst entstammen, mit ihren Anekdoten und Plaudereien, geboren aus dem Feuilleton und der Schule der *Wanderungen*. Kennzeichnend sind aber auch Sätze, die eine allgemeine, sentenzhafte Geltung beanspruchen (»Und dann kam das Leben [...]«),[7] die vielleicht auf Fontanes Klassizität verweisen,[8] und vor allem ein Sinn für Rhythmus, hier für einen langsamen und nachdenklichen Rhythmus, der im Wesentlichen durch die Aneinanderreihung von Präpositionalobjekten (»von der alten Frau ...«) erzeugt wird, deren Länge zunimmt, bis eine kurze Pause nach »Abgeschiedenheit« den ersten Satz ruhig und kadenzartig schließt. Diese stille, langsame Sprache ist ferner durch Ellipsen gekennzeichnet (»Nichts von falscher Scham«), den sprachlichen Ausdruck von Bothos Schweigen über das Geschehene (»soll ich das erzählen? Nein«) sowie von Lenes charakteristischer »Unredensartlichkeit«, exemplarisch auch für Fontanes erzählstrategischen Hang zur Ausblendung störender Details, den Verklärungsschleier – »der Rest ist Schweigen«, so eines seiner beliebtesten Zitate. Bothos Erinnerung an seine ersten Eindrücke von Lene erscheint hier sogar fast als Reflexion über Stil und die Wirkung der Sprache insgesamt: »es lag was Rührendes in ihrem Wesen und ihrer Stimme«.

Trotz der offensichtlichen Ergiebigkeit detaillierter Textanalyse auf der Suche nach den tausend Finessen der Kunst Fontanes sind systematische Abhandlungen des Fontane-Stils nahezu ausgeblieben.[9] Ziel der folgenden Abhandlung ist es, einen Beitrag zu unserem Verständnis des Stiles bei Fontane durch eine Analyse seiner Aussagen zu diesem Thema zu leisten. Denn, wie Pierre Guirard treffend bemerkt: »il est impossible de juger le style d'un auteur sans tenir compte de l'idée qu'il se faisait lui-même du style.«[10]

---

5 HFA I/2, S. 442–443
6 In der Forschung zu *Ellernklipp* herausgearbeitet: siehe HFA I/1, S. 903.
7 Adolf Sauer, *Das aphoristische Element bei Theodor Fontane. Ein Beitrag zur Erkenntnis seiner geistigen und stilistischen Eigenart*, Berlin 1935.
8 Wolfgang Jung, *Das »Menschliche« im »Alltäglichen«. Fontanes Literaturtheorie in ihrer Beziehung zur klassischen Ästhetik und seine Rezeption der Dichtung Goethes und Schillers*, Frankfurt am Main 1985.
9 Clarissa Blomqvists linguistisch orientierter Ansatz bildet eine Ausnahme: Clarissa Blomqvist, *Der Fontane-Ton: Typische Merkmale der Sprache Theodor Fontanes*. In: *Sprachkunst* 35 (2004), S. 23–34.
10 Pierre Guirard, *La stylistique littéraire*, 8. durchgeseh. Aufl., Paris 1975, S. 21.

Fontane war bekanntlich kein Theoretiker; er verabscheute sogar die Überanalyse literarischer Texte, eine Ansicht, welcher er zum Beispiel im Otto Brahm-Aufsatz zu Keller lebhaft Ausdruck verlieh;[11] auch gegen doktrinäre Regeln in der Kunsttheorie, etwa hinsichtlich der Rolle der Erzählfigur im realistischen Roman, empfand er eine Abneigung, vor allem wenn es galt, seine eigene Praxis zu verteidigen: Man denke an seine Reaktion auf Spielhagens Theorie der Objektivität, die eine Rezension seines Erstlingsromans zitierte.[12] Fontanes kritische Schriften und erst recht seine Briefe sind immer zeitbezogene Antworten auf Personen oder Werke, die ihn zum Nachdenken und Durcharbeiten verschiedener Positionen und Argumente anregen. Dies hat zur Folge, dass Fontane keine wissenschaftliche Strenge bei der Verwendung von Begriffen wie Stil oder Ton kennt. Nichtsdestowenger war Fontane jahrzehntelang als Kritiker tätig und hinterließ eine beachtliche Anzahl kritischer Schriften, die zusammen mit seinen Äußerungen zur Kunst und Literatur im Briefwerk ein Gesamtbild seines kritischen Denkens geben, das uns einen bestimmten Stilbegriff zu klären erlaubt.

Um Fontanes Stilbegriff näher zu kommen, ist eine fundierte Kontextualisierung unentbehrlich. Im ersten Teil des Aufsatzes werden die Grundpositionen von Fontanes Stilbegriff auf der Basis seiner Aussagen zum Stil herausgearbeitet: Für Fontane bedeutet Stil einerseits die Fähigkeit, seine eigenen sprachlichen Gewohnheiten abzulegen und flexibel unterschiedliche Schreibarten annehmen zu können, um objektiv eine Welt oder eine Person darzustellen. Andererseits aber kann Stil eben sowohl persönlichen Stil bedeuten. Die scheinbar antithetischen Positionen Fontanes lassen sich sowohl in den Entwicklungen der Stiltheorie im 19. Jahrhundert nachverfolgen wie auch in der zeitgenössischen Literaturkritik, Kontexte, denen der zweite und dritte Teil des Aufsatzes gewidmet sind. Abschließend werden Fontanes Stilüberlegungen in einem Roman analysiert, nämlich Ton als Begriff und Thema in *Effi Briest*. Hier entpuppt sich die Absicht des handelnden Sprechers als grundlegend für die Interpretation stilistischen Sinnes.

1. Grundlinien des Fontane'schen Stilbegriffs

Beginnen wir unsere Analyse mit dem Otto Brahm-Essay von 1883, in dem Fontane Brahms 1882 in der *Deutschen Rundschau* erschienene Keller-Studie

---

11 HFA III/1, S. 505.
12 Siehe David Turner, *Marginalien und Handschriftliches zum Thema: Fontane und Spielhagens Theorie der Objektivität*. In: *Fontane-Blätter* 1 (1968), S. 265–281, hier S. 275.

bespricht. Der Essay ist insofern interessant, als Fontane hier anscheinend eine klare Definition von Stil entwickelt, die dann auch mehrfach von der Forschung zitiert worden ist, wie etwa in der Einleitung zu diesem Band:

> Was ist nun Stil? Über diese Frage haben wir uns freilich zuvörderst schlüssig zu machen. Versteht man unter »Stil« die sogenannte *charakteristische* Schreibweise, deren Anerkenntnis in dem Buffonschen »le stil c'est l'homme« gipfelt, so hat Keller nicht nur *Stil*, sondern hat auch mehr davon als irgendwer. Aber diese Bedeutung von »Stil« ist antiquiert, und an die Stelle davon ist etwa die folgende, mir richtiger erscheinende Definition getreten: »Ein Werk ist um so stilvoller, je *objektiver* es ist«, d. h. je mehr nur der Gegenstand selbst spricht, je freier es ist von zufälligen oder wohl gar der darzustellenden Idee widersprechenenden Eigenheiten und Angewöhnungen des Künstlers. Ist dies richtig (und ich halt' es für richtig), so läßt sich bei Keller eher von Stilabwesenheit als von Stil sprechen. Er gibt eben all und jedem einen ganz bestimmten allerpersönlichsten Ton, der mal paßt und mal nicht paßt, je nachdem. Paßt er, so werden, ich wiederhol' es, allergrößte Wirkungen geboren, paßt er aber nicht, so haben wir Dissonanzen, die sich gelegentlich bis zu schreienden steigern. Er kennt kein Suum cuique, verstößt vielmehr beständig gegen den Satz: »Gebet dem Kaiser, was des Kaisers, und *Gott was Gottes ist.*« Erbarmungslos überliefert er die ganze Gotteswelt seinem Keller-Ton.[13]

Die Argumente, die Fontane hier anführt, lassen sich anhand von Begriffen der moderneren Stilistik näher beleuchten, denn viele seiner Äußerungen zum Stil, hier wie andernorts, stimmen im Wesentlichen mit Grundlagen der Stiltheorien überein, die im Kontext der Funktionalen Grammatik, der Textlinguistik und der Kommunikationstheorie des zwanzigsten Jahrhunderts entstanden sind. Einem naiven Stilbegriff, in dem Stil als der einfache und unvermeidliche Ausdruck einer Persönlichkeit verstanden wird, setzt Fontane einen komplexeren gegenüber, nach dem Stil als sprachliches Handeln begriffen wird. Implizit in Fontanes Kritik ist, erstens, dass der Sprecher oder Schreiber keineswegs *nur* in einem Stil zu schreiben vermag. Vielmehr bestehe Stilkompetenz eines Sprechers darin, Sprachnormen zu beherrschen und innerhalb dieser zu handeln. Zweitens versteht Fontane unter Stil hier offensichtlich Textsortenstil: die sprachliche Form eines Textes sei durch Gattungsnormen bestimmt. Für Fontane hat die erzählende Prosa im realistischen Zeitalter eine mimetische Aufgabe, die die größtmögliche Objektivität verlangt. Demzufolge haben auch Erzähltexte Stiltypen, d. h. Stile, die vom Leser als typisch für bestimmte Gruppen, Bereiche, Textsorten usf. identifiziert werden, nachzuahmen.[14] Ähnlich hatte Fontane in seinem früheren 1875 ge-

---

13 HFA III/1, S. 501–502.
14 Siehe hier zum Beispiel Wolfgang Fleischer und Georg Michel et al., *Stilistik der deutschen Gegenwartssprache*, Frankfurt am Main 1993, S. 30.

schriebenen Essay zu Kellers *Leute von Seldwyla* argumentiert, in dem er zwischen dem »Märchenton« der Sammlung und der wirklichen Sprechart von jungen Leuten unterscheidet:

> Dieser Märchenton [ist] leichter zu treffen als der der Wirklichkeit. Wer nicht ganz mit und unter dem Volke gelebt hat, hat diesen Ton auch nicht […]. Den *wirklichen* Ton eines sechzehnjährigen Dorfmädchen und eines zwanzigjährigen zu treffen, ist […] fast unmöglich, und so muß der Märchenton aushelfen.[15]

Fontane kritisiert an Keller hier und oben also drittens, dass er Stiltypen, hier Gruppenstile (wie junge Mädchen reden) falsch wiedergibt.[16]

1881 hatte Fontane diese Ansichten seinem Verleger gegenüber geltend gemacht, diesmal sprach er von einer seiner eigenen Schriften, *Ellernklipp*, deren Stil er gegen den Korrektureifer des Herausgebers zu verteidigen suchte:

> Ich schreibe heut, um einen Seufzer auszustoßen über die »Verbesserungen«, denen ich ausgesetzt gewesen bin. […] Ich opfre Ihnen meine »Punctum's«, aber meine »und's«, wo sie massenhaft auftreten, müssen Sie mir lassen. Ich begreife, daß einem himmelangst dabei werden kann, und doch müssen sie bleiben, nach dem alten Satze: von zwei Uebeln wähle das kleinere.
>
> […] Ich bilde mir nämlich ein, unter uns gesagt, ein Stilist zu sein, nicht einer von den unerträglichen Glattschreibern, die für alles nur *einen* Ton und *eine* Form haben, sondern ein wirklicher. Das heißt also ein Schriftsteller, der den Dingen nicht seinen alt-überkommenen Marlitt- oder Gartenlaub-Stil aufzwängt, sondern umgekehrt einer, der immer wechselnd, seinen Stil aus der Sache nimmt, die er behandelt. […] »Und« ist biblisch-patriarchalisch und überall da, wo nach dieser Seite hin liegende Wirkungen erzielt werden sollen, gar nicht zu entbehren.[17]

Auch hier stellt Fontane seinen Stilbegriff nicht nur als den richtigeren vor, sondern auch als den moderneren. Er argumentiert erstens gegen einen engen normativen Stilbegriff, die abwertende Kritik der Gartenlaube und der »Glattschreiber[]« macht dies unverkennbar. Unter Stil versteht er ausdrücklich nicht, auf nur eine Art, schreiben zu können, eher umgekehrt, Stil, oder aus heutiger Sicht, Stilkompetenz haben heißt hier wie oben ein Gefühl für Stiltypen (hier Bibelstil) zu haben, und diese anwenden zu können, um bestimm-

---

15 HFA III/1, S. 495
16 Dass Fontanes Erzählkunst vor allem die sprachliche Wirklichkeit widerspiegelt, ist aus mehreren Perspektiven in der Forschungsgeschichte untersucht worden, z. B.: Ingrid Mittenzwei, *Die Sprache als Thema. Untersuchungen zu Fontanes Gesellschaftsromanen*, Berlin 1970; John Walker, *The Truth of Realism. A reassessment of the German novel 1830–1900*, London 2011.
17 HFA IV/3, S. 120.

te Wirkungen bei der Leserschaft zu erzielen. Fontanes Hinweise auf den Gartenlaubestil und auf einen Marlittstil zeigen, wie für ihn Stile eigentlich »sozial bedeutsame Schreib- und Redeweisen« darstellen,[18] da Stile vom Leser nicht isoliert rezipiert werden, vielmehr erwecken sie erst innerhalb eines Spektrums von Mustern und Sprachnormen Assoziationen, indem sie an bestimme Autoren, Gattungen oder auch Zeitstile erinnern. »Stil ist relational«, wie Barbara Sandig es prägnant und zusammenfassend formuliert.[19] Aus diesen Relationen und Assoziationen entsteht dann der »stilistische Sinn«:[20] hier erinnert die syntaktische Markierung des Textes an biblische Texte, was zur Gesamtbedeutung des Romans beiträgt, wie Fontane hervorhebt.

Wenn in den obigen Zitaten Fontane konsequent Stil als »Stilverwendung« charakterisiert[21] und den Akzent auf sprachliche Nachahmung in Erzählwerken setzt, weisen weitere Quellen geradezu auf das Gegenteil hin. Verlangt Fontane in der Keller-Rezension Objektivität, so schreibt er demgegenüber am 16. Juni 1894 Otto Ernst (1862–1926), es sei die Subjektivität seiner Schreibweise, die er an Ernsts Novellen schätze:

> Es ist was Neues, nicht stofflich, sondern dadurch, daß alles neu gesehn, neu angepackt ist, vor allem *neu gefühlt*. Und das kommt daher, daß wir überall Sie selbst haben, daß es die subjektivsten Novellen sind, die ich kenne. Sie schneiden die Wurst vom andern Zipfel her an. Während im Ganzen genommen die Erzähler ihren Stolz darin setzen, ihre Gestalten nichts wie ihre Gestalten sein zu lassen, unter geflissentlicher Ausscheidung des Erzähler-Ich's, setzten Sie umgekehrt dies Erzähler-Ich an die Stelle Ihrer Dramatis Personae, die nichts sind als Verkleidungen von Otto Ernst, als Otto Ernst unter verschiedenen Namen und Berufen. [...]
>
> Das Wesen Ihrer Kunst und Ihrer selbst, – ich empfand das schon bei dem Aufsatz, in Veranlassung dessen ich an Leo Berg schrieb – ist Leidenschaft und Nervosität. Scharfe Beobachtung (vor allem auch innerliche) und ein geistreicher Ausdruck kommen hinzu und steigern den Eindruck.[22]

Hier bedeutet Stil für Fontane »Individualstil«.[23] In einem Brief an Georg Friedlaender vom 26. Juli 1894 schreibt Fontane über Alfred Doves (1844–1916) *Caracosa* (1894) deutlich, der Stil sei die Persönlichkeit. Wo Persönlichkeit oder Subjektivität und »geistreicher Ausdruck« bei Ernst gelungen

---

18 Barbara Sandig, *Textstilistik des Deutschen*, Berlin 2006, S. 20.
19 Ebd., S. 85. Sandig fasst hier mehrere Aussagen zum komparativen Charakter der Stilanalyse und Relationiertheit des Stils zusammen.
20 Ebd., S. 11.
21 Ebd., S. 20.
22 HFA IV/4, S. 368–369.
23 Fleischer et al., wie Anm. 14, S. 41.

zusammentreffen, sei dies bei Dove nicht der Fall, und daran scheitere das Buch; nochmals betont Fontane die Wirkung des Stils auf den Leser, der hier ohne Erquickung und Erhebung bleibe, denn das Buch lasse kalt:

> Daß man der Sache nicht recht froh wird, das liegt – und diesen Punkt habe ich auf meinen »kritischen Blättern« hervorzuheben vergessen – nicht an *Dove's* Talent, Geschick, Stil, oder doch an letztrem nur insoweit, als es heißt: *le style c'est l'homme*. Wenn dies je zutraf, so hier. Der Stil ist die Persönlichkeit und die Persönlichkeit, die aus dem Buche spricht, gewinnt nicht. Deshalb berührt alles frostig und das Lachen, mit dem man Pinkilino (!), Cortopasso, Asdente begleitet, ist auch frostig. [...] [E]s erhebt nicht, es erquickt nicht, es erheitert auch nicht.[24]

In diesen zitierten Textstellen berührt Fontane die Frage nach der Expressivität innerhalb von Stilnormen: Inwiefern darf der Autor im Roman, der für Fontane grundsätzlich Objektivität, oder nach Wolfgang Fleischer »expressiv abgestufte Ausdrucksvarianten«,[25] erfordert, von dieser Norm abweichen und seinen Individualstil dominieren lassen? Denn Ausdrucksverstärkung wird manchmal gelobt (im Brief an Ernst), manchmal getadelt (im Brief an Friedlaender).

Der Vergleich des Briefes an Ernst mit dem Brief an Friedlaender oben ist nicht einfach, aber Fontane scheint zwischen der Technik oder dem »Geschick« und der Persönlichkeit und den Anschauungen des Schreibers, welche sprachlichen Ausdruck verliehen werden, zu unterscheiden.[26] Später in demselben Brief über Dove wird Fontane den Aufbau des Romans loben, wohl um Friedlaender entgegenzukommen, findet aber trotzdem, dass das Buch »nicht greifbares Leben« darstellt: »Trotz aller Aktion alles leblos, was sich am meisten da zeigt, wo die historische Ueberlieferung den wundervoll lebendigsten Stoff ihm in die Hand gab. In seiner Hand starb das Leben hin«.[27] Die Fokussierung auf Leben in dieser Kritik, wie auch die positive Einschätzung der Novellen Ernsts, erklärt sich aus einer Unterscheidung, die öfter in Fontanes Briefen und Kritiken wiederkehrt, nämlich der zwischen Schriftsteller und Dichter, wie wir anhand der folgenden Zitate verfolgen können.

---

24 Theodor Fontane, *Briefe an Georg Friedlaender*, hrsg. v. Kurt Schreinert, Heidelberg 1954, S. 262–263.
25 Fleischer et al., wie Anm. 14, S. 59.
26 Vgl. hier Sengle, der Technik wie Komposition als Schlagwörter des programmatischen Realismus analysiert: Friedrich Sengle, *Biedermeierzeit. Deutsche Literatur im Spannungsfeld zwischen Restauration und Revolution 1815–1848*, Bd. 1, *Allgemeine Voraussetzungen, Richtungen, Darstellungsmittel*, Stuttgart 1971, S. 275–276.
27 Ebd., S. 265.

Im Essay zum spanischen Autor Galdós und dessen Roman *Gloria* setzt sich Fontane mit der Einleitung des Übersetzers auseinander. Nachdem er die Einleitung zitiert hat, zieht er folgenden Schluss:

> Diese Zitate zeigen genugsam, daß es dem Schriftsteller an begeisterter Zustimmung nicht gefehlt hat. An begeisterter und wohlverdienter. Aber *eines* ist er [Galdós] nicht: ein Originalgenie, ein Erlöser, ein Messias. Er ist ein sehr guter Schriftsteller. Und das scheint mir auch gerade genug.[28]

Fontane kategorisiert auch Keller als »Künstler«, d. h. als begabten, geschickten Schriftsteller, dem es trotzdem an der Fähigkeit mangelt, Originelles, ob in Form oder Inhalt, zu schaffen:

> Er ist ein ausgezeichneter Schriftsteller, noch mehr ein bedeutender *Künstler*, und so liegt es mir denn fern, ihm seine wohlverdienten Ehren in irgend etwas schmälern zu wollen; aber so hervorragend er ist, so hat er doch nirgends, um ein Wort A. W. v. Schlegels zu gebrauchen, »den Vorhang von einer neuen Welt fortgezogen«. Alles was er bringt, war nach Form und Inhalt schon vorher da.[29]

Eine vergleichbare Unterscheidung trifft Fontane in seinem bekannten Turgenjew-Essay, und diesmal in Bezug auf den Stil des Textes:

> In der ersten Hälfte, wo die glänzende und doch so knappe Darstellungsweise Turgenjews noch rein als solche genossen werden kann, hat mich das Buch sehr interessiert; man hat hier eben den Meister; von da ab aber, wo Farbe bekannt, wo Gesinnung, Lebensanschauung und eigentlichstes Dichtertum gezeigt werden sollen, läßt es einen im Stich.[30]

Fontane unterscheidet eindeutig zwischen Schrifststellertum, oder auch Künstlertum, was technische Meisterschaft bedeutet, und Dichtertum, ein Begriff für ihn, der mit Einsicht, Gesinnung, Ideen, kurz subjektiv konzipierter und ausgedrückter Wahrheit verbunden ist.

Die Bedeutung dieses zweiten Stil- und Autorbegriffs für den Roman lässt sich anhand von Fontanes Essay von 1885 zu Eduard Engels *Geschichte der französischen Literatur* entwickeln. Gustave Flauberts Genie sorgt dafür, dass er – im Unterschied zu Kellers »Märchenton« – die »Romansprache« vermeidet:

> »*Gustave Flaubert* war der genialste von Balzacs Schülern; an Reichtum der Erfindung steht er hinter diesem zurück, übertrifft ihn aber an Stilvollendung und Gleichmäßigkeit

---

28 HFA III/1, S. 520.
29 HFA III/1, S. 505.
30 HFA III/1, S. 520.

der Darstellung. [...] Er ist ein Meister des Stils, aber nicht der Glätte, sondern umgekehrt durch markige Originalität und ängstliche Sorge, *jedes nach Romansprache klingende Wort zu vermeiden*.« Wie vorzüglich ist in den gesperrt gedruckten Zeilen der echte Dichter, der nichts Entsetzlicheres kennt als die hohle Phrase, gezeichnet![31]

Und während Fontane in seiner Brahm-Besprechung ausdrücklich verneint hatte, Stil sei charakteristischer Ausdruck einer Persönlichkeit, schließt er seine Besprechung von Engels Buch mit einer Bewertung des Geistes, Stils, Tons, die in appositioneller Reihe zu einem Ganzen werden: »Und so schließ' ich denn damit, daß [...] die Bedeutung [des Buchs] in erster Reihe in dem *Geiste* liegt, aus dem heraus es geschrieben wurde, in seinem Ton, seinem Stil.«[32]

Fontanes Denken zum Stil ist in vielfacher Hinsicht modern: er konzipiert Stil als sprachliches Handeln innerhalb sozialer Normen (Gattungen), und begreift Stil grundsätzlich im Pluralis: Es existieren Stile oder Stiltypen, die in bestimmten Zusammenhängen anwendbar sind, um (hier ästhetische) Wirkungen zu erzielen. Fontane will damit keineswegs Stil als Ausdruck verneinen, sieht aber Individualstile als Stiltype unter anderen, deren Dominanz in einem Text manchmal wirkungsvoll, und daher gerechtfertigt sein kann, die manchmal aber »stören«. Bei der Frage nach dem Grad der Expressivität in einem Text scheinen Fontanes Ausdrucke auf zwei Autorenkonzeptionen zu beruhen: Meisterschaft einerseits, Meisterschaft der Sprache und Darstellung, und Dichtertum andererseits; und wo die erste durch Objektivität oder gar Ausschaltung der eigenen Persönlichkeit zugunsten des Dargestellten charakterisiert wird – hier Turgenjews »glänzende Darstellungsweise« –, sind es gerade Individualität, Gesinnung, Anschauung und deren künstlerische Wiedergabe, die für Fontane Dichtertum ausmachen. Und hier geht es nicht mehr darum, »passend« zu schreiben; stattdessen betont Fontane die sprachliche Vermittlung eines Geistes, und dies genau durch den Individualstil, durch sprachliche Originalität, durch die Vermeidung der Phrase.

Es lässt sich fragen, wie diese zwei Stilbegriffe miteinander vereinbar sind. Im Brahm-Essay hatte Fontane stilistische Objektivität mit der Vermeidung von »Dissonanzen« gleichgesetzt, d. h. die dem Stoff oder Dargestellten angemessene Gestaltung der Sprache ist wichtig, weil diese Angemessenheit die künstlerische Wirkung ermöglicht. Dieses Kriterium muss der wahre Dichter aber ebenfalls beachten – das haben wir in der Kritik von Doves *Caracosa* gesehen. Daraus lässt sich schließen, dass für den Dichter die Stoffwahl sehr

---
31 HFA III/1, S. 525.
32 HFA III/1, S. 526.

bedeutsam ist, da er nicht nur die Welt, die Figuren, Redeweisen und dergleichen wirkungsvoll wiederzugeben hat, sondern seinem eigenen Stil, seiner eigenen Gesinnung und Stimme treu bleiben muss. Das heißt: Es muss eine innere Kohärenz zwischen dem Stoff, der Sprache der Darstellung und der Dichterpersönlichkeit geben; ansonsten entstehen »Dissonanzen«, die das ästhetische Erlebnis stören und somit zum Misslingen des Werks führen. Die Stilistik des 20. Jahrhunderts ist zu ähnlichen Modellen gekommen, wenn auch mit unterschiedlichen Termini: Für Fleischer zum Beispiel, können Kohärenzbrüche auf der propositionalen Ebene (das Thema), auf der aktionalen Ebene (die Kommunikation selbst), und auf der formulativen Ebene entstehen.[33]

Fontanes Diskussionen der Stilfrage beruht auf einer Gesamtinterpretation des ästhetischen Prozesses, in der Wirkung das Grundprinzip ausmacht.[34] Das ästhetische Erlebnis entsteht in Fontanes Verständnis aus der Fähigkeit des Künstlers, die ungestörte Aufmerksamkeit des Lesers zu erhalten, ein »freudige[s] Mitgehn« zu gewährleisten:

> Man muß in *so* weit immer im Schönheitlichen bleiben, daß man freudig mitgeht. Die Schönheit, die dies »freudige Mitgehn« gestattet, kann eine Grause-Schönheit, ja in gewöhnlichem Sinne […] sogar eine Häßlichkeit sein, aber man muß »freudig folgen« können. Kann man dies nicht mehr, wirft man sich hin und sagt, »nein, keinen Schritt weiter«, so ist der Fehler da, so ist bewiesen, daß *das* nicht in die Kunst hineingehört.[35]

Fontanes Äußerungen zum Thema Stil, so verstreut sie auch sein mögen, gehören zu einer umfassenden Konzeption des ästhetischen Erlebnisses, gewinnen in ihr ihre Tiefe und Einheitlichkeit und geben letzten Endes auch über die Vision der Kunst Aufschluss: Die Kohärenz ermöglicht die künstlerisch erfolgreiche Darstellung der Wirklichkeit und für den wahren Dichter ferner die Vermittlung seiner Gesinnung.

2. Fontanes Stilauffassung im Kontext der Stiltheorien des 19. Jahrhunderts

Fontanes Ringen um eine Stildefinition, etwa seine Äußerung im Otto Brahm-Aufsatz, ein neuer Stilbegriff sei an die Stelle eines älteren getreten

---

33 Fleischer et al., wie Anm. 14, S. 64.
34 Siehe: Michael White, *Transfiguration, Effect and Engagement: Theodor Fontane's aesthetic thought*. In: *Fontane in the Twenty-First Century*, hrsg. von John B. Lyon und Brian Tucker, Rochester 2019, S. 142–60.
35 HFA III/1, S. 548.

und die Indizien seiner Unsicherheit lassen sich teilweise auf theoretische Diskurse im 19. Jahrhundert zurückführen. Spezifische Hinweise auf eine Auseinandersetzung mit Theoretikern sind zwar bei Fontane nicht zu finden: Von den wichtigen Namen in der Stiltheorie des 19. Jahrhunderts, etwa Wackernagel, K. F. Becker, T. Mundt, kommt nur letzterer in den nachgelassenen Briefen und Tagebüchern vor, der ausführlichen Hanser-Briefausgabe und der Fontane-Chronik zufolge, und dies nur im Zusammenhang eines Kommentars zu einem Theaterbesuch Mundts in Damengesellschaft.[36] Gleichwohl decken sich Fontanes Äußerungen zum Stil nicht nur in den Hauptargumenten, sondern auch begrifflich und terminologisch mit theoretischen Texten.

Es ist mehrmals behauptet worden, dass die Linguistik des 19. Jahrhunderts Stil nur wenig Aufmerksamkeit schenkte.[37] Die Sachlage ist kompliziert. In ihrer Studie aus den 1960er Jahren, die einen Überblick theoretischer Standpunkte bietet, betont Marie-Luise Linn das Weiterleben älterer Traditionen, die mit neueren Entwicklungen konkurrieren.[38] Die Regelpoetik der Aufklärung, die die Grundlage des *Umständliches Lehrgebäude der deutschen Sprache* (1782) von Johann Christoph Adelung bildet, bleibt als Schullektüre lange einflussreich, während Wilhelm von Humboldt und Karl Heyse Entwicklungen im Verhältnis zwischen Sprache und Kultur, Sprache und Geist widerspiegeln.[39] Stil sei, in der Formulierung Heyses, »Äußerungsform des deutschen Geistes« oder »individuelle Sprachform«.[40]

Für unsere Analyse gilt es hier zu betonen, dass normative Stillehren, die auf Sprachnormen und Stiltypen gebaut sind, allmählich durch eine Auffassung des Stiles ersetzt werden, in der die Subjektivität, öfter ›Individualität‹, der Sprache das leitende Prinzip bildet. Theodor Mundts Beschreibung guten Stils und der Aufgabe der Stilistik dürfen wir als stellvertretend für die neuere Auffassung nehmen, die klassizistische Modelle aufhebt und Stil als organischen Teil eines sprachlichen Aktes sieht: »Alle Sprache, alle Fähigkeit der Darstellung, ist auf die Individualität zurückzuführen. Der Ursprung unserer

---

36 HFA IV/1, S. 11.
37 Zum Beispiel, Anna Guillemin, *The Style of Linguistics: Aby Warburg, Karl Vossler, and Hermann Osthoff*. In: *Journal of the History of Ideas* 69/4 (2008), S. 605–626, hier S. 609.
38 Marie-Luise Linn, *Studien zur deutschen Rhetorik und Stilistik im 19. Jahrhundert*. Marburger Beiträge zur Germanistik Bd. 4, Marburg 1963.
39 Ebd., S. 78.
40 Heyse, *System der Sprachwissenschaft*, Berlin 1835, zitiert nach Linn, wie Anm. 38, S. 78.

Sprache hat dieselbe Geschichte, wie der Ursprung unserer Gedanken.«[41] Karl Beckers *Deutscher Stil* von 1848 formuliert dieselbe Position noch deutlicher:

> [D]ie *organische Entwicklung* der Sprache und die *organische Einheit* der Sprachformen mit dem Begriffe und Gedanken ist der oberste Grundsatz der ganzen Sprachlehre, und die Grammatik gehört eigentlich der Physiologie des Menschen an. [...] [W]ir begreifen demnach unter dem guten Stile die organische vollkommene Darstellung der Gedanken und unter der *Stilistik* die Lehre von der *organischen Vollkommenheit der Darstellung*.[42]

Eine interessante Figur in diesem Zusammenhang ist Wilhelm Wackernagel. Linn betrachtet Wackernagel zusammen mit Adelung als Vertreter der Regelpoetik. Nichtsdestoweniger weisen mehrere Argumente Wackernagels Ähnlichkeiten mit den Überlegungen Fontanes auf. Wackernagel unterscheidet zwischen zwei Stilauffassungen: Erstens identifiziert er einen »objektiven« Stil, der durch Inhalt und Zweck bestimmt wird. Subjektiver Stil ist durch den Autor, den Geist, die Zeit bestimmt und entspricht dem Buffon'schen Wort »le style, c'est l'homme même«.[43] Dies ist für unsere Analyse in zweifacher Hinsicht wertvoll. Hier, in einem wichtigen, zeitgenössischen theoretischen Text, finden wir in einer einheitlichen Präsentation sowohl Stil als Unterdrückung der individuellen Sprachmerkmale, wie auch Stil als Ausdruck eines Individuums. Dazu kommt, dass sich diese Gegenpole um die Begriffe Objektivität und Subjektivität kristallisieren, eine Tendenz, die wir auch bei Fontane belegen konnten.

Unsere Analyse von Fontanes Stilaussagen ergab fernerhin eine wichtige Unterscheidung zwischen dem Stil eines normalen Schriftstellers und dem, was man von einem großen Dichter erwartet. Wackernagel scheint vergleichbare Argumente zu gebrauchen: er betont für die meisten »Maß und Grenze«[44] und warnt vor Extremen: »Die grosse Masse streift an Charakterlosigkeit; andere aber werden [...] in das entgegengesetzte Extrem hineingetrieben, wo ihre Subjektivität unverhältnismäßig überwiegt.«[45] Dies nennt er Manier. Theodor Mundt, dessen prägnanter Satz »der Stil ist die Sache« programmatisch wirkt,[46] hatte ähnlich dafür plädiert, Maß zu halten:

---

41 Theodor Mundt, *Die Kunst der deutschen Prosa*, Berlin 1843, S. 6.
42 Karl Ferdinand Becker, *Der deutsche Stil*, 3. Aufl., neu bearbeitet von Otto Lyon, Leipzig 1884, S. 6 u. S. 8.
43 Wilhelm Wackernagel, *Poetik, Rhetorik und Stilistik*, 2. Aufl., hrsg. von Ludwig Sieber, Halle 1888, S. 413–16.
44 Ebd., S. 414.
45 Ebd.
46 Mundt, wie Anm. 41, S. 113.

Manche Schriftsteller sind zu subjectiv und darum zu einfarbig, ihr Stil nimmt sich wie eine Livrée aus, an der man jeden ihnen zugehörigen Gedanken schon immer von weitem erkennt, z. B. Jean Paul, der, sonst ein großer Kenner und Künstler des Stils, doch das eigenthümliche Metall jedes Stoffes sogleich in dem Schmelztiegel der Subjectivität umgießt und einschmilzt.[47]

Diese Livree entpuppt sich als »falsch«: Nur die Wahrheit und Phantasie können guten Stil gewährleisten. Die Parallele zwischen Fontanes Argumenten und der Kritik, die Mundt und Wackernagel üben, ist nicht zu leugnen.

In den Stiltheorien des 19. Jahrhunderts ist dann eine Entwicklung von Stil in der rhetorischen Schule, also von Stil als passendem Ausdruck je nach Gattung und Situation, zu einem Stilbegriff zu beobachten, der die neueren Poetiken und Auffassungen von Sprache als organisches Produkt eines gestaltenden Individuums oder einer Nation miteinbezieht. Wichtige Theoretiker wie Wackernagel und Mundt versuchen diese zwei entgegengesetzten Stilbegriffe miteinander zu vereinbaren, indem sie zwischen objektivem Schreiben und subjektivem Schreiben unterscheiden. Auch hier aber muss die Subjektivität in Schranken gehalten werden: Die Dominanz eines zu individuellen Stils störe den ästhetischen Genuss. Diese Bestimmungen spiegeln Fontanes Gedanken in vielfacher Hinsicht: Auch er unterscheidet zwischen einem Stil, der dem Autor Zurückhaltung auferlegt, und einem Stil, der als Ausdruck einer echten dichterischen Gesinnung gelesen werden soll. Wir werden im folgenden Teil der Diskussion unsere Aufmerksamkeit auf vergleichbare Diskurse zur Objektivitätsproblematik in der zeitgenössischen Literaturkritik richten.

3. Objektivität und Dichtertum in theoretischen Schriften des Naturalismus

In dem bekannten Brief an Friedlaender vom 12. April 1894, in dem Fontane schreibt: »[V]on meinem vielgeliebten Adel falle ich mehr und mehr ganz ab«, und sich damit einer neueren Welt zuwendet, beschreibt er im Kontext einer Diskussion über Karl Varnhagen von Ense, wie der Stil in der deutschen Literatur seit dem Naturalismus im Allgemeinen besser geworden ist:

> Der Varnhagensche Bericht hat mich außerordentlich interressirt, ich habe auch, so kurz er ist, viel daraus gelernt, denn er giebt auch – abgesehen von dem eigentlichen Hergang – ein vorzügliches Zeitbild und charakterisirt den Kaiser in seiner Ueberlegenheit, Klugheit und – Gerechtigkeit. Außerdem hat der Aufsatz auch noch stilistisch mich

---

47 Ebd.

> lebhaft beschäftigt. Varnhagen galt so sehr als »erster Stilist«, daß Humboldt ihm seinen Kosmos gab, um den Stil in Ordnung zu bringen. Ich bin nicht Humboldt, würde mich aber hüten, meinen Stil bei Varnhagen in die Feile zu geben. Es wirkt alles gedrechselt, schönrednerisch, altjungfernhaft. Damit sollen aber Varnhagens stilistische Verdienste nicht geleugnet sein; es ist doch alles in hohem Maße gebildet, fleißig, sorglich, die Ausdrucksweise eines Mannes, der sein Metier nicht als Hausknecht sondern als Künstler betreibt. Alles bereitwilligst zugegeben. Aber doch, welch ungeheurer Fortschritt, der sich in diesen 60 Jahren vollzogen hat. Vergleichen wir unsre Schreibweise mit der Göthe-Schillerschen vor 100 Jahren, so bleiben vielleicht unsre Besten dahinter zurück, aber was nach Schillers Tode kam, war – es wird wohl auch ein paar glänzende Ausnahmen geben – Rückschritt, ein gewisser Zier-Stil fing an und daß wir den, unter dem Einfluß der naturalistischen Schule, wieder los geworden sind, ist ein großes Glück.[48]

In der Tat hätte Fontane in der Literatur seit etwa 1880 eine veränderte Schreibweise bemerken können, auch wenn, wie Emile Zolas Schüler Paul Alexis schreiben würde, der Naturalismus eine Denkart, aber keinen Stil bedeutete.[49] Mit dem Wort »objektiv« in seiner Rezension von Brahms Keller-Studie nimmt Fontane sogar ganz klar Bezug auf diese neueren Diskurse. Die Theoretiker und Dichter des Naturalismus verlangten durchaus »Objektivität«, so dass dieser Terminus zu dem Schlagwort der Appelle und Aufrufe einer Generation wurde, die die, in ihren Augen, Falschheit der vorangehenden ablehnte.[50] Heinrich Hart fasst in seinem Aufsatz von 1889 *Die realistische Bewegung. Ihr Ursprung, ihr Wesen, ihr Ziel* den Punkt folgendermaßen zusammen:

> Der Realismus von heute, der wahre, nicht blos scheinbare Realismus, ist aber noch in besonderem Sinne modern. Und zwar als *objektiver* Realismus, als ästhetisches Prinzip, das aus dem innersten Geiste unseres Zeitalters erwachsen ist. Dieser Geist ist kein anderer, als der des *vorurtheilslosen Forschens*, des Forschens, das sich durch keine Wünsche des eigenen Ichs, durch keine Satzungen der Außenwelt, durch kein Glauben und Hoffen beirren läßt, das nur das eine Ziel vor sich sieht, die Wahrheit zu erkennen. Es ist der Geist der absoluten Objektivität, der zugleich die Hingabe an die Allgemeinheit, das Zurückdrängen des Subjekts bedeutet.[51]

Obwohl Hart nicht explizit über Stil schreibt, erkennen wir Parallelen, und zwar zum einen zwischen Harts Analyse der Objektivität als eines »Zurück-

---

48 HFA IV/4, S. 341–42.
49 Vgl. Lilian Furst und Peter Skrine, *Naturalism,* London 1971, S. 9.
50 Diese Spannung ist auch in den theoretischen Schriften des früheren Realismus vorhanden. Siehe Sengle, wie Anm. 26, S. 272.
51 Heinrich Hart, *Die realistische Bewegung. Ihr Ursprung, ihr Wesen, ihr Ziel.* Zitiert nach: Manfred Brauneck und Christine Müller (Hrsg.), *Naturalismus. Manifeste und Dokumente zur deutschen Literatur 1880–1900*, Stuttgart 1987, S. 118–28, hier S. 123.

drängen[s] des Subjekts« und dem Verlangen nach Maß im subjektiven Stil: beides Aspekte, denen wir in den Stiltheorien des Jahrhunderts begegnet sind; und zum anderen zwischen Harts Verständnis der Objektivität als »Hingabe an die Allgemeinheit« und Fontanes Idee der treuen Wiedergabe der Sprache.

Harts Argumentation wiederholt hier fast wörtlich die früheren theoretischen Schriften Spielhagens zur Subjektivität im Roman, vor allem zur Rolle der Erzählerfigur[52]: Spielhagen lobt das »Zurücktreten des dichterischen Ichs hinter den dichterischen Genius des Volkes« der antiken Dichtung.[53] Spielhagens Analyse zufolge tendiere die epische Literatur grundsätzlich zur Ausschweifung, also dazu, eine ganze Welt in sich aufzunehmen und ein Weltbild darzustellen. Diese Tendenz widerspreche der Natur der Kunst, die Grenzen brauche und sich erst innerhalb von Grenzen verwirklichen könne. Für den epischen Dichter sei

> [d]as Mittel zur annähernden Lösung des Widerspruches [...] einzig und allein die möglichst vollkommene Anwendung der objektiven Darstellungsweise [...]; mithin der ästhetische Wert epischer Produkte in dem Maße steigt und fällt, als diese Darstellungsweise bei ihnen zur Anwendung gekommen ist.[54]

Deswegen solle der Autor die direkte Anrede an den Leser, die Einbeziehung von Kommentaren oder Reflexion[55] und die Verwendung der ersten Person Plural vermeiden.[56] Dieser Zusammenhang ist insofern wichtig, als die Parallele zwischen Hart und Spielhagen auf die Kontinuität zwischen den früheren realistischen und naturalistischen Diskursen hinweist und wir sehen, dass mikrostilistische Überlegungen auch mit strukturellen oder erzählstrategischen Entscheidungen, z. B. der Rolle der Erzählerfigur, zusammenhängen.

Weist Fontane in seiner Brahm-Rezension wie auch in dem oben zitierten Brief auf eine neuere Stilauffassung hin, so wäre es jedoch irrig, daraus zu schließen, dass seine anderen Aussagen, die Stil als Persönlichkeit oder sprachliche Darstellung einer Gesinnung definieren, einen Gegenpol zu den naturalistischen Positionen bilden. War für die Debatten zum Realismus in den 1850er Jahren das Verhältnis zwischen Ideal und Wirklichkeit charakteris-

---

52 Zu der kritischen Rezeption seiner theoretischen Schriften in der Realismusforschung und unter den Naturalisten siehe: Jeffrey Sammons, *Friedrich Spielhagen: The Demon of Theory and the Decline of Reputation*. In: Todd Kontje (Hrsg.), *A Companion to German Realism*, Rochester 2002, S. 133–58.
53 Friedrich Spielhagen, *Beiträge zur Theorie und Technik des Romans*, Leipzig 1883, S. 139.
54 Ebd., S. 134.
55 Ebd., S. 68.
56 Ebd., S. 91.

tisch, so werden in späteren Überlegungen die Grenzen und Möglichkeiten der geforderten Objektivität ein vielfach umstrittener Punkt. Auch in seinem oben zitierten Aufsatz zur realistischen Bewegung gibt Hart zu, dass absolute Objektivität unmöglich ist; der Dichter soll, wie auch Spielhagen argumentierte, nicht als vermittelnde, philosophierende oder interpretierende Instanz auftreten; stattdessen soll die Subjektivität des Dichters durch eine Figur zum Ausdruck kommen:

> Nicht als ob der objektiv schaffende Dichter sich seiner Subjektivität entäußern sollte – das vermag Niemand, aber das Subjekt soll nicht rhetorisch oder philosophierend in seinen Werken auftreten, sondern sich in Gestalten auseinanderlegen.[57]

Man spürt auch in diesem kurzen Zitat, wie Hart die Idee des Dichters und dessen Vorrechte schützen möchte, ähnlich wie Fontane zwei Auffassungen von Stil anerkennt, um den Ausdruck einer besonderen Gesinnung und Persönlichkeit innerhalb der eigentlichen Dichtung zu bewahren. Die vorgeschlagene Lösung, die Verschmelzung des Ichs und einer Figur, erinnert an die »Hingabe« an die Allgemeinheit, ein Postulat, das öfter in theoretischen Schriften dieser Jahrzehnte wiederkehrt.

In den Überlegungen Spielhagens ist die absolute Objektivität unmöglich, teils da der Dichter immer enger mit einer Figur, mit dem Helden im Roman, identifiziert wird, teils auch weil die Moderne gerade durch eine ausgeprägte Subjektivität gekennzeichnet ist, der man nicht zu entfliehen vermag:

> [J]ene Untersuchung nach der Natur des Helden im Ich-Roman [führt] in letzter Konsequenz zu einem gar sonderbaren Ergebnis [...].
>
> Zu dem Ergebnis, daß im tiefsten Grunde in jedem modernen Roman, auch wenn er den Anschein der Objektivität und Ichlosigkeit noch so streng festzuhalten sucht, jene approximative Kongruenz von Dichter und Helden stattfindet; und daß, wenn bezüglich des Grades der Subjektivität und Ichmäßigkeit innerhalb des Gebietes des modernen Romans allerdings noch Unterschiede und bedeutende Unterschiede stattfinden, verglichen mit der Objektivität und Ichlosigkeit der homerischen Gedichte jeder moderne Roman subjektiv und ein Ich-Roman ist.[58]

Ziel dieser Vergleiche ist zu zeigen, dass die anscheinend widersprüchlichen Positionen Fontanes zum Thema Stil Spannungen in den Literaturtheorien seiner Zeit aufnehmen. In den Äußerungen Fontanes schien der begriffliche Unterschied zwischen dem eigentlichen Dichter und dem normalen Schrift-

---

57 Hart, *Die realistische Bewegung*, zitiert nach Brauneck und Müller, wie Anm. 51, S. 124.
58 Spielhagen, wie Anm. 52, S. 132.

steller von Bedeutung. Fontane erweist sich in dieser Hinsicht pragmatischer als die meisten Theoretiker seiner Zeit: Als Erneuerungsbewegung und im Kontext der Gründerzeit versteht sich der Naturalismus weitgehend als ein Ruf nach Größe in der deutschen Dichtung, ja als Abkehr von Mittelmäßigkeit, so dass trotz des Objektivitätsdiskurses viele der Manifeste zum Naturalismus eben an große Dichterseelen appellieren. 1883 hatten die Brüder Hart geschrieben, der moderne Dichter sei ein inspirierter Prophet, der durch seine Vorbildlichkeit, durch seinen Charakter, die deutsche Kultur zu neuem Leben erwecken werde:

> Ein moderner Dichter wird zugleich ein Prophet sein, er wird den ringenden und müden Mitlebenden vorausschreiten wie ein Tyrtäus, und das Ziel ihnen sichtbar erhalten, damit sie nicht erlahmen und erkälten. Er wird ein Denker sein, der alle Regungen der Zeit in sich zusammenfaßt, ein Charakter, der niemanden fürchtet und dem Gotte seines Inneren unwandelbare Treue hält, ein Helfer, der nicht aufhören wird, von Liebe zu künden und Liebe zu erwecken, göttliche Liebe.[59]

Die Verbindung zwischen Dichtertum und Wahrheit ist hier grundlegend. Wenn für Fontane der Unterschied zwischen dem normalen Schriftsteller und dem Dichter der ist, dass der Dichter eine an sich für uns interessante Figur darstellt, deren Weltanschauung oder Gesinnung ein wertvolles Objekt unserer ästhetischen Betrachtung ausmacht, so erscheint die Dichtung in theoretischen Schriften des Naturalismus oft als Gewähr nicht nur für Größe und Erneuerung, sondern auch für Authentizität, Freiheit und Wahrheit. Hier sei an Otto Brahms bekannten Essay »Zum Beginn« aus der *Freien Bühne* erinnert:

> Der Bannerspruch der neuen Kunst, von den führenden Geistern aufgezeichnet, ist das eine Wort: Wahrheit; und Wahrheit, Wahrheit auf jedem Lebenspfade ist es, die wir auch erstreben und fordern. Nicht die objektive Wahrheit, die dem Kämpfenden entgeht, sondern die individuelle Wahrheit, welche aus der innersten Überzeugung frei geschöpft ist und frei ausgesprochen: die Wahrheit des unabhängigen Geistes, der nichts zu beschönigen hat und nichts zu vertuschen hat.[60]

Karl Bleibtreu geht einen Schritt weiter, um die literarische Wahrheit, sogar die Wahrheit schlechthin, als nur subjektiv zu erfassen:

---

59 Heinrich und Julius Hart, *Graf Schach als Dichter* (1883). In: Brauneck und Müller, wie Anm. 51, S. 19–20, hier S. 20.
60 Otto Brahm, *Zum Beginn*. Zitiert nach: Walther Killy (Hrsg.), *Die deutsche Literatur vom Mittelalter bis zum 20. Jahrhundert*, München 1988, Bd. VII S. 65–66, hier S. 65.

> Denn die reine Objektivität, von der Laien so viel Wesens machen, ist eine Phrase. Subjektivität ist Wahrheit, sogar das einzig bestimmbare Wahre, und Wahrheit das Erfordernis des literarischen Werkes.[61]

Da Fontanes Äußerungen zum Stil verstreut sind, kommen die zwei Auffassungen, die wir herausgearbeitet haben, nie wirklich in Kontakt miteinander. Einige Theoretiker des Naturalismus versuchen aber gerade, beide Ansprüche der neuen Bewegung in Verbindung miteinander zu bringen. Für Conrad Alberti ist die moderne Kunst durch subjektiven *und* objektiven Realismus geprägt. Objektiv soll der Realismus sein, denn aus seiner Sicht ist »die reale Natur« »das einzig Wahre und daher der einzig berechtigte Gegenstand künstlerischer Darstellung.«[62] Interessanter für unsere Analyse ist seine Auffassung der Subjektivität im Realismus. Subjektiv soll der Realismus sein, da der Künstler nur darzustellen habe, was er innerlich erarbeitet hat, was er »mit eigenen Nerven durchlebt hätte«.[63] Er stelle nicht dar, »was er nicht aufs genaueste erforscht, geprüft, studiert hätte, darein er sich nicht durch Autosuggestion bis zur vollendeten Selbstdurchlebung versetzt hätte. Er lasse den Stoff fallen, der ihm solche Selbsthineinversetzung unmöglich macht.«[64] Der letzte Punkt entspricht durchaus Fontanes Modell, in dem für den wahren Dichter die Stoffwahl von entscheidender Bedeutung ist, da Fontane Kohärenz zwischen dem Individualstil, Textsortenstil und Thema als unentbehrlich sieht.

4. Vom Stil zum Ton in »Effi Briest«.

Fontane erinnert sich in seiner autobiographischen Schrift *Von Zwanzig bis Dreißig*, wie neue Stoffe ihn zu wirkungsvollerem Schreiben brachten und ihm zum richtigen Ton in den Tunnel-Sitzungen verhalfen:

> Meine ganze Lyrik, nicht viel anders wie während meiner voraufgegangenen Leipziger Tage, war, auch zu jener Zeit noch, auf Freiheit gestimmt oder streifte wenigstens das Freiheitliche, woran der Tunnel, der in solchen Dingen mit sich reden ließ, an und für sich nicht ernsten Anstoß nahm, aber doch mit Recht bemerkte, daß ich den Ton nicht recht träfe. […] Ganz allmählich aber fand ich mich zu Stoffen heran, die zum Tunnel sowohl wie zu mir selber besser paßten als das »Herweghsche« […]. Dies für mich Bessere

---

61 Zitiert nach Brauneck und Müller, wie Anm. 51, S. 48.
62 Conrad Alberti, *Die zwölf Artikel des Realismus. Ein litterarisches Glaubensbekenntnis*. In: Brauneck und Müller, wie Anm. 51, S. 49–56, hier S. 53.
63 Ebd.
64 Ebd.

war der Geschichte, besonders der brandenburgischen, entlehnt, und eines Tages erschien ich mit einem Gedicht »Der alte Derfflinger«, das nicht bloß einschlug, sondern mich für die Zukunft etablierte.[65]

In einem abschließenden Abschnitt wenden wir uns jetzt am Beispiel von *Effi Briest* der Frage nach der Subjektivität und Objektivität in Fontanes eigener Dichtung zu und dem Begriff ›Ton‹, dem wir oben und in Zusammensetzung ›Keller-Ton‹ begegnen, aber noch nicht beleuchtet haben. Hatte Fontane in seinen Stilaussagen vornehmlich den ästhetischen Vorgang im Auge, hier im Roman betont er die Situiertheit nicht nur literarischer sondern aller Kommunikation.

Im fünften Kapitel von *Effi Briest* liefert Luise von Briest die folgende Charakterisierung ihrer Tochter:

> »Sie hat wohl das Bedürfnis zu sprechen, aber sie hat nicht das Bedürfnis, sich so recht von Herzen auszusprechen, und macht vieles in sich selber ab; sie ist mitteilsam und verschlossen zugleich, beinahe versteckt; überhaupt ein ganz eigenes Gemisch.«[66]

Frau von Briests Charakteranalyse von Effi lässt sich in breiterem Zusammenhang unserer Diskussion als eine Beschreibung der wiederkehrenden Spannungen zwischen subjektivem Ausdruck und objektiver Zurückhaltung, die Fontanes Stilauffassung dominieren, einordnen; sie weist aber auch auf eine textinterne Thematisierung dieser Spannung im Roman hin. Die Frage der Subjektivität im realistischen Roman und im Roman Fontanes gehört seit langem zu den Feldern der Fontane-Forschung; es sei hier Richard Brinkmanns kurze, aber brillante Analyse in seiner Studie *Theodor Fontane. Über die Verbindlichkeit des Unverbindlichen* herangezogen.[67] Brinkmann stellt fest, dass alle Realisten in der deutschen Tradition zu einer subjektiven Darstellung der Wirklichkeit neigen. Fontane stellt, so Brinkmann, eine Ausnahme dar, indem es sich bei ihm um eine »unkaschierte Subjektivität« handelt.[68] Damit meint Brinkmann, dass, während andere Realisten ihre Ansichten als objektive Wahrheit zu vermitteln versuchen, Fontane seine Stellungnahme zum Dargestellten weitgehend verschweigt; stattdessen verdeutlicht Fontane, dass dieses Dargestellte selbst ein subjektiv gemodeltes ist: Er tritt zwar wenig als Erzähler hervor, ist aber trotzdem überall spürbar, vor allem in den Gesprächen, dafür

---

65 HFA III/4, S. 325–326.
66 HFA I/4, S. 38.
67 Richard Brinkmann, *Theodor Fontane: Über die Verbindlichkeit des Unverbindlichen*, 2. Aufl, Tübingen, 1977.
68 Ebd., S. 180.

sorgt der unverkennbare Fontane-Ton.[69] Es ist zwar leicht, Fontane-Figuren in den Romanen zu finden, man denke an Dubslav von Stechlin oder Herr von Briest, ältere Causeurs, die Fontanes Vorliebe für Plauderei zu teilen scheinen und sprachliche Neigungen zu den bekannten Merkmalen der Fontane-Sprache, wie Paradoxe und zugespitzte Sätze, mit einer souveränen Menschlichkeit zu verbinden scheinen. Die wohl wichtigste Einsicht Brinkmanns hier ist aber, dass diese Stilelemente, die wir eingangs erläuterten, sich auch im Munde der Figuren wiederfinden, »mit deren [...] Meinungen er sich beileibe nicht identifiziert, sich zu identifizieren oft schon von äußeren Daten her gar nicht in den Verdacht kommen kann.«[70]

Diese Tendenz ist für *Effi Briest* kennzeichnend. Effi selbst drückt sich sehr unterschiedlich aus; ihre emotionelle Entwicklung steht im Zentrum unseres Interesses und demzufolge entspricht ihre Redeweise jeweils ihrem geistigen Zustand, wie etwa die aufeinander folgenden kurzen Sätze, die ihre fast atemlose Freude, als Roswitha sie in ihrer Berliner Wohnung besucht, zum Ausdruck bringen,[71] oder die rhetorische Eloquenz, die ihre Wut gegenüber Innstettens Erziehung ihrer Tochter produziert.[72] Ist man auf der Suche nach dem Fontane-Ton, sind es die Nebenfiguren, die vielversprechendere Quellen zu bieten scheinen, wie Niemeyer, der die Bedeutung des Lebens für »viel und wenig« hält und einen echt Fontane'schen Aphorismus hervorbringt: »Mitunter ist es recht viel und mitunter ist es recht wenig.«[73] Problematischer ist, dass sich auch die Sprache vom Major Crampas teilweise als Plauderei analysieren ließe: Sätze wie »Wer gerade gewachsen ist, ist für Leichtsinn. Überhaupt ohne Leichtsinn ist das ganze Leben keinen Schuß Pulver wert«[74] besitzen nicht nur die Sentenzhaftigkeit, die wir als ein wichtiges Merkmal des Fontane-Tons erkennen,[75] vielmehr erinnert die Sprache des »guten Causeur[s]«[76] Crampas thematisch wie formell an die humorvolle Rede des Herrn Briest, der spielerisch und neckend »Zweideutigkeiten« sagt, und der erklären kann, »nichts bekomme einem so gut wie eine Hochzeit, natürlich die eigene ausgenommen.«[77] Es ist sogar charakteristisch für den

---

69 Ebd., S. 180–182.
70 Ebd., S. 182–183.
71 HFA I/4, S. 262.
72 HFA I/4, S. 274–275.
73 HFA I/4, S. 281.
74 HFA I/4, S. 129.
75 Siehe zum Beispiel Norbert Mecklenburg, *Theodor Fontane. Realismus, Redevielfalt, Ressentiment*, Stuttgart 2018, S. 90.
76 HFA I/4, S. 130.
77 HFA I/4, S. 37.

Roman, dass sich die Eigenschaften etlicher Figuren in anderen wiederfinden; nicht nur der verführerische Crampas ist »Damenmann«, sondern auch der treue Arzt Rummschüttel, wenn auch »in den richtigen Grenzen«.[78]

Es wäre irreführend eine klare Lösung zu diesem scheinbaren Deutungsproblem vorzuschlagen; die Figuren im Roman entziehen sich einer einfachen Kategorisierung und in diesem Roman handelt es sich ja weniger um Recht und Schuld und vielmehr um Urteile, eben darum, dass vertretbare, menschliche Urteile zu fällen schwierig ist: »Es ist so schwer, was man tun und lassen soll.«[79] In der Frage nach dem Fontane-Ton ist dieses Charakteristikum von *Effi Briest* insofern interessant, als es einen Grundsatz der moderneren Stilistik erzählerisch zu behandeln scheint, nämlich, dass sprachliche Merkmale oder Stilelemente keinen Stilwert an sich besitzen. Stilistischer Sinn entsteht erst im konkreten Kontext, im produzierten Text und im kommunikativen Handeln. Dazu gehört die »Stilabsicht« des Sprechers.

Hier ist der Begriff ›Ton‹ im Roman relevant. Wenn auch Ton einfach die Art und Weise des Redens bezeichnen kann, wie in den Wendungen »in ruhigem Tone«[80] oder »in ziemlich ernstem Tone«,[81] hat das Wort meistens komplexere Assoziationen. Es weist auf die persönliche Redeweise hin, wie bei dem ersten Spazierritt mit Effi und Innstetten, als Crampas, durch Innstetten augenblicklich beunruhigt, wieder »in seinem alten Ton« d. h. gelassen und zu sich selbst gekommen, antwortet.[82] »Ton« konnotiert andernorts Stilebenen und erinnert an die Ton-Lehre, oder die rhetorische Tradition des Wortes im frühen neunzehnten Jahrhundert, die Sengle in *Biedermeierzeit* behandelt.[83] Effi selbst spricht über Liebe in einem »Überzeugungston«, den die Mutter als unpassend empfindet. Diese will, sehr bewusst, »einen feierlichen Ton« im Gespräch mit ihrer Tochter vermeiden, um ein bestimmtes Ziel zu erreichen, nämlich, um herauszufinden, ob sie lieber den Vetter Dagobert heiraten möchte.[84]

In diesem Roman spielen verborgene Absichten in Gesprächen aber eine entscheidende Rolle und nach dem Beginn des Umgangs mit Crampas reagieren sowohl Effi wie auch Innstetten auf verdeckte Anspielungen und Mitteilungen zunehmend aufmerksam. Effi fragt sich zum Beispiel, ob Innstetten

---

78 HFA I/4, S. 199.
79 HFA I/4, S. 120.
80 HFA I/4, S. 31.
81 HFA I/4, S. 36.
82 HFA I/4, S. 129.
83 Sengle, wie Anm. 26, S. 594–647.
84 HFA I/4, S. 39.

etwas »absichtlich in zweideutiger Form gesagt habe«, als er sie zu mahnen scheint, »was man empfängt, das hat man auch verdient.«[85] Innstetten selbst fühlt einen »leisen Argwohn« als, nach der Nachricht, sie würden nach Berlin umziehen, Effi »seine Knie umklammert[...], und [...] in einem Tone [sagte], wie wenn sie betete: ›Gott sei Dank!‹«[86] Hier beachten die Rezipienten weniger Stil im Sinne von Wortwahl oder Syntax; vielmehr verweist Ton auf die Einstellung der Sprecher, auf das, was sie mit dem Besagten erreichen wollen oder eine Stellungnahme, die sich aus der Redeweise deuten lässt, und insofern auf den sozialen, interaktiven Charakter der Sprache als Handeln.

Dass in diesem Roman Einstellung und Absicht noch wichtiger als der Inhalt einer Aussage werden können, beweist die Szene in Kapitel 19, als Sidonie von Grasenabb das Benehmen Coras scharf kritisiert, worauf Innstetten negativ reagiert, ein Beispiel hier von negativen Stilwirkungen. Der Erzähler weist darauf hin, dass Innstetten

> ihr eigentlich zustimmte, fand trotzdem den Ton, in dem das alles gesagt wurde, so verletzend herbe, daß er spöttisch bemerkte: »Ja, meine Gnädigste, was dabei herauskommen soll? Ich weiß es auch nicht«.[87]

Diese Zeilen sind näherer Betrachtung wert. Erstens sei hier hervorgehoben, dass Innstetten eigentlich gleicher Meinung ist wie Sidonie, und dass dies ausdrücklich vom Erzähler bestätigt wird. Zweitens deutet aber seine spöttische Antwort nicht nur darauf hin, dass er Abstand von Sidonie nehmen möchte; seine Antwort bezeugt sogar eine Kritik der Stellungnahme Sidonies, eine Kritik zu der Innstetten gebracht wird als Folge, als Wirkung ihres Tons. Kurz: die Gültigkeit einer Aussage oder eines Urteils besteht nicht nur in deren Inhalt (hier der ausgedrückten Meinung), aber auch nicht in der sprachlichen Form an sich: wir entsinnen uns, dass auch Crampas ein geistreicher Causeur ist, und auch die engstirnige Rede Güldenklees im 19. Kapitel weist eine gewisse sprachliche Brillanz aus. Vielmehr ist es der Ton, die spürbare oder verdeckte sprachliche Absicht des Sprechenden, welche sowohl sprachlicher Form wie thematischem Inhalt wahre Bedeutung verleiht. Sidonie ist eigentlich von der Ritterschaftsrätin von Padden in Fragen der Glaubensstrenge übertroffen; diese aber besitzt Humor, dessen Signifikanz darin besteht, dass er den menschlichen Umgang nicht nur erleichtert, sondern auch zu einer Freude macht.[88] Crampas besitzt Humor und seine Sprache

---

85 HFA I/4, S. 148.
86 HFA I/4, S. 182.
87 HFA I/4, S. 153
88 HFA I/4, S. 165.

weist viele Elemente der Fontane'schen Plauderei auf, bei ihm aber werden sie zu Werkzeugen eines manipulierenden Verführers.

Wie lässt sich aber dieser Ton-Diskurs, der offenbar die Subjektivität menschlicher Aussagen thematisiert, mit dem Verlangen nach Objektivität, der auch Teil von Fontanes Stilverständnis bildet, vereinbaren? Wir sollten uns davor hüten, den Roman als eine Art Stilparabel zu lesen, aber vielleicht darf man die bewertete Zurückhaltung mehrerer Figuren als ein Zurückdrängen des eigenen Ichs betrachten. Man denke hier an Rummschüttel: »ein überaus lebensgewandter Herr, der alles recht gut sah, aber nicht alles sehen wollte, weil er wußte, daß dergleichen auch mal zu respektieren sein könnte.«[89] Wie so oft bei Fontane, fließen Ethisches und Poetisches zusammen.

Der Ton-Diskurs in *Effi Briest* entspricht insofern dem Konflikt im Roman zwischen Prinzipien, oder abstrakten, universalen Grundsätzen und menschlichen Standpunkten anderen gegenüber; dass sowohl Crampas wie Briest, wie manchmal auch Innstetten sich gleicher Stilzüge bedienen können und dass diese höchst unterschiedliche Haltungen ausdrücken können, verweist darauf, dass nicht nur die Gültigkeit von Aussageinhalten, sondern auch von Formen bedingt ist. Es sei hier an Barbara Sandigs Definition des Stils als die »sozial relevante (bedeutsame) Art der Handlungsdurchführung« erinnert.[90] In *Effi Briest* verweist der wiederkehrende Begriff ›Ton‹ auf die »sozial relevante« Bedeutung der Sprache als gesellschaftliche Handlung, auf das, was Individuen durch ihre Sprache in der Gesellschaft erreichen wollen, und so darf *Effi Briest* als eine erzählerische Reflexion über die notwendig subjektive und gesellschaftliche Bedingtheit des stilistischen Sinnes gelesen werden, die theoretische Überlegungen des 20. Jahrhunderts vorwegnimmt.

Zusammenfassung

Fontane hinterließ keine systematische Behandlung der Stilfrage, aber es ist möglich, seine Reflexionen zu systematisieren. Sie belegen eine langjährige und subtile Auseinandersetzung mit dem Stilproblem, die nicht nur Diskurse seiner Zeit widerspiegelt, sondern auch theoretische Grundpositionen der Stilistik vorwegnimmt. Fontane kennt im Grunde zwei Stilbegriffe. Für die meisten Schriftsteller ist Objektivität geboten, die gleichbedeutend mit der Vermeidung des Manierismus durch das Zurückdrängen des eigenen Subjekts ist. Für wahre Dichter bedeutet Stil nichtsdestoweniger einen erkennbaren

---

89 HFA I/4, S. 200.
90 Sandig, wie Anm. 18, S. 9.

Individualstil; hier ist aber Fontanes Ansicht nach die Stoffwahl umso wichtiger, denn auch der individuelle Stil muss zum Ganzen passen, ansonsten entstünden Dissonanzen, und die organische Einheit des Kunstwerks wäre gefährdet. Dieser doppelte Stilbegriff entspricht Konzeptionen im 19. Jahrhundert, die sich bemühen, normative Ratschläge für gutes Schreiben mit einer postromantischen Dichterpoetik zu vereinen. In den Reflexionen sind die Dichotomien Objektivität/ Subjektivität bzw. Schriftsteller/ Dichtertum nachweisbar, sodass Fontanes Äußerungen zum Stil, scheinen sie auch widersprüchlich, den im 19. Jahrhundert entwickelten Positionen und Modellen durchaus nahekommen.

Fontanes Auseinandersetzung mit der Objektivitätsproblematik geschieht ferner innerhalb eines sich entwickelnden Diskurses der 1880er Jahre, in dem ein Verlangen nach Objektivität sich oft nur schwer mit der poetischen Notwendigkeit, Wahrheit neu zu erfassen und dieser sprachlich Ausdruck zu verleihen, vereinbaren lässt. Diese zum Teil antithetischen Positionen ergänzen sich in Fontanes Verständnis des Stils, weil er Stil als ästhetischen Prozess begreift, in dem beide Schreibarten der Vorrangstellung der künstlerischen Wirkung untergeordnet sind.

In seiner Keller-Kritik hatte Fontane vielleicht den Begriff ›Ton‹ als Synonym für Stil verwendet, wie er das auch mehrmals in seinen Briefen und Kritiken tut. Nichtsdestoweniger: dass der eingebürgerte Begriff für den Fontane-Stil der Fontane-Ton geworden ist, darf als eine glückliche Fügung angesehen werden. Denn die simple Suche nach dem Fontane-Stil in einer bestimmten Anzahl wiederkehrender Redewendungen würde der Hauptrichtung seines Ton-Diskurses zuwiderlaufen. Sind es ästhetische Vorgänge des Produzierens und Rezipierens, die in seinen kritischen Schriften dominieren, so kommt im Romanwerk die gesellschaftliche Situiertheit der Sprache und somit des Stiles zur Geltung. In *Effi Briest* betont Fontane die menschliche Dimension sprachlichen Handelns: d. h. dass Texte von Menschen mit sozialen Absichten (bekannt oder unbekannt) produziert werden, dass die Verhältnisse zwischen dem Sprecher und Rezipienten die Bedeutung oder den Wert einzelner Stilelemente teilweise entscheiden. Ton kennzeichnet ein spürbares, verbales bzw. kommunikatives Verhalten von Sprecherinstanzen, jenseits dessen, was sie ausdrücklich sagen, und insofern dürfte man Fontane als Vorläufer pragmatischer Modelle in der Stilistik (und Linguistik) betrachten, oder genauer gesagt, schließen, dass Fontane ähnliche Aspekte des Stilproblems in einem Roman dichterisch behandelt.

Jedoch: Anders aber als in wissenschaftlichen Modellen des Stils ist in *Effi Briest* Stil, dessen Produktion, Wirkung und Rezeption nie oder fast nie ohne einen ethischen Inhalt. Der Ton des Sprechers entpuppt sich nicht nur als sprachliche, sondern auch als gesellschaftliche Handlung, und wird somit nach sozial-ethischen Maßstäben bewertet. Dazu scheint Fontane das semiotische Dasein des Menschen in den Vordergrund zu rücken. Ähnlich wie bei europäischen Autoren des frühen zwanzigsten Jahrhunderts – man denke hier an François Mauriac – wird es für Effi zunehmend schwierig, teilweise unmöglich, andere Menschen wirklich im Innersten zu kennen und denen zu trauen, so dass sie letzten Endes Ruhe nur im engen, vertrauten Kreis finden kann. Die Distanz zwischen ihr und anderen wird, vor allem in Kessin unüberbrückbar, die wahren Absichten und der wahre Sinn ihres Gegenübers immer fragwürdiger. In diesem Zusammenhang wird die korrekte Auslegung einer Mitteilung problematischer und demzufolge die interpretative Fähigkeit des Menschen entscheidender. Stil ist relational sicher, erhält aber vor allem im unsicheren Handlungsraum zwischen Individuen in der Gesellschaft seine wahre Bedeutung.

Fontanes Methode des Überschreibens

Wenn einer kommt und mit Texten spielt

Regina Dieterle

Ist es Fontane?

Es gibt diese Szene in Theodor Fontanes historischem Roman *Vor dem Sturm*, da trifft sich eine Gruppe junger Männer, Studenten und Offiziere, in der Wohnung von Lewin von Vitzewitz. Ihr Treffen dient dem literarischen Austausch. Literatur aber ist ein weiter Begriff. Auch in diesem Klub, der sich den Namen Kastalia gegeben hat. Kastalia steht synonym für dichterische Inspiration und leitet sich ab von der geweihten Quelle der delphischen Jungfrau Kastalia. *Kastalia* heißt auch das Kapitel, in dem wir uns befinden. Es steht im ersten Drittel des 3. Bandes, also etwa in der Mitte des ganzen Romans.

Wir sind im Berlin der Franzosenzeit und schreiben den 5. Januar 1813. Alles schwankt. Zwar hat die Grande Armée in Borodino ihren blutigen Sieg errungen (7. September 1812). Sie ist aber nach dem Brand von Moskau (14. September 1812) und nach der Schlacht an der Beresina (26. bis 28. November 1812) vollkommen vernichtet. Das *Vingt-neuvième bulletin de la Grande Armée*, das berühmte 29. Bulletin vom 17. Dezember 1812, hat die Niederlage auch bereits eingestanden. Napoleon indes ist zurück in Paris und sammelt neue Truppen. Dieses aktuelle politische Geschehen wirkt in den Kreis hinein, der sich bei Lewin, der Hauptfigur, trifft.

Es werden an diesem Abend auch zwei Gäste erwartet. Es sind dies die beiden preußischen Kavallerieoffiziere von Hirschfeldt und von Meerheimb. Beide haben in den Napoleonischen Kriegen gekämpft, der eine in Spanien, der andere in Russland. Der eine gegen, der andere für Napoleon. Beide sind gezeichnet vom Krieg. Hirschfeldt hat jetzt ein zerhauenes und vernarbtes Gesicht, Meerheimb, der in Borodino stand, trägt »den linken Arm noch in der Binde«.[1] Das Besondere an diesem Kastalia-Abend ist, dass Meerheimb

---

1 GBA Das erzählerische Werk, Bd. 1–2, *Vor dem Sturm. Roman aus dem Winter 1812 auf 13 (= VdS)*, S. 96. – Die kritische Neuedition des Romans gibt den Text der Erstedition von 1878 wort- und zeichengetreu wieder.

wie Hirschfeldt versprochen haben, ihr neustes Manuskript mitzubringen. Und aus diesem ihrem Manuskript – Erinnerungen an die Schlachten, die sie schlugen – wollen sie vorlesen. Die anderen haben anderes mitgebracht.

Den Anfang macht der Theologiekandidat Himmerlich.[2] Er liest sein Gedicht *Sabbath*,[3] eine Übertragung aus dem Englischen, und fällt in der anschließenden Kritik vollständig durch. Es folgt Hansen-Grell mit dem Gedicht *General Seydlitz*.[4] Jetzt ist der Jubel unter den Freunden groß. Lewin, der Nächste, der an der Reihe wäre, zieht seine melancholischen Verse,[5] einem plötzlichen Impulse folgend, zurück, fürchtet er doch, sie könnten seinen Liebesschmerz um Kathinka Ladalinski verraten. Und so ist es Rittmeister von

---

2 Über die Dichtungen, die an diesem Kastalia-Abend der Reihe nach vorgelesen werden sollen, heißt es zu Beginn des Kastalia-Kapitels (3. Band, 7. Kapitel): »Lewin ging zu Tisch. [...] Zwei Briefe waren in seiner Abwesenheit abgegeben worden, einer von Doktor Saßnitz, der sein lebhaftes Bedauern aussprach, am Erscheinen in der Kastalia verhindert zu sein, der andere vom Kandidaten Himmerlich, zugleich unter Beifügung eines lyrischen Beitrags. Es waren vier sehr lange Strophen unter der gemeinschaftlichen Ueberschrift ›Sabbath‹. Lewin lächelte und schob das Blatt, nachdem er auf demselben mit Rothstift eine I vermerkt hatte, in einen bereit liegenden, als Kastaliamappe dienenden Pappbogen, in den er gleich darauf auch die von Hansen-Grell empfangenen Verse, sowie seine eigenen Reime vom Abend vorher hineinlegte. Auch diese beiden Beiträge hatten zuvor ihre Rothstiftnummer erhalten.« In: *VdS*. Bd. 2, S. 94.

3 Beim Gedicht *Sabbat(h)* handelt es sich um eine Übertragung Fontanes von einigen Strophen des Gedichts *The Poet's Sabbath* von John Critchley Prince. In seinen frühen Leipziger Jahren, 1842/43, übersetzte Fontane mehrere Gedichte des englischen Spinnereiarbeiters J. C. Prince und veröffentlichte sie in der progressiven Zeitung *Die Eisenbahn* (vgl. FBG. Nr. 1549/1550/1551/1553) sowie im Stuttgarter *Morgenblatt für gebildete Leser* (FBG/Rasch, Nr. 1554). – *Sabbat(h)* ist eine neue Übertragung Fontanes aus der Zeit, als er an *Vor dem Sturm* schrieb (vgl. GBA *Gedichte*. Bd. 2, S. 111 und Anmerkung). In der Kastalia-Sitzung wird das englische Original dem (fiktiven) Fabrikarbeiter und Dichter William Wilberforce zugeschrieben.

4 Das von Hansen-Grell vorgetragene Gedicht *General Seydlitz* ist ebenfalls von Fontane, geschrieben für den Roman *Vor dem Sturm*. Fontane nahm es 1889 in seinen Band *Gedichte* auf und schuf so einen Gedichtzyklus zu Seydlitz, dem erfolgreichen Kavalleriegeneral unter Friedrich II.: *Herr Seydlitz auf dem Falben* (1. Teil, 18. April 1847 im Tunnel mit Erfolg vorgetragen), *Seydlitz und der Bürgermeister von Ohlau* (2. Teil, Entstehung 1888/89) und *General Seydlitz* (3. Teil, Entstehung um 1877). Vgl. GBA *Gedichte*. Bd. 1, S. 192–195 und Anmerkungen.

5 Das Gedicht *Tröste dich, die Stunden eilen*, das Lewin am Vorabend der Kastalia-Sitzung niederschreibt (vgl. *VdS*. Bd. 2, S. 87–88), sind Verse Fontanes, die er in der Krisenzeit von 1876 verfasste. Das Gedicht wurde in *Vor dem Sturm* zum ersten Mal veröffentlicht. Vgl. GBA *Gedichte*. Bd. 1, S. 42 und Anmerkungen.

Hirschfeldt, einer der beiden Gäste, der nun das Wort erhält. Er liest »mit klangvoller Stimme« aus seinen »Erinnerungen aus dem Kriege in Spanien«.[6]

1811 gab es in Spanien intensive Widerstandsgefechte gegen das expansive Frankreich. Diese historische Tatsache nimmt der Roman hier auf. In seiner Lesung greift Rittmeister von Hirschfeldt direkt die Stelle heraus, die »Das Gefecht bei Plaa«[7] schildert. Dort bei Plaa, so erfahren wir, hat er tapfer, aber erfolglos an der Seite der Spanier gegen die vordringende Grande Armée gekämpft. Gekämpft zusammen mit seinem älteren und militärisch gewandteren Bruder Eugen. Eugen, es stockt den gebannt zuhörenden Kastalia-Mitgliedern der Atem, wurde in der Schlacht bei Plaa schwer verwundet. Und wenige Tage später starb er in den Armen seines jüngeren Bruders, desselben, der jetzt hier sitzt und vorliest. Schauerlich aber ist der Schluss der Szene. Rittmeister von Hirschfeldt erzählt in seinen Erinnerungen nämlich, wie er nachts noch einmal allein in die Klosterkirche hinaufstieg, um den Sarg, in den er den Toten gebettet hatte, erneut zu öffnen. Ein wichtiger Zettel war im Uniformrock steckengeblieben, und diesen musste er dringend haben:

> So kam ich bis an den Altar. Da stand der Sarg, vorläufig mit einem Brett nur überdeckt. Ich hob es auf und meines Bruders gläserne Augen starrten mich an. Ich stellte, da kein anderer Platz war, die Laterne zu seinen Füßen und begann langsam Knopf um Knopf den Uniformrock zu öffnen, der sich fest und beinahe eng um seine Brust legte. Ich that es mit abgewandtem Gesicht; aber wie ich auch vermeiden mochte, nach ihm hinzusehen, ich hatte doch sein Todesantlitz vor mir. Endlich fand ich das Papier und steckte es zu mir. Dann kam das schwerste: ich mußte die Knöpfe wieder einknöpfen, da ich es nicht über mich gewinnen konnte, ihn in offener Uniform wie einen Beraubten liegen zu lassen. Und als auch das geschehen, trat ich den Rückweg an.[8]

Unbestritten, die Passage steht in Fontanes Roman *Vor dem Sturm*. Aber stammt sie auch wirklich aus seiner Feder? Historisch belegt ist, dass die Brüder Hirschfeld – mit d geschrieben, nicht mit dt wie im Roman – tatsächlich in der Schlacht bei Plaa gekämpft haben und Eugen, der ältere, dort gefallen ist. Zudem: Die beiden Hirschfelds haben Tagebuchaufzeichnungen und Erinnerungen hinterlassen. Sie wurden 1863 erstmals veröffentlicht, gerade rechtzeitig zu den Jubiläumsfeierlichkeiten 50 Jahre nach den Befreiungskriegen.[9] Und dieses Buch hat Fontane kurz nach Erscheinen rezensiert.

---

6   *VdS*. Bd. 2, S. 108–109.
7   Ebd., S. 109.
8   Ebd., S. 117.
9   Zu den Jubiläumsfeierlichkeiten und ihren politischen Implikationen von 1863 vgl. Hubertus Fischer, *Befreiungskriege. Konservative Erinnerungspolitik in Berlin und Umgebung im Jubiläumsjahr 1863 mit einem Rückblick auf 1848/49*. In: *Jahrbuch für brandenburgische Landesgeschichte*. Bd. 66, Berlin 2015, S. 163–184.

Die Romanpassage in *Vor dem Sturm* steht also in Bezug zu mindestens zwei weiteren Texten: zu den Hirschfeld'schen Memoiren sowie zu Fontanes Rezension dieser Memoiren.

Werfen wir zuerst einen Blick auf Fontanes Rezension. Sie erschien am 24. Juli 1864 in der *Kreuzzeitung* (Beilage) unter Fontanes Kürzel »Te.« und war versehen mit der Überschrift »Die Hirschfeldschen Memoiren. Erinnerungen an Eugen und Moritz von Hirschfeld aus Deutschland und Spanien. Berlin (Mittler und Sohn) 1863«. Fontane war damals Redakteur der *Kreuzzeitung* und hauptsächlich zuständig für die Berichterstattung aus England. Doch schrieb er gelegentlich auch für andere Spalten des Blattes. Als Rezensent war er versiert, auch in diesem Fall. So informiert er seine Leserschaft zuerst über den Inhalt der Neuerscheinung, bezeichnet dann den historischen Stellenwert der Memoiren und wertet sie schließlich nach Gehalt und Sprache. Zuletzt urteilt er:

> Unter den vielen Büchern verwandten Inhalts, die im Jubeljahr der Erhebung von 1813 veröffentlicht worden sind, nehmen die Erinnerungen an Eugen und Moritz v. Hirschfeld einen hervorragenden Platz ein. Es geht ein entschieden r i t t e r l i c h = r o m a n t i s c h e r Zug durch das Ganze und dieser poetische Gehalt, der sich überall in die einfachste und natürlichste Sprache kleidet, – dies ganz besonders ist der große Reiz des Buches.[10]

Überprüfen konnten die Leser sein Urteil an den ausführlichen Zitaten, die die Rezension enthält. Vergleicht man diese Zitate mit dem Originaltext, den Memoiren, so zeigt sich, dass Fontane als Rezensent vollkommen korrekt zitiert. Eine minimale redaktionelle Bearbeitung weist einzig die Zeichensetzung und die Zusammen- oder Getrenntschreibung auf.

Nun sind es gerade die zitierten Stellen aus der Rezension, die dann im Roman erneut auftauchen. Aber in verwandelter, transformierter Form.

Doch halten wir zuerst fest: Fontane hat die Hirschfeld'schen Memoiren kurz nach ihrem Erscheinen gelesen, sie rezensiert und ihren poetischen Gehalt sowie ihre einfache und natürliche Sprache gelobt. Und dann kam ihm fast gleichzeitig die Idee, diese Memoiren für seinen historischen Roman zu nutzen.

Dass sie zu einer Inspirationsquelle wurden, finden wir bestätigt in den frühesten handschriftlichen Textzeugen zu *Vor dem Sturm*. Es sind Notate in

---

10 Te. [= Theodor Fontane]: *Die Hirschfeldschen Memoiren. Erinnerungen an Eugen und Moritz von Hirschfeld aus Deutschland und Spanien*. In: *Neue Preußische [Kreuz-] Zeitung*. Berlin. Nr. 171, 24. 07. 1864. Vgl. FBG, Nr. 2674. Hier zitiert nach dem Bestand der Bayerischen Staatsbibliothek München, Sign. 2 Eph.pol. 21 h-1864,7/12, eingesehen unter: https://opacplus.bsb-muenchen.de/search?id=9295355&db=100 (letzter Zugriff: 10. März 2020).

den Notizbüchern der Jahre 1862 und 1866.¹¹ Der Name Hirschfeld steht im Notizbuch E2 (um 1866), und zwar neben einer Namenliste von Offizieren, die »in Spanien gefochten« haben.¹² In einer Klammerbemerkung hat Fontane mit Bleistift hinzugesetzt: »(jedenfalls Hirschfeld)«.¹³ Wir können das als Verweis auf die Hirschfeld'schen Memoiren lesen, aber auch als Verweis auf die eigene Rezension.

Dass Fontane fremde Texte gerne und regelmäßig übernahm, ist der Fontane-Forschung keineswegs verborgen geblieben. Zum hier diskutierten Sachverhalt geben denn auch alle kommentierten Fontane-Ausgaben an, dass der Autor für die als Binnenerzählung funktionierende Hirschfeld'sche Lesung im *Kastalia*-Kapitel die Memoiren der Gebrüder Hirschfeld genutzt oder in »bearbeiteter Form« Passagen daraus direkt »übernommen« hat.¹⁴ In der jüngsten kritisch kommentierten Edition von *Vor dem Sturm*, bearbeitet von Christine Hehle, finden wir sogar präzise Angaben darüber, welche Textstellen in des Rittmeisters Lesung »nahezu wörtlich«,¹⁵ »teilweise wörtlich«¹⁶ oder wortwörtlich aus den Memoiren¹⁷ übernommen sind. Die Tatsache ist also bekannt, nur das *Wie* ist noch wenig erforscht. Die Frage lautet deshalb: Was sind es für Texte, die Fontane übernimmt, und wie passt er sie in seinen eigenen Text ein?

»ich schmücke mich nirgends mit fremden Federn«

Betont werden muss, dass Fontane die Methode, fremde Texte zu redigieren beziehungsweise zu überschreiben, professionell beherrschte. Schließlich war

---

11 Vgl. *VdS*. Bd. 1: *Überlieferung. Handschriftliche Textzeugen*, S. 429–463, hier, S. 429.
12 Vgl. Theodor Fontanes Notizbuch E2, Rückseite Blatt 46 bis Vorderseite Blatt 48, hier, S. 48, SBBK. In: *VdS*. Bd. 1, S. 438. Vgl. zudem Notizbuch E3, Blatt 1 (beide Seiten) zum literarisch-militärischen Kreis: »Hans v. Hirschfeld. Gast. Erzählt seine Abenteuer in Spanien.« In: *VdS*. Bd. 1, S. 443. – Digitalisate der Notizbücher sind einsehbar auf der Seite der Theodor Fontane-Arbeitsstelle der Universität Göttingen unter: https://fontane-nb.dariah.eu/index.html (letzter Zugriff: 10. März 2020). Die genetisch-kritische und kommentierte Hybrid-Edition von Theodor Fontanes 67 Notizbüchern wurde verwirklicht unter der Leitung und Herausgeberschaft von Dr. Gabriele Radecke, Universität Göttingen (DFG-Projektende: 30. November 2019). Vgl. dazu den Aufsatz von Gabriele Radecke in diesem Band.
13 *VdS*. Bd. 1, S. 438.
14 AFA *Romane und Erzählungen*, Bd. 1/2, S. 458.
15 *VdS*. Bd. 2, S. 533.
16 Ebd., S. 534.
17 [Heinrich von Holleben (Hrsg.)], *Erinnerungen an Eugen und Moritz von Hirschfeld aus Deutschland und Spanien*, zusammengestellt von einem achtzigjährigen Veteranen des York'schen Corps vom Leibregiment. Verlag Mittler & Sohn, Berlin 1863.

er nicht nur Journalist, sondern auch geübter und versierter Redakteur. Wer die Methode des Überschreibens aber auch in seinem literarischen Werk entdeckt, und unter Umständen dort, wo er oder sie gerade den ›reinsten‹ Fontane vermutete, ist überrascht, irritiert, fasziniert.

Ich gebe zwei Beispiele.

In seinem Aufsatz *Mein Liebling Marwitz oder Die meisten Zitate sind falsch*,[18] hat Günter de Bruyn gezeigt, dass Fontane »teilweise wörtlich«[19] Passagen aus den Memoiren des Generals von der Marwitz übernommen hat, um Bernd von Vitzewitz, den Vater Lewins, zu charakterisieren. Textgrundlage muss die Fassung gewesen sein, die seinerzeit von Marcus Niebuhr besorgt worden ist (anonym, 1852). Diese Memoiren sind, wie Günter de Bruyn weiter ausführt, schon vordem in Fontanes *Wanderungen* eingeflossen und haben dort bereits ihr Spiel getrieben. Die Art und Weise, wie Fontane mit dem Text spielt, ist dabei äußerst amüsant zu beobachten. Deshalb hat Günter de Bruyn auch angeregt, jemand könnte einmal die zwar »mühselige, aber erheiternde Aufgabe« auf sich nehmen, »aus den *Wanderungen*-Bänden [...] die vielen fehlerhaften Zitate herauszusuchen und sie zu ordnen in die, die er [Fontane] verkürzt, entstellt, verschönert oder erfindet«.[20] Denn das alles komme vor. »Es kommt aber noch mehr vor«, stellt Günter de Bruyn fest: »Zitate nämlich, die er vergisst, als solche zu kennzeichnen, was man landläufig Plagiate nennt.«[21] Ein Beispiel für ein solches Plagiat sei das Kapitel *Havelschwäne*[22] im *Wanderungen*-Band *Havelland* (1873), das Fontane etwa zur Hälfte dem Feuilleton *Eine Schwanenfütterung* entnommen habe, erschienen 1857 in der *Kreuzzeitung* (Nr. 27). Autor des ausgeschlachteten oder genauer des zugrundeliegenden Textes war Louis Schneider (1805–1878). Louis Schneider war ein Förderer und langjähriger Tunnel-Freund Fontanes.[23]

Ebenfalls auf einen Freund, der das Schreiben verstand, griff Fontane zurück, als er für das Lexikon *Männer der Zeit* (1862) Artikel lieferte. So hat Hubertus Fischer festgestellt: »Die Skizze über den Berliner Bildhauer Wilhelm Wolff, den sogenannten ›Thier-Wolff‹, mit dem Fontane im Tunnel über der Spree verkehrte, ist ganze Textpassagen lang wortwörtlich der einzi-

---

18 Günter de Bruyn, *Mein Liebling Marwitz. Oder: Die meisten Zitate sind falsch*. In: Heinz Ludwig Arnold (Hrsg.), *Theodor Fontane*, edition text+kritik, München 1989, S. 11–29.
19 Ebd., S. 22.
20 Ebd., S. 25.
21 Ebd.
22 Theodor Fontane: *Havelschwäne*. In: GBA *Wanderungen durch die Mark Brandenburg*. Bd. 3. *Havelland*, 1998², S. 191–198.
23 De Bruyn, wie Anm. 18, S. 29.

gen bis dahin gedruckt vorliegenden Quelle über diesen Künstler entnommen.«[24]

Die Quelle, so erfahren wir, sei ein Artikel von Friedrich Eggers gewesen, erschienen 1856 im *Deutschen Kunstblatt* (Nr. 7).[25] Friedrich Eggers (1819– 1872) war nicht irgendwer in Fontanes weitläufigem Freundes- und Bekanntenkreis, sondern einer seiner intimsten Schriftstellerfreunde, mit dem er 1858 in nicht offen ausgetragene Konkurrenz um einen gut bezahlten Redakteursposten bei der Regierungspresse geraten war.[26]

Beide Beispiele legen nahe, dass Fontane mit einer gewissen Nonchalance Texte anderer für die eigene Arbeit nutzte. Gelegentlich geschah es wohl auch in provokativer Absicht. Wurde sein Spiel von Freunden und Kollegen entdeckt, gab es natürlich Ärger. Denn immerhin hatte Preußen 1837 das »Gesetz zum Schutze des Eigenthums an Werken der Wissenschaft und Kunst gegen Nachdruck und Nachbildung« erlassen und damit Fragen des Urheberrechts entscheidend geklärt und vorangebracht.[27] Wirklich empört zeigte sich einmal der Redakteur und Schriftstellerkollege Ludwig Pietsch (1824–1911) gegen Fontanes unverfrorenes Verfahren. Offenbar ging es um die Kriegsberichterstattung zu den Bismarck-Kriegen. Pietsch hatte das Gefühl, Fontane schreibe ihm ab.[28] Ein Gefühl, das ihm auch Recht gab, wenn er dessen ersten Teilband zum *Krieg gegen Frankreich. 1870–1871* studierte.[29] Als er es

---

24 Hubertus Fischer, *»Männer der Zeit«. Fontanes biographische Artikel für Carl B. Lorck.* In: Roland Berbig (Hrsg.), *Fontane als Biograph*, Schriften der Theodor Fontane Gesellschaft, Bd. 7, Berlin/New York 2010, S. 200.
25 Ebd.
26 Vgl. Regina Dieterle, *Theodor Fontane*. Biografie. Kapitel *Manteuffel geht über Bord, Metzel auch, Fontane auch,* München 2018, S. 400–405.
27 Vgl. Elmar Wadle: *Beiträge zur Geschichte des Urheberrechts. Etappen auf einem langen Weg*, Schriften zum bürgerlichen Recht, Bd. 425, Berlin 2012, S. 18–19.
28 Pietsch konnte sich durchaus gelegentlich von Fontane weggedrängt fühlen. So hatte dieser sich mehr als einmal um den Posten als Kunstkritiker der *Vossischen Zeitung* bemüht, den Pietsch innehatte. Pietsch war als Kriegskorrespondent in Frankreich, als Fontane an den Chefredakteur Hermann Kletke schrieb: »Ich glaube zu bemerken (wenn ich mich irre pardon!) daß in Pietsch[s] Abwesenheit die Rubrik ›Kunst‹ beinah ausfällt […]. Bei meiner Passion für diese Dinge […] biete ich mich an, in Pietsch[s] Abwesenheit, als eine Art Stellvertreter, diesen Teil kritischer Besprechung übernehmen zu wollen und zwar mit besonderem Vergnügen. Bei der Kreuz-Ztg. hab ich viel derart geschrieben. / […] An Pietsch würd' ich eventuell eigens noch schreiben, um auch den leisesten Verdacht des ›sich eindrängeln wollens‹ zu vermeiden.« (Theodor Fontane an Hermann Kletke, 23. Januar 1871, HFA IV/2, hier, S. 373).
29 In *Krieg gegen Frankreich* hatte Fontane u. a. auch aus Pietschs Berichten *Von Berlin nach Paris. Kriegsbilder 1870–71* (Berlin 1871) frei zitiert. Vgl. dazu den Kommentar zu Fontanes Brief an Ludwig Pietsch, 21. Februar 1874, HFA IV/5/II, S. 395: »Es

aussprach, spielte Fontane den Unschuldigen. Ein langer Brief an Ludwig Pietsch, geschrieben am 21. Februar 1874, gibt uns Auskunft, wie *er* die Dinge gesehen haben wollte.

Er sei »etwas verwirrt«,[30] schreibt er an Kollege Pietsch. Denn er habe nicht das Gefühl, »daß das Geschehene ungehörig sei«.[31] Tatsächlich verwende er in seinem Kriegsbuch laufend Briefe, »die damals von L[ouis] Schneider, [Paul] Hassel, [Leopold] Kayßler, [Adolf] Strodtmann, Rud[olf] Lindau und andern geschrieben wurden«, und nenne »diese Herren nirgends im Text«.[32] Aber er führe selbstverständlich »ihre Bücher«[33] am Schlusse auf. Das sei mit wenigen Ausnahmen – hauptsächlich verzichte er auf das Bibliographieren »fremdländischer Literatur«[34] – bei ihm die Regel. Was aber das Nennen von Namen im Haupttext betreffe, so folge er hier einfach »einem unbestimmten Gefühl«.[35] Es sei keine »Classificierung«.[36] Auf die Lauterkeit seiner Textarbeit bezogen aber betonte er:

> Ich darf sagen, ich schmücke mich nirgends mit fremden Federn, ohne jedesmal bestimmt zu erklären: Leser, hier kommen fremde Federn. Ich treibe einen wahren Mißbrauch mit Gänsefüßchen; mehr ist am Ende nicht zu verlangen. Der Stoff ist 100 Schriftstücken entlehnt, aus tausend Notizen zusammengetragen. Dies wird nirgends cachirt.[37]

Einen Beweis dafür, dass er immer ordentlich zitiere und seine Quellen nenne, sah er darin gegeben, dass das Titelblatt seines Kriegsbuches von 1866 mit dem Zusatz versehen war: »Die Angabe der benutzten Quellen erfolgt am Schlusse des Werkes«.[38] Dort sind auch wirklich über drei Seiten die

---

entsprach dem kompilatorischen Verfahren, das F. bereits im 1866er Kriegsbuch und gelegentlich auch in den *Wanderungen* angewendet hatte, fremde Quellen im Text nur durch allgemeine Floskeln als solche kenntlich zu machen. Pietsch dürfte sich über den folgenden Satz beschwert haben, mit dem F. eine fast ausschließlich dessen Kriegsberichten entnommene Passage über die Aktionen der III. Armee im August 1870 eingeleitet hatte: ›Wir lassen Betheiligte selbst sprechen, dabei Briefe aus dem Kronprinzlichen Hauptquartier – das meist die Marschlinie des V. Corps einhielt – excerpirend.‹ (*Der Krieg gegen Frankreich 1870–1871*, Bd. 1, S. 369).«

30 Theodor Fontane an Ludwig Pietsch, 21. Februar 1874, HFA IV/2, S. 454–455, hier, S. 454.
31 Ebd., S. 454.
32 Ebd.
33 Ebd.
34 Ebd.
35 Ebd.
36 Ebd.
37 Ebd., S. 454–455.
38 Ebd., S. 455.

benutzten Quellen (oder jedenfalls eine stattliche Anzahl davon) ordentlich aufgelistet.

Fontane wies also Ludwig Pietsch gegenüber den Vorwurf des unlauteren Kompilierens oder gar Plagiierens entschieden zurück. Man gewinnt dabei den Eindruck, dass auch dieses Zurückweisen mit zum Spiel gehörte. Zugleich gilt es, Fontane und seine Methode zu verteidigen oder mehr noch als höchst künstlerische Leistung zu würdigen. Sein Stoff, und schon das ist Könnerschaft, ist ja tatsächlich »100 Schriftstücken entlehnt« und »aus tausend Notizen zusammengetragen«, dann aber transformiert er diesen und transponiert ihn in neue Zusammenhänge. Auf diese Weise gewinnt sein Spiel mit Texten durchaus Methode. Denn vergleichen wir das Resultat mit den von ihm genutzten Textvorlagen, so entdecken wir, dass sein Text »zweiten Grades«[39] einem bewussten gestalterischen Schreibakt entspricht.

Im Detail deckt sich dieser Schreibakt mit dem, was Clarissa Blomqvist in ihrer linguistischen Studie zum Fontane-Ton dargelegt hat:[40] Seinen Ton macht aus, dass er Überleitungssätze formuliert, die Sätze gerne anreihend mit »und« oder relativierend mit »aber«, »indes«, »wenngleich« verknüpft, er kommentierende Formulierungen bevorzugt wie »mit Recht« oder »nicht mit Unrecht« und als rhetorische Mittel gerne Zweierfiguren, Alliterationen und Anaphern verwendet. Mit allen diesen Stilmitteln arbeitet Fontane einen Vorlagetext um, wenn er ihn transformiert. Es geschieht aber beim Transformieren noch mehr. Er kürzt, verknappt, tilgt einzelne Inhalte und rhythmisiert die Syntax, ohne dass dabei die Gesamtstruktur des zugrundeliegenden Textes zerstört würde. Zugleich erlaubt er sich, etwas Neues in den fremden Text hineinzufabulieren, ein deutsches durch ein französisches Wort zu ersetzen und allem eine federnde Leichtigkeit zu geben. Am Ende klingt es wie Musik. Zu diesem Schluss jedenfalls bin ich gekommen, als ich kürzlich in einer kleinen Studie Fontanes *Wanderungen*-Text *Berlin während und nach der Schlacht bei Großbeeren* mit dem zugrundeliegenden Text von Friedrich Tietz verglich, auf den ich überraschend gestoßen war.[41]

---

39 Begriff nach Gérard Genette, *Palimpseste. Die Literatur auf zweiter Stufe*, aus dem Französischen von Wolfram Bayer und Dieter Honig, edition suhrkamp. Neue Folge Bd. 683, 7. Aufl., Frankfurt am Main 2015, S. 15.

40 Clarissa Blomqvist, *Der Fontane-Ton. Typische Merkmale der Sprache Theodor Fontanes*. In: *Sprachkunst*, 2004, S. 23–34.

41 Vgl. Regina Dieterle, *Wenn Texte wandern. Von Tietz zu Fontane*. In: Ritchie Robertson und Michael White (Hrsg.), *Fontane and Cultural Mediation. Translation and Reception in Nineteenth Century German Literature*, Germanic Literatures 8, Cambridge/Leeds 2015, S. 7–22.

Vom Hypotext zum Hypertext

Nun ist das Spiel mit Texten keine Erfindung von Fontane, sondern vielmehr dem literarischen Schreiben inhärent und unter dem Stichwort der Intertextualität oder genauer Transtextualität bekannt.[42] Die hier verwendete Begrifflichkeit geprägt hat der französische Literaturwissenschaftler Gérard Genette. Seine Studie *Palimpseste. Literatur auf zweiter Stufe* (1977/78) hilft uns denn auch, Fontanes Methode des Überschreibens und Transformierens besser zu verstehen. Die Probe aufs Exempel werden wir mit der Hirschfeldt-Szene im *Kastalia*-Kapitel machen.

Vorweggenommen sei, dass Genette fünf Typen der »Transtextualität«[43] unterscheidet. Alle fünf Typen ließen sich ausgiebig bei Fontane studieren, doch der fünfte Typus soll hier vor allem interessieren. Weil aber Typus eins, zwei, drei und vier mit hineinspielen, seien sie hier kurz charakterisiert.

Als ersten Typus nennt Genette die »Intertextualität«,[44] jenes Phänomen, das auftaucht, wenn Fontane zitiert oder im engeren Sinne plagiiert – also wortwörtlich übernimmt, ohne zu zitieren – sowie auf andere Texte anspielt. Bettina Plett hat mit ihrer Studie *Die Kunst der Allusion* (1986) diese Fontane'sche Praxis für die Romane beispielhaft untersucht.[45] Als zweiten Typus nennt Genette die »Paratextualität«,[46] womit Textelemente wie »Titel, Untertitel, Zwischentitel; Vorworte, Nachworte […] Fußnoten, Anmerkungen; Motti […]« gemeint sind.[47] Es sind alles Elemente, die Fontane reflektiert und mit denen er spielt. Als dritten Typus unterscheidet Genette die »Metatextualität«[48] und verweist damit auf jene Textsorten, die andere Texte kommentieren. Eine Rezension zum Beispiel, die sich kritisch mit einem anderen Werk auseinandersetzt, ist nach Genette ein Metatext. Der vierte Typus ist die »Architextualität«.[49] Unter diesem Begriff fasst der französische Literaturwissenschaftler die Tatsache, dass wir verschiedene Gattungen und Textsorten unterscheiden und ihre Erfordernisse erfüllt sehen wollen. Das heißt, ein Kriegsbuch ist kein Roman, ein Roman keine Autobiographie.

---

42 Vgl. Genette, wie Anm. 39, S. 9–18. Ich danke herzlich Isabelle Vannotti, Romanistin in Zürich, für die anregenden Gespräche über Transtextualität und für den Hinweis auf Gérard Genettes erhellende Studie.
43 Genette, wie Anm. 39, S. 9.
44 Ebd., S. 10.
45 Bettina Plett, *Die Kunst der Allusion. Formen literarischer Anspielungen in den Romanen Theodor Fontanes,* Kölner Germanistische Studien Bd. 23, Köln/Wien 1986.
46 Genette, wie Anm. 39, S. 11 bzw. S. 13.
47 Ebd., S. 11.
48 Ebd., S. 13.
49 Ebd.

Der fünfte und für Genette aufregendste Typus aber ist die »Hypertextualität«.[50] Hier sind wir bei dem Textbeispiel, das wir untersuchen, nämlich bei der Binnenerzählung *Erinnerungen aus dem Kriege in Spanien. Das Gefecht bei Plaa* im Roman *Vor dem Sturm*.[51] Grundsätzlich reden wir, wenn wir von Hypertextualität sprechen, nicht von einem, sondern immer mindestens von zwei Texten und von der Beziehung, in der sie zueinander stehen. Text A ist nach Genette der Hypotext, der zugrundeliegende Text. Text B ist der Hypertext, jener Text, der A überlagert. Der überlagernde Text ist ein Text auf zweiter Stufe. Sein besonderes Merkmal: Ohne den zugrundeliegenden Text gäbe es den Hypertext nicht. Was Genette – und auch uns – nun besonders interessiert, ist das Transformieren. Wie wird bei Fontane ein Text A zu einem Text B? Und wie wirkt A noch immer in B hinein?

Moritz von Hirschfeld(t) – nach mündlicher Mitteilung und im Roman

Der Vorlagetext für die Hirschfeldt-Lesung im Roman ist unzweifelhaft das Buch *Erinnerungen an Eugen und Moritz von Hirschfeld aus Deutschland und Spanien* (Berlin 1863). Die Publikation, unser Vorlagetext (= Hypotext), war ein Freundschaftsdienst, zusammengestellt vom Militärschriftsteller Heinrich von Holleben (1784–1864). Sie beruht auf den Papieren, die Moritz von Hirschfeld (1790–1859) und sein Bruder Eugen von Hirschfeld (1784–1811, bei Plaa) hinterließen, sowie auf Gesprächen, die Holleben mit seinem Freund Moritz über die Spanienzeit führte und aufzeichnete. Holleben selber hatte unter General Yorck, dem Unterzeichner der Konvention von Tauroggen (30. Dezember 1812), gedient und damit den Anfang der Befreiungskriege miterlebt. Weil ihn das auszeichnete und ihm zugleich Glaubwürdigkeit als Herausgeber verlieh, trägt der Titel der *Erinnerungen* den Zusatz: »Zusammengestellt von einem achtzigjährigen Veteranen des York'schen [sic] Corps vom Leibregiment«.

Nahezu wörtlich, teilweise wörtlich oder wortwörtlich hat Fontane aus verschiedenen Teilen der *Erinnerungen* geschöpft,[52] vor allem aber aus der Erzählung *Ein unheimlicher Gang. Nach mündlicher Mittheilung von M. v. H.*[53] Diese Erzählung ist eingegangen in den Text, den im Roman der Rittmeister von Hirschfeldt vorliest (= Hypertext). Im Roman selbst ist es eine

---
50 Ebd., S. 14. Genette zählt aus dramaturgischen Gründen etwas anders: Architextualiät ist bei ihm der fünfte, Hypertextualität der vierte Typus.
51 Vgl. *VdS*. Bd. 2, S. 109–119.
52 Vgl. *VdS*. Bd. 2, Kommentar zum *Kastalia*-Kapitel, besonders S. 532–534.
53 [Heinrich von Holleben (Hrsg.)], wie Anm. 17, S. 91–93.

Binnenerzählung im Kapitel *Kastalia*. Dabei ist der Vorlesende identisch mit der Ich-Figur der Binnenerzählung.

Was wir zur Entstehung wissen, ist, dass Fontane sein *Kastalia*-Kapitel relativ spät, zwischen Juni und September 1877, fertiggestellt hat.[54] Im Laufe der Niederschrift muss er dann irgendwann den Vorlagetext neben sich auf den Schreibtisch gelegt haben, um Partien daraus direkt zu übernehmen beziehungsweise zu transformieren und seinem Roman einzuverleiben. Er verfuhr dabei nach der Methode des Exzerpierens. Jedenfalls enthält das *Kastalia*-Kapitel, das als Handschrift überliefert ist, keinerlei gedruckte Ausschnitte,[55] wie Fontane sie manchmal in seine Manuskripte einzukleben pflegte (vgl. Abb. 1 und 2).

Folgen wir nun dem Prozess des Transformierens an zwei ausgewählten Beispielen. Das erste Beispiel erzählt die Szene, in der der Ich-Erzähler für den toten Bruder einen schlichten Sarg herstellen, ihn darin betten und zur Klosterkirche hochtragen lässt. In den Hirschfeld'schen *Erinnerungen* (= Hypotext) heißt es: »Aus alten Dielen, vier Brettern und zwei Brettchen, ward daher schleunigst ein Sarg gemacht, Eugen mit der Uniform seines Regiments bekleidet und an den Altarstufen der Klosterkirche hingestellt.«[56]

Bei Fontane wird daraus folgende Romanpassage (= Hypertext):

> Ich ließ mir dies gesagt sein. Aus alten Dielen, »vier Bretter und zwei Brettchen«, wurde schleunigst ein Sarg hergestellt, und Eugen in der Uniform seines Regiments in die Todtenruhe hinein gelegt. So schafften ihn einige meiner Dragoner in die Klosterkirche hinauf und stellten ihn dicht an die Altarstufen.[57]

Wir erkennen: Fontane übernimmt aus dem zugrundeliegenden Text den Inhalt, die Erzählperspektive, die Satzstruktur (mit Anpassungen) sowie den Wortschatz (in großen Teilen). Sein Romantext, der Text auf zweiter Stufe, zeigt zugleich eine neue Gestalt, denn er bevorzugt Überleitungen, eine verstärkte Dramatisierung, größere Unmittelbarkeit sowie eine fließendere Syntax. So wird beispielsweise der verstorbene Bruder nicht einfach mit der Uniform bekleidet, eingesargt und an die Altarstufen hingestellt, sondern dramatisierend und unmittelbarer »in die Todtenruhe hinein gelegt« und tragen »einige meiner

---

54 *VdS*. Bd. 1, S. 453–454.
55 Vgl. die Handschrift *Vor dem Sturm*, Kapitel *Kastalia* in der Fontane-Sammlung, Stiftung Stadtmuseum Berlin. Bettina Machner, Sammlungsbetreuerin, sei herzlich gedankt für die kritische Durchsicht der Handschrift, für informative Auskünfte und die Bereitstellung von Digitalisaten.
56 [Heinrich von Holleben (Hrsg.)], wie Anm. 17, S. 91.
57 *VdS*. Bd. 2, S. 115.

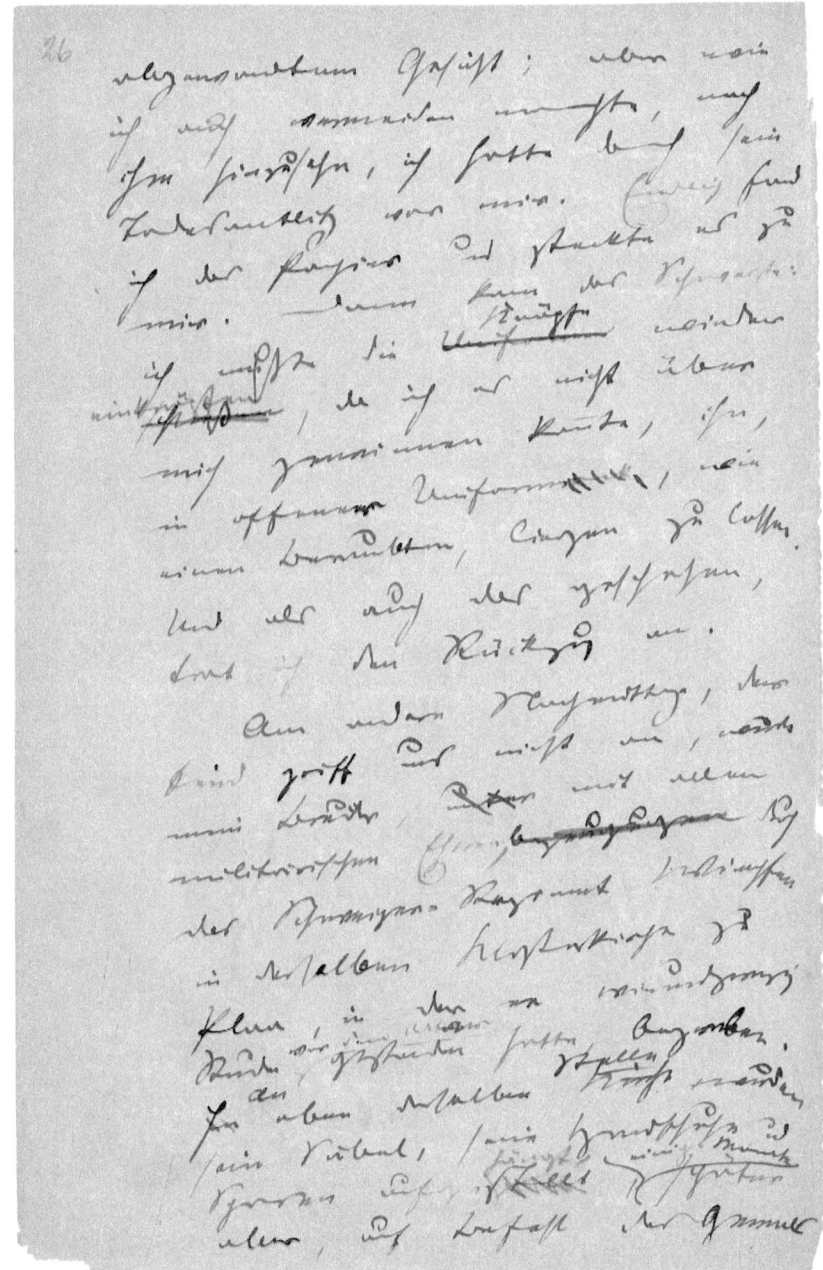

Abb. 1: Theodor Fontane: Manuskriptseite von *Vor dem Sturm*, Kapitel *Kastalia* mit handschriftlichen Korrekturen, 1877; vgl. *VdS*, Bd. 2, S. 117 © Stiftung Stadtmuseum Berlin, V-67/870,III,07 Vorderseite Blatt 26. Handschrift: 33,10 cm × 20,60 cm.

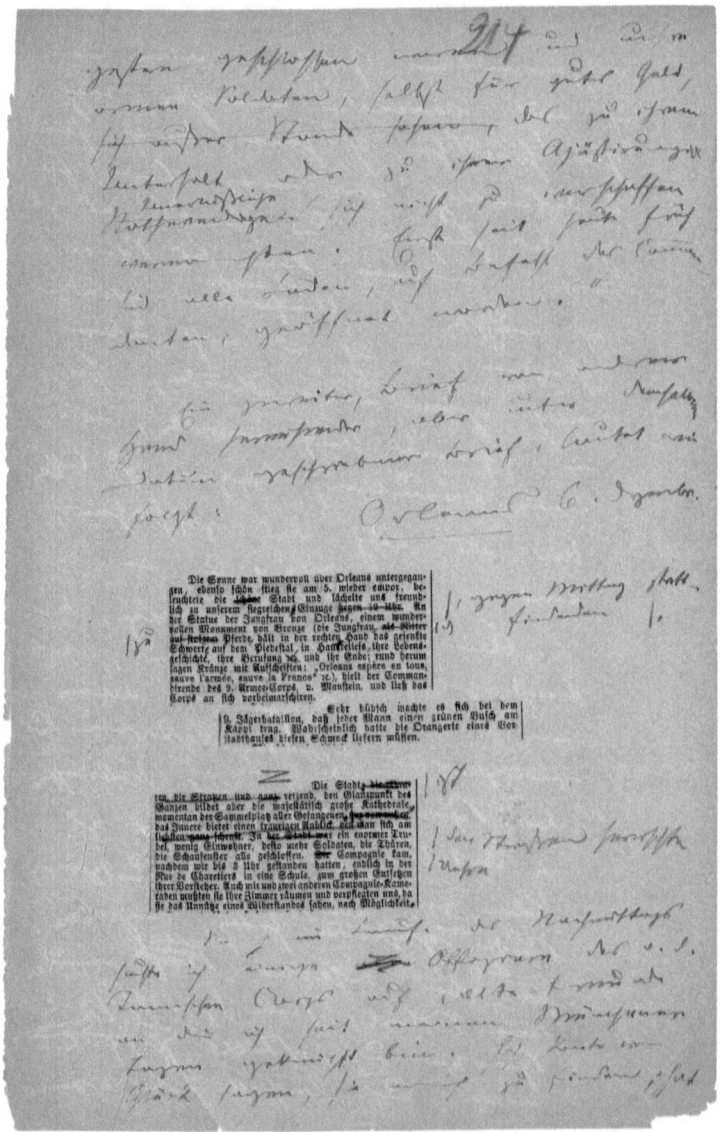

Abb. 2: Theodor Fontane: Manuskriptseite von *Der Krieg gegen Frankreich 1870–1871* (Bd. 2: *Der Krieg gegen die Republik*) mit aufgeklebten und zum Text montierten Zeitungsausschnitten aus zwei unterschiedlichen Quellen; vgl. *Krieg gegen Frankreich* [am 5. und 6. Dezember 1870], vor 1876 bzw. Neuausgabe: Theodor Fontane, *Der Krieg gegen Frankreich 1870–1871*, Mit einem Vorwort von Gordon A. Craig, Bd. 1–4, Bd. 4: *Der Krieg gegen die Republik. Orléans bis zum Einzug in Berlin.* Zürich: Manesse Verlag 1985, S. 113–114.
© Stiftung Stadtmuseum Berlin, V-67/870, III, 07 Rückseite Blatt 26.
Handschrift: 33,10 cm × 20,60 cm.

Dragoner« den Sarg zur Klosterkirche »hinauf« und stellen ihn »dicht« an die Altarstufen.

Für die Lust am Spielerischen aber sprechen die Gänsefüßchen im Romantext. Eingeweihte können hier entdecken, dass eine Stelle aus dem zugrundeliegenden Text zitiert wird, ohne dass diese genannt wird. Zugleich scheint es sich um eine euphemistische Redensart zu handeln, »vier Bretter und zwei Brettchen« meint den Sarg. Auch intertextuelle Anspielungen werden mit den Gänsefüßchen evoziert. Etwa denken wir an Bürgers Ballade *Lenore* (1773), wo »sechs Bretter und zwei Brettchen« die Braut ins Hochzeitsbett locken, in Wahrheit aber in den Tod.

Weitere Einsichten liefert das zweite Beispiel. Es ist die anfangs zitierte Passage aus dem Roman *Vor dem Sturm*, bei der wir uns fragten, ob sie wirklich von Fontane sei. Jetzt sehen wir, in welcher Weise der Romantext durchwirkt ist vom zugrundeliegenden Text. In den Hirschfeld'schen *Erinnerungen* (= Hypotext) heißt es:

> Nun näherte ich mich dem Altar. Auf den Stufen desselben stand ein Sarg, bedeckt mit einem Brette: ich hob es zurück und – Eugens offene gläserne Augen starrten mich an. Ich stellte, da kein anderer Platz da war, die Laterne zu seinen Füßen und begann langsam die Uniform aufzuknöpfen, die fest anliegend sich um ihn schmiegte, so viel wie möglich vermeidend, ihn anzusehen; doch ich mochte hinsehen, wo ich wollte, immer begegnete ich den starren, offenen Augen. Endlich das Papier gefunden, knöpfte ich ihm wieder, da ich ihn doch nicht so liegen lassen wollte, die Uniform zu. –
>
> Und nun trat ich den Rückzug an. –[58]

Fontane überschreibt und transformiert diese Passage in den bereits zitierten ›Text auf zweiter Stufe‹: »So kam ich bis an den Altar. Da stand der Sarg, vorläufig mit einem Brett nur überdeckt. Ich hob es auf und meines Bruders gläserne Augen starrten mich an. [...]«[59]

Wiederum: Der Text auf zweiter Stufe übernimmt den Inhalt, die Erzählperspektive, die Satzstruktur und den Wortschatz aus dem zugrundeliegenden Text. Zugleich bewirken die Umarbeitungen, dass der Ich-Erzähler räumlich und emotional dem toten Bruder näher ist und die Leserin, der Leser die Szene unmittelbarer erlebt als im Vorlagetext. Aus »Nun näherte ich mich dem Altar« wird bei Fontane »So kam ich bis an den Altar«. »Auf den Stufen desselben stand ein Sarg« wird transponiert in »Da stand der Sarg«. Statt »Eugens offene gläserne Augen starrten mich an« steht jetzt »meines Bruders

---

58 [Heinrich von Holleben (Hrsg.)], wie Anm. 17, S. 92–93.
59 *VdS*. Bd. 2, S. 117. Für den ganzen Ausschnitt vgl. Anfang dieses Artikels unter *Ist es Fontane?*

gläserne Augen starrten mich an«. Die Transformationen deuten an, dass es hier auch um die architextuelle Umwandlung der Textsorte geht: Aus Memoiren wird ein Roman.

Es folgt schließlich das Aufknöpfen der Uniform – und wieder das Zuknöpfen, nachdem der Zettel gefunden worden ist. Das alles ist schwer für Moritz von Hirschfeld, denn die Trauer um seinen toten Bruder ist unermesslich. Aber nur bei Fontane (im Hypertext) heißt es kommentierend aus der Sicht des Ich-Erzählers: »Dann kam das schwerste«.[60]

Sehr typisch für den Fontane-Ton ist schließlich, wie das Auf- und Zuknöpfen der Uniform erfolgt. Fontane, der Dichter, sucht gerne den Gleichklang: »Knopf um Knopf« wird der Uniformrock geöffnet, um dann, als das Papier gefunden ist, dieses Schwerste zu tun: »ich mußte die Knöpfe wieder einknöpfen«. Es ist dies eine Formulierung, die Fontane erst beim letzten Feilen findet. Der Handschrift entnehmen wir nämlich, dass an der Stelle des Akkusativobjektes »Knöpfe« zuerst »Uniform«, anstelle des Prädikatteiles »einknöpfen« zuerst »schließen« stand (vgl. Abb. 1). Es ist diese wiederholte Doppelung im Anlaut, die Alliteration, die hier den Text zweiter Stufe auszeichnet. Sie ist keine inhaltsleere Spielerei, sondern verdeutlicht klanglich den schweren unheimlichen Gang, den der Bruder in dieser Nacht zu tun hat. Sehr fontanisch sind zuletzt auch die relativierenden Ausdrücke wie »vorläufig«, »nur« und »beinahe«.

»Die Hypertextualität gehört gewissermaßen zum Basteln«,[61] hat Genette gesagt und dies keineswegs abwertend gemeint. Es ist die Kunst, aus Altem Neues zu machen mit dem Vorteil, dass das Neue komplexer ist als das Alte. Denn »eine neue Funktion legt sich über eine alte Struktur und verschränkt sich mit ihr, und die Dissonanzen zwischen diesen beiden gleichzeitig vorhandenen Elementen verleihen dem Ganzen seinen Reiz.«[62]

Tatsächlich stehen wir mit unserer Analyse erst am Anfang. Denn wir haben uns noch nicht damit beschäftigt, wie der historische und der literarische Rittmeister von Hirschfeld(t) korrespondieren oder nicht korrespondieren, wie Fontane aus Memoiren eine Romanfigur schafft, die ihre eigene Geschichte erzählt, oder welche Funktion die beiden Erzählkomplexe ›Gefecht bei Plaa‹ und ›Tod des Bruders‹ im Roman haben. Darüber gäbe es noch viel zu sagen.

Hier nur so viel: Rittmeister von Hirschfeldt wird in der zweiten Hälfte des Romans eine zentrale Figur. Die Sterbeszene, die er in der Kastalia-

---

60 In der Handschrift heißt es: »das Schwerste« (s. Abb. 1).
61 Genette, wie Anm. 39, S. 532.
62 Ebd.

Sitzung vorliest, bewirkt, dass ihm die Anwesenden nicht nur Hochachtung zollen, sondern ihn auch in den engeren Freundeskreis aufnehmen. Anders als Meerheimb, der vier Kapitel später – sozusagen als Gegenstück – seine Erinnerungen an die Schlacht von Borodino[63] vorliest und dann die Romanhandlung verlässt, begegnen wir Hirschfeldt bald schon auf Schloss Hohen-Vietz in der Familie von Lewin von Vitzewitz. Hirschfeldt warnt davor, Napoleon zu unterschätzen, und ist zugleich bereit, sich in den Dienst derer zu stellen, die die napoleonische Besatzung auf eigene Faust bekämpfen wollen. Mit ihm erst wagen die Freischärler um Bernd von Vitzewitz den Angriff auf das von französischen Truppen besetzte Frankfurt an der Oder. Im Kapitel *Wie bei Plaa* wiederholt sich dann in transformierter Form und verschränkt in die Romanhandlung die Sterbeszene von Plaa. Der tödlich verletzte Tubal Ladalinski, Bruder Kathinkas, nimmt Hirschfeldt das Versprechen ab, ihm diesen einen Wunsch zu erfüllen: »Sorgen Sie, dass ich in die Kirche hinaufgeschafft werde, sobald wie möglich. Ich will dort vor dem Altar stehen.«[64]

Das Kapitel *Wie bei Plaa* erzählt dann, wie alles nach dem letzten Willen des Verstorbenen geschieht und wie auch hier der Sarg noch einmal geöffnet werden muss. Diesmal ist es der herbeigeeilte Vater, der auf den toten Sohn niederblickt. Lewin und Hirschfeldt aber, die den erschütterten, doch gefassten Vater ein Stück Weges zur Kirche begleitet haben, führen folgenden Dialog:

> »Wie bei Plaa«, sagte jener [Lewin], und setzte nach einer kurzen Pause hinzu: »aber dieser Gang ist schwerer.«
>
> Hirschfeldt nickte still [...].[65]

Anders als bei Plaa, weckt dieser Tote jedoch kein Grauen. Zwar hat der Vater den Anblick gefürchtet und die Augen zuerst krampfhaft geschlossen. Doch als dann der Küster den Sargdeckel gehoben hat, heißt es weiter:

---

63 *VdS*. Bd. 2, Kapitel *Borodino*, S. 147–159. Der diesem Kapitel zugrundeliegende Text ist ebenfalls Memoiren entnommen. Sie bilden das Gegenstück zu den Hirschfeld'schen Erinnerungen. Vgl. Franz Ludwig August von Meerheim [sic]: *Erlebnisse eines Veteranen der großen Armee während des Feldzugs in Russland*, hrsg. von dessen Sohne Richard von Meerheim. Dresden 1860. Als Hypotext benutzte Fontane das Kapitel *Schlacht bei Mozaisk (Borodino oder an der Moskwa) am 7. September* (S. 71–121). Vgl. weiterführend den Kommentar zum Kapitel *Borodino* in: *VdS*. Bd. 2, S. 540–544.
64 *VdS*. Bd. 2, Kapitel *Salve caput*, S. 463.
65 *VdS*. Bd. 2, Kapitel *Wie bei Plaa*, S. 472.

Und nun erst sah er [der Vater] auf den Sohn, fest und lange, und fand zu seiner eigenen Ueberraschung, daß sein Herz immer ruhiger schlug. Was war es am Ende? Er war todt. Und er fühlte tief in seiner Seele, daß es nichts Schreckliches sei, nein, nein, Freiheit und Erlösung. Das Leben schien ihm so arm, der Tod so reich, und nur *ein* Gefühl beherrschte ihn: »Ach, daß ich an dieses Todten Stelle wäre.«[66]

Der Roman geht also einen anderen Weg als die Hirschfeld'schen *Erinnerungen*, auf die hier angespielt wird. Und Rittmeister von Hirschfeldt (der als literarische Figur keinen Vornamen erhalten hat) ist ebenfalls ein anderer als Moritz von Hirschfeld.

Moritz von Hirschfeld (1791–1859) geriet 1811 in französische Gefangenschaft, konnte 1812 entfliehen, focht 1813 und 1814 weiter auf der Seite der Spanier, kehrte 1815, im Gesicht tatsächlich zernarbt und zerhauen, nach Preußen zurück und diente in der preußischen Armee, wo er zum Generalleutnant aufstieg. 1849, unter dem Oberkommando des Prinzen von Preußen, hatte er den Auftrag, gegen die revolutionären Truppen in der Pfalz und am Rhein vorzugehen. Er schlug diese in mehreren Gefechten und half, den badischen Aufstand niederzuwerfen. Moritz von Hirschfeld war es dann auch, der am 31. Juli 1849 das Todesurteil gegen den aus Potsdam stammenden Revolutionär Max Dortu unterzeichnete. Es heißt, dass er es hatte hindern wollen, doch gegen den höheren Befehl nichts ausrichten konnte. Eine andere Stimme meint, er sei in der Reaktionszeit vom Befreiungskämpfer zum Unterdrücker der demokratischen Bewegung geworden.[67] Neuere Studien betonen indes, dass die Männer der Befreiungskriege sich 1848/49 in unterschiedlichen politischen Lagern wiederfanden und die Rückbesinnung auf 1813 sowohl konservativen wie liberalen Anliegen dienen konnte. 1863, als eine Flut von Memoiren erschien, wurde erneut evident, dass es »politisch konkurrierende Erinnerungskulturen«[68] gab. Moritz von Hirschfeld, gewiss ein eigenständiger Charakter, königstreu und konservativ, erlebte das 50-jährige Jubliäum nicht mehr. 1856 war er General der Infanterie in Koblenz geworden und 1859 dort gestorben.[69]

---

66 Ebd., S. 475.
67 Vgl. Joachim Schobeß: *Theodor Fontane und der Revolutionär Max Dortu waren Regimentskameraden*. In: *Fontane Blätter* Bd. 2/Heft 7 (1972), S. 493–502, hier, S. 497–498 (FBG, Nr. 6414).
68 Fischer, wie Anm. 9, S. 179.
69 Vgl. Leopold von Eltester, *Hirschfeld, Karl Ulrich Friedrich Wilhelm Moritz von*. In: Allgemeine Deutsche Biographie. Hrsg. von der Historischen Kommission bei der Bayerischen Akademie der Wissenschaften, Bd. 12/1880, S. 473–474, eingesehen unter: https://www.deutsche-biographie.de/pnd121052362.html#adbcontent (letzter Zugriff: 10. März 2020).

Moritz von Hirschfeld war Fontane ein fester Begriff, als er 1877 seinen Rittmeister von Hirschfeldt in *Vor dem Sturm* einführte. Nicht nur wegen dessen Memoiren. Denn schon in seinem freiwilligen Militärjahr im Kaiser Franz-Regiment (1844/45) war ein Oberst von Hirschfeld sein Kommandeur gewesen. Dieser Oberst aber war, wie sich Fontane in seiner Autobiographie erinnert, ein jüngerer »Bruder des Generals Moritz von Hirschfeld, der von 1809 bis 15 in Spanien gegen Napoleon focht – später kommandierender General des achten Armeekorps – und über seine spanischen Erlebnisse sehr interessante Aufzeichnungen hinterlassen hat.«[70]

Max Dortu wird in diesem Zusammenhang nicht erwähnt. Doch wissen wir, dass Max Dortu – ja, gerade er – damals ein Regimentskamerad von Fontane war. Fontane lässt es an anderer Stelle durchblicken, wenn er schreibt, er sei in seinen jungen Jahren »unausgesetzt Revolutionären und ähnlichen Leuten« in die Arme gelaufen, und eben auch »Dortu«.[71]

In *Vor dem Sturm* schließt sich Rittmeister von Hirschfeldt im Frühjahr 1813 den preußischen Truppen in Schlesien an. Hirschfeldt sowie Lewin folgen nämlich dem Königlichen Aufruf vom 17. März, ziehen also in die Befreiungskriege. Hier endet die eigentliche Erzählung. Was folgt, sind einige wenige Tagebuchnotizen von Lewins Schwester Renate aus den Jahren nach dem Krieg. Sie notiert darin die Rückkehr des Bruders und seine bald darauf erfolgende Hochzeit. Zum Hochzeitsfest erscheint auch ein guter Freund, nämlich Rittmeister »Hirschfeldt (der den Arm verloren hat, leider den rechten)«.[72] Was für eine Klammerbemerkung! So leichthin gesagt, als erlaubte sich jemand einen makabren Witz. Die Stelle hat aber Signalwirkung und macht die Differenz zur Biographie von Moritz von Hirschfeld bewusst. Hätte der spätere General in den Befreiungskriegen den rechten Arm verloren (was nicht geschehen ist), er hätte schwerlich die revolutionären Aufstände im Badischen niederschlagen und in der Folge das Todesurteil gegen Max Dortu und andere unterzeichnen können. Fontanes Rittmeister von Hirschfeldt (mit dt) hätte es jedenfalls nicht gekonnt.

---

70 Theodor Fontane: *Von Zwanzig bis Dreißig*. Kapitel *Bei Kaiser Franz*. In: GBA *Von Zwanzig bis Dreißig*. Autobiographisches. Bd. 3. Bandbearbeiter: Wolfgang Rasch. Hrsg. von der Theodor Fontane-Arbeitsstelle, Universität Göttingen. Berlin 2014, S. 139.
71 Ebd., Kapitel *Fritz, Fritz, die Brücke kommt*, S. 363. Vgl. auch Schobeß, wie Anm. 67, S. 493–502.
72 *VdS*. Bd. 2, S. 496.

Texte lieben

Um noch einmal auf das Verhältnis von Hypotext und Hypertext zurückzukommen: Es ist ein höchst inniges, komplexes, vieldeutiges Verhältnis. Hypertextualität, so folgert Genette einmal, ist auch Ausdruck des lustvollen Lesens: »Liebt man die Texte wirklich, so muß man von Zeit zu Zeit den Wunsch verspüren, (mindestens) zwei gleichzeitig zu lieben.«[73]

Gerade so muss es Fontane ergangen sein, dem großen Leser. Die Texte, die er überschrieb, transformierte, in größere Zusammenhänge verflocht, waren gute Texte, Texte, die er liebte und in denen etwas steckte, was ihn reizte und innerlich bewegte. Wenn wir nun also die Frage beantworten wollen, ob die eingangs zitierte Passage aus *Vor dem Sturm* auch wirklich von Fontane sei, so lautet die Antwort: Gewiss, es ist ein komplexer literarischer Fontane-Text, ein Text von seiner Hand, ein Text auf zweiter Stufe.

---

73 Genette, wie Anm. 39, S. 533.

»und während ich meine Notizen machte«[1]

Theodor Fontanes Autorkommentare im schriftstellerischen Produktionsprozess: Möglichkeiten der Textanalyse und editorischen Repräsentation

Gabriele Radecke

Nach Abschluss der Niederschrift seines Romans *L'Adultera* im Januar 1880[2] notierte Fontane auf einem großformatigen Umschlagblatt einige Bemerkungen zum 16. Kapitel, in dem Melanie Van der Straaten von ihrem Ehemann Ezechiel Abschied nimmt. Sie gesteht darin ihre Liebe zu Ebenezer Rubehn, ihre Schwangerschaft und ihre Fluchtpläne mit dem Geliebten. Fontane schreibt:

> Dies wichtige Kapitel ist noch sehr in Unordnung und ich muß es bei der Correctur gleich mit Neu=Schreibung beginnen. Aber die Fehler liegen nur im Ausdruck. Inhaltlich ist es gut und ich glaube, daß eigentlich nichts fehlt, nichts hinzuzuthun ist. Was zu sagen ist, ist gesagt. Nur die Form ändern. Aber auch nur im Detail. Alles steht wenigstens am rechten Fleck.[3]

Fontanes poetische Werkmanuskripte und Notizbücher enthalten zahlreiche Formulierungen, die unter anderem als Anleitung für die Textrevision[4] beab-

---

1 Theodor Fontane, *Notizbuch C5*, hrsg. von Gabriele Radecke. In: Theodor Fontane, *Digitale genetisch-kritische und kommentierte Edition*, hrsg. von Gabriele Radecke, Göttingen 2015 ff., Blatt 53v. Online: https://fontane-nb.dariah.eu/index.html (Stand: September 2020).
2 Zur Entstehungsgeschichte von *L'Adultera* vgl. Gabriele Radecke, *Entstehung*. In: GBA Das erzählerische Werk, Bd. 4, *L'Adultera*, S. 177–183 (im Fließtext zitiert als: *L'Adultera*. GBA–EW, Bd. 4), und ausführlich Gabriele Radecke, *Vom Schreiben zum Erzählen. Eine textgenetische Studie zu Theodor Fontanes Roman ›L'Adultera‹*, Epistemata, Reihe Literaturwissenschaft, Bd. 358, Würzburg 2002, S. 50–83.
3 Zitiert nach der textgenetischen Dokumentation in: Radecke, *Vom Schreiben zum Erzählen*, wie Anm. 2, S. 250. Nachdem Fontane die Überarbeitung der Niederschrift beendet hatte, hat er diese Anmerkung als erledigt markiert durchgestrichen. Die Handschrift wird im Stadtmuseum Berlin aufbewahrt (Stiftung Stadtmuseum Berlin, Inv.-Nr. V–67/868, Kap. 16, äußeres Umschlagblatt recto).
4 Der in der Neugermanistik nach wie vor noch verwendete Begriff ›Korrektur‹ als Sammelbezeichnung für verschiedenartige Überarbeitungsformen und Schreibbewe-

sichtigt sind und in denen, wie im zitierten Beispiel, Fontanes Autorpersönlichkeit durch das Personalpronomen »ich« mit kritischer Stimme (»noch sehr in Unordnung«) und aller Entschiedenheit (»Was zu sagen ist, ist gesagt«; »muß«) in den Vordergrund rückt. Im Zusammenhang mit dem Thema der Tagung, *Der Fontane-Ton: Stil im Werk Theodor Fontanes*, bei dem es um verschiedenartige inhaltliche und sprachliche Gestaltungskategorien seiner poetischen und journalistischen Texte geht, führt der Weg auch zurück zu den handschriftlich überlieferten Textentstehungsprozessen. Insbesondere private Notizen, Entwürfe, Dispositionen und erste (überarbeitete) Niederschriften[5] repräsentieren einen sehr frühen Zeitpunkt und geben Einblicke in die Schreibintentionen des Autors und dokumentieren genetische Textualisierungsprozesse. Im Unterschied zu den von Fontane autorisierten[6] Drucktexten belegen die Handschriften noch eine deutliche Präsenz des Autors als ›schreibendes Subjekt‹. Das ist etwa der Fall, wenn es darum geht, Erzählstoffe zu finden und Figurennamen zu erfinden, wie es im Abschnitt ›Überlieferung‹ innerhalb der *Großen Brandenburger Ausgabe* in der Abteilung ›Das erzählerische Werk‹ exemplarisch vorgeführt wird.[7] Aufgrund der

---

gungen ist zu ungenau, um die einzelnen, sehr differenzierten Vorgänge im Textentstehungsprozess exakt zu beschreiben. Aus diesem Grund wird hier der in der Anglistik eingeführte Begriff ›Revision‹ benutzt und der Korrekturbegriff nur noch im engeren Sinn für die (Fehler-)Korrektur gebraucht. Im Unterschied zu ›Korrektur‹ meint ›Revision‹ den eigentlichen Überarbeitungsvorgang, dem eben keine Annahme von Fehlern vorausgegangen ist, sondern eine kritische Lektüre des Autors im Schreib- und Textentstehungsprozess. Vgl. Gabriele Radecke, *Heym-Editionen*. In: Rüdiger Nutt-Kofoth und Bodo Plachta (Hrsg.), *Editionen zu deutschsprachigen Autoren als Spiegel der Editionsgeschichte*, Bausteine zur Geschichte der Edition, Bd. 2, Tübingen 2005, S. 179–198, hier S. 180 (Fußnote 6). Vgl. auch Walter Hettche, *»Ausstreichungen Einschaltungen etc.« Zur Typologie der Textrevisionen in Adalbert Stifters ›Der Nachsommer‹*. In: Wernfried Hofmeister und Andrea Hofmeister-Winter unter redaktioneller Mitarbeit von Astrid Böhm (Hrsg.), *Textrevisionen. Beiträge der Internationalen Fachtagung der Arbeitsgemeinschaft für germanistische Edition, Graz, 17. bis 20. Februar 2016,* (Beihefte zu editio, Bd. 41), Berlin/Boston 2017, S. 95–105, hier S. 96–100.

5 Die Begriffe zur Beschreibung des Schreibprozesses beziehen sich auf Radecke, *Vom Schreiben zum Erzählen*, wie Anm. 2, S. 52–90.
6 Der editionswissenschaftliche Begriff ›Autorisation‹ wird hier im engeren Sinne nach Zellers Definition verwendet. Demnach sind autorisierte Texte »vom Autor durch die Bestimmung zur Veröffentlichung als gültig erklärt[e]« Texte. Hans Zeller, *Authentizität in der Briefedition*. In: *editio* 16 (2002), S. 36–56, hier S. 52.
7 Vgl. insbesondere GBA Das erzählerische Werk, Bd. 16, *Die Poggenpuhls*, S. 170–190, und GBA Das erzählerische Werk, Bd. 19, *Von vor und nach der Reise*, S. 189–233.

Handschriften ist zudem zu erkennen, auf welche Weise Fontane als schreibende Instanz Erzählräume schafft, mit seinem Figuren- und Erzählerpersonal allmählich Erzählstrukturen aufbaut und sich dann sukzessiv hinter den geschriebenen Text zurückzieht, wie es die Ergebnisse der textgenetischen Arbeiten zu *Vor dem Sturm*[8] und *L'Adultera*[9] etwa belegen. Insbesondere das Personalpronomen in der ersten Person Singular, das noch den historischen Autor Fontane während des Schreibens markiert, und der häufige Tempuswechsel vom vorerzählerischen Präsens bzw. Perfekt zum erzählerischen Präteritum,[10] der vor allem in den Dispositionen und Entwürfen, aber auch noch in der ersten (überarbeiteten) Niederschrift belegt ist, kennzeichnen das Entstehen poetischer Fiktionalität in der Verantwortung einer physischen Autorinstanz. Für Fontanes Werk gilt also ebenfalls das, was Christian Neumann bei Theodor Storms Texten festgestellt hat, die nicht durch »eine bereits vollständig vorgefertigte Fantasie zu Papier gebracht«, sondern vielmehr »im Schreibprozess selbst durch die Arbeit an der Sprache« erst allmählich herausgebildet werden. Allerdings ist es Neumann weniger um die handschriftliche Überlieferung zu tun, als vielmehr um den Autor selbst als ›[s]chreibende[s] Subjekt‹ in seiner »besondere[n psychischen; G. R.] Verfassung [...] während der Prozesse, die mit der Textproduktion in Zusammenhang stehen«.[11] Innerhalb der Forschung gelten Fontanes Briefe bis heute – weitaus mehr als seine Werkmanuskripte – als authentische Zeugnisse für die Bewertung und Einschätzung des künstlerischen Arbeits- und Schreibprozesses. Man beruft sich dabei oftmals auf Thomas Manns Autorität, der nach der Publikation der ersten Fontane-Briefbände[12] in seinem Essay *Der alte Fontane* (1910) Briefe als *die* wesentliche Quelle zur Erforschung der »Werkstatt« und Persönlichkeit Fontanes nennt: »Sie [Fontanes Briefe; G. R.] regen an durch ihre Echtheit, ihre unmittelbare Erlebtheit und gewähren Einblick in die Werkstatt eines

---

8 Vgl. Walter Hettche, *Die Handschriften zu Theodor Fontanes ›Vor dem Sturm‹. Erste Ergebnisse ihrer Auswertung*. In: *Fontane Blätter* 58 (1994), S. 193–212, hier S. 199: »Ausbrüche des *Erzählers* aus den Notizen des *Autors*«.
9 Vgl. Radecke, *Vom Schreiben zum Erzählen*, wie Anm. 2.
10 Vgl. Radecke, *Vom Schreiben zum Erzählen*, wie Anm. 2, S. 89–90. Siehe auch die acht Punkte umfassende To-do-Liste für die Revision aus *Mathilde Möhring* in diesem Beitrag, S. 82 f.
11 Christian Neumann, *Zwischen Paradies und ödem Ort. Unbewusste Bedeutungsstrukturen in Theodor Storms novellistischem Spätwerk*, Epistemata, Reihe Literaturwissenschaft, Bd. 385, Würzburg 2002, S. 24.
12 Theodor Fontane, *Briefe an seine Familie*. Bd. 1–2, Berlin 1905, und *Briefe Theodor Fontanes. Zweite Sammlung*, hrsg. von Otto Pniower und Paul Schlenther. Bd. 1–2. Berlin 1910.

geistreichen und leidenschaftlichen Künstlers.«[13] Einen direkten und unvermittelten Zugang zu Fontanes Schreibgewohnheiten sowie zu den genetischen Textualisierungsprozessen gewähren jedoch allein die Werkmanuskripte mit ihren vielschichtigen Überarbeitungsspuren und Autorkommentaren, bilden sie doch erst die *empirische* Basis für systematische Untersuchungen. Fontanes subjektive Aussagen in seinen Briefen hingegen, die nicht nur stets adressatenbezogen und situationsbedingt formuliert wurden, sondern auch – wie viele Korrespondenzen im 19. Jahrhundert – ihre Funktion als »Kommunikationsmedium der Autorschaftsinszenierung«[14] behaupten, sind lediglich mittelbare und somit höchstens ergänzende Belege für die Rekonstruktion komplexer Schreib- und Erzählprozesse.[15]

Methodische Rahmenbedingungen

Zu Beginn einer handschriftlichen Analyse ist es notwendig, den methodischen Rahmen abzustecken. So bedarf auch die Beschäftigung mit Fontanes Handschriften immer noch einer besonderen Rechtfertigung, nicht zuletzt, weil die Erschließung und Entzifferung – bis auf die Notizbücher sowie *Mathilde Möhring* und weitere Nachlass-Texte[16] – nach wie vor ein großes Desiderat bilden. Bis heute fehlt eine Fontane-Gesamtausgabe, welche die handschriftliche Überlieferung angemessen in das Editionskonzept integriert, vollständig transkribiert und genetisch-kritisch auswertet. Ein wichtiges Fundament der Handschriftenanalyse bietet die ›Critique Génétique‹, eine seit den 1960er Jahren in Frankreich etablierte Forschungsrichtung, die im Unterschied zur deutschen editionsphilologischen Tradition Dichterhandschriften nicht primär für Edierte Texte und ihre Textkritischen Apparate aufbereitet, sondern diesen erstmals überhaupt den Status eines autonomen Forschungsgegenstandes zugebilligt hat. Unter dieser Methode wurden inzwischen maßgeb-

---

13 Thomas Mann, *Der alte Fontane*. In: Wolfgang Preisendanz (Hrsg.), *Theodor Fontane*, Wege der Forschung, Bd. 381, Darmstadt 1985, S. 1–24, hier S. 11, und Radecke, *Vom Schreiben zum Erzählen*, wie Anm. 2, S. 65.
14 Jörg Schuster, *Storm als Briefschreiber*. In: Christian Demandt und Philipp Theisohn (Hrsg.), *Storm-Handbuch. Leben – Werk – Wirkung*, Stuttgart 2017, S. 287–289, hier S. 287.
15 Zum kritischen Umgang mit Fontanes Selbstaussagen in seinen Briefen vgl. schon Radecke, *Vom Schreiben zum Erzählen*, wie Anm. 2, S. 65–68.
16 Theodor Fontane, *Fragmente. Erzählungen, Impressionen, Essays*. Zwei Bände. Im Auftrag des Theodor-Fontane-Archivs hrsg. von Hanna Delf von Wolzogen und Christine Hehle, Berlin/Boston 2016.

liche genetische Studien zu französischen Schriftstellern des 19. Jahrhunderts vorgelegt; 2002 entstand dann die erste umfassende textgenetische Analyse zu einem Roman Fontanes.[17] Insbesondere wenn es darum geht, textgenetische Prozesse zu beschreiben, zu benennen, zu analysieren und zu deuten, bleiben Arbeiten, die sich allein auf den Vergleich gedruckter (Fontane-)Texte beziehen, nur sehr oberflächlich, weil sie in der Regel das Ende des Schreibprozesses fokussieren und alle vorläufigen Formulierungen und Inhalte des privaten Schreibens ausblenden.[18] Auch Analysen, die sich lediglich mit handschriftlichen Ab- und Reinschriften beschäftigen, die Fontane oder Emilie Fontane angefertigt haben und in denen nur noch wenige Überarbeitungsspuren zu finden sind, überzeugen nicht wirklich, weil sie ebenfalls nur einen sehr späten Zeitpunkt innerhalb des Textentstehungsprozesses repräsentieren, in dem Fontane in der Regel nur noch kleinere stilistische Veränderungen – etwa einzelne sprachliche Präzisierungen – vorgenommen hat. Das ist beispielsweise bei *L'Adultera* der Fall, wo Emilie Fontanes Abschrift noch Präzisierungen bei der Herstellung des Anklangs an den Schweizer Dialekt bezeugt.[19] – Die ›Critique Génétique‹ hat zudem zu einer autorunabhängigen Differenzierung der Terminologie und somit zu einer standardisierten Analysemethode von Schreibprozessen beigetragen.

Eine weitere Grundlage bieten die Arbeiten von Hans Zeller, einem der bedeutendsten Editionswissenschaftler des 20. Jahrhunderts und Herausgeber der historisch-kritischen Ausgabe der Werke Conrad Ferdinand Meyers. Insbesondere sein Aufsatz *Befund und Deutung*, der 1971 und somit einige Jahrzehnte vor dem Eingang des Materialitätsdiskurses in der Literatur-, Editions- und Kulturwissenschaft erschienen ist, ist auch heute noch aktuell. Denn Zeller fordert darin die strikte Trennung zwischen exakter Beschrei-

---

17 Radecke, *Vom Schreiben zum Erzählen*, wie Anm. 2.
18 Eine große Ausnahme sind Fontanes *Wanderungen durch die Mark Brandenburg*, an denen er kontinuierlich mehr als dreißig Jahre auch nach der Veröffentlichung in Journalen und Büchern als Work in progress weitergearbeitet hat, sowie die Ausgaben seiner *Gedichte*, die Fontane von Auflage zu Auflage veränderte. Diesen kontinuierlichen dynamischen Schaffensprozess spiegelt in beiden Fällen die historische und moderne Fontane-Editorik nicht wider, weil sie lediglich die Texte als ›Ausgabe letzter Hand‹ – also in der letzten, vom Autor veröffentlichten Textgestalt – publizieren und alle vorangegangenen Drucke unberücksichtigt lassen.
19 Für die letzte Überarbeitung hatte Fontane das entsprechende Blatt seinem schwäbischen Freund Karl Hermann von Wangenheim zur Durchsicht und Korrektur geschickt. Blatt 14 recto (zu Kapitel 22) belegt Wangenheims Mithilfe bei der Gestaltung der wörtlichen Rede der Schweizer Magd. Vgl. Gabriele Radecke, *Überlieferung*. In: GBA Das erzählerische Werk, Bd. 4, *L'Adultera*, S. 189–205, hier S. 202–203.

bung des handschriftlichen Befundes und darauf aufbauender Deutung dieses Befundes.[20]

Autorkommentare als ›metatextuelle‹ und ›mediale‹ Anmerkungen

Die im Folgenden vorgestellte Beschreibung und Klassifizierung der verschiedenartigen Ausprägungen von Theodor Fontanes Autorkommentaren basiert auf einer reichhaltigen Überlieferung. Hinzugezogen wurden die *L'Adultera*- und *Mathilde Möhring*-Handschrift sowie Fontanes etwa 10.000 Seiten umfassende Notizbücher, die seit 2011 in einem von der Deutschen Forschungsgemeinschaft geförderten Projekt erstmals erschlossen, transkribiert, codiert, kommentiert und als digitale Edition im Fontane-Notizbuch-Portal publiziert werden.[21]

Was ist nun zunächst mit ›Autorkommentaren‹ gemeint? Es geht *nicht* um Fontanes kritische Bemerkungen zu Gemälden oder Texten anderer Autoren, die er vor allem in seinen Notizbüchern festhielt und über die es bereits ertragreiche Arbeiten gibt, etwa von Christian Grawe über Fontanes Italien-Notizen von 1874/75.[22] Ebenso wenig geht es um Fontanes nicht immer wohlwollende Äußerungen über die schauspielerischen Leistungen, die er noch während der Theateraufführungen im Berliner königlichen Schauspielhaus in seinen Notizbüchern – im Unterschied zu den veröffentlichten Kritiken – oftmals noch ohne die gebotene Distanz festgehalten hat. Es geht vielmehr um die verschiedenartigen ›metaschriftlichen Zeichen‹, die allein durch Fontanes Werkhandschriften überliefert sind. Mit dem Begriff ›meta-

---

20 Hans Zeller, *Befund und Deutung. Interpretation und Dokumentation als Ziel und Methode der Edition.* In: Gunter Martens und Hans Zeller (Hrsg.), *Texte und Varianten. Probleme ihrer Edition und Interpretation*, München 1971, S. 45–90.

21 Die digitale Edition entstand unter meiner Gesamtleitung an der Theodor Fontane-Arbeitsstelle der Universität Göttingen und der Niedersächsischen Staats- und Universitätsbibliothek Göttingen (SUB). Es handelt sich um die erste wissenschaftliche digitale Edition zu einem Textkorpus Fontanes; das Portal, das von Mathias Göbel an der SUB entwickelt wurde, ist ebenfalls ein erstes Fontane-Portal. Zum Konzept vgl. Gabriele Radecke, *Notizbuch-Editionen. Zum philologischen Konzept der Genetisch-kritischen und kommentierten Hybrid-Ausgabe von Theodor Fontanes Notizbüchern.* In: *editio* 27 (2013), S. 149–172. Die Notizbücher wurden seit Ende 2015 bis 2020 sukzessiv unter https://fontane-nb.dariah.eu/index.html veröffentlicht.

22 Vgl. Christian Grawe, *»Italian Hours«. Theodor Fontane und Henry James in Italien in den 1870er Jahren.* In: Konrad Ehlich (Hrsg.), *Fontane und die Fremde, Fontane und Europa*, Würzburg 2002, S. 276–294.

schriftliche Zeichen‹ ist nach Almuth Grésillon »jedes geschriebene Zeichen charakterisiert, dessen Inhalt sich auf den Schreibakt selbst, die Bedingungen der Textherstellung und die Arbeit des schriftlichen Formulierens bezieht«.[23] Fontanes Handschriften enthalten zahlreiche verbale und nonverbale ›metaschriftliche Zeichen‹, die sich nicht durch sprachliche Raffinesse und stilistische Brillanz auszeichnen, sondern eher pragmatisch-funktional formuliert sind. So fallen immer wieder kurze Feststellungen auf wie etwa: »Ist fertig« (*L'Adultera*. GBA–EW, Bd. 4, S. 252), »Erledigt« oder »Gilt nicht«, oder auch knappe Selbstaufforderungen wie beispielsweise: »Andre Namen nehmen« (Notizbuch D7, 57v), »Enthält alles. Nur ausführen«[24] oder: »Enthält alles. Nur das kurz Angedeutete mehr ausführen. Aber nicht lang.« (*Mathilde Möhring*. GBA–EW, Bd. 20, S. 284.) Für Außenstehende hinterlassen diese Bemerkungen zunächst eine gewisse Ratlosigkeit, zumal sie oftmals nicht geordnet daherkommen, sondern sich über die gesamten Manuskriptblätter hinweg verteilen. Ähnliche ›metaschriftliche Zeichen‹ im Produktions- und Schreibprozess gibt es bei vielen anderen Autoren des 19. Jahrhunderts, etwa bei Adalbert Stifter, zu dem Walter Hettche eine erste grundlegende Arbeit vorgelegt hat.[25] Für Fontane hingegen fehlt eine hinreichende Beschreibung, Bezeichnung und Klassifizierung sowie eine angemessene Edition dieses Phänomens, obwohl die Kenntnis der Autorkommentare neue Interpretationsspielräume eröffnet, was am Ende des Beitrags zu zeigen sein wird.

Innerhalb der Forschung werden diese Autorkommentare sehr unterschiedlich bezeichnet. Walter Keitel spricht von »Blaustiftvermerk«[26] und bezieht sich dabei lediglich auf die materiale Ausprägung des Schreibgeräts und des Schriftbildes. Andere bestimmen Fontanes Autor-anmerkungen als »Selbstgespräche« und deuten zumindest ein wesentliches Merkmal damit an: die Trennung von historischer Autor- und fiktionaler Erzählinstanz. So beobachtet Julius Petersen bereits 1928 in seiner Studie über den *Stechlin* ein Nebeneinander von »Selbstgespräche[n] des Autors und Entwurfstext des Romans«.[27] Domenico Mugnolo bezieht sich hingegen auf die künstlerische

---

23 Almuth Grésillon, *Literarische Handschriften. Einführung in die »Critique Génétique«*, aus dem Französischen übersetzt von Frauke Rother und Wolfgang Günther, redaktionell überarbeitet von A. G., Arbeiten zur Editionswissenschaft, Bd. 4, Bern [u. a.] 1999, S. 296.
24 GBA Das erzählerische Werk, Bd. 20, *Mathilde Möhring*, S. 285. Im Fließtext zitiert als: *Mathilde Möhring*. GBA–EW, Bd. 20.
25 Vgl. Hettche, wie Anm. 4, hier S. 102–105.
26 Walter Keitel (Bearb.), *Zeitbilder. Zwei Fragmente von Theodor Fontane. ›Sidonie von Borcke‹ und ›Storch von Adebar‹*. In: *Fontane Blätter*, Sonderheft 1 (1968), S. 24.
27 Julius Petersen, *Fontanes Altersroman*. In: *Euphorion* 29 (1928), S. 1–74, hier S. 1. Roland Berbig schließt sich noch dieser Formulierung an; vgl. Roland Berbig, »*aber*

Schreibintention, wenn er von einer »Notiz« spricht, »die am [Blatt-; G. R.] Rande steht« und ein Licht »auf die Intentionen« des Autors und auf die beabsichtigte Wirkung« wirft.[28] Etwas allgemeiner und unverbindlicher bleibt noch Gotthard Erler, wenn er die Autoranmerkungen lediglich als »Arbeitsnotiz«[29] benennt. Zu einer semantischen Präzisierung hat Christa Schulze beigetragen, wenn sie von »Arbeitsanweisungen« spricht und damit diejenigen Formulierungen meint, die Fontane für sich selbst zur Arbeitserleichterung in Dispositionen und Entwürfen sowie nach den ausformulierten Niederschriften insbesondere für die weitere Textüberarbeitung formulierte.[30] Auch Walter Hettche stellt die Anmerkungen, die er mitunter als »›Regiebemerkungen‹«[31] bezeichnet, in den Zusammenhang mit Fontanes Textrevisionen, gewissermaßen als »Merkzeichen für eine später zu schreibende Passage«.[32] Ebenso tut das Christine Hehle, die die Begriffe »Überarbeitungsnotizen«[33] bzw. »Revisionsnotizen« in Anlehnung an die textgenetischen Arbeiten zu *L'Adultera* und *Mathilde Möhring* gewählt hat.

Topographie der ›metatextuellen Anmerkungen‹

All diese zahlreichen, oftmals pragmatisch geprägten Beschreibungen verdeutlichen, dass Fontanes Autorkommentare offensichtlich zu den wichtigen und

---

zuletzt – [...] – schreibt man doch sich selber zu Liebe«. *Mediale Textprozesse. Theodor Fontanes Romanerstling ›Vor dem Sturm‹*. In: Roland Berbig (Hrsg.), *Theodorus Victor. Theodor Fontane, der Schriftsteller des 19. am Ende des 20. Jahrhunderts. Eine Sammlung von Beiträgen*, Frankfurt am Main 1999, S. 99–120, hier S. 105.

28 Domenico Mugnolo, *Vorarbeiten zu einer kritischen Fontane-Ausgabe. Zu ›Schach von Wuthenow‹, ›Cécile‹, ›Unwiederbringlich‹*. Mit einem Vorwort von Otfried Keiler, Beiträge aus der Deutschen Staatsbibliothek, Bd. 3, Berlin 1985, S. 10.

29 Gotthard Erler, *Vorarbeiten und Notizen*. In: Theodor Fontane, ›Mathilde Möhring‹. Roman. Mit einem Nachwort neu hrsg. von Gotthard Erler, dtv, Bd. 2350, München 1995, S. 116–122, hier S. 117 (die Erstausgabe erschien im Rahmen der von Peter Goldammer hrsg. Fontane-Ausgabe: ›Romane und Erzählungen‹ des Aufbau-Verlags 1969); vgl. auch: GBA Das erzählerische Werk, Bd. 6, Schach von Wuthenow, S. 201, oder auch Hettche, »*Die Handschriften zu Theodor Fontanes ›Vor dem Sturm‹*«, wie Anm. 8, S. 198.

30 Christa Schultze, *Zur Entstehungsgeschichte von Theodor Fontanes Aufzeichnungen über Paul und Rudolf Lindau. (Mit einem unveröffentlichten Entwurf Theodor Fontanes und unbekannten Briefen)*. In: *Fontane Blätter* 25 (1977), S. 27–58, hier S. 48 (Fußnote 19).

31 Walter Hettche, »*Die erste Skizze wundervoll«. Zu einem Kapitel aus Theodor Fontanes Roman ›Vor dem Sturm‹*. In: Christiane Henkes, Walter Hettche, Gabriele Radecke und Elke Senne (Hrsg.), *Schrift – Text – Edition. Hans Walter Gabler zum 65. Geburtstag*, Beihefte zu editio, Bd. 19, Tübingen 2003, S. 213–220, hier S. 217.

32 Hettche, »*Die Handschriften zu Theodor Fontanes ›Vor dem Sturm‹*«, wie Anm. 8, S. 204.

33 Vgl. etwa in: GBA Das erzählerische Werk, Bd. 13, *Unwiederbringlich*, S. 362.

in seinem poetischen Gesamtwerk beständig vorkommenden Merkmalen des Schreibprozesses gehören. Da sich alle Ausprägungen bisher auf den genetischen Textualisierungsprozess beziehen, habe ich im Rahmen der textgenetischen Studie zu *L'Adultera* den eher allgemein intendierten Begriff der ‚metaschriftlichen Zeichen' durch den etwas spezifischeren, auf die Dynamik der Textbildung zielenden Terminus ‚metatextuelle Anmerkungen' ersetzt.[34] Der Begriff wird inzwischen nicht nur innerhalb der Fontane-Editorik verwendet,[35] so dass er für eine standardisierte und autorunabhängige wissenschaftliche Beschreibung und Reflexion von Schreibprozessen geeignet zu sein scheint. Die Auswertung der *L'Adultera-* und der *Mathilde Möhring*-Handschrift sowie der Notizbücher aufgrund einer breit angelegten ›Materialautopsie‹ – der ›systematischen Sichtung, Beschreibung und Analyse von Handschriften‹[36] – hat nun gezeigt, dass Fontanes ›metatextuelle Anmerkungen‹ mit verschiedenen Schreibgeräten und -stoffen (Bleistift, Tinten, Blau- und Rotstift) und in unterschiedlichen topographischen Ausprägungen vorkommen. Es können vier Positionen unterschieden werden: eine marginale, lineare und interlineare Platzierung sowie die Beschriftung auf separaten Blättern bzw. Umschlagblättern, wobei auch Mischformen vorkommen. Blatt 197 der *Mathilde Möhring*-Handschrift dokumentiert zum Beispiel eine typische marginale metatextuelle Autoranmerkung Fontanes, die vermutlich nach Abschluss der ersten Niederschrift im August/September 1891 mit Bleistift niedergeschrieben wurde: »Hier muß ich Silberstein vermeiden, irgend eine andre Figur nehmen.«

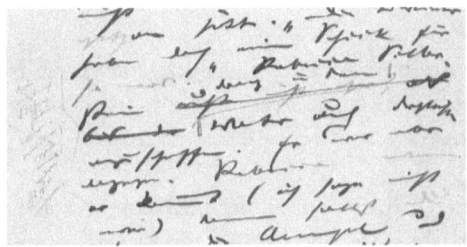

Abb. 1: Fontane: ›Mathilde Möhring‹. Kapitel 13, Blatt 199 (Ausschnitt). Staatsbibliothek zu Berlin – Preußischer Kulturbesitz, Handschriftenabteilung (Nachlass Theodor Fontane St 53).

---

34 Vgl. Radecke, *Vom Schreiben zum Erzählen*, wie Anm. 2, S. 69 (Fußnote 229). Vgl. auch Hettche, der in einem späteren Beitrag in Anlehnung an die Arbeiten zu *L'Adultera* und *Mathilde Möhring* von ›metatextuellen Kommentaren‹ spricht; Hettche, »*Die erste Skizze wundervoll*« (wie Anm. 31), hier S. 215.
35 Vgl. etwa in Fontane, wie Anm. 16, und Hettche, ›*Die erste Skizze wundervoll*‹, wie Anm. 31, hier S. 215.
36 Vgl. Gabriele Radecke, *Materialautopsie. Überlegungen zu einer notwendigen Methode bei der Herstellung von digitalen Editionen am Beispiel der Genetisch-kritischen und*

Die mit Bleistift geschriebene Bemerkung, die Fontane zur Markierung der Textbezugsstelle mit einer vertikalen Anstreichung versah, belegt, dass er zu diesem Zeitpunkt noch an einer detaillierten Veränderung der Figurengestaltung feilen wollte. Zu einer Veränderung der Figurenkonstellation Vater und Tochter Silberstein, die sich über Hochzeit und passende Schlafzimmerbeleuchtung unterhalten, ist Fontane dann allerdings nicht mehr gekommen.

Auch in den Notizbüchern gibt es marginale Autoranmerkungen, wie etwa zu seinen Aufzeichnungen zu Hans Küstrin: »alles nicht«. Auch hier wird die Bezugsstelle mit einer vertikalen Linie und zusätzlichen kurzen Abgrenzungslinien markiert:

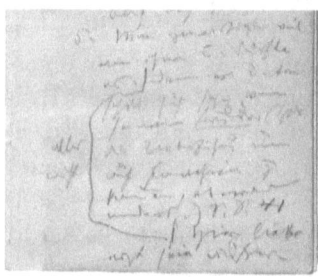

Abb. 2: Fontane: Notizbuch B4, Blatt 5r (Ausschnitt); https://fontane-nb.dariah.eu/index.html. Staatsbibliothek zu Berlin – Preußischer Kulturbesitz, Handschriftenabteilung (Nachlass Theodor Fontane).

In diesem Fall dient die Anmerkung nun einem anderen Zweck: Sie verdeutlicht eine beabsichtigte Textkürzung bzw. -tilgung, denn die entsprechenden Referenzzeilen wurden noch nicht durchgestrichen und somit auch noch nicht endgültig für ungültig erklärt.

Eine weitere Ausprägung marginaler Autorkommentare bildet die Kombination zwischen verbalen und nonverbalen Zeichen, etwa Durchstreichungslinien, die keine Texttilgungen sind, sondern als Erledigungsstriche den Abschluss einer Schreibphase bzw. die Weiterverarbeitung eines Entwurfs oder einer Niederschrift kennzeichnen. In Fontanes Notizbuch E4, Blatt 39r, ist ein solches Beispiel zur Niederschrift des 3. Kapitels von *Ellernklipp* belegt.

---

kommentierten Hybrid-Edition von Theodor Fontanes Notizbüchern. In: Heike Neuroth, Andrea Rapp und Sibylle Söring (Hrsg.), *TextGrid. Von der Community – für die Community. Eine Virtuelle Forschungsumgebung für die Geisteswissenschaften*, Göttingen 2015, S. 39–56. Online: https://univerlag.uni-goettingen.de/handle/3/Neuroth_TextGrid (letzter Zugriff: 1. Mai 2020).

Der Wechsel des Schreibgeräts (vom Bleistift zum Blaustift: „Erledigt") zeigt einmal mehr, dass sich Fontane erst nach Abschluss der Niederschrift das Notizbuch erneut zur Textüberarbeitung vorgenommen hat:

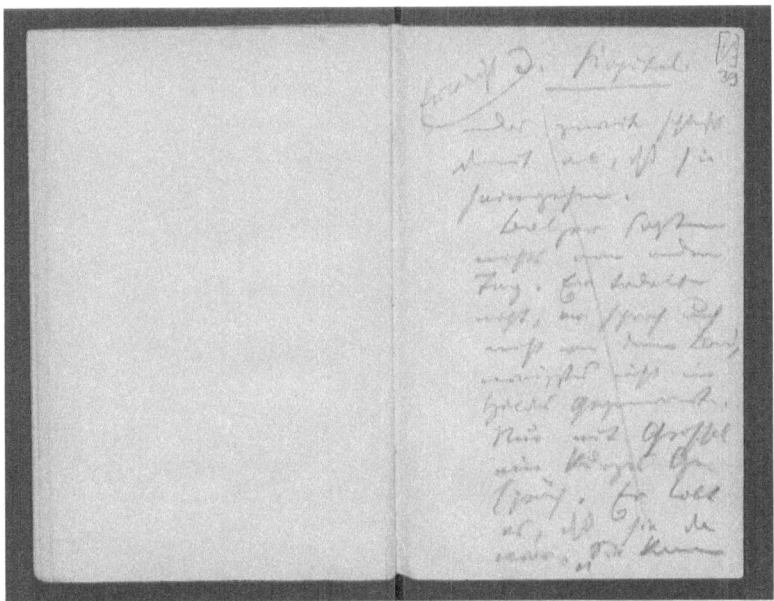

Abb. 3: Fontane: Notizbuch E4, Blatt 39r; https://fontane-nb.dariah.eu/index.html. Staatsbibliothek zu Berlin – Preußischer Kulturbesitz, Handschriftenabteilung (Nachlass Theodor Fontane).

Fontanes Autoranmerkungen kommen nicht nur am Blattrand, sondern auch im fortlaufenden Erzähltext linear und interlinear positioniert vor, so ist es etwa im Handschriftenkonvolut zu *Mathilde Möhring* am Ende von Kapitel 10a belegt: »Es ist fraglich, ob hier gleich noch (in diesem Kapitel) das Gespräch zwischen Thilde und der Alten folgen muß oder zu Beginn des nächsten.« (*Mathilde Möhring*. Kap. 10a, Blatt 129.) Auch diese Autoranmerkungen wurden mit Blaustift notiert. Sie betreffen Änderungsoptionen innerhalb der Erzählstruktur, und hier hat Fontane ebenfalls keine weitere strukturelle Änderung am Text mehr vorgenommen. Denn nachdem Fontane seinen Hinweis notiert hatte, endet das Kapitel 10a immer noch mit dem Gespräch zwischen Mutter und Tochter Möhring über den Verlobten Hugo Großmann und Mathildes disziplinierende Maßnahmen.

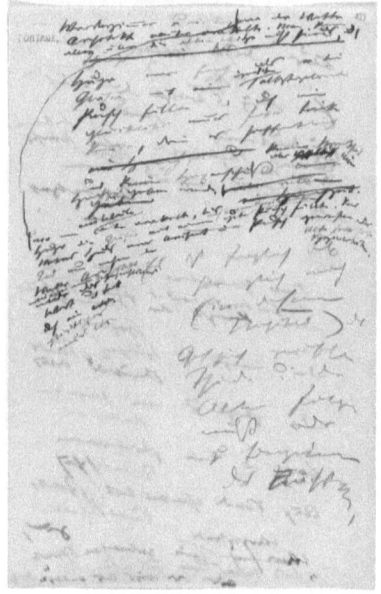

Abb. 4: Fontane: ›Mathilde Möhring‹. Kap. 10a, Blatt 129. Staatsbibliothek zu Berlin – Preußischer Kulturbesitz, Handschriftenabteilung (Nachlass Theodor Fontane St 53).

In Fontanes Notizbüchern gibt es weitere Beispiele für lineare, den Textverlauf unterbrechende bzw. ergänzende Autoranmerkungen:

> Ueber Beowulf und
> die angelsächsische Literatur
> siehe Klein, der glaub ich
> darüber geschrieben hat
> (S. seinen Artikel in der
> »Gegenwart« Gegen den
> Leipz: oder famoser Professor.)
> Dr. H. Brose's Bruder
> ist Germanist, aber
> in seinen heimlichen Stunden
> klassisch: Ovid, Horaz, Catull.
> Den letztern liebt er am
> meisten. Garda-See. Sonst
> nie gereist. Imer in
> Berlin. (Notizbuch B4, Blatt 51r.)

Diese Bleistiftnotiz, die allmählich in eine noch im vorerzählerischen Präsens formulierte Figurendisposition übergeht (ab »Dr. H. Brose's Bruder«), gehört zu dem unvollendet gebliebenen Nachlassroman *Allerlei Glück* und wurde im Rahmen der digitalen Notizbuch-Edition erstmals ermittelt und ediert.[37] Sie ist insofern wichtig, weil Fontane hier eine entscheidende Quelle für die Herausbildung des Zusammenhangs zwischen der *Beowulf*-Handschrift und der Romanfigur Wilhelm Brose nennt. Es geht nämlich daraus hervor, dass Fontane zunächst beabsichtigte, nicht Brose, sondern seinen Nachbarn mit dem *Beowulf*-Thema in Verbindung zu bringen. Julius Kleins hier erwähnter Beitrag in der Rubrik »Offene Briefe und Antworten« war am 27. Mai 1876 in Paul Lindaus Zeitschrift *Die Gegenwart* erschienen, so dass sich dieses Datum als Terminus post quem für den Zeitpunkt der Formulierung dieser Notiz festlegen lässt. Julius Klein reagiert in seinem Artikel sehr polemisch auf des Leipziger Altphilologen Richard P. Wülckers äußerst kritische Besprechung seiner „Geschichte des Dramas" (Leipzig: Weigel 1865) und kommt in einem Abschnitt auch auf die Beowulf-Handschrift zu sprechen.

Getrennt vom Erzähltext verlaufende metatextuelle Anmerkungen findet man schließlich auf separaten Umschlagblättern, wie es das letzte Beispiel aus einem anderen unvollendeten Nachlassroman Fontanes, *Storch von Adebar*, belegt: »Enthält alles, was ich bis jetzt notirt habe.« (*Storch von Adebar*, erstes Umschlagblatt. Staatsbibliothek zu Berlin – Preußischer Kulturbesitz, Nachlass Theodor Fontane St 59.)

Funktionen der ›metatextuellen‹ und ›medialen‹ Anmerkungen‹

Wichtiger als die Beschreibung der topographischen Ausprägung der Autorkommentare (marginal, linear/interlinear und auf separaten Blättern) ist nun aber die Beantwortung der Frage, welche *Funktionen* Fontanes metatextuellen Anmerkungen im Textbildungsprozess zukommen und ob sich daraus dann auch *Folgen* für die Textanalyse ableiten lassen. Fontanes handschriftliche Autorkommentare beziehen sich auf den Textualisierungsprozess sowohl von autorisierten Werken als auch von Nachlasstexten. Sie lassen sich zunächst in zwei Gruppen mit unterschiedlichen Funktionen klassifizieren: in kritische Äußerungen über die künstlerische (formale und inhaltliche) Gestaltung des geschriebenen Textes (z. B. »wohnte ist richtig«; Notizbuch C6, Blatt 26r, am Blattrand) und in Hinweise für die weitere Ausarbeitung des Textes (z. B.

---

37 Ebenso wie einige andere Erzählentwürfe und Notizen fehlt auch diese Disposition in der Neuedition der Nachlasstexte, obwohl die Herausgeberinnen mitgeteilt haben, dass der gesamte Fontane-Nachlass mit den Notizbüchern systematisch hinzugezogen worden sei. Vgl. Fontane, wie Anm. 17, Bd. 1, S. XXXV.

»ausgearbeitet«; Notizbuch A9, vordere äußere Einbanddecke). Beide Ausprägungen, die oftmals auch zusammen auftreten, kennzeichnen den schriftstellerischen Revisionsprozess und stellen den Autor als doppelte Instanz vor, als schreibend-produzierendes und als lesend-rezipierendes Subjekt. Es macht hierbei nun keinen Unterschied, ob ein Text lediglich als handschriftlicher Nachlasstext überliefert ist, wie das etwa bei *Mathilde Möhring* der Fall ist, oder als Text, der als Werkmanuskript und autorisierter Druck zugänglich ist, so bei *L'Adultera*. Denn die metatextuellen Anmerkungen kennzeichnen trotz der unterschiedlichen Überlieferungslage stets die Nichtabgeschlossenheit von Entwürfen und Niederschriften zu einem bestimmten Zeitpunkt innerhalb des Textbildungsprozesses. Somit kommt dem Text, der bis dahin geschrieben worden ist, bis zur nächsten Überarbeitung stets nur ein gewisser Vorläufigkeitsstatus zu. Die Analyse des *L'Adultera*-Manuskriptes hat ergeben, dass die metatextuellen Anmerkungen als Ausdruck eines noch unfertigen Textualisierungsstadiums gewertet werden können. Denn es ist Folgendes zu beobachten: Je mehr sich Fontane der für den Druck vorgesehenen Textgestalt annäherte, desto weniger metatextuelle Anmerkungen benötigte er. Man findet die Häufung der Autor-Bemerkungen in der Regel nur bis zur revidierten ersten Niederschrift; alle weiteren von ihm oder von seiner Frau Emilie angefertigten Abschriften enthalten nur noch einzelne oder gar keine über den Romantext hinausgehenden Formulierungen mehr.[38] Diese Deutung des handschriftlichen Befundes lässt sich auch auf das *Mathilde Möhring*-Manuskript übertragen: Die letzte überlieferte Schreibstufe ist die revidierte erste Niederschrift von Ende 1895/Anfang 1896 mit den über alle Kapitel verstreuten metatextuellen Anmerkungen. Abschriften oder Reinschriften des Autors fehlen, die in der Regel eine weiter fortgeschrittene Überarbeitungsstufe dokumentieren. Auch eine letzte, von Emilie Fontane angefertigte Abschrift, die wie bei vielen anderen Romanen als Satzvorlage hätte fungieren sollen, existiert mit Sicherheit nicht. Denn Emilie Fontane hatte den Roman erst gut zwei Jahre nach dem Tod ihres Mannes am 31. Januar 1901 gelesen und auf einem Blatt notiert: »Leider *nicht* druckfertig«.[39]

Eine dritte Funktion der Autorkommentare Fontanes ist hauptsächlich in seinen Notizbüchern belegt, die das Medium Notizbuch selbst betreffen; sie kommt aber auch gelegentlich in anderen Handschriftenkonvoluten vor. Da es sich streng genommen nicht mehr um den Textualisierungsprozess betreffende Anmerkungen handelt, sondern auf den medialen Textträger be-

---

38 Vgl. Radecke, *Vom Schreiben zum Erzählen*, wie Anm. 2, S. 72–90.
39 Fontane, *Mathilde Möhring*, erstes Umschlagblatt, unfoliiert. Staatsbibliothek zu Berlin – Preußischer Kulturbesitz, Handschriftenabteilung (Nachlass Fontane St 53).

zogene, wird hier der Begriff ›mediale Anmerkungen‹ eingeführt. Die Notizbücher sind neben den losen Werkhandschriften eine weitere wichtige Quelle für die Analyse der Fontane'schen Autoranmerkungen, weil neben der *Materialität* der Handschrift noch ein zusätzlicher Aspekt hinzukommt: die *Medialität* des Notizbuchs. Im Unterschied zu allen anderen Werkmanuskripten und Briefhandschriften, die in lose zusammengefügten Konvoluten aufbewahrt werden, werden die Notizbuch-Aufzeichnungen und die darin enthaltenen Zeitungsausschnitte durch feste Einbände und fadengeheftetes Papier von Beginn an zusammengehalten. Notizbuchaufzeichnungen und aufgeklebte Druckblätter bilden also einen kleinen Kosmos von verschiedensten Aufzeichnungen und Textteilen. Mittlerweile ist bekannt, dass Fontane einige seiner Notizbücher nicht nur für seine Unterwegsaufzeichnungen und zeichnerischen Skizzen benutzte, sondern dass er diese als Speichermedium für den weiteren Produktionsprozess über Jahrzehnte hinweg gebrauchte.[40] Das erklärt, warum Fontane immer wieder beiläufig auf die medialen Bedingungen seiner Notizbücher Bezug nimmt, wenn er von den Möglichkeiten des Verweisens auf andere Notizbuchstellen und Notizbücher regen Gebrauch macht, wie es etwa im Notizbuch C5 am unteren rechten Blattrand belegt ist: »Siehe die andere Seite«.

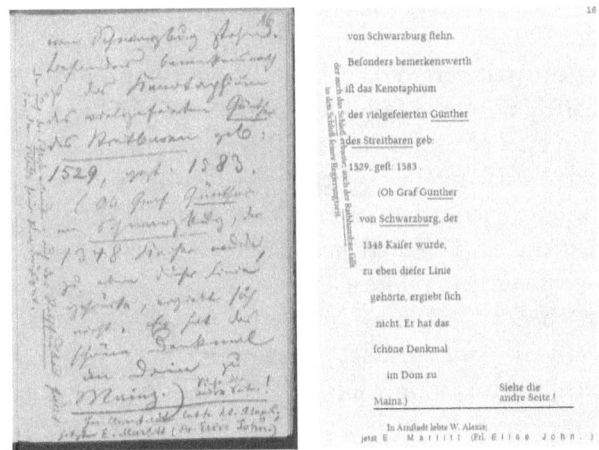

Abb. 5: Fontane: Notizbuch C5, Blatt 16r und Transkription; https://fontane-nb.dariah.eu/ index.html. Staatsbibliothek zu Berlin – Preußischer Kulturbesitz, Handschriftenabteilung (Nachlass Theodor Fontane).

---

40 Vgl. Radecke, »*Notizbuch-Editionen*«, wie Anm. 21, S. 156.

Folgen für die Interpretation

Fontanes Autorkommentare, insbesondere seine metatextuellen Anmerkungen, verdeutlichen also auf unterschiedliche Weise die empirische Autorpersönlichkeit, die einerseits durch einen stark ausgeprägten und selbstbewussten Präzisierungswillen, andererseits jedoch auch von Schreibunsicherheiten und Zweifeln geprägt ist, die vor allem durch nonverbale Zeichen – Frage- und Ausrufezeichen[41] – zum Ausdruck kommen. Die Autoranmerkungen informieren über Fontanes Schreibintentionen, stellen ihn als schreibendes und lesendes Subjekt vor und geben Einblicke in sein Schreib- und Organisationsmanagement. Welcher Erkenntnisgewinn ist aber nun mit dem Wissen um die Topographie und die Funktionen der metatextuellen und medialen Anmerkungen zu erwarten? Welche Folgen ergeben sich daraus etwa für die Textinterpretation? Auf diese Fragen gibt es bislang keine erschöpfende Antwort; ein kleines Beispiel aus *Mathilde Möhring* mag aber wenigstens einige Potentiale andeuten, die sich durch das Einbeziehen der ›Autorstimme‹ im Schreibprozess ergeben könnten.

Nach Abschluss der ersten Roman-Niederschrift, vermutlich im August/September 1891,[42] schrieb Fontane auf drei separaten Blättern eine großflächig angelegte und ausformulierte To-do-Liste für die weitere Textüberarbeitung.[43] Fontane beginnt seine Anmerkung mit: »Im Wesentlichen ist alles in Ordnung [...] Nur einzelne Punkte sind zu ordnen.« (*Mathilde Möhring.* GBA–EW, Bd. 20, S. 286.) Im weiteren Verlauf ist es Fontane dann um die Ergänzung von Romaninhalten zu tun: Mathildes Ausbildung zur Lehrerin und ihr Berufsziel, Erzieherin zu werden, sowie der Hinweis auf das Sparkassenbuch. Diese beiden Aspekte hat Fontane bei der letzten Textüberarbeitung 1896 berücksichtigt und die entsprechenden Textabschnitte um die einzelnen Informationen erweitert. Unter dem 8. Punkt hat Fontane schließlich noch etwas Anderes notiert: Es geht um Mathildes Geburtsnamen Möhring, den Mathilde nicht bereit ist, nach dem Tod ihres Ehemannes Hugo Großmann wieder anzunehmen. Zudem wird der allmähliche Übergang von der im Präsens formulierten historischen ›Autorstimme‹ hin zum erzählerischen Imper-

---

41 Ähnliches gilt auch für andere Autoren wie z. B. Stifter; vgl. Hettche, ›*Ausstreichungen Einschaltungen etc.*‹, wie Anm. 4, S. 105.
42 Zur Entstehungsgeschichte vgl. Radecke: *Entstehung.* In: GBA Das erzählerische Werk, Bd. 20, *Mathilde Möhring,* S. 151–158.
43 Diese Liste ist vollständig transkribiert in Radecke, *Überlieferung.* In: GBA Das erzählerische Werk, Bd. 20, *Mathilde Möhring,* S. 286–287.

fekt und zur direkten Figurenrede der fiktionalen Textebene deutlich.[44] Außerdem ist auch eine mediale Autoranmerkung zu erkennen (»s. letzte Seite«), mittels deren Fontane, ähnlich wie bei seinem Notizbuch, bei einer späteren Textüberarbeitung leichter zur Bezugsstelle im Handschriftenkonvolut finden würde.

> 8. Wichtig ist noch folgendes: Thilde lehnt es im letzten Kapitel ab, wieder ihren Mädchennamen anzunehmen und diese Scene muß bleiben. Im Schlußabschnitt aber (s. letzte Seite) muß es gleich zu Anfang heißen: Alles was sie gesagt, war ihr Ernst. [*darüber* ernst.] Als aber das Examen immer näher rückte, [*unterstrichen mit Blaustift* bekehrte sie sich doch {*s überschrieben z*}u der Ansicht der Alten] und sagte: »ja der Mädchenname is doch besser, – [*unterstrichen mit Blaustift* es soll] ganz wieder werden wie es war]. Ich werde noch einmal als Wittwe hingehn, aber dann werde ich es alles vergessen und meine Vergangenheit wieder aufnehmen, als wäre es nicht gewesen.« (*Mathilde Möhring*. GBA–EW, Bd. 20, S. 287.)

Das Ende des Romans, das nicht in einer linearen Reinschrift überliefert ist, sondern lediglich in einer überarbeiteten Niederschrift mit vier aufgeklebten Blattfragmenten und Bleistiftergänzungen,[45] belegt nun aber keine Textveränderung mehr. Es dokumentiert vielmehr nach wie vor die beiden unterschiedlichen Ansichten zwischen Mutter und Tochter Möhring, und auch Mathilde ist nicht bereit, ihren Ehe- und Witwennamen Großmann aufzugeben.[46] Somit bleibt die Diskrepanz zwischen dem Romantitel *Mathilde Möhring*, der Bezug nimmt auf Mathildes Geburtsnamen und ihre soziale Herkunft, und dem Schluss des Romans, in dem ein Ausblick auf die berufliche Zukunft der Bürgermeisterwitwe Mathilde Großmann als examinierte Lehrerin gegeben ist. Die Kenntnis der metatextuellen Anmerkung, die Fontanes weitere Schreibabsichten erläutert, nämlich die Namensrückführung zu »Möhring«, vermag zumindest zu einer möglichen Erklärung dieser Diskrepanz beizutragen. Das Beispiel zeigt, dass insbesondere Nachlasstexte offensichtlich einen anderen Status haben als vom Autor zum Druck beförderte autorisierte Texte: Selbst offensichtlich konstant gebliebene Formulierungen in der Handschrift, also nicht gestrichene Inhalte, unterliegen einer gewissen Vorläufigkeit, weil der Schreibprozess noch nicht ganz abgeschlossen ist und weil es durch Fontanes Autoranmerkungen Belege für beabsichtigte Überarbeitungen gibt, zu denen er dann nicht mehr gekommen ist.

---

44 Vgl. S. 84 in diesem Beitrag.
45 Zu Beschreibung und Deutung des handschriftlichen Befundes des letzten Blattes vgl. Radecke, »*Entstehung*«, wie Anm. 42, S. 274–275.
46 Vgl. GBA Das erzählerische Werk, Bd. 20, *Mathilde Möhring*, S. 122–123.

Anforderungen an die zukünftige (digitale) Fontane-Editorik

Wenn nun Fontanes metatextuelle Anmerkungen interpretatorisches Potential implizieren, wie es das Beispiel zu *Mathilde Möhring* vorgeführt hat, dann müssten diese Befunde auch – mehr als es bisher geschehen ist – in Konzepte zukünftiger wissenschaftlicher Fontane-Editionen eingebunden werden. Da nicht die Handschriften oder Digitalisate allein, sondern letztendlich Editionen durch ihre Textdarbietung und texterschließende Kommentierung erst zu einer Kanonisierung insbesondere von historischen Texten beitragen und die Rezeption und Interpretationsmöglichkeiten nachhaltig beeinflussen,[47] sollten die wichtigsten Ergebnisse der Materialautopsie – also auch die metatextuellen Anmerkungen – bei der Textkonstitution berücksichtigt werden. Innerhalb der zuweilen noch sehr pragmatisch orientierten Fontane-Editorik spielten Fontanes Autorkommentare keine bzw. nur eine untergeordnete Rolle. Denn in der Regel werden diese im Edierten Text, auch bei Nachlasstexten, nicht mitgeteilt. Einen ersten Versuch der Einbindung der handschriftlichen Autoranmerkungen Fontanes hat die kommentierte *Mathilde Möhring*-Neuedition im Rahmen der Großen Brandenburger Ausgabe vorgelegt, in der, im Unterschied zu der von Gotthard Erler besorgten *Mathilde Möhring*-Edition von 1969, alle linearen und marginalen metatextuellen Anmerkungen in Verbindung mit dem Herausgeber-Hinweis »Autoranmerkung am Rand« – und nicht wie bisher in einer Auswahl im Anhang – in den Edierten Text integriert werden. Allerdings wurde mit dieser Formulierung lediglich die topographische Ausprägung berücksichtigt und der semantische Kontext nur allgemein im Editionsbericht erläutert:

> [»]Rebecca wenn er kommt (ich sage nicht wer) dann sollst Du haben die Ampel und nicht Rosa sollst Du haben, Du sollst sie haben in Rubin und sollst haben, wenn Du schläfst, einen himmlischen Glanz.« [*Autoranmerkung am Rand:* Hier muss ich Silberstein vermeiden; irgend eine andre Figur nehmen.]
> Rebecca war unzufrieden über dies Hinausschieben, aber sie war beinah die einzig Unzufriedne in der Stadt. [...] (*Mathilde Möhring.* GBA–EW, Bd. 20, S. 94 f.)

Mit diesem Verfahren wird die Unterbrechung des Erzähltextes durch den Autortext markiert, sodass ein entscheidendes Kennzeichen der unvollendeten Textgestalt dieses Nachlassromans in der Handschrift auch im Druck und somit auch für die Textanalyse bewahrt bleibt. Zudem wird der Lesefluss –

---

47 Vgl. hierzu auch Radecke, »*Notizbuch-Editionen*«, wie Anm. 21.

wie in der Handschrift – unterbrochen.[48] Alle weiteren, auf separaten Blättern formulierten großflächigen Anmerkungen, etwa die oben erwähnte acht Punkte umfassende To-do-Liste, werden im Anhang abgedruckt und über den Kommentar mit dem Edierten Text verbunden. Das Verfahren der Einbindung von metatextuellen Autoranmerkungen in den Edierten Text ist mittlerweile von Hanna Delf von Wolzogen und Christine Hehle übernommen worden; allerdings kennzeichnen die Herausgeberinnen Fontanes Autoranmerkungen kursiv, was irritiert, da Kursive in wissenschaftlichen Editionen für Unterstreichungen und Herausgebertext verwendet wird. Hinzu kommt, dass in dieser Edition nicht konsequent alle linearen Autoranmerkungen erkannt worden sind und eine editionswissenschaftliche Auseinandersetzung fehlt.[49]

Ein erweitertes Editionsmodell bietet sich nun im digitalen Medium an, wie es mittlerweile für die digitale Gesamtedition der Fontane-Notizbücher an der Fontane-Arbeitsstelle der Universität Göttingen und an der Niedersächsischen Staats- und Universitätsbibliothek Göttingen entwickelt wurde. Die Autoranmerkungen werden nicht nur, wie es bisher in wenigen gedruckten Fontane-Editionen der Fall war, auf der Textoberfläche topographisch nachgeahmt und mit einem Herausgeberhinweis oder Kursive markiert, sondern aufgrund einer systematischen Materialautopsie im XML/TEI[50]-Code als <note type="authorial"> erfasst und durch einen entsprechenden <subtype/> semantisch-funktional klassifiziert in Autoranmerkungen zum Schreibprozess/zur Revision (»revision«), zum Notizbuchtext (»text«) und zum Notizbuch (»notebook«).

---

48 Zu den weiteren Merkmalen unvollendeter Fontane-Texte vgl. Gabriele Radecke, »*Leider* ›nicht‹ *druckfertig*«. *Spuren der Unvollendetheit in Theodor Fontanes* ›*Mathilde Möhring*‹. In: Henkes [u. a.] (Hrsg.), wie Anm. 31, S. 221–230.
49 Auf eine nähere Auseinandersetzung mit weiteren Kritikpunkten an dieser höchst problematischen Edition – etwa der nicht reflektierte Umgang mit dem Text-, Fragment- und Fiktionalitätsbegriff, das Fehlen von einigen Notizbuchaufzeichnungen sowie die nicht konsequente genetische Textdarbietung – muss hier verzichtet werden. Im Rahmen der digitalen Gesamtedition von Theodor Fontanes Notizbüchern werde ich darauf zu sprechen kommen. Vgl. zum Fragmentbegriff Radecke, ›*Leider* »nicht« *druckfertig*‹, wie Anm. 48, hier S. 221 (Fußnote 1).
50 Die *Text Encoding Initiative* (TEI) ist eine 1987 gegründete internationale Organisation und ein gleichnamiges Dokumentenformat zur Textcodierung. Die aktuelle Version P5 basiert auf dem Format XML. Innerhalb der digitalen Editionsphilologie ist die TEI inzwischen ein De-facto-Standard zur Codierung von Handschriften und gedruckten Texten; vgl. http://www.tei-c.org/index.xml.

Typ 1: Autoranmerkung zum Schreibprozess/zur Revision: <note type="authorial" subtype="revision">

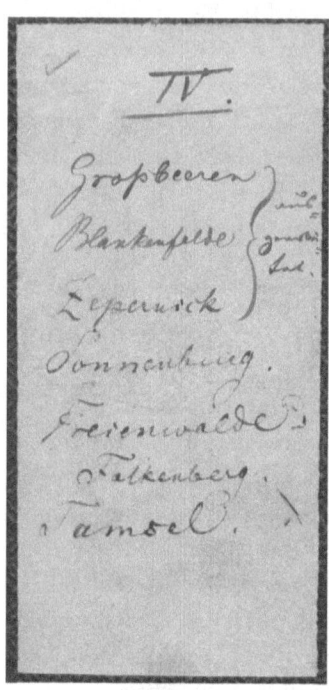

Abb. 6: Theodor Fontane, Notizbuch A9, Vordere äußere Einbanddecke; https://fontane-nb.dariah.eu/index.html. Staatsbibliothek zu Berlin – Preußischer Kulturbesitz, Handschriftenabteilung (Nachlass Theodor Fontane)
<note type="authorial" subtype="revision">
<line>aus=</line>
<line>gearbei=</line>
<line>tet.</line>
</note>.

Typ 2: Autoranmerkung zum Notizbuchtext <note type="authorial" subtype="text">

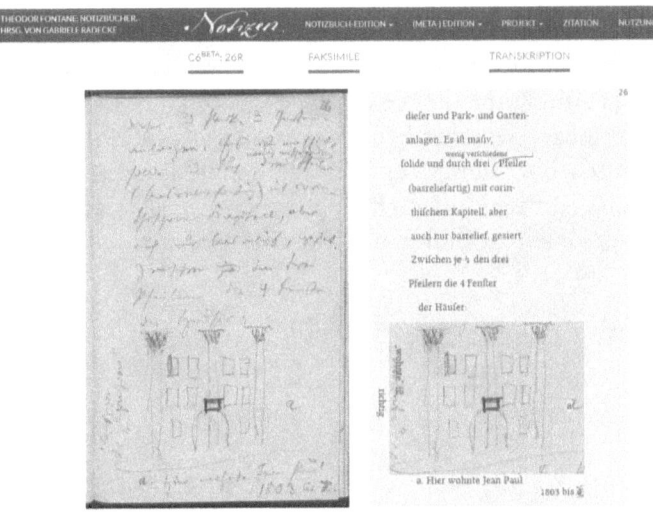

Abb. 7: Theodor Fontane: Notizbuch C6, Blatt 26r und Transkription; https://fontane-nb.dariah.eu/index.html. Staatsbibliothek zu Berlin – Preußischer Kulturbesitz, Handschriftenabteilung (Nachlass Theodor Fontane)
<note type="authorial" subtype="text">
<line>wohnte ist</line>
<line>richtig</line>
</note>.

Typ 3: mediale, das Notizbuch betreffende Autoranmerkung <note type="authorial" subtype="notebook">

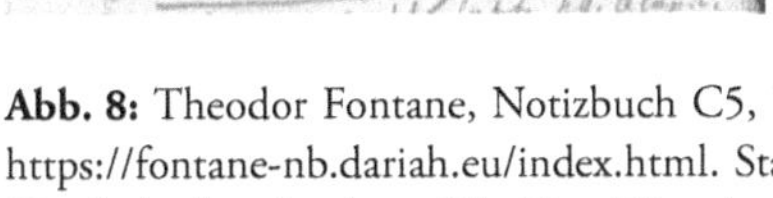

Abb. 8: Theodor Fontane, Notizbuch C5, Blatt 16r (Ausschnitt); https://fontane-nb.dariah.eu/index.html. Staatsbibliothek zu Berlin – Preußischer Kulturbesitz, Handschriftenabteilung (Nachlass Theodor Fontane)
<note type="authorial" subtype="notebook">
<line>Siehe die</line>
<line>andre Seite.!</line>
</note>.

Die Codierung mittels <note type="authorial"/> in Kombination mit einem entsprechenden <subtype/> bildet dann nicht mehr nur die Grundlage für die Visualisierung auf der Textoberfläche wie bei Bucheditionen; sie ermöglicht darüber hinaus die Erfassung der semantischen Tiefenstruktur von Zeichenfolgen. Mit dieser editorischen Verfahrensweise, die auch für Mischformen und darüber hinausgehende Ausprägungen erweiterbar ist, wird es erstmals möglich sein, Fontanes Autoranmerkungen, soweit sie von Editionswissenschaftlerinnen und Editionswissenschaftlern erkannt, klassifiziert und codiert worden sind, systematisch über komplexe Suchfunktionen als metatextuelle Autoranmerkungen zum Text und zum Schreibprozess sowie als mediale Autoranmerkung zum Notizbuch zu finden und für eine weiterführende Textanalyse auszuwerten.

Von den »Würdenträgern« zum »Wanderer-Ton«

Fontanes Wanderungen im Lichte der populären Historiographie

Andrew Cusack

Der Stilbegriff ist bekanntlich abgeleitet vom lateinischen ›stilus‹, von dem Schreibgriffel, welcher dann in metonymische Beziehung mit dem Verfasser selbst gesetzt wurde als Ausdruck für dessen charakteristische Schreibweise. Fontane hegte lange Zeit den Plan, ein umfassendes Werk über »die Marken, ihre Männer und ihre Geschichte« zu schreiben, aber der unmittelbare Anlass zum Projekt war seine Rückkehr aus Großbritannien und die Auseinandersetzung mit Anton von Etzels Reisebuch *Die Ostsee und ihre Küstenländer*.[1] In Fontanes Rezension von Etzels Buch lesen wir: »Es fehlt östlich der Elbe durchaus die Wünschelrute, die den Boden berührt und die Gestalten erstehen macht.«[2] Fontanes *stilus*, soweit wir mit ihm in Zusammenhang mit den *Wanderungen* zu tun haben, ist genau solch eine Wünschelrute, durch die er lebenspendende Quellen in der Mark eröffnet zum Zweck einer »Belebung des Lokalen und Poetisierung des Geschehenen«, wie es in einem Brief an Ernst von Pfuel vom 18. Januar 1864 heißt.[3] Die Wünschelrutenmetapher kann weiter ausgebaut werden: Das flüssige Material, welches durch die Berührung mit der Wünschelrute in Bewegung kommt und als eigentliche Lebensader durch die *Wanderungen* fließt, ist das mündlich Überlieferte, das oft lokal Gefärbte, und deshalb möchte ich hier einige Anekdoten aus den *Wanderungen* untersuchen, anhand deren sich Fontanes Stil besonders gut erörtern lässt.

---

1 Tagebucheintrag vom 19. 08. 1856, GBA Tage- und Reisetagebücher 1, S. 161.
2 HFA II/3, S. 813.
3 »Die zwei Bände, die bis jetzt erschienen sind, lassen das, worauf es mir ankommt, erst erraten: die Belebung des Lokalen, die Poetisierung des Geschehenen.« HFA IV/2, S. 115. Im Folgenden werden Fontanes *Wanderungen durch die Mark Brandenburg* immer nach der maßgeblichen Grossen Brandenburger Ausgabe (GBA) zitiert (Abteilung 5). Fontanes Briefe und *Von Zwanzig bis Dreißig* werden nach der Hanser Ausgabe (HFA) zitiert. Die Abteilung 12 *Briefe* der GBA ist noch nicht abgeschlossen.

Besonders wünschenswert bei dem Versuch einer Charakterisierung von Fontanes Stil, so scheint es mir jedenfalls, sind komparatistische Ansätze. Das Wesentliche an Fontanes Stil, das immer wieder von Lesern als der »Fontane-Ton« wahrgenommen wird, wird erst dann klare Umrisse bekommen, wenn man seine Texte in einen Vergleichszusammenhang mit ähnlichen Erzeugnissen europäischer Literatur stellt. Ein Wort zur Unterscheidung der Begriffe »Stil« und »Ton«, wie ich sie hier verwende: Der »Wanderer-Ton« ist eine besondere Spielart von Fontanes Stil, die durch das Vorwiegen mündlicher Elemente wie der Anekdote oder des Sinnspruchs gekennzeichnet ist.

Den Weg, den ich hier gehen möchte, ist der eines ›internen Vergleichs‹. Es handelt sich dabei nicht um einen Vergleich etwa zwischen den *Wanderungen* und einem ähnlich konzipierten Text aus irgendeiner europäischen Nationalliteratur. Stattdessen nehme ich mir vor, den Stil der *Wanderungen* zu charakterisieren an Hand eines Vergleichs mit einem historischen Textaggregat aus dem *deutschsprachigen* Raum. Das Vergleichswerk ist die *Menschliche Tragikomödie* von Johannes Scherr (1817–1886), Geschichtsprofessor am eidgenössischen Polytechnikum in Zürich.[4] Die in der *Tragikomödie* gesammelten »Studien, Skizzen und Bilder« eignen sich aus mehreren Gründen für den Vergleich mit Fontanes *Wanderungen*. *Erstens* handelt es sich um zeitgenössische Texte, die sich beide als Alternative zur wissenschaftlichen Geschichtsschreibung präsentieren; es gibt ferner eine thematische Verbindung: Sowohl die *Wanderungen* als auch die *Menschliche Tragikomödie* sind in erheblichem Maße als Kulturgeschichten zu bezeichnen; es gibt *drittens* einen rein formellen Gesichtspunkt: In beiden Fällen liegen mehrbändige Sammelwerke vor, die aus historischen Essays bzw. Feuilletons zusammengesetzt sind. Fontane hat die Schriften des seinerzeit berühmten Achtundvierzigers Scherr gekannt: er las Scherrs Kommentare zum deutsch-französischen Kriege im *Tagebuch vom Berge* »mit dem höchsten Interesse«, distanzierte sich allerdings vom »treffliche[n] Johannes Scherr« und dessen »Sprache der Entrüstung«, sowie von Scherrs Polemik gegen den besiegten französischen Kaiser, Napoleon III.[5] Bei Scherr findet der Name seines Zeitgenossen Fontane nur flüchtige Erwähnung – als Lyriker – in der fünften Auflage seiner *Allgemeinen Geschichte der Literatur* von 1875.[6] Doch selbst wenn die zwei Zeitgenossen wenig Notiz

---

4   Johannes Scherr, *Menschliche Tragikomödie*. 3. Auflage. Leipzig 1884.
5   Theodor Fontane, *Aus den Tagen der Okkupation: Eine Osterreise durch Nordfrankreich und Elsaß-Lothringen 1871.* Berlin, 1872, S. 346. *Tagebuch vom Berge* In: Johannes Scherr, *Farrago*. Leipzig, 1870, S. 429–528.
6   Johannes Scherr, *Allgemeine Geschichte der Literatur*. 5. Auflage. Stuttgart 1875, Bd. 2, S. 278.

voneinander nahmen, wurden sie von der Literaturgeschichtsschreibung der
Jahrhundertwende zueinander in Bezug gesetzt, wie wir später sehen werden.

Da Johannes Scherr zu den vergessenen Figuren der deutschen Literaturgeschichte gehört, tut wohl eine kurze Einführung Not. Ich schlage also im
ersten Teil dieses Beitrags einen Umweg zu Fontane über Johannes Scherr
ein. Im Hauptteil des Aufsatzes wird es dann im Wesentlichen um Fontanes
Wanderungen gehen mit gelegentlichen Seitenblicken auf Scherrs *Tragikomödie*. Ich befinde mich in einer ähnlichen Lage wie Fontane, der zwar bei
seinen Lesern die Kenntnisse des alten Zieten voraussetzen durfte, nicht aber
die der Marwitz und der Lestwitz.

Eine umfassende biographische Skizze zu Johannes Scherr, der im letzten
Drittel des neunzehnten Jahrhunderts zu den meistgelesenen Historikern im
deutschsprachigen Raum gehörte, ist hier aus Platzgründen nicht möglich.
Dennoch sind einige Eckdaten zu dieser heute weitgehend vergessenen literarischen Persönlichkeit unverzichtbar.[7] Fontanes Zeitgenosse Scherr wurde
1817 als zehntes Kind eines Dorflehrers in einer katholischen Enklave des
Königreichs Württemberg geboren. Nach abgebrochenem Studium im Priesterseminar studierte Scherr an der Universität Tübingen. Über seinen Bruder
Thomas, einen ausgezeichneten Lehrer und bekannten Reformator des Bildungswesens im Kanton Zürich, verfügte Scherr über exzellente Verbindungen zur Schweiz. Dort begeisterte er sich für die demokratischen Reformen
der Liberalen. In den dreißiger und vierziger Jahren bewegte sich Scherr häufig als Lehrer und freier Schriftsteller zwischen dem Königreich Württemberg
und dem Kanton Zürich hin und her. Dieses Dasein als Grenzgänger war
von entscheidender Bedeutung für seine Tätigkeit als freier Schriftsteller und
für seine politische Bildung zum radikalen Demokraten. Im Revolutionsjahr
1848 in den Württembergischen Landtag gewählt, war Scherr mit einunddreißig Jahren der jüngste unter den radikalen Abgeordneten. Auch Scherr
wurde Opfer der Niederschlagung der radikal-demokratischen Kräfte im blutigen Sommer des Jahres 1849. Scherr erfuhr rechtzeitig von seiner bevorstehenden Verhaftung, und dem Verfolgten gelang es mit knapper Not, sich in
die Schweiz zu retten. Im ersten Jahrzehnt seines Exils war Scherr gezwungen,
von seiner Feder zu leben, und eine Gattung, der er sich mit großem Erfolg
widmete, war die Kulturgeschichte. Erwähnt sei nur seine *Deutsche Kultur-
und Sittengeschichte*, die 1852 erschien und bis 1887 zehn Auflagen erlebte.
1860 erfolgte dann der Durchbruch, als Scherr kraft seiner kulturhistorischen

---

7   Zu Scherr: Willibald Klinke, *Johannes Scherr. Kulturhistoriker. Leben – Werk – Wirkung*, Schaffhausen 1943. Vgl. auch Jacob Mähly, »Scherr, Johannes«. In: *Allgemeine Deutsche Biographie* 31 (1890), S. 125–130.

Schriften an den Lehrstuhl für allgemeine Geschichte am neugegründeten Eidgenössischen Polytechnikum in Zürich berufen wurde.

Johannes Scherr wurde von seinen Zeitgenossen für einen äußerst lebhaften Schriftsteller gehalten, dessen Stil durch rhetorische oder vielmehr sprechsprachliche Merkmale gekennzeichnet war. Der Schweizer Historiker Wilhelm Oechsli, der bei Scherr gehört hatte, charakterisiert ihn folgendermaßen:

> Mit ihm hielt einer der originellsten und wirksamsten Lehrer des Polytechnikums seinen Einzug. In der schwäbischen Heimat wegen Teilnahme an der 48er Bewegung zu 15 Jahren Zuchthaus verurteilt, hatte Johannes Scherr, als Flüchtling von seiner Feder lebend, eine erstaunliche Fülle von historischen, kulturhistorischen, literarhistorischen und belletristischen Schriften aus dem Ärmel geschüttelt. Weniger ein streng wissenschaftlicher Forscher als ein ungemein belesener Polyhistor, ein geistvoller, mitunter grobkörniger Schriftsteller, packte er die Jugend durch die gleichen Vorzüge, die seinen Büchern die Leserwelt eroberten, durch eine an verblüffenden Wortbildungen und beißenden Sarkasmen reiche Sprache, ungewöhnliche Plastik der Darstellung und eigenartige räsonnierende Geschichtsauffassung.[8]

»Beißende Sarkasmen« und »ungewöhnliche Plastik der Darstellung« sind kennzeichnend für die in der *Menschlichen Tragikomödie* veröffentlichten Essays. Die Kehrseite dieser Wertschätzung war feindliche Ablehnung seines grobkörnigen Stils seitens der Vertreter der Fachhistorie und anderer Leser, die an Scherrs Geschichtsauffassung oder an seinem Ton Anstoß nahmen. In einem Brief an die Gattin Johanna von Puttkammer vom 21. Januar 1871 bezeichnete Fürst Bismarck Scherr als »ein[en] verlogen[en] Geifersack«.[9] Die amerikanische Zeitschrift *Books Abroad* hatte 1927 einiges auszusetzen an Scherrs Ton in einer Rezension zur Aufnahme der *Menschlichen Tragikomödie* in die Reihe Reclams-Universal-Bibliothek. Dort heißt es: »Gelegentlich nimmt seine Empörung einen neckend-humoristischen Ton an, wie bei Voltaire, aber von der klugen französischen Mahnung ›pas trop appuyer‹ hat er nie Notiz genommen. Sein ermüdendes Poltern schwächt den größeren Teil seiner vorzüglichen Monographien über Cromwell, Roger Williams, Jeanne d'Arc, Maria von Schottland und vieles mehr.«[10]

---

8   Wilhelm Oechsli, *Geschichte der Gründung des eidgenössichen Polytechnikums mit einer Übersicht seiner Entwickelung.* Frauenfeld, 1905, S. 331.
9   Otto Fürst von Bismarck, *Die gesammelten Werke,* 15 Bde, Berlin, 1924–1935, Bd. 14/2, S. 811.
10 R.T.H., *Johannes Scherr: Menschliche Tragikomödie.* In: *Books Abroad,* 1/4 (1927), S. 41.

Soweit der Exkurs zu Scherr und seinem Polterton – ich komme wieder zu Fontane. Auch Fontane gelang es, sich zu profilieren, aber nicht als Polterer, sondern als Plauderer, indem er einen besonderen Ton in seinen *Wanderungen* erzeugte. Diesen Ton bezeichnet er in einem am 26. Februar 1861 verfassten Brief an seinen Verleger Hertz als »gemüthlichen Wandrer-Ton« und zwanzig Jahre später im November 1881 verfassten »Schlusswort« als »Plauderton des Touristen«.[11] Solche Formulierungen stehen in einem engen Zusammenhang mit der leitmotivischen Selbstinszenierung Fontanes als Wanderer oder als Spaziergänger. Im Vorwort zur ersten Auflage heißt es bezüglich des gesammelten Materials: »Sorglos hab' ich es gesammelt, nicht wie einer, der mit der Sichel zur Ernte geht, sondern wie ein Spaziergänger, der einzelne Ähren aus dem reichen Felde zieht.«[12] Siebenundzwanzig Jahre nachdem er die Formulierung »Wandrer-Ton« gemünzt hatte, griff Fontane dieses Bild wieder auf im Vorwort zu *Fünf Schlösser*. Dort kommt es darauf an, die Konzeption des neuen Werks von den *Wanderungen* abzugrenzen. Dort lesen wir: »In den Wanderungen wird wirklich gewandert, und wie häufig ich das Ränzel abtun und den Wanderstab aus der Hand legen mag, um die Geschichte von Ort oder Person erst zu hören und dann weiterzuerzählen, immer bin ich unterwegs, immer in Bewegung und am liebsten ohne vorgeschriebene Marschroute, ganz nach Lust und Laune.«[13]

Das Thema des Wanderers klingt immer wieder leise an als Begleitmelodie in den *Wanderungen*, und man vernimmt diese Begleitmelodie am deutlichsten in dem November 1881 verfassten »Schlusswort« zum Schreibprojekt, das Fontane von seinem vierzigsten bis zum zweiundsechzigsten Lebensjahr immer wieder beschäftigt hat:

> Wer sein Buch einfach ›Wanderungen‹ nennt und es zu größerer Hälfte mit landschaftlichen Beschreibungen und Genreszenen füllt, in denen abwechselnd Kutscher und Kossäten und dann wieder Krüger und Küster das große Wort führen, der hat wohl genugsam angedeutet, daß er freiwillig darauf verzichtet, unter die Würdenträger und Großcordons historischer Wissenschaft eingereiht zu werden. Ich habe ›mein Stolz und Ehr‹, und zwar mit vollem Bewußtsein, auf etwas anderes gesetzt, aufs bloße Plauderkönnen, und erkläre mich auch heute noch für vollkommen zufriedengestellt, wenn mir *dies* als ein Erreichtes und Gelungenes zugestanden werden sollte.[14]

---

11 Theodor Fontane an Wilhelm Hertz, HFA IV/2, S. 25.
12 GBA *Wanderungen durch die Mark Brandenburg*, Bd. 1, *Die Grafschaft Ruppin*, S. 3.
13 GBA *Wanderungen durch die Mark Brandenburg*, Bd. 5, *Fünf Schlösser. Altes und Neues aus Mark Brandenburg*, S. 7.
14 GBA *Wanderungen durch die Mark Brandenburg*, Bd. 4, *Spreeland. Beeskow-Storkow und Barnim-Teltow* S. 440.

Dieses Schlusswort verfasst Fontane in der Rückschau auf zwanzig Jahre getaner Arbeit, auf das vollendete Projekt der *Wanderungen*, aber es hätte ebenso gut als programmatische Äußerung im Vorwort eines kulturgeschichtlichen Buches dienen können, sind doch solche Werke gekennzeichnet durch eine Abkehr von den ›Helden- und Staatsaktionen‹ der politischen Historie und eine demonstrative Hinwendung zum einfachen Volk. Unter den Würdenträgern und Großcordons der historischen Wissenschaft ist vor allem Leopold von Ranke gemeint, dessen Geschichtsschreibung auch vom Kulturhistoriker Johannes Scherr heftig kritisiert wurde. So moniert Scherr 1860 an Ranke, dass er »allem Volksmäßigen ängstlich aus dem Wege geht und die Essenz der Geschichte nur in den Berichten der Diplomaten suchen zu müssen und finden zu können wähnt.«[15] Sowohl Fontane als auch Scherr distanzieren sich von der vorherrschenden Form der Geschichtsschreibung, indem sie auf »volksmäßige« Zeugnisse setzen. Genau in das Jahr des Schlusswortes, 1881, fällt Fontanes abschätziges Urteil über die politische Geschichtsschreibung der Ranke-Schule und deren betont »wissenschaftliche« Methode archivalischer Quellenarbeit:

> Dies vornehme Herunterblicken auf Alles, was nicht in Akten und Staatspapieren steht, ist in meinen Augen lächerlich – die wahre Kenntniss einer Epoche und ihrer Menschen, worauf es doch schliesslich ankommt, entnimmt man aus ganz anderen Dingen. In 6 altenfritzischen Anekdoten steckt *mehr* von dem alten Fritz, als in den Staatspapieren seiner Zeit.[16]

Der spielerische Hinweis auf Kutscher, Kossäten, Krüger und Küster ist allerdings keineswegs als akkurate Quellenangabe für die *Wanderungen* anzusehen; tatsächlich bezog Fontane viel mehr Material aus dem Adel, als ihm aus dem einfachen Volke zugeflossen war: Man denke an die zahlreichen Anekdoten über den märkischen Adel und an die Erzählungen rund um den Rheinsberger Hof. Überhaupt ist Fontanes »Volksmäßigkeit« *cum grano salis* zu nehmen, denn die Bauern und Landarbeiter, die Mehrheit der Bevölkerung der Mark Brandenburg, kommen in den Anekdoten kaum zu Wort. Die Erwähnung dieser Vertreter des einfachen Volkes ist vielmehr ein Hinweis auf den Ertrag von »Wanderungen« – Erzählungen, die zufällige Begegnungen und

---

15 Johannes Scherr, *Genesis, Geist und Gestalt der neuzeitlichen Geschichteschreibung. Eine Gelegenheitsrede* In: *Hammerschäge und Historien*. Leipzig o. J., S. 5–22, hier S. 17.
16 HFA IV/3, S. 135. Hierzu Wulf Wülfing, *Immer das eigentlich Menschliche. Zum Anekdotischen bei Theodor Fontane*. In: Roland Berbig (Hrsg.), *Fontane als Biograph*, Schriften der Theodor Fontane Gesellschaft, Bd. 7, Berlin 2010, S. 59–76.

Reisebekanntschaften dem Wanderer in die Hand gespielt haben. Dabei liegt der Akzent ganz eindeutig auf der Mündlichkeit dieser Erzählungen als Effekt, den sich der Verfasser für sein Werk wünscht.

Der ästhetische Maßstab, den Fontane an das eigene Werk legt, ist nicht der des Mitredenkönnens im wissenschaftlichen Kreis, sondern das Kriterium des »Plauderkönnens«. Ein solches Kriterium setzt die literarische Beherrschung mündlicher Formen voraus: die Fähigkeit, die Unmittelbarkeit und Lebendigkeit mündlicher Erzählung in literarischer Form wiederzugeben oder zu ›simulieren‹. Es sind die Anekdoten, die den größten Beitrag zur Erzeugung eines sprechsprachlichen Charakters und somit zum Wanderer-Ton leisten.

Mündlichkeit ist eine wichtige Eigenschaft selbst der schriftlich fixierten Anekdote. Bevor wir zum Vergleich des Anekdotengebrauchs bei Scherr und Fontane übergehen, wollen wir jetzt andere Eigenschaften dieser Form an Hand einer Definition festhalten. Ernst Rohmer bietet im *Historischen Wörterbuch der Rhetorik* folgende Definition an:

> eine Anekdote [ist] eine kurze, oft anonyme Erzählung eines historischen Geschehens von geringer Wirkung, aber großer Signifikanz, die mit einer sachlichen oder sprachlichen Pointe endet. Sie wirkt insbesondere durch die Verbindung von ›Repräsentanz‹ und ›Faktizität‹ des Geschehens sowie durch die Haltung der ›Nachdenklichkeit‹ im Erzählen.«[17]

In der Geschichtsschreibung dient die Anekdote der prägnanten Charakterisierung einer historischen Person. An dieser Stelle scheint es angebracht, die Merkmale der Anekdote an einem Beispiel aus Scherrs *Menschlicher Tragikomödie* zu überprüfen. Die Erzählung ist einem Aufsatz über Karl XII. von Schweden entnommen mit dem Titel »Der König-Narr«.

> Am Abend des 13. April von 1700 verließ [Karl XII. von Schweden] die Hauptstadt, um seine Maxibranderlaufbahn[18] anzutreten, und er hat Stockholm nie wieder gesehen. Am 25. Juni legte die schwedische Flotte am Toderuper Felde zwischen Kopenhagen und Helsingör auf Seeland an und bewerkstelligte Karl unter lebhafter Gegenwehr der Dänen

---

17 Ernst Rohmer, *Anekdote*. In: Gert Ueding (Hrsg.), *Historisches Wörterbuch der Rhetorik*, Tübingen 1992, Bd. 1, Sp. 566–579: hier Sp. 566.
18 Scherr zeichnet Karl XII. als den »Don Quijote der Weltgeschichte«, als einen Abenteurer und Phantasten, zu dessen Lieblingslektüre »ein alter Ritterroman« *Gideon von Maxibrander* gehörte: »In allem Ernste, der König studirte in dem genannten romantischen Wälzer Politik, Regierungsweisheit und Kriegskunst und sein Dichten und Trachten ging dahin, dem hochedlen Gideon von Maxibrander möglichst ähnlich oder gar gleich zu werden.« Johannes Scherr, *Menschliche Tragikomödie*, 3. Aufl., 12 Bde, Leipzig 1884, Bd. 5, S. 9.

die Landung seiner Armee. Mitten im Wirrwarr des Landungskampfes soll der König einen alten Soldaten gefragt haben: ›Was ist das für ein Sausen in der Luft?‹ – ›Das Pfeifen der Kugeln, Majestät.‹ – ›Wohl, das soll künftig meine Leibmusik sein.‹ Diese Anekdote ist, wie viele von Karl erzählte, nicht Geschichte, sondern Wachstubenpoesie.[19]

Diese sehr kurze Anekdote weist die für die Gattung typische dreiteilige Struktur auf. Sie beginnt mit der Benennung der Person und mit zeitlichen und räumlichen Angaben zur Lage. Die *occasio* ist die Schlacht bei Toderup im Jahr 1700. Die in der *occasio* vorgegebene Situation mündet in die Überleitung, die *provocatio*. Die *provocatio* hat häufig den Charakter einer Frage, die aus der *occasio* hervorgeht und eine Antwort in der Form der Pointe oder des *dictums* ermöglicht. Die naive Frage des ›König-Narrs‹ und die Replik des alten Soldaten führen zur Pointe, welche in diesem Fall dazu dient, die Diskrepanz zwischen dem König und seinem Milieu sowie die Unangemessenheit seines Handelns aufzuzeigen. Zum Schluss wird der Aspekt der Faktizität von Scherr direkt angesprochen. Dass die Anekdote unverbürgt ist, also nicht zur Geschichte im engeren Sinn der reinen Facta gehört, schließt sie keineswegs von der Geschichtsschreibung aus. Wichtig ist, dass sie den plausiblen Anspruch darauf erhebt, für wahr gehalten zu werden, indem sie den Charakter der historischen Persönlichkeit blitzartig aufscheinen lässt. Nicht die Wahrheit der Anekdote, sondern deren Wahrscheinlichkeit gibt den Ausschlag für die Entscheidung, sie in den Text aufzunehmen.

Die 1985 erschienene Monographie zur Anekdote bei Fontane von Andrea MhicFhionnbhairr ist nach wie vor der *locus classicus* der Forschung zu diesem speziellen Stilelement.[20] Das Augenmerk gilt hier den Anekdoten in den fiktiven Werken Fontanes. Dabei stellt MhicFhionnbhairr einen bedeutenden Unterschied hinsichtlich der Funktion der Anekdoten in den *Wanderungen* und in den fiktiven Werken fest. In den *Wanderungen* sorgen die Anekdoten für vermehrtes Interesse, sie bewahren Vergangenes, sie belehren und unterhalten. MhicFhionnbhairr zieht folgendes Fazit zur Bedeutung der Anekdoten für die *Wanderungen*:

> the anecdote plays a major role in bringing before the reader hundreds of historical characters, from the well-known to the almost forgotten. In this way, Fontane peopled the landscape of the March Brandenburg and performed a valuable service in preserving worthwhile material, much of which might have been lost to a wide readership.[21]

---

19 Ebd., S. 13–14.
20 Andrea MhicFhionnbhairr, *Anekdoten aus allen fünf Weltteilen: The anecdote in Fontane's fiction and autobiography*, Europäische Hochschulschriften Reihe 1, Deutsche Sprache und Literatur, Bd. 864, Bern/New York 1985.
21 Ebd., S. 303.

Unter den unbekannten Figuren, die Fontane ins kulturelle Gedächtnis Preußens holt, finden wir die anheimelnde Gestalt der Tante Fiekchen, deren Anekdote eindeutig im »Tramnitz«-Kapitel des ersten Bands als konservatives Genrebild einzustufen ist.

> Ebendiese, die zu Beginn des vorigen Jahrhunderts auf Tramnitz lebte, war um 1733, als Kronprinz Friedrich in Ruppin stand, eine hochbetagte Dame, die des Vorrechtes genoß, allen derb die Wahrheit sagen zu dürfen, am meisten den jungen Offizieren des Regiments Prinz Ferdinand, wenn diese zum Besuche herüberkamen. Einstmals kam auch der Kronprinz mit. Er ward inkognito eingeführt und da ihm ›Tante Fiekechens‹ Kaffee, der wenig Aroma, aber desto mehr Bodensatz hatte, nicht wohl schmecken wollte, so goß er ihn heimlich aus dem Fenster. Aber Tante Fiekchen wäre nicht sie selber gewesen, wenn sie's nicht auf der Stelle hätte merken sollen. Sie schalt denn auch heftig, und als sie schließlich hörte, wer eigentlich der Gescholtene sei, wurde sie nur noch empörter und rief: ›Ah, so. Na, denn um so schlimmer. Wer Land und Leute regieren will, darf keinen Kaffee aus dem Fenster gießen. *Sein Herr Vater wird wohl recht gehabt haben!*‹²²

Die Anekdote lebt von einem bestimmten Erkennungseffekt, der bereits durch das Benennen der Hauptperson und die Beschreibung des Umstandes in der *occasio* ausgelöst werden kann. In der Scherr-Anekdote genügt es, den Namen Karls XII. zu erwähnen, um etwa die folgende Reaktion beim Leser auszulösen: Den kennen wir, der war tatsächlich so und nicht anders. Die Wirkung einer Anekdote hängt im Wesentlichen davon ab, dass Erzähler und Leser über das gleiche Wissen verfügen und dieses Wissen aus der gleichen Perspektive betrachten. Bertolt Brecht beschreibt diesen Effekt in seinem Aufsatz ›Über eine neue Dramatik‹ wie folgt: »wo eine wirkliche Übereinstimmung zwischen dem Erzähler und dem Zuhörer [...] besteht. Dann beleuchtet die Anekdote, wie es sehr schön heißt, blitzartig eine Situation (die dann eben allen bekannt vorkommt).«²³

Es ist selbstverständlich der Kronprinz Friedrich und nicht ›Tante Fiekchen‹, der für diesen Erkennungseffekt in Fontanes Erzählung sorgt, und die Anekdote dient zur indirekten Charakterisierung des Kronprinzen. Seine jugendliche Impulsivität, seine Volksnähe, aber auch der schwelende Konflikt zwischen dem unbedachten Sohn und dem strengen Vater: Alles wird blitzartig hervorgerufen aus dem schematisch gespeicherten historischen Wissen des Lesers. Bei Scherr diente die Unangemessenheit des königlichen Handelns

---

22 GBA *Wanderungen durch die Mark Brandenburg,* Bd. 1, *Die Grafschaft Ruppin,* S. 467–468.
23 Bertolt Brecht, *Über eine neue Dramatik.* In: Bertolt Brecht, *Werke,* Große kommentierte Berliner und Frankfurter Ausgabe, hrsg. von Werner Hecht und Jan Knopf et al., Frankfurt am Main 1992, Bd. 21, S. 234–239, hier S. 239.

dem Zweck der Kritik; bei Fontane zeugt der *faux pas* des Prinzen von dessen Liebenswürdigkeit. Es handelt sich also um eine durchaus konservative Anekdote, die in der Pointe dem Soldatenkönig Friedrich Wilhelm I. Recht gibt, indem sie die Erziehung zur Selbstdisziplin und Sparsamkeit von einer Vertreterin des Volkes bejahen lässt.

Nun sah sich Fontane vielfach mit dem Problem konfrontiert, dass er nicht immer das gleiche Vorwissen bei seinen Lesern voraussetzen konnte; ein gemeinsamer Interpretationshorizont war nicht automatisch vorhanden. Dieses Problem hatte Scherr nicht in den Essays seiner *Menschlichen Tragikomödie*, da er nur Porträts bekannter historischer Größen lieferte. Für Fontane dagegen, der sich die Belebung der Mark zur Aufgabe gemacht hatte und dessen Arbeit darin bestand, vergessenen oder vernachlässigten Gestalten märkischer Geschichte zu neuem Leben zu verhelfen, war das Nichtwissen der Leser um sein Material ein Hindernis. Dieses Nichtwissen stand der Entfaltung eines möglichst lebendigen, anekdotenhaften Plaudertons vielfach im Wege. Um Lebendigkeit zu erzeugen, war er auf die Anekdotenform angewiesen; doch da die Anekdoten notgedrungen von unbekannten Persönlichkeiten handelten, bedurften sie einer sorgfältigen Einführung.

Im ›Schlusswort‹ von 1881 finden wir eine eingehende Auseinandersetzung mit dieser Stilproblematik. Das Erzählen im Wanderer-Ton »hatte doch immer ein bestimmtes Maß von Kenntnis und Interesse zur Voraussetzung«. »In dem Wustrau-Kapitel lagen die Dinge bequem, Wustrau war ein Idealstoff, aber solcher Stoffe gab es in ganz Mark Brandenburg eigentlich nur noch drei: Rheinsberg, Küstrin und Fehrbellin. Über diesen Kreis hinaus versagte sofort das Vorweg-Interesse, weil das Wissen zu versagen anfing.«[24] Der Leser konnte erst dann für die Darstellung wenig bekannter Figuren gewonnen werden, wenn ihm zuvor eine aufwändige Einführung und Kontextualisierung geboten wurde. Ohne solche Vorbereitung konnte das bevorzugte Stilmittel, die Anekdote, nicht zum Tragen kommen, und dennoch drohte gerade die Umständlichkeit der Vorbereitung den Anekdoten ihre ganze Leichtigkeit und Ungezwungenheit zu rauben. Stellenweise gelingt dem Verfasser diese Gratwanderung nicht ganz, wie er im Schlusswort auch bekennt: »Eine Folge davon war, daß ich aus dem ursprünglichen Plauderton des Touristen in eine historische Vortragsweise hineingeriet, und Band II (Oderland) ist denn auch mehr oder weniger ein Zeugnis und Beweis dafür geworden«.[25]

---

24 GBA *Wanderungen durch die Mark Brandenburg*, Bd. 1, *Die Grafschaft Ruppin*, S. 439.
25 HFA II/2, S. 870.

Immer wieder begegnen wir in den *Wanderungen* einer Dialektik des Redens und des Schweigens oder einer vom Leben und vom Tode. Immer wieder stoßen wir auf die Klagen des Erzählers über eine stumme Landschaft, die man nur mit großer Mühe zum Reden bringen kann. Das Schweigen der Abwesenheit und des Todes umgibt die Ruinen des Klosters Chorin in *Havelland*: »Da sind keine Traditionen, die an die Lehniner Sagen von Abt Sibold erinnerten, da ist kein See, kein Haus, kein Baum, die als Zeugen blutiger Vorgänge mit in irgendeine Klosterlegende verflochten wären; da ist keine »Weiße Frau«, die abends in den Trümmern erscheint und nach dem Mönche sucht, den sie liebte; alles ist tot hier, alles schweigt.«[26] In dieser Dialektik sind Denkmäler, Ruinen und Inschriften der Seite des Todes zuzurechnen, insofern sie sich nicht aus ihrem Dornröschenschlaf zu neuem Leben in Legenden, Sagen und Anekdoten erwecken lassen. Die Anekdote erscheint als lebendiges und mündliches Pendant zur in Stein gemeißelten Schrift der Denkmäler und Gräber.

Auf dem Friedhof des Dorfs Gantzer entdeckt der Wanderer das Grab der letzten Zieten aus dem Haus Wustrau. Diese Inschrift, die Leben und Wandel der Frau Johanna Christiana Sophie von Wahlen-Jürgaß geborener von Zieten, »ein[es] Muster[s] weiblicher Tugenden und Größe«, lapidar festhält, veranlasst eine Spurensuche bei unserem Rutengänger, die eine brieflich mitgeteilte Anekdote zu Tage fördert. Die Mitteilung wird von einer Frau verfasst, die als Waise von Frau von Jürgaß aufgenommen und erzogen wurde. Die Figur wird durch eine Beschreibung ihres ›altfränkischen‹ Äußeren eingeführt: ihre kleinen blauen Augen, ihre »wunderbare Nase« und ihre »gelbe[n] Löckchen, auf denen eine Turmhaube saß«. Die Beschreibung verschweigt nicht, dass die Jürgaß nach Ansicht der Korrespondentin »sehr klein und sehr häßlich war«. Fontanes Korrespondentin setzt ihre Anekdote wie folgt fort:

> In Winterzeit, wenn die Wege verschneit und die Freunde ausgeblieben waren, saßen wir oben im Ecksaal und spielten ›Gesellschaft‹. Frau von Jürgaß nahm dann Platz auf dem Sofa, die doppelarmigen Leuchter wurden angezündet und ich durfte nun neben ihr sitzen auf einem großen, alten Fußkissen, darauf der Alte Fritz gestickt war. War alles vorbereitet, so gab sie mir ein Zeichen oder klingelte: dann mußt ich aufspringen und den General von Jürgaß anmelden. Der alte General trat dann auch wirklich herein oder erhob sich von dem Stuhl, auf dem er bis dahin gesessen und küßte der Gnädigen die Hand, fragte nach ihrem Befinden und nach ihres Bruders Befinden drüben in Wustrau, und eh zwei Minuten um waren, waren sie im lebhaftesten Gespräch über die alte Zeit. Alle Ereignisse, die sie seit fünfzig Jahren zusammen durchlebt hatten, wurden nun wie-

---

26 GBA *Wanderungen durch die Mark Brandenburg*, Bd. 3, *Havelland. Die Landschaft um Spandau, Potsdam, Brandenburg*, S. 93.

der durchgeplaudert wie etwas Neues, Fremdes, wovon man die Mitteilung wie eine Ehre anzusehen und deshalb mit Dank und Teilnahme entgegenzunehmen hat. Dann brachen sie plötzlich ab, lachten herzlich, schüttelten sich die Hände und holten das Dambrett herbei, um Schlagdame oder Toccadille zu spielen. Ich muß Ihnen gestehen, es ängstigte mich damals mitunter, die beiden alten Leute so zeremoniell miteinander verkehren zu sehn, und ich dachte dann wohl, sie wären tot und ihre Gespenster kämen zusammen, um an alter Stelle nach alter Weise zu sprechen. Aber ich habe in anderen Häusern oft denken müssen ›ach, wenn doch Mann und Frau hier, oder Schwager und Schwägerin, nur ähnliche Gesellschaftsspiele spielen wollten!‹ Und mir fiel dann immer das Wort ein, das Frau von Jürgaß einmal zu mir gesagt hatte: ›gute Gewohnheiten wollen geübt sein; sie rosten sonst.‹[27]

Diese Anekdote, so scheint mir, darf als ein gelungenes Exemplar für den Wanderer-Ton genommen werden, dessen Leichtigkeit immer wieder vom historischen Ballast der *Wanderungen* bedroht wird. Diese Erzählung gehört gewiss zu den Stellen der *Wanderungen*, an denen die Würdenträger der politischen Historie achselzuckend vorübergegangen sind. Auf den ersten Blick ist sie auch inhaltlich und stilistisch denkbar weit entfernt von Scherrs kulturgeschichtlichen Anekdoten. Hier ist so gut wie gar nichts von historischer Bedeutung und überhaupt nichts von Tendenz vorhanden, dennoch ist dem Geschichtchen eine gewisse Bedeutsamkeit nicht abzusprechen. Auch lässt es sich als Kulturgeschichte lesen, soweit wir diese im Sinne eines Versuchs verstehen, um es einmal mit Scherr zu sagen, »das eigentliche und innere Leben und Wesen der Nationen«[28] zu begreifen: als einen Beitrag zur inneren oder zur verborgenen Geschichte der Mark Brandenburg. Es ist also ein eminentes Beispiel für die Sittengeschichte, in der nicht Männer, sondern Frauen die Hauptrolle spielen. Was diese Anekdote für sich beanspruchen darf, ist nicht historische Signifikanz, sondern ›Repräsentanz‹, eine bestimmte existentielle Haltung, die weit über den unmittelbaren Zusammenhang hinausweist, um an den »übergeschichtlichen Belang menschlichen Verhaltens in der Geschichte« anzuknüpfen, wie es so schön heißt in Hans Peter Neureuters Aufsatz (1973) zur Theorie der Anekdote.[29] Der Brief, auf dem Fontanes Anekdote beruht, steht uns nicht zur Verfügung, aber es ist anzunehmen, dass Fontane ihn einer sprechsprachlichen Umformung unterzog. Beachten wir auch die sprechsprachlichen Mittel, die zur Auflockerung eines in Briefform

---

27 GBA *Wanderungen durch die Mark Brandenburg*, Bd. 1, *Die Grafschaft Ruppin*, S. 480 f.
28 Scherr, *Genesis, Geist und Gestalt der neuzeitlichen Geschichteschreibung*, wie Anm. 15, S. 17.
29 Hans Peter Neureuter, *Zur Theorie der Anekdote*. In: *Jahrbuch des Freien Deutschen Hochstifts* 1973, S. 458–480.

mitgeteilten Textes beitragen: das lockere Gefüge der Parataxe mit den vielen fakultativen ›und‹. Das sind Attribute des Fontane-Tons, auf den Clarissa Blomqvist 2004 hingewiesen hat, und zwar in einem Aufsatz, in dem sie der Frage nachgegangen ist: »Woran erkennt man den echten Fontane und welche Merkmale kennzeichnen den typischen Fontane-Ton«.[30]

Auch das einzige ›aber‹ im Text ist ganz charakteristisch, denn es bewirkt eine Relativierung des beschriebenen Sachverhaltes. Die *provocatio* der Anekdote besteht in der exzentrischen, unkonventionellen Verhaltensweise des alten Ehepaars, das die Informantin mit teilweisem Befremden registriert. Doch anders als bei Scherr, der die *provocatio* unerwarteten Verhaltens vielfach zu einer satirischen Pointe steigert, um menschliche Fehler grell zu beleuchten, eröffnet Fontane mit seinem ›aber‹ eine alternative Perspektive auf den geschilderten Charakter, die eine geschlossene Charakterisierung vermeidet und die Leser zum Nachdenken einlädt. Damit erfüllt Fontane auch ein wesentliches Kriterium der Anekdotenkunst, indem er seine Leser zur Haltung der Nachdenklichkeit ermutigt. Auch Fontanes Anekdoten behandeln menschliche Fehler, aber Fontane geht viel schonender mit solchen Fragen um, weil er das dialektische Potential der Anekdote voll auslotet, um seine Leserschaft zum möglichst aktiven Mitdenken anzuregen.

Wie verhält sich also die Selbstinszenierung als Wanderer zur Anekdotenform und zum Wanderer-Ton? Wir haben bereits gesehen, dass die Rolle des Wanderers die Funktion eines Bescheidenheitstopos erfüllt. Der märkische Wanderer verzichtet freiwillig darauf, zu den Würdenträgern der historischen Wissenschaft gerechnet zu werden, indem er den informellen und nichtwissenschaftlichen Charakter seiner Quellen einräumt und eben diese Quellen auf Grund ihrer »Volksmäßigkeit« und Mündlichkeit aufwertet. Der Wanderer interessiert sich nicht für die großen Erzählungen deutscher Geschichte, sondern für kleine Formen, für das Lokale, für Gegenständliches und Anschauliches. Wanderer sein heißt unterwegs sein zu Land und Leuten; sich Geschichten erzählen lassen und Geschichten weitererzählen. Der Anekdotenerzähler ist insofern immer ein Wanderer, als er mit vorgefundenen Stoffen arbeitet und sich seiner Stellung als Glied in einer Kette der Überlieferung bewusst ist. Die eigentliche stilistische Leistung eines solchen Verfassers besteht darin, die vorgefundene Geschichte so zu erzählen, dass *seine* Stimme aus dem Wiedererzählten vernehmlich wird. Der Erzähler als Wanderer entsagt aber auch jeder endgültigen Deutungshoheit über das Erzählte und spielt seine Leser in eine Haltung der Nachdenklichkeit hinein.

---

30 Clarissa Blomqvist, *Der Fontane-Ton. Typische Merkmale der Sprache Theodor Fontanes.* In: *Sprachkunst* 35 (2004), S. 23–34, hier S. 23.

Ich hoffe das an Hand eines anekdotenähnlichen Textes aus dem Kapitel ›Zwischen Zermützel- und Tornowsee‹ im ersten Wanderungsband belegen zu können. Es ist die Geschichte von den ›Büdnersleuten‹, die ein eigenes Haus und ein kleines, wenig rentables Anwesen am Tornow-See besitzen und sich genötigt sehen, nebenbei ein Wirtshaus zu betreiben. Zwar wird dieser Text als Erinnerung ausgewiesen, aber er gehört zu den vielen kleinen in sich geschlossenen Erzählungen mit Anekdotencharakter in den *Wanderungen*. Die Handlung spielt im Januar, zur Jagdsaison, als »alles, was einen Pelz und eine Büchse hatte, auf den Beinen [war]«.[31] Die gute Stube ist überfüllt:

> »Zu zehn Uhr war *hier*, unter diesem Dache, das Frühstück angesagt, und keiner fehlte.« Der Förster und der Oberförster sind da, ebenfalls der Grafschaftsadel und die Offiziere der Garnison. Die Büdnersleute gehen hin und her, um mit heißem Wasser den Grog aufzuwärmen, und »Pelze, Grog und Tabak schufen alsbald eine wunderlich dicke Luft, eine Wolke, darauf die Göttin der Jagdanekdote saß und orakelte.«

Doch merkt unserer Wanderer bald, dass die Büdnersleute, die »sonst bei jeder Derbheit [...] mit einzustimmen [pflegten]«, mitten in diesem heiteren Trubel eher schweigsam und ernst wirken. Leise erkundigt sich der Wanderer bei der Wirtin nach der Tochter des Hauses. Schweigend führt sie ihn über den Flur hinweg in eine Kammer, »die gerade hinter dem Zimmer gelegen war, in dem die Jäger ihren Imbiß nahmen«. Nachdem sich der Erzähler in der dunklen Kammer, in die der Schnee durch eine Spalte hineinstiebt, zurechtgefunden hat, schlägt die Frau ein Bettlaken zurück. Dort liegt das Kind »in keinem anderen Schmuck als dem ihres langen Haares«. Die Frau deckt das Laken wieder über, schleicht weg, und lässt den Wanderer mit dem leblosen Kind allein.

> In zehn Minuten war alles wie verändert. Einer hatte geplaudert. »Warum hielt er nicht den Mund?« – »Ich fahre nach Hause.« – »Ich auch.« So ging es hin und her. Die meisten aber nahmen's leicht oder gaben sich doch das Ansehn davon, und eine Stunde später knallten die Büchsen wieder an allen drei Seen hin. Aber das Bild Hannahs stand zwischen dem Schuß und seinem Ziel, und kein Hirsch wurde mehr getroffen. Oberförster Berger stieß mit dem Fuß an den Stecher, und die Kugel pfiff ihm am Ohr hin, während das Feuer seinen Bart versengte.
>
> Es war eine »wehvolle Jagd« wie's in alten Balladen heißt.[32]

Unter den Funktionen der Anekdote bei Fontane nennt MhicFhionnbhairr die Meidung der Sentimentalität und die Schaffung von Distanz. Mit dieser Erzählung schafft Fontane es, die Spannung zwischen der Ausgelassenheit der

---

31 GBA *Wanderungen durch die Mark Brandenburg*, Bd. 1, *Die Grafschaft Ruppin*, S. 343.

32 GBA *Wanderungen durch die Mark Brandenburg*, Bd. 1, *Die Grafschaft Ruppin*, S. 344–345.

Jagdgesellschaft und der Traurigkeit der Büdnersleute zu evozieren, und damit einen leidvollen Stoff mitzuteilen, ohne dass der bilanzierende Erzählduktus von irgendeinem Ausdruck der Betroffenheit affiziert oder gar überwältigt wird. Der Erzähler enthält sich ferner jeden Urteils über das scheinbar unangemessene Verhalten der Jagdgesellschaft und vermeidet zugleich jede Bevormundung des Lesers. Dabei kommen beide Pole des menschlichen Daseins, die freudige Jagdgesellschaft sowie die leidenden Büdnersleute, zu ihrem Recht. Die durch Einsatz der adversativen Konjunktion ›aber‹ erzeugte Hin- und-Her-Bewegung sowie das lakonische Fazit sind charakteristische Merkmale des Wanderer-Tons.

Ich habe oben behauptet, dass der Anekdotenerzähler einem Wanderer gleicht, weil er mit vorgefundenen Stoffen arbeitet und ein Glied in der Überlieferungskette bildet. Schließlich wandern auch Anekdoten von der einen Hand zur anderen, ohne dass sie unbedingt das Gepräge eines bestimmten Autors zu erkennen geben. Wie wird aber aus der Bearbeitung vorgefundener Stoffe ein eigentümlicher Wanderer-Ton erzeugt? Wulf Wülfing stellt in seinem Aufsatz die These auf, es handle sich »bei wenigstens einem Teil von Fontanes erzählerischen Texten« um Anekdotenkombinationen, und er erinnert an das »Gedankenexperiment, auch den dicksten Roman zu so etwas wie einer Anekdote zusammenschnurren zu lassen«, zu dem Fontane uns angeregt hat mit seiner berühmten Zusammenfassung vom *Stechlin*: »Zum Schluß stirbt ein Alter und zwei Junge heiraten sich; – das ist so ziemlich alles, was auf 500 Seiten geschieht«.[33] Warum also 500 Seiten schreiben? Laut Wülfing liefere Fontane eine Antwort *ex negativo* auf diese Frage, indem er den Umgang seines Tunnel-Kollegen Blomberg mit Anekdotenstoffen kritisiert.

> Blomberg las allerhand alte Bücher, fand einen geschichtlichen und anekdotischen Hergang, der ihm gefiel und brachte diesen Hergang in Verse. Er verfuhr dabei mit großer äußerlicher Kunst, alles war vorzüglich aufgebaut, knapp und klar im Ausdruck, aber trotzdem blieb es eine gereimte Geschichte. Das ist, wie mir jetzt feststeht, ein Mangel. Es muß durchaus noch was Persönliches hinzukommen, vor allem ein *eigener Stil*, an dem man sofort erkennt: „ah, das ist *der*." Man denke nur an Heine. So lag es aber bei Blomberg nicht.[34]

Wir tun gut daran, Wülfings Kommentar zu dieser Stelle vollständig zu zitieren:

> Was die narrative Expansion des *Stechlin* auf 500 Seiten rechtfertige, sei also dies: Etwas Persönliches komme hinzu, das ›vor allem‹ in einem eigenen ›Stil‹ bestehe, mit dem sich

---

33 Wülfing, wie Anm. 16, S. 71.
34 HFA III/4, S. 389–390.

der Autor als unverwechselbar zu Wort melde und so im literarischen Leben seine Position behaupte. Diesen ›eigenen Stil‹ nennt Fontane mit Blick auf den *Stechlin* auch einfach: ›Die Mache‹.³⁵

Dank der wegweisenden linguistischen Studie, die Clarissa Blomqvist an einem gattungsübergreifenden Corpus von Fontane-Texten durchgeführt hat, sowie der textgenetischen Arbeiten von Regina Dieterle und Gabriele Radecke sind wir auf bestem Wege zu einem Verständnis dieser »Mache«, das heißt, zur Einsicht in die schriftstellerischen Kunstgriffe, die einen bestimmten Effekt beim Leser bewirken, den wir seit Thomas Mann als den »Fontane-Ton« kennen. Die von Dieterle und Radecke bevorzugte genetische Methode ist eine besondere Spielart des internen Vergleichs, bei der es darum geht, einen Fontane-Text entweder mit einer fremden Vorlage zu vergleichen oder dessen Entstehung zu verfolgen von der Entwurfsstufe zur Druckfassung.

Inwiefern lässt sich anhand dieser Methode Fontanes »Mache«, die Verarbeitung von Anekdoten, nachvollziehen? In ihrer Arbeit zur Entstehung der drei »Großbeeren«-Kapitel in *Spreeland* hat Regina Dieterle gezeigt, wie Fontane Texte aus den *Bunten Erinnerungen* (1864) von Friedrich Tietz übernimmt, redigiert und umgestaltet.³⁶ Dabei verfolgt sie die Frage: Wie wird ein Text zum Fontane-Text? Unter den Texten aus den *Bunten Erinnerungen*, die Fontane im dritten Kapitel des Großbeeren-Komplexes umgestaltet, finden wir die humoristische Anekdote vom Komponisten Himmel, welche den Siegestaumel in Berlin nach der Schlacht von Großbeeren veranschaulichen soll. Aus Gegenüberstellung und Vergleich des Tietz-Textes mit dem Fontane-Text werden die Veränderungen sichtbar, mittels deren Fontane dem fremden Text sein eigenes Gepräge aufdrückt. Zu den wichtigsten Veränderungen, die Fontane am fremden Text vornimmt, gehören das Einfügen des Wörtchens »und«, vor allem am Satzanfang, das die Parataxe begünstigt, sowie die »bewusst gesetzte adversative Verknüpfung auf Satzebene mit ›indeß‹ bzw. ›aber‹«.³⁷ Die Ergebnisse decken sich in hohem Maße mit der an einem anderen Textcorpus durchgeführten Untersuchung von Blomqvist. Wie Dieterle resümierend festhält: »Die zu ziehenden Schlüsse zum Fontane-Stil ähneln sich also, ob wir nun eine Anzahl Fontane-Texte miteinander

---

35 Wülfing, wie Anm. 16, S. 71.
36 Regina Dieterle: *Wenn Texte wandern. Von Tietz zu Fontane.* In: Ritchie Robertson und Michael White (Hrsg.), *Fontane and Cultural Mediation. Translation and Reception in Nineteenth Century German Literature*, Germanic Literatures 8, Cambridge/Leeds 2015, S. 7–22.
37 Ebd., S. 14.

vergleichen oder ob wir – wie hier – beobachten, wie Fontane als Redakteur in einen Fremdtext eingreift.«[38]

Regina Dieterle befasst sich in ihrer genetischen Studie mit dem ersten und dem dritten Kapitel der drei Großbeeren-Texte, nicht aber mit dem zweiten Kapitel, »Geist von Beeren«, und das mit gutem Grund, denn »Geist von Beeren« entstand nicht auf der Grundlage eines redigierten Fremdtextes. Es handelt sich bei diesem Kapitel um Fontanes ersten Aufsatz über Großbeeren, der in der *Kreuzzeitung* vom 22. und 23. August 1860 erschien und in den ersten Band der *Wanderungen durch die Mark Brandenburg* von 1861 (vordatiert auf 1862) aufgenommen wurde. Hans-Heinrich Reuter nennt diesen Text »eines seiner schnurrigsten und anekdotengesättigsten *Wanderungs-*Kapitel«.[39] In der Tat setzt sich der Text zusammen aus vier Anekdoten über den cholerischen und in ständigem Kleinkrieg mit seinen Nachbarn und den Behörden begriffenen Hans Heinrich Arnold von Beeren. Wie weit trägt der Versuch, die Entstehung dieses Kapitels zu verfolgen, an Hand eines Blicks über die Schulter des Verfassers? In diesem Fall ist uns eine frühere Textfassung erhalten geblieben. Es sind vierundzwanzig Blätter im Notizbuch A9 in der Handschrift von Emilie Fontane mit gelegentlichen Korrekturen von Theodor Fontane. Die Aufnahme dieser früheren Fassung in Band 6 der Großen Brandenburger Ausgabe von Fontanes *Wanderungen* erleichtert den Vergleich mit der Druckfassung. Die von Gabriele Radecke betreute Online-Edition von Theodor Fontanes Tagebüchern könnte ähnlichen Vergleichen von früheren und späteren Fassungen der Anekdoten dienlich sein, indem sie eine genetische Analyse ihrer Entstehung ermöglicht.[40] Meine ersten Suchanfragen bei dieser philologisch sehr wertvollen Online-Ressource haben allerdings nur das ohnehin in der GBA reproduzierte Großbeeren-Material zu Tage gefördert. An dieser Stelle wollen wir zwei entsprechende Stellen gleicher Länge aus der Notizbuchfassung und der Druckfassung gegenüberstellen in der Hoffnung, die Genese des Fontane-Tons in der »Mache« aufscheinen zu lassen. Wie entsteht aus der Umgestaltung eines fremden oder für den Hausgebrauch hergestellten Textes eine Komposition, die auf die Rezeption durch einen Gegenpart, den implizierten Leser, zugeschnitten ist?

---

38 Ebd., S. 15.
39 Hans-Heinrich Reuter, *Zwischen Neuruppin und Berlin. Zur Entstehungsgeschichte von Fontanes › Wanderungen durch die Mark Brandenburg‹*. In: *Jahrbuch der deutschen Schillergesellschaft*, 9 (1965), S. 511–540, hier S. 515.
40 Fontane-Editions-Portal: http://www.fontane-notizbuecher.de (letzter Zugriff: 1. Mai 2020)

(1) Notizbuch A9:[41]

Das Herrenhaus. Ist nach dem Tode seines letzten Besitzers, des Rittmeister's Briesen († 1857), unbewohnt, verschlossen und unzugänglich. Es ist ein zweistöckiges, sauberes Haus von mäßigen Dimensionen, dessen weiße Wände aus dem Grün des Parks hervorleuchten. Eine Feldsteinmauer faßt Haus und Garten ein; zwei kurze Steinpfeiler, auf denen als Überbleibsel aus der Schlacht ein paar Kanonenkugeln liegen, bilden die Einfahrt. Das Haus ist interessant durch die Reihenfolge mehr oder weniger origineller Figuren, die seit Anfang dieses Jahrhunderts Großbeeren besessen und dies Haus bewohnt haben.

Zuerst Hans Heinrich Arnold von Beeren, genannt »*Geist von Beeren*«.

Er war der letzte seines Geschlechts, ein kleiner, schmächtiger, lebhafter Mann, witzig, sarkastisch, hämisch. Zwietracht anstiften, zanken und streiten, opponieren und prozessieren war seine Lust. Er war nichtsdestoweniger eine populäre Figur, aus Gründen, die ich später namhaft machen werde.

Bis in sein hohes Mannesalter blieb er unverheiratet und führte ein wüstes, sittenloses Leben. Er hatte einen völligen Harem um sich her. Mit seiner Favoritin zeugte er einen Sohn, der des Vaters würdig war und zweimal das ganze Gehöft anzündete und in Asche gelegt. Geist von Beeren indeß nahm keinen Anstoß daran (vielleicht, weil er sich selbst in dem allen wiedererkannte) und ging damit um, diesen Sohn zu adoptieren. Dazu war die Einwilligung seines (des alten Geist) einzigen Bruders nötig, der als General in preußischen Diensten stand und in Erscheinung und Sinnesart die völlige Kehrseite unsres Helden [*Statt*: des »tollen Geist« (wie man ihn nannte)] bildete. Der General verweigerte seine Einwilligung. Geist von Beeren war nicht der Mann, das ruhig hinzunehmen.

(2) Druckfassung:[42]

> Von allen Geistern, die verneinen,
> Ist mir der Schalk am wenigsten verhaßt.

Der Großbeerener Kirche schräg gegenüber, an der anderen Seite der Dorfgasse, werden wir, über eine Feldsteinmauer hinweg, eines sauberen und gut erhaltenen Wohnhauses sichtbar, in dem zur Zeit der Großbeerener Schlacht oder doch noch kurz vorher der »Geist von Beeren« hauste. Das klingt ge-

---

41 GBA *Wanderungen durch die Mark Brandenburg*, Bd. 6, *Dörfer und Flecken im Lande Ruppin*, S. 123–124.
42 GBA *Wanderungen durch die Mark Brandenburg*, Bd. 4, *Spreeland. Beeskow-Storkow und Barnim-Teltow*, S. 298–299.

spenstisch und *darf* so klingen, wenn zwischen Gespenstern und Kobolden irgendwelche Verwandtschaft ist. »Geist von Beeren« war ein Kobold, nebenher auch Besitzer von Groß- und Kleinbeeren und der letzte aus jenem alten Geschlechte der Beeren oder Berne, das vier Jahrhundert lang die genannten beiden Güter innehatte.

Von diesem Hans Heinrich Arnold von Beeren will ich erzählen.

Ums Jahr 1785 hatte er beim Könige die Erlaubnis nachgesucht, seinem alten Namen »von Beeren« den Namen »Geist« hinzufügen zu dürfen. Die Erlaubnis war auch erteilt worden, und seitdem hieß er der »Geist von Beeren«, oder, kürzer, »der tolle Geist«. Er war ein kleiner, schmächtiger, lebhafter Mann, witzig, sarkastisch, hämisch. Zwietracht anstiften, zanken, streiten und opponieren war seine Lust. Von seinen unzähligen Schnurren, Injurien und Prozessen lebt noch einzelnes in der Erinnerung des Volkes, und ich erzähle, was ich davon erfahren konnte. Die Meisten dieser Geschichten setzten sich freilich bloß aus Albernheit, Übermut und Chicane zusammen, manches indes ist wirklich gut und treffend, und jedenfalls entsprach all und jedes dem nicht sehr verfeinerten Bedürfnis seiner Zeit und seiner Umgebung.

Zwei Gruppen von Personen waren es besonders, mit denen der streitlustige Geist eine unausgesetzte Fehde unterhielt: seine Gutsnachbarn und die Regierungsbeamten.

Die Druckfassung setzt ein mit einem für Fontane typischen leicht abgewandelten oder fehlerhaften Zitat aus Goethes *Faust*.[43] Unter den wichtigsten Änderungen sind die Einführung des »wir« und die verstärkte Profilierung des »ich«, die einerseits den Effekt unmittelbaren Erlebens und Schauens ermöglicht und andererseits die Präsenz der Erzählerfigur markiert. Es fällt uns zunächst schwer, sonstige Veränderungen auf der Ebene der Lexis oder der Syntax aufzuweisen, die für den unverkennbaren Ton der Druckfassung sorgen. Das liegt zweifellos daran, dass es sich bei beiden Fassungen um Fontanes Texte handelt, und nicht etwa um einen fremden Text, den Fontane redigiert und sich aneignet. Die Sprache gehört in beiden Fällen Fontane. Und dennoch kommt Fontanes Stil erst im zweiten Text zur vollen Geltung. Worin besteht die eigentliche stilistische Leistung der Schlussfassung?

Sie liegt einerseits an der Einführung bestimmter Schlagwörter wie »Schalk«, »hausen«, »gespenstisch«, »Kobold«, also an einer erweiterten Anspielung auf das selbstgewählte Epitheton des Protagonisten (»Geist von Beeren«), die dem Ausbau des semantischen Feldes »Geist« innerhalb der Anek-

---

43 Zu Fontanes Kunst des Zitierens vgl. Regina Dieterles Aufsatz in diesem Band.

dote dient. Das Mephisophelische und Koboldhafte des Protagonisten verdichtet sich zum Charakteristischen und somit zur Pointe der Anekdote. Das leicht modifizierte *Faust*-Zitat stellt einen ausgesprochen *literarischen* Bezug dar, der es dem Leser ermöglicht, eine obskure Figur der märkischen Geschichte an Hand seines Vorwissens einzuordnen und zu lesen. Das Zitat wirbt um Verständnis für Hans Heinrich Arnold von Beeren und verleiht ihm, und dem Verfasser, etwas von der Aura des Literaturkanons.

Die stilistische Leistung liegt andererseits an der Konstruktion einer Erzählperspektive, die wertende und urteilende Momente trägt, auch wenn sie sich eines expliziten Urteils enthält. Die linguistischen Anzeichen dieser Perspektive sind die Adverbien *freilich* und *wirklich*, doch mit der Feststellung einzelner lexikalischer Hinzufügungen ist die Stilbeschreibung nicht getan. Die linguistischen und genetischen Analysen des Stils liefern uns wertvolle Instrumente zur Beschreibung des Stils, aber zufriedenstellend ist eine Stilbeschreibung nur, wenn sie Stil im Sinne einer ganzheitlichen Kategorie auffasst.

Genau als eine solche Totalität hat die psychologisch orientierte Stilforschung des Scherer-Schülers und Berliner Literaturprofessors Richard Moritz Meyer (1860–1914) den Stil begriffen, als die Eigenart eines Verfassers, der die Begründungsfaktoren Moment, Zeit, Thema, Umgebung, Bildungsstufe, Temperament, Weltanschauung und Individualität zugrunde liegen. Unter diesen Faktoren ist für Meyer die Individualität der wichtigste: »Was wir im prägnanten Sinne *Stil* nennen, ist eben nur der Ausdruck einer Persönlichkeit. In diesem Sinne gilt Buffons Satz ›le style, c'est l'homme même‹, wie der Stil, so der Mensch«.[44] Dieser Stil sei, so Meyer, leichter mit dem Takt herauszufühlen als empirisch festzustellen.

Kehren wir zu den beiden Fassungen des »Geist von Beeren«-Textes zurück. Der Eindruck eines prägnanten Stils entsteht im zweiten Text dadurch, so scheint es mir, dass eine Erzählinstanz sichtbar wird, die wertend oder verallgemeinernd hervortritt. Diese Erzählinstanz ist Träger eines Wertehorizonts, der auch dann stets erkennbar ist, wenn die geschilderten Charaktere und Sachverhalte nicht explizit bewertet werden. Das Spezifische und Charakteristische wird immer wieder an das Allgemeine geknüpft. Ein Mittel der Verallgemeinerung ist das Goethe-Zitat, das den Spezialfall »Geist von Beeren« dem Typus ›Schalk‹ zuordnet. Ein weiteres Mittel ist der Sinnspruch, oder die von Fontane bevorzugte Sentenz.[45] Auch die Pointe einer Anekdote

---

44 Richard M. Meyer, *Deutsche Stilistik*, München 1906, S. 217.
45 Vgl. Adolf Sauer, *Das aphoristische Element bei Theodor Fontane*, Berlin 1935. Sauers Studie war von Meyers Behauptung angeregt, der Aphorismus sei ein besonders wichtiges Stilelement bei Fontane.

erfüllt vielfach bei Fontane den Zweck eines Hinweises auf das allgemein Menschliche. Was in den Werturteilen und Verallgemeinerungen zum Vorschein kommt, ist mehr als Technik: Es ist Charakter, das heißt das Charakteristische des auktorialen Willens.[46] Die einzelnen Charaktere in ihrem jeweils eigenen Wert, wie Geist von Beeren oder der Neuruppiner Gastwirt Michel Protzen, bilden die Kontrastfolie, von der sich der Charakter des Verfassers als Fontane-Stil abhebt.

Der Stilforscher Richard Moritz Meyer war zugleich der größte Fontane-Kenner unter den deutschen Philologen der Jahrhundertwende. 1904 erhielt er den Auftrag, den Fontane-Artikel für Band 48 der *Allgemeinen deutschen Biographie* zu verfassen. »Wenn einer, hat Fontane Stil; wenn irgendwo ist bei ihm der Stil der Mensch.« So urteilt Meyer in seiner damals erfolgreichen und immer noch sehr beachtenswerten Literaturgeschichte des neunzehnten Jahrhunderts.[47] Meyer hatte auch etwas zu Scherrs Stil zu sagen. Es war der Stil des »unentwegten Achtundvierzigers« und des »Pfaffenhammers«, der grobkörnige und streitlustige Stil eines Pamphletisten, mit dem Meyer den Fontane-Stil kontrastiert, indem er an den Fontane-Spruch »Grobheit ist sakrosankt« erinnert.[48]

Der Hinweis auf Fontane in Meyers Scherr-Kapitel zeigt, dass der Literaturhistoriker den Stil des Achtundvierzigers für das schiere Gegenteil des Fontane-Stils hält. Bei Scherr ist der Stil charakteristischer Ausdruck eines »sittenrichterliche[n] Zelotismus« und der »politische[n] Intoleranz«.[49] Was diese sonst so verschiedenartigen Autoren verbindet, ist ein prägnanter und unverwechselbarer Stil, der dem Leser als Ausdruck eines mehr oder weniger konsequenten Charakters erscheint, wenn man Charakter auch nicht im positivistischen Sinn als unveränderliches Geflecht aus Individualität, Zeit und Umgebung auffassen will, sondern als eine performativ zur Schau gestellte Richtung des Geschmacks und des Wollens.

Wenn wir es einmal versuchten, Scherrs Stil und Fontanes Stil anhand der von Meyer aufgeführten Begründungsfaktoren auf einen zugrundeliegenden Charakter zu beziehen, so könnten wir etwa zu folgenden Aussagen gelangen. Scherrs Stil ist plakativ und tendenziell. Er entspricht einem cholerischen

---

46 Der klassische Philologe Francis Laurence Lucas argumentiert ähnlich, wenn er Charakter als »the foundation of style« bezeichnet. Vgl. F. L. Lucas, *Style. The Art of Writing Well*, London 1955, S. 33–50.
47 Richard M. Meyer, *Die deutsche Litteratur des neunzehnten Jahrhunderts*, 2. Auflage, Berlin 1900, S. 438–465, hier S. 450.
48 Ebd., S. 392, S. 393.
49 Ebd., S. 392.

Temperament und geht aus der Absicht hervor zu überzeugen, mehr noch, zu tadeln und anzugreifen. Fontanes Stil inszeniert hingegen ein phlegmatisches Temperament und eine Haltung der Toleranz. Bei aller Prägnanz übertönt er die Einzelstimmen seiner Figuren nie. Obwohl der Fontane-Stil eindeutig daran erkennbar ist, dass er bestimmte Werte wie Patriotismus, Mäßigkeit, Toleranz und Weltoffenheit favorisiert und das Kleine und das Allgemeinmenschliche den großen Erzählungen der politischen Geschichtsschreibung vorzieht, wird er von einer Ironie getragen, die jede Bevormundung durch den Erzähler ausschließt und die sonst eifrig vertretenen Werte ständig hinterfragt und relativiert. Fontanes Stil ist Ausdruck einer Geschmacksrichtung, die von der Vorliebe für das Kleine und anscheinend Nebensächliche lebt. Die Rechtfertigung dieser Geschmacksrichtung legt er als »sein intimstes Dogma«[50] in den Mund der klugen Hofdame Ebba von Rosenberg in *Unwiederbringlich*, und zwar in der für Fontane höchst charakteristischen Form der aphoristischen »was ist?«-Frage: »Aber was heißt großer Stil? Großer Stil heißt soviel, wie vorbeigehen an allem, was die Menschen eigentlich interessiert.«[51]

---

50 Ebd., S. 450.
51 HFA I/2, S. 729.

Zur Bestimmung des Fontane-Tons

Eine produktions- und textorientierte Methode zur Analyse des Individualstils in journalistischen Texten

Clarissa Blomqvist

Fragen zu Theodor Fontanes Individualstil

Der typische »Fontane-Ton« – dieser Ausdruck wird, seit Thomas Mann ihn in seinem Essay *Der alte Fontane* von 1910 geprägt hat, immer wieder benutzt.[1] Gemeint ist mit diesem ganz selbstverständlich von Liebhabern und Forschern verwendeten Begriff ein ausgeprägter individueller Stil, der offenbar leicht wiederzuerkennen ist, sich von dem Stil anderer Autoren deutlich unterscheidet und sich durch Fontanes gesamtes Werk zieht, unabhängig von Thema, Genre und Entstehungszeitraum. Obwohl an der Existenz dieses Individualstils kein Zweifel zu bestehen scheint, sind die wichtigsten Fragen zum Fontane-Ton immer noch nicht beantwortet: Welche stilistischen Eigenschaften sind es eigentlich, die einen Text als typisch fontanisch auszeichnen? Mit welchen Methoden lässt sich dieser Individualstil systematisch untersuchen und bestimmen? Wie kann die Linguistik der Literaturwissenschaft bei Methodologie und Theoriebildung für die Stilanalyse helfen? Es ist nicht verwunderlich, dass der Individualstil eines Schriftstellers in seinem autobiographischen, seinem dichterischen und seinem erzählerischen Werk deutlich erkennbar ist. Doch wie sieht es aus mit journalistischen Texten, mit Auftragsarbeiten also, die mit Rücksicht auf Redakteure, Herausgeber und das Publikum und geltende Textsortenkonventionen verfasst sind, die oft auf der Grundlage von Texten anderer entstehen und auch von anderen redigiert werden? Kann auch in solchen mehrfachadressierten und oftmals koproduzierten Texten der Individualstil des Verfassers zum Ausdruck kommen? Die

---

1 Thomas Mann, *Der alte Fontane*. In: ders., *Adel des Geistes. Sechzehn Versuche zum Problem der Humanität*, Stockholm 1945 (Stockholmer Gesamtausgabe), S. 543–573. Zur Entstehung und Verwendung des Begriffs »Fontane-Ton« siehe auch Clarissa Blomqvist, *Der Fontane-Ton. Typische Merkmale der Sprache Theodor Fontanes*. In: *Sprachkunst. Beiträge zur Literaturwissenschaft* 35/1 (2004), S. 23–34.

Forschung hat wiederholt darauf hingewiesen, dass Fontanes journalistische Arbeiten besondere Aufmerksamkeit verdienen, weil sie auf das spätere erzählerische Werk hindeuten und gleichzeitig schon mit diesem, insbesondere in stilistischen Elementen, eine Einheit bilden.[2] Doch auch wenn bereits festgestellt worden ist, dass gerade dem journalistischen Werk eine große Bedeutung für die Herausbildung des Fontane-Tons zukommt,[3] so ist der Stil von Fontanes journalistischen Texten noch nicht ausreichend erforscht. Und so stellt sich in Bezug auf Fontanes Stil eine weitere Frage: Lässt sich auch in journalistischen Texten Fontanes Individualstil identifizieren? Im Folgenden soll eine sich zur Analyse des Individualstils eignende Methode vorgeschlagen und am Beispiel von ausgewählten journalistischen Texten Theodor Fontanes erprobt werden.

Methoden der Stilanalyse: Beschreibung der Vorgehensweise

Trotz reger Forschungstätigkeit verschiedener wissenschaftlicher Disziplinen auf dem Gebiet der Stilistik existiert heute weder eine allgemein akzeptierte Stildefinition noch eine hinreichende und praktikable Methode zur Stilanalyse.[4] Ein systematischer Leitfaden, an den man sich bei der Stilanalyse halten könnte, ist nach wie vor ein Desiderat der Stilforschung. Haben die bisher vorgeschlagenen Stilkonzeptionen jeweils eine der drei kommunikativen Grundkategorien in den Mittelpunkt gestellt und sind demnach entweder produktionsorientiert, textorientiert oder rezeptionsorientiert, scheint heute relative Einigkeit in der Forschung darüber zu bestehen, dass eine alle drei Kategorien berücksichtigende Stilkonzeption die besten Voraussetzungen für

---

2   Charlotte Jolles, *Theodor Fontane als Essayist und Journalist*. In: *Jahrbuch für Internationale Germanistik* 7/2 (1975), S. 98–119, hier S. 98: »Fontanes essayistische und journalistische Arbeiten sind aufs engste mit seinem erzählerischen Werk verflochten. Einmal bilden sie das Fundament, worauf sich dieses aufbaut; dann aber kommt es zu einer derartigen Verknüpfung und Verschmelzung stofflicher, thematischer, vor allem aber stilistischer Elemente, daß sein ganzes schriftstellerisches Werk, die persönliche Aussage in Briefen miteingeschlossen, zu einem Gewebe von so ungewöhnlicher Einheitlichkeit wird, das wir sofort als Fontanisch erkennen.«

3   Heide Streiter-Buscher, *Die politische Journalistik*. In: Christian Grawe und Helmuth Nürnberger (Hrsg.), *Fontane-Handbuch*, Stuttgart 2000, S. 805: »Im Jahr 1870 waren die Romane noch ungeschrieben. Ihrem Stoff aber gab das Salz der Journalistenjahre jenes Fluidum, das zum »Fontane-Ton« wurde.«

4   Vgl. Bernd Spillner, *Verfahren stilistischer Textanalyse*. In: Ulla Fix, Andreas Gardt et al. (Hrsg.), *Rhetorik und Stilistik. Ein internationales Handbuch historischer und systematischer Forschung*. 2. Halbbd., Berlin/New York 2008, S. 1739–1782.

eine Theorie- und Methodenbildung mitbringt. Eine solche integrative Stilkonzeption muss laut Spillner »kommunikativ konzipiert sein und darf nicht nur den Text berücksichtigen, sondern muss sowohl die Produktions- als auch die Rezeptionsseite einbeziehen.«[5] Im Folgenden soll eine Methode zur Analyse des Individualstils eines Autors vorgeschlagen werden, die primär produktions- und textorientiert vorgeht. Fasst man Individualstil, die »Gesamtheit der individuellen Charakteristika in der Verwendung sprachlicher Mittel«,[6] im Sinne der Auswahlstilistik als Resultat der persönlichen Entscheidung eines Individuums für eine von mehreren sprachlichen Ausdrucksmöglichkeiten innerhalb einer gegebenen Kommunikationssituation auf, so ist eine produktionsorientierte Methode besonders geeignet, weil sie diesen individuellen Entscheidungsprozess transparent macht.[7] Vor dem Hintergrund der Textproduktion zeigen sich sprachliche Phänomene als potentielle Stilmerkmale, die dann bei der Analyse des fertigen Textproduktes einer genaueren Untersuchung unterzogen werden können. Zweifelsohne hat ein Autor, so auch seinerzeit Fontane, die Wirkung seiner Texte auf den Leser im Blick. Deshalb sind die vom Autor während der Textproduktion getroffenen Auswahlentscheidungen sowie die sprachlichen Eigenschaften im fertigen Text im Rahmen einer Stilanalyse immer auch im Hinblick auf ihre Wirkung auf den Rezipienten zu untersuchen. Problematisch ist es allerdings, aus heutiger Perspektive die Stilwirkung mittlerweile historischer Texte auf den Rezipienten deuten zu wollen. Da sich die Reaktionen heutiger Leser von denen der Zeitgenossen Fontanes unterscheiden und somit verfälschende Urteile die Folge sein könnten, erscheint es angemessen, bei der Analyse des Individual-

---

5   Ebd., S. 1776.
6   Ulla Fix, Hannelore Poethe et al., *Textlinguistik und Stilistik für Einsteiger. Ein Lehr- und Arbeitsbuch*, Leipziger Skripten; Bd. 1, 2., korrigierte Auflage, Frankfurt am Main/Berlin et al. 2002, S. 214.
7   Zum Begriff der Auswahlstilistik siehe Spillner, *Verfahren stilistischer Textanalyse*, S. 1748. Zum Begriff des Individuellen siehe Ulla Fix, *Unikalität von Texten und Relativität von Stilmustern*. In: Wolfgang Fleischer, Rudolf Große et al. (Hrsg.), *Beiträge zur Erforschung der deutschen Sprache* 10 (1991), S. 51: »Texte werden von Individuen oder Gruppen von Individuen gemacht. Stilistisches Handeln ist Textherstellung im Sinne der konkreten, vom Individuum vollzogenen Umsetzung von Voraussetzungen und Bedingungen der Kommunikation in Textrealität. Der Prozeß des Textherstellens, stilistisches Handeln inbegriffen, wird also in individueller Brechung realisiert. Stilistisches Handeln, auf situative und funktionale wie auf individuelle, personal gebundene Umstände bezogen, führt zwangsläufig zur Unikalität des Textes; es geschieht zwangsläufig durch Unikalisieren […]. […] Selbst Texte, die unter annähernd gleichen situativen Bedingungen produziert werden, sind mehr oder weniger unikal.«

stils des Autors nicht die Rezeption in den Mittelpunkt zu stellen, sondern die Stilanalyse von Fontanes journalistischen Texten auf die Produktionsseite und den Text an sich zu konzentrieren.

Der erste produktionsorientierte Schritt der hier vorgeschlagenen Stilanalyse besteht darin, metasprachliche Äußerungen des Autors zu betrachten und auf Hinweise auf den persönlichen Stil zu überprüfen. Metasprachliche Autorenäußerungen sind wichtige Signale im Rahmen einer Stilanalyse, weisen sie doch auf Phänomene, auf die im zu analysierenden Text besonders zu achten ist. In Fontanes Fall besitzen wir mit zahlreichen Briefen, Tage- und Notizbucheinträgen, autobiographischen und kritischen Texten eine wahre Fundgrube an Autorenäußerungen über seine Art der Textproduktion, seine Intentionen und Motivationen sowie seine persönlichen Ansichten zu gutem und weniger gutem Stil. Autorenäußerungen sind natürlich stets mit Vorsicht zu genießen, da sie subjektiv gefärbt oder sogar irreführend sein könnten. Der Rekurs auf metasprachliche Autorenäußerungen eignet sich deshalb nicht als einziger Weg, Kriterien für eine Stilanalyse zu gewinnen, wohl aber als ein wichtiger Bestandteil.

Im zweiten Schritt der produktionsorientierten Stilanalyse wird der Textproduktionsprozess beleuchtet, indem frühere Varianten der zu untersuchenden Texte des Autors einem stilistischen Textvariantenvergleich unterzogen, d. h. mit den fertigen Texten verglichen werden.[8] Indem man die Textversionen aufeinanderfolgender Bearbeitungsstadien miteinander vergleicht, werden die sprachlichen Veränderungen, die der Autor vorgenommen hat, und damit individuelle stilistische Präferenzen sichtbar. Die Methode des stilistischen Textvariantenvergleichs lässt sich mit großem Gewinn auf Fontanes Werk anwenden und als Teil einer Bestimmung seines Individualstils nutzbar machen. Zu mehreren seiner Werke existieren frühere Textvarianten wie Entwürfe, Niederschriften, bearbeitete Niederschriften, die sich miteinander und mit den fertigen Textprodukten vergleichen lassen. Vergleicht man etwa das von Fontane noch einmal gründlich überarbeitete Satzmanuskript zu *Unwiederbringlich* mit dem Erstabdruck in der *Deutschen Rundschau*, fallen viele sprachliche Phänomene auf, an denen Fontane noch bei der letzten Überarbeitung stilistisch gefeilt hat. Die Analyse der vorgenommenen Revisionen

---

8   Laut Spillner, *Verfahren stilistischer Textanalyse*, S. 1750, ist ein solcher Textvariantenvergleich »eine sehr geeignete Methode, mindestens teilweise die Auswahl des Autors zu objektivieren«, allerdings bisher »in der literaturwissenschaftlichen Stilanalyse nicht häufig durchgeführt worden«. Es fehle bislang »an einer ausgebauten Vergleichsmethodologie, die insbesondere Vergleichsbedingungen, das ›tertium comparationis‹, erforderliche Größe der Textproben usw. klärt«.

zeigt, dass Fontane bis zuletzt sprachliche Veränderungen vornimmt, um rhetorische Effekte zu erzielen, Relativierungen wie »oder wenigstens nicht allein« und »vielleicht« einzufügen, seine Lieblingskonjunktion »und« zu setzen oder zu entfernen und den Satzbau zu vereinfachen.[9] Fontane hat aber nicht nur seine literarischen Werke mehrfacher sorgfältiger Überarbeitung unterzogen. Sogar seine Briefe hat er zunächst konzipiert und danach überarbeitet, bevor er sie abgeschickt hat. Wie am Beispiel von Briefen an Ernst Wichert, Theodor Mommsen und Ferdinand von Richthofen gezeigt werden konnte, werden im Verlauf der Textbearbeitung unter anderem Ausdrücke spezifiziert, variiert oder poetisiert, Satzkonstruktionen vereinfacht sowie der Rhythmus modifiziert.[10] Ebenso wie der spätere Schriftsteller und der zeitlebens eifrige Briefeschreiber wird auch der Journalist Theodor Fontane seine journalistischen Texte im Entwurf verfasst und dann bearbeitet haben. Auch ein Vergleich solcher Vorstufen der veröffentlichten journalistischen Texte ist im Rahmen einer Stilanalyse vielversprechend, selbst wenn es gerade in dieser Materialgruppe schwierig ist, Textvorstufen aufzufinden. Außerdem ist bei der Anwendung eines Textvariantenvergleichs als Methode zur Stilanalyse journalistischer Texte Vorsicht geboten, da diese nicht selten von anderen korrigiert oder zumindest beeinflusst worden sind: Unterschiede zwischen den Varianten können auf den Verfasser selbst, aber auch auf die Eingriffe eines Redakteurs zurückzuführen sein. Angesichts dieser textsortenspezifischen Produktionsbedingungen gewinnen bei journalistischen Texten Quellentexte, aus denen der Autor Informationen bezogen, eventuell sogar kopiert und stellenweise zitiert hat, besondere Relevanz als Materialgrundlage im Rahmen eines Textvariantenvergleichs. Ein Vergleich der Textprodukte mit Quellentexten ist unter stilistischer Fragestellung ausgesprochen aussagekräftig[11] und sollte, wenn möglich, deshalb ebenfalls Teil der Stilanalyse sein.

Stilistische Eigenschaften eines Textes werden über einen Vergleich – der notwendigen Grundmethode einer jeden Stilanalyse – deutlich.[12] Erst über

---

9   Clarissa Blomqvist, ›Dreiviertel ist corrigiren und feilen gewesen‹. Theodor Fontanes Bearbeitung eigener Texte. In: Euphorion. Zeitschrift für Literaturgeschichte 111/1 (2017), S. 75–91.
10 Clarissa Blomqvist und Christine Hehle, ›Gearbeitete Briefe, in ihrer Privatheit künstlerisch betreut‹. Zu Theodor Fontanes Briefentwürfen. In: Hanna Delf von Wolzogen und Andreas Köstler (Hrsg.), Fontanes Briefe im Kontext, Fontaneana 16, Würzburg 2019.
11 Rudolf Muhs hat gezeigt, wie der Vergleich der Schlesingerschen Englischen Correspondenz mit dem entsprechenden Artikel Fontanes in der Kreuzzeitung Fontanes Arbeitsweise illustriert (Unechte Korrespondenzen, aber alles echter Fontane? Zur Edition von Heide Streiter-Buscher. In: Fontane Blätter 64 (1997), S. 200–220.
12 Vgl. Ulla Fix, Stilistische Textanalyse – immer ein Vergleich? In: Klaus Brinker (Hrsg.), Aspekte der Textlinguistik, Hildesheim/Zürich et al. 1991, S. 133–156; Johannes An-

einen Vergleich können das Verhältnis von Muster und Abweichung in verschiedenen Textgruppen und somit individuelle Stilmerkmale nachgewiesen werden.[13] Für die Bestimmung eines Individualstils gilt es, Texte des Autors nach dem Vergleich mit Textvarianten dann auch mit Texten anderer Verfasser zu vergleichen, die mit Rücksicht auf die Ähnlichkeit der Textsorte, des Themas und des Entstehungszeitraums ausgewählt sind. Nach der Fokussierung des Textproduktionsprozesses gilt es in diesem dritten Schritt der Stilanalyse, den Blick auf den Text selbst zu konzentrieren. Dabei sollte besondere Aufmerksamkeit genau denjenigen stilistischen Merkmalen gelten, die bei der Beleuchtung der Produktionsseite aufgefallen sind, nämlich solche Merkmale, über die sich der Autor geäußert und auf die er im Laufe der Textbearbeitung besondere Mühe verwendet hat. Um dem Text auf allen Ebenen gerecht zu werden, sollte man dabei nicht nur Stilelemente innerhalb der Satzgrenzen betrachten, wie es die Mikrostilistik tut, sondern im Sinne einer Makrostilistik eine weitere Perspektive einnehmen und auch satzübergreifende Stilelemente bis hin zum Textganzen berücksichtigen. Eine Vielzahl von Aspekten sollte näher untersucht werden: Auf lexikalischer Ebene kann es etwa um die Identifizierung häufig benutzter Lexeme, um Wertungen und Konnotationen und um die Bestimmung der Stilebene gehen. Ein Bestandteil der Stilanalyse sollte es sein, die rhetorischen Figuren in einem Text zu identifizieren und auf ihren Effekt auf das Textganze hin zu analysieren. Auf syntaktischer Ebene ist unter anderem das Verhältnis von einfachen und komplexen Sätzen, von Parataxen und Hypotaxen, von Kettensätzen und Schachtelsätzen zu untersuchen. Auf textueller Ebene lohnt sich eine Untersuchung der Gliederung, der thematischen Gewichtung, der Art der thematischen Entfaltung und der Perspektive der Berichterstattung.[14] Aussagekräftig sind die Ergebnisse der Textanalyse dann, wenn sie durch quantitativ-statistische Aussagen gestützt werden, etwa zur Häufigkeit bestimmter Wörter und Satzkonstruktionen, zur durchschnittlichen Wort- und Satzlänge in einem bestimmten Text oder in mehreren Texten eines Autors. Mithilfe von quantitativen Analyseverfahren lassen sich

---

deregg, *Literaturwissenschaftliche Stilauffassungen*. In: Ulla Fix, Andreas Gardt et al. (Hrsg.), *Rhetorik und Stilistik. Ein internationales Handbuch historischer und systematischer Forschung*. 1. Halbbd., Berlin/New York 2008, S. 1076–1092, hier S. 1084.

13 Ulla Fix, *Muster und Abweichung in Rhetorik und Stilistik*. In: Ulla Fix, Andreas Gardt et al. (Hrsg.), *Rhetorik und Stilistik. Ein internationales Handbuch historischer und systematischer Forschung*. 2. Halbbd., Berlin/New York 2008, S. 1300–1315.

14 Zu Grundbegriffen der linguistischen Textanalyse siehe Klaus Brinker, Hermann Cölfen et al., *Linguistische Textanalyse. Eine Einführung in Grundbegriffe und Methoden*, Grundlagen der Germanistik, 29, 8., neu bearbeitete und erweiterte Aufl. Berlin 2014.

auf der Grundlage von repräsentativ ausgewähltem Untersuchungsmaterial intuitiv gemachte Beobachtungen zum Stil eines Textes oder eines Autors im Vergleich zu anderen Texten und Autoren exakt belegen.[15]

Zeitungstexte im 19. Jahrhundert: Beschreibung des Untersuchungsmaterials

Die im Folgenden präsentierten Ergebnisse basieren auf einer Analyse von drei journalistischen Texten Theodor Fontanes und dem Vergleich dieser Texte mit zwei Quellentexten und drei texttypologisch, thematisch und zeitlich ähnlichen Texten anderer Verfasser. Die Texte behandeln Unglücke und Katastrophen, ein in der Presse im Laufe des 19. Jahrhunderts zunehmender und von der Öffentlichkeit mit wachsendem Interesse verfolgter Themenbereich.[16] Dieser Themenbereich bietet sich deshalb als Untersuchungsgegenstand an, weil er eine relativ unpolitische Berichterstattung zulässt und folglich bei der Analyse Aspekte der politisch-motivierten Durchdringung des Stils und eine Diskussion um Fontanes nicht leicht zu fassende politische Überzeugung ausgespart bleiben können.[17] Darüber hinaus wird bei Texten dieses Themenbereichs im 19. Jahrhundert noch ein relativ individueller Stil gepflegt, der vom beruflichen Hintergrund des Verfassers abhängig oder an literarischen Gattungen orientiert sein kann.[18] Auch ist in verschiedenen Zeitungen zu dieser Zeit ein unterschiedliches Maß an Boulevardisierung bei Berichten über Unglücksfälle nachgewiesen worden.[19] Beide Faktoren sorgen für gute Voraussetzungen für eine Untersuchung des Individualstils in dieser Textgruppe.

---

15 Zum Aussagewert quantitativ-statistischer Angaben im Rahmen von Stilanalysen siehe Ulrich Püschel, *Sprachpragmatische Stilanalyse. Überlegungen zur interpretativen Stilistik*. In: *Der Deutschunterricht* 43/3 (1991), S. 21–32. Ein quantitativer, statistisch signifikanter stilanalytischer Vergleich kann im Rahmen dieser Untersuchung nicht geleistet werden, wäre aber ein wichtiger Gegenstand zukünftiger Forschung.
16 Vgl. Harald Burger und Martin Luginbühl, *Mediensprache. Eine Einführung in Sprache und Kommunikationsformen der Massenmedien*, 4., neu bearbeitete und erweiterte Auflage, Berlin 2014, S. 47.
17 Zu Fontanes politischen Einstellungen am Beispiel seiner Einstellung zu Großbritannien siehe Stefan Neuhaus, *Freiheit, Ungleichheit, Selbstsucht? Fontane und Großbritannien*, Helicon; Bd. 19, Frankfurt am Main/Berlin et al. 1996.
18 Vgl. Burger und Luginbühl, wie Anm. 16, S. 58.
19 Ulrich Püschel, ›Soft News‹ 1810. Wie die Zeitung über Unglücke berichtet. In: Stefan J. Schierholz (Hrsg.), *Die deutsche Sprache in der Gegenwart. Festschrift für Dieter Cherubim zum 60. Geburtstag*, Frankfurt am Main/Berlin et al. 2001, S. 35–43.

Aus Fontanes journalistischem Werk wurden drei Texte ausgewählt, die in den Jahren 1857 und 1861 in der *Neuen Preußischen (Kreuz-)Zeitung* erschienen sind: 1. *Explosion in den Yorkshire-Kohlenbergwerken*, überschrieben mit dem Datum 21. 2. 1857 (TF1),[20] 2. *Der Häuser-Einsturz in Tottenham-Court Road* mit Datum vom 13. 5. 1857 (TF2)[21] und 3. *Der Hauseinsturz in Edinburg* vom 4. 12. 1861 (TF3).[22] 1857 war Fontane, der 1855 im Auftrag der »Zentralstelle für Preßangelegenheiten« der Preußischen Regierung nach England gekommen war, als Korrespondent in London tätig. Nach seiner Rückkehr nach Berlin trat Fontane dann 1860 als Redakteur des englischen Artikels in den Dienst der *Kreuzzeitung*. Nach seiner Zeit in London als echter Korrespondent berichtete er nun als so genannter unechter Korrespondent von Berlin aus über England. Als Quellentexte können zwei Artikel aus der englischen *Times* zum Textvariantenvergleich herangezogen werden: *Terrific colliery explosion near Barnsley* vom 21. 2. 1857 (T1)[23] und *Fall of three houses and loss of life* vom 11. 5. 1857 (T2).[24] Als Vergleichsmaterial für die Textanalyse wurden drei journalistische Texte aus Zeitungen aus dem norddeutschen Raum ausgewählt, die nicht namentlich gekennzeichnet sind: 1. eine Meldung über einen Brand im Salzbergwerk von Bochnia ohne Themenüberschrift, aber mit Ortszeile *Oesterreich. Krakau, den 7ten Febr.* aus den *Hamburger Nachrichten* vom 12. 2. 1850 (A1),[25] 2. *Einsturz zweier Häuser*

---

20 *Neue Preußische [Kreuz-]Zeitung*. Berlin. Nr. 46, 24. 2. 1857. In: HFA 18a, München 1972, S. 720–721.
21 *Neue Preußische [Kreuz-]Zeitung*. Berlin. Nr. 113, 16. 5. 1857. In: HFA 18a, München 1972, S. 732–733.
22 *Neue Preußische [Kreuz-]Zeitung*. Berlin. Nr. 286, 7. 12. 1861. In: Heide Streiter-Buscher (Hrsg.), *Theodor Fontane, Unechte Korrespondenzen*, Schriften der Theodor-Fontane-Gesellschaft; Bd. 1, Berlin/New York 1996, S. 175–177. Der Text ist mit der Sigle *†*-überschrieben und gehört damit zu einer Textgruppe, an deren Zuordnung zu Fontanes Werk kein Zweifel besteht. Nach wie vor würde die im Hinblick auf Fontanes Autorschaft umstrittene Sammlung von *Unechten Korrespondenzen* von einer vergleichenden Stilanalyse der enthaltenen Korrespondenzen profitieren. Zur Debatte um die verschiedenen Textgruppen innerhalb der *Unechten Korrespondenzen* siehe Muhs, *Unechte Korrespondenzen, aber alles echter Fontane? Zur Edition von Heide Streiter-Buscher*, S. 200–220, Heide Streiter-Buscher, *Gebundener Journalismus oder freies Dichterleben? Erwiderung auf ein Mißverständnis*. In: *Fontane Blätter* 64 (1997), S. 221–244, und Clarissa Jantzen, *Linguistische Beobachtungen zu ausgewählten ›Unechten Korrespondenzen‹. Ein Beitrag zur Diskussion um Theodor Fontanes Autorschaft*. In: *Fontane Blätter* 69 (2000), S. 44–66.
23 *The Times*, London, Nr. 22610, 21. 2. 1857, S. 9.
24 *The Times*, London, Nr. 22677, 11. 5. 1857, S. 9.
25 *Hamburger Nachrichten*, Nr. 37, 12. 2. 1850, S. 1.

aus den *Altonaer Nachrichten* vom 22. 10. 1865 (B2),[26] ein ausführlicher Bericht über zwei Gebäudeeinstürze in Berlin, und 3. *Nitroglycerin-Explosion* in den *Altonaer Nachrichten* vom 2. 7. 1868 (C3),[27] ein Bericht über die Explosion eines mit Nitroglycerin der schwedischen Firma Alfred Nobel beladenen Karrens in Charleroi in Wallonien. Die ausgewählten Texte erschienen in den 1850er und 1860er Jahren und fallen damit in eine Periode der deutschen Geschichte ohne besondere politische Veränderungen, die den Zeitungsstil grundlegend verändert hätten. Die Lockerung der preußischen Zensurgesetzgebung, die die Pressesprache einschneidend verändert hat, war bereits 1841 vollzogen, der Wandel von der Nachrichtenpresse zur Meinungspresse bereits in Gang.[28] Bei allen Texten handelt es sich um Meldungen und Berichte, um primär informationsbetonte Textsorten, wobei zu beachten ist, dass damals wie heute die Trennung von Information und Meinung weit eher Ideal als Realität war und sich auch in informationsbetonte Texte meinungsäußernde Elemente unterschiedlichen Ausmaßes hineinmischten.[29] Auch Elemente des Feuilletons und der Reportage spielen in dieser Epoche noch in die primär informationsbetonten Textsorten hinein.[30] Innerhalb einer Zeitung kamen im 19. Jahrhundert alle möglichen Textsorten und unterschiedlichen Textstile nebeneinander vor, wie Püschel dargelegt hat.[31] Ein einheitlicher Zeitungsstil existierte noch nicht, was die Möglichkeit zur Identifizierung und Bestimmung eines Individualstils in journalistischen Texten dieser Zeit verbessert.

---

26 *Altonaer Nachrichten*, Nr. 250, 22. 10. 1865, S. 1.
27 *Altonaer Nachrichten*, Nr. 153, 2. 7. 1868, S. 1. Der Bericht ist ein Teil einer aus mehreren Beiträgen bestehenden Korrespondenz aus Quenast. Zum Begriff der Korrespondenz siehe Thomas Schröder, *Die ersten Zeitungen: Textgestaltung und Nachrichtenauswahl*, Tübingen 1995, S. 58 ff.
28 Vgl. dazu Ulrich Püschel, *Zeitungsstil und Öffentlichkeitssprache*. In: Dieter Cherubim, Siegfried Grosse et al. (Hrsg.), *Sprache und bürgerliche Nation. Beiträge zur deutschen und europäischen Sprachgeschichte des 19. Jahrhunderts*, Berlin/New York 1998, S. 360–383, hier S. 364.
29 Zur Unterscheidung informationsbetonter und meinungsbetonter Textklassen siehe Heinz-Helmut Lüger, *Pressesprache*, Germanistische Arbeitshefte 28, Tübingen 1995, sowie Burger und Luginbühl, *Mediensprache*, S. 237.
30 Zur Entwicklung journalistischer Textsorten siehe Ulrich Püschel, *Journalistische Textsorten im 19. Jahrhundert*. In: Rainer Wimmer (Hrsg.), *Das 19. Jahrhundert. Sprachgeschichtliche Wurzeln des heutigen Deutsch*, Institut für deutsche Sprache, Jahrbuch 1990, Berlin/New York 1991, S. 428–447, und Jürgen Wilke, *Auf dem Weg zur journalistischen Nachricht? Wer, Was, Wann, Wo, Wie, Warum, Woher in historischer Tradition*, Beiträge zur Sprachwissenschaft 26. In: Dieter Möhn, Dieter Roß et al. (Hrsg.), *Mediensprache und Medienlinguistik. Festschrift für Jörg Hennig*, Frankfurt am Main/Berlin et al. 2001, S. 19–30.
31 Püschel, *Zeitungsstil und Öffentlichkeitssprache*, wie Anm. 28, S. 360–383.

Journalistischer Stil im Urteil Fontanes

Aus Fontanes Äußerungen in seinen Tage- und Notizbüchern, in Briefen sowie in seinem journalistischen und kritischen Werk ist viel Aufschlussreiches über seine Auffassungen zu gutem und weniger gutem Journalismus und zu seinem eigenen Stil als Schriftsteller und Journalist zu erfahren. Betrachtet man im ersten Schritt der Stilanalyse metasprachliche Äußerungen Fontanes, fällt auf, dass Fontane eine anschauliche, geistreiche und witzige Art der journalistischen Berichterstattung schätzt. An der englischen Presse, die er während seiner Zeit in England ausgiebig studiert hat, bewundert er jenes »Erzählertalent«, jene plastische »Anschaulichkeit, die der englische Publizist noch so oft vor uns voraus hat«.[32] Insbesondere schätzt er die Journalisten der *Times* als »ausgezeichnete Stylisten und grundgescheidte Leute«.[33] Den Stil der *Times,* wie er speziell im Leitartikel der Zeitung zum Ausdruck komme, hält er für eine der Hauptursachen für den großen Erfolg der Zeitung; es sei ein Feuilletonstil, der dem Kanzleistil vorzuziehen sei:

> Der »Times«-Leitartikel ist der völlige Sieg des *Feuilletonstils* über die letzten Reste des Kanzleistils und ähnlicher mißgestalteter Söhne und Töchter lateinischer Klassizität. Lange Perioden sind verpönt; rasch hintereinander, wie Revolverschüsse, folgen die Sätze. [...] Wissen und Details dürfen sich nicht breitmachen. Der gut geschriebene »Times«-Artikel ist eine Arabeske, die sich graziös um die Frage schlingt, ein Zierat, eine geistreiche Illustration; er ist kokett und will gefallen, fesseln, bezwingen, aber es fällt ihm nicht ein, auf alle Zeit hin überzeugen zu wollen. [...] Er will nichts erschöpfen, er will nur anregen; er wendet sich an die bestechliche Einbildungskraft, nicht an den nüchternen Verstand. Witz und Pathos sind seine liebsten Waffen und lösen sich untereinander ab. Aristophanisch zu sein, ist sein Stolz und sein Bestreben. Wie Voltaire hält er nur eines für verpönt – die Langeweile. Elegant, blendend, pointiert; kein Gericht, das nährt, aber eine Sauce, die schmeckt.[34] [Hervorhebung im Original]

Lobend hebt Fontane auch den Aufbau besonders gelungener *Times*-Artikel hervor, nämlich den Einstieg mit einer allgemeinen Einleitung, die stilistisch herausragt und den Leseanreiz für den weiteren Text fördert. Dass Fontane sich hier mit einer Form auseinandersetzt, »um die er sich selber bemüht«,[35] wie Charlotte Jolles schreibt, wird bei der Auswertung des Untersuchungsmaterials zu zeigen sein:

---

32 *†* London, 13. Juni 1861. In: *Neue Preußische (Kreuz-)Zeitung,* Nr. 138, 16. 6. 1861. In: Heide Streiter-Buscher, *Theodor Fontane, Unechte Korrespondenzen,* wie Anm. 22, S. 134.
33 Theodor Fontane an Ludwig Metzel, 13. 9. 1855, HFA IV/1, S. 412.
34 NFA Bd. 19, S. 242–243.
35 Jolles, wie Anm. 2, S. 99.

Diese »Eigentlichen« beginnen nämlich stets mit einer Geschichte, deren Erzählung oft die Hälfte des ganzen Artikels ausmacht. Der Inhalt dieser Geschichte ist so mannigfach, wie Geschichten nur sein können: Historie, Fabel, Märchen, Anekdote, alles ist willkommen, alles ist gleichberechtigt, nur pikant muß der Bissen sein und jenen Gerichten zugehörig, die, während sie selber schon dem Gaumen wohltun, doch vor allem den Appetit reizen und begierig machen auf das, was da kommt. In diesen Einleitungshälften handelt es sich recht eigentlich um Feuilletontalent und novellistisches Interesse.[36]

An den deutschsprachigen Zeitungen stört Fontane dagegen die Sachlichkeit und Trockenheit der Berichterstattung. Er vermisst Geist, Witz und Gedanken. So schreibt er über die *Zeit*:

Die Leute sind all auf dem Holzweg, prinzipiell, indem sie meinen, eine Zeitung müsse durch ruhige, besonnene Darstellung wirken. Das ist lächerlich, so schreibt man für Staatsmänner, aber nicht fürs große Publikum resp. den Berliner Budiker. Außerdem […] fehlt es überall an Geist, Witz, Gedanken, so daß es nicht viel besser werden würde, selbst wenn man von dem Prinzip »einfacher Sachlichkeit« abgehn wollte.[37]

Von sich selbst als Journalisten sagt er gegenüber seinem Chefredakteur bei der *Kreuzzeitung*, Tuiscon Beutner – allerdings mit wohl gespielter Bescheidenheit –, dass er »ein bischen Esprit, ein bischen Witz, eine passable Schilderungsgabe und einen dito Styl habe«, und beklagt sich darüber, dass er nur als »Schilderer«, als »bloßer Feuilletonist«, nicht aber als politischer Korrespondent eingesetzt werde.[38] Kurze Zeit später schreibt er ebenfalls aus London an Henriette von Merckel über seine Tätigkeit bei der *Kreuzzeitung*, dass er sich meist darauf beschränke – auch weil die Zeitung ihm nicht mehr Platz einräume –, »einen pikanten Einfall, ein Witzwort, einen frappanten Vergleich« zu Papier zu bringen und ihm die »leichte Behandlungsart«, die er in seinen Korrespondenzen aus England pflege, »am passendsten und angenehmsten erscheint«. Dies liege nicht zuletzt auch daran, dass die gegenteilige Schreibweise, »das ernste Sichherumquälen mit den mannigfachsten Fragen zwar erfreut und erhebt, aber auch (wenn die Lösung nicht kommen will) aufs höchste verstimmt, daß man sich verbraucht und wenig Dank davon hat und, was das schlimmste ist, an Klarheit und Überblick mehr verliert, als man an Kenntnis und Details gewinnt.«[39] Teils auf Veranlassung der Chefredaktion, teils aus eigenem Antrieb wählt Fontane für seine Korrespondenzen einen vergleichsweise lockeren Stil, eine »leichte Behandlungsart«. Geist, Witz und

---

36 NFA Bd. 19, S. 243.
37 Theodor Fontane an Emilie Fontane, 18. 3. 1857, HFA IV/1, S. 569
38 Theodor Fontane an Tuiscon Beutner, 3. 6. 1857, HFA IV/1, S. 574–575.
39 Theodor Fontane an Henriette von Merckel, 20. 9. 1857, HFA IV/1, S. 592.

Gedanken sind für ihn notwendige Ingredienzen journalistischer Schreibart. Es ist ein feuilletonistischer Stil, den Fontane pflegt und anstrebt und dem steiferen und überfrachteten Kanzleistil vorzieht, ein Stil also, der sich durch eine subjektive, persönliche Form, durch Anschaulichkeit, Anekdoten, Vergleiche, rhetorische Figuren und eine stilistisch ausgefeilte Gestaltung auszeichnet.[40] Auf diese stilistischen Merkmale wird man bei der Analyse von Fontanes journalistischen Texten besonders zu achten haben.

Vergleich von Fontanes Texten mit den Quellen in der *Times*

Vergleicht man im zweiten Analyseschritt Fontanes Korrespondenzen mit den Quellentexten in der britischen *Times*, kommen auf der textuellen und der lexikalischen Ebene signifikante Unterschiede zum Vorschein.[41] Auf der textuellen Ebene fällt auf, dass Fontane seine Vorlagen aufgrund der redaktionell vorgegebenen Platzbeschränkungen stark kürzt[42] sowie andere inhaltliche Schwerpunkte setzt als diese. Aufschlussreich ist dabei vor allem, welche Informationen er aus seinen sehr umfangreichen Quellentexten weglässt, nämlich insbesondere Details zum Unglückshergang, zu den Örtlichkeiten und den Opfern. Insbesondere das Leid der vom Unglück betroffenen Personen, auf das beide *Times*-Artikel einen Schwerpunkt setzen, wird in Fontanes Korrespondenz nicht erwähnt. Während etwa der *Times*-Artikel zum Häusereinsturz in London (T2) den größten Teil des Artikels auf die Nennung der Opfer verwendet und 5 Tote und mehrere Verletzte beklagt, werden in Fontanes *Kreuzzeitungs*-Text die menschlichen Opfer mit keinem Wort erwähnt. Allein der materielle Schaden wird in großem Detail geschildert, wobei viele Details aus der Beschreibung der zerstörten Häuser aus der Quelle übernommen werden. Des Weiteren setzt der Korrespondent Fontane inhaltliche Schwerpunkte, indem er Informationen liefert, die in den Quellentexten nicht zu finden sind. So behandelt der Text über die Explosion in den Kohlenbergwerken (TF1) ausführlich die Ursache des Unglücks, zu der der ent-

---

40 Zu Merkmalen des feuilletonistischen Stils vgl. Vanessa Rusch, »*Ich hatte einen poetischen Anlauf genommen*« – *Erzählliterarische Aspekte in Theodor Fontanes journalistischem und feuilletonistischem Werk*, Schriftenreihe Poetica; Schriften zur Literaturwissenschaft Bd. 122, Hamburg 2013, S. 14.

41 Da sich das Englische und das Deutsche im Satzbau voneinander unterscheiden, wird von einem Vergleich der englischen Quellentexte mit den deutschsprachigen Analysetexten auf syntaktischer Ebene abgesehen.

42 T1 umfasst 2793 Wörter, TF1 dagegen 385. T2 hat 2731 Wörter, TF2 hat 390. Das entspricht einer Kürzung von jeweils ca. 85 %.

sprechende *Times*-Artikel keine Angaben macht. In gewissem Maße werden die Grubenarbeiter für die Explosion im Kohlenbergwerk verantwortlich gemacht. So heißt es am Anfang der Korrespondenz, die von Humphrey Davy zum Schutz von Grubenarbeitern erfundene Sicherheitslampe habe keinen Nutzen gebracht. Der Korrespondent schließt den Bericht mit einer Kritik am »Geistesvermögen der Arbeiter« und behauptet, die Grubenarbeiter würden sich »gelegentlich *des Streichschwamms* [Hervorhebung im Original] zum Anzünden ihrer Pfeifen bedienen, weil es gefährlich sei, das Drahtgitter von der Davy-Lampe abzunehmen«. Im *Times*-Artikel steht dagegen, dass die Ventilation in der Grube so gut sei, dass Kerzen ohne Sicherheitsrisiko anstelle der Davy-Lampen benutzt würden. Fontanes Text enthält im Unterschied zur *Times* also eine Anekdote, für deren Echtheit sich der Autor ausdrücklich verbürgt, die er aber aus anderer Quelle bezogen oder erfunden haben muss. Dass der Schluss der Korrespondenz an den Textanfang mit der These, die Erfindung der Davyschen Sicherheitslampe sei umsonst gewesen, anknüpft und somit einen Rahmen um den eigentlichen Ereignisbericht formt, ist darüber hinaus ein wesentlicher textstruktureller Unterschied zwischen Quellentext und Fontanes Bearbeitung.

Die individuelle Art der Berichterstattung Fontanes zeigt sich aber nicht nur in der inhaltlichen Schwerpunktsetzung und der textstrukturellen Aufbereitung, sondern auch in der stilistischen Ausgestaltung des Inhalts auf lexikalischer Ebene. Aufschlussreich ist der Vergleich von Quellentexten und Fontanes Texten hinsichtlich der zur Beschreibung des Unglücks verwendeten Lexeme. Insgesamt verwendet Fontane in allen drei Texten weniger emotional bewertende Bezeichnungen für das Unglück als die *Times*. Zum einen verwendet Fontane im Vergleich zu seiner Vorlage weniger wertende Adjektive, was sich bereits an der Überschrift zu den Grubenunglückstexten zeigt (T1: »Terrific colliery explosion near Barnsley«; TF1: »*Explosion in den Yorkshire-Kohlenbergwerken*«) und sich im Verlauf der Fließtexte fortsetzt (T1: »the fearful explosion«, »terrible explosions«, »most terrific calamity of the kind«; TF1: »diese letzte Yorkshire-Explosion«). Den Häusereinsturz in London bezeichnet die *Times* als »sad catastrophe«, »shocking calamity« und »sad occurence« (T2). Fontane dagegen spricht metaphorisch beschönigend von »Schauspiel« oder neutral von »Häusereinsturz«, »diesem Vorfall«, »diesem Übel« und »solchen Dingen« (TF2). Zum anderen sind auch die Nominalausdrücke zur Bezeichnung der Unglücke neutraler. Während das Wort »Katastrophe« in beiden *Times*-Artikeln mehrfach zur Benennung für das Unglück benutzt wird, verwendet Fontane dieses Wort in keinem der drei Texte. Fontanes Lexik ist darüber hinaus stärker poetisch ausgestaltet. Wird beispielsweise der Brand, der die Explosion im Bergwerk in Yorkshire begleitet hat, in dem Artikel der *Times* lediglich als »ungewöhnlich« bezeichnet (T1: »a feature in connexion with the catastrophe, of an unusual character, developed itself«), so bietet er bei Fontane ein alliterierendes »schauerlich schönes Schauspiel« (TF1). Die Explosion und die unterirdische Flamme werden zum Agens mit eigener Handlungskraft: Die Explosion »ruft« eine Art Erdbeben »hervor«, die unterirdische Flamme ist von einer solchen Gewalt, dass sie eine zündende Kraft auf die Kohlenlager »ausübt« und diese »in Brand steckt« (TF1). Bei der Beschreibung der zerstörten Häuser lehnt sich Fontane zwar in vielen Details sehr eng an seine Quellen an. Die Personifizierungen und Metaphern allerdings, welche die Beschreibungen der Unglücksorte durchziehen, sind Fontanes eigene poetisch-stilistische Ausschmückung. Sie führen zusammengenommen zu einer Poetisierung des Elends, die auch bei Fontanes Bearbeitungen anderer Quellentexte zu beobachten ist:[43]

> All around the spot where he was found lie piled up in strange confusion the débris of the houses. The thick breasemers, strengthened with iron, which carried the front of the houses, are snapped in the centre like thin laths of wood; girders and beams are snapped or mingled together in the strangest of forms; flooring boards are wrung from their joists, and sheets of lead, torn off like paper, are rolled and curled up in the most curious shapes; [...]. (T2)

> Nicht so ein solcher Häusereinsturz. Er reißt den Vorhang weg, legt die heimlichen Schäden, die schmutzigen Winkel in ihrer ganzen Häßlichkeit bloß und würfelt den ganzen Kram zu einem Trödelhaufen, zu einer Maskengarderobe des Elends zusammen. Seltsame Formen, wohin man sieht. Deckenstücke eines oberen Stockwerks an der Feuerwand des unteren wie eine Landkarte herabhängend; Balken, die sich im Sturz begegneten und, mit den Köpfen aneinanderfahrend, sich gegenseitig gehalten haben; dazwischen Teppichfetzen, wie Fahnen der Zerstörung. [...] [E]in Tassenkopf hängt wie über einem Abgrund und sieht verwundert in die ungewohnte Tiefe hinab. (TF2)

Vergleich von Fontanes Texten mit Zeitungstexten aus den *Hamburger Nachrichten* und der *Altonaer Zeitung*

Im dritten Analyseschritt, dem Vergleich von Fontanes *Kreuzzeitungs*-Korrespondenzen mit den Texten in anderen Zeitungen, werden die journalistischen Texte zunächst auf der Textebene mit besonderer Aufmerksamkeit auf die Gliederung, die thematische Gewichtung und Entfaltung und die Perspektive der Berichterstattung betrachtet. Fontanes Text zur Explosion in den Yorkshire-Kohlenbergwerken (TF1) beginnt mit einer Einleitung, die von einer allge-

---

43 Vgl. Stefan Neuhaus, *Und nichts als die Wahrheit? Wie der Journalist Fontane Erlebtes wiedergab*. In: *Fontane Blätter* 65/66 (1998), S. 188–213, S. 195.

meinen Bemerkung zum besonderen Ereignis hinführt. Die Einleitung enthält zunächst eine Behauptung des Korrespondenten, die als unbezweifelbare Wahrheit präsentiert wird und für die das aktuelle Ereignis ein Beispiel darstellen soll:

> Die beiden Elemente, die England reich und groß gemacht haben: das Meer und die Kohle, sie kosten ihm auch was. Beide verlangen alljährlich ihre Opfer, und so eifersüchtig wachen sie über die Einzahlung des alten Tributs, daß sie jede Erfindung des Menschenwitzes zuschanden machen, die darauf aus ist, den alten Opfern zu entgehen. Sir Humphrey Davy hat seine Sicherheitslampe umsonst erfunden, und die Nachrichten, die eben heut aus Barnsley im Süden von Yorkshire eingehn, sind ein abermaliger schrecklicher Beweis für das Unzureichende einer Erfindung, von der ab sich die Gefahrlosigkeit »des Fahrens in die Grube« datieren sollte. (TF1, S. 720)

Der Hauptteil der Korrespondenz enthält dann den Bericht über das Unglück im Kohlenbergwerk, bei dem 170 Menschen ums Leben gekommen sind. Dabei werden die wichtigsten journalistischen W-Fragen wie das Wer, Was, Wann und Wo beantwortet, allerdings nur kurz und ungenau. Genauer wird dagegen auf die Vorgeschichte eingegangen, indem das aktuelle Ereignis in eine Reihe von ähnlichen, früher geschehenen Unglücken eingeordnet wird, sowie auf die näheren Umstände, nämlich das ungewöhnliche Ausmaß des auf die Explosion folgenden Feuers. Der Schluss des Textes knüpft thematisch wieder an die Einleitung an. Der Gedanke der Nutzlosigkeit der Davyschen Sicherheitslampe wird wieder aufgenommen und erweitert. Hatte die Einleitung die These enthalten, Sir Humphrey Davy habe seine Sicherheitslampe umsonst erfunden, liefern Hauptteil und Schluss in gewisser Weise die Begründung für diese Behauptung. Der Bericht ist insofern in erster Linie argumentativ entfaltet.

Die Korrespondenzen über die Häusereinstürze in London (TF2) und in Edinburg (TF3) sind ähnlich aufgebaut. Auch sie führen ausgehend von einer allgemeinen Beobachtung hin zum aktuellen, besonderen Ereignis: TF2 beginnt mit Ausführungen über die baulichen Eigentümlichkeiten von Städten im Allgemeinen, bevor es um Häuserreihen in London geht; TF3 spricht das mutmaßliche Interesse der Öffentlichkeit an Hauseinstürzen an, vergleicht dies mit dem Interesse von Lotteriespielern an der Veröffentlichung der Verlosung, um danach auf das konkrete Ereignis in der High Street von Edinburg einzugehen. Erst im Hauptteil der Texte wird über das aktuelle Ereignis berichtet. Von den journalistischen W-Fragen werden die Fragen nach dem Wer, Was, Wann und Wo wiederum knapp beantwortet. Besonders ausführlich und detailliert dagegen beschreibt der Korrespondent in beiden Texten den Unglücksort sowie die Reaktionen auf das Unglück und die Gründe für den Einsturz. Den Schluss beider Texte bildet jeweils ein Kommentar des Verfassers in Form einer Forderung nach Verschärfung von Regelungen beim Bau und Verbesserungen der Gebäudeinspizierungen. Implizit ist auch eine

Warnung vor neuen Unglücken enthalten, falls der jetzige beklagenswerte Zustand nicht behoben werde. Mit ihrem Schwerpunkt auf den Ursachen und den Folgen des Unglücks und der Darbietung von Erklärungszusammenhängen sind beide Texte zu den Häusereinstürzen vorwiegend explikativ entfaltet und mit deskriptiven Elementen durchsetzt.[44]

Zur Perspektive der Berichterstattung ist zu sagen, dass sich der Korrespondent in den drei *Kreuzzeitungs*-Texten nicht als direkt vom Schauplatz berichtender Unglücksreporter präsentiert. Vielmehr positioniert er sich als Übermittler und Interpret einer Nachricht, als außenstehender Betrachter, der das Ereignis in einen größeren Zusammenhang einordnet und dem Leser zuhause erklärt. Mehr als um die detaillierte Schilderung des Unglücks geht es dem Korrespondenten um die Offenlegung eines kritikwürdigen gesellschaftlichen Zustands. Die näheren Umstände der Unglücksereignisse, wie etwa Anzahl der Opfer, scheinen ihn nicht zu interessieren. Er macht aus seiner Unkenntnis in diesen Dingen auch kein Hehl und gibt eine gewisse Unsicherheit vor (TF1, S. 720: »Ihre Leser werden sich der vorjährigen Explosion in Wales erinnern; ich habe die Zahl der Opfer vergessen«; TF3, S. 175: »Die Tatsache des neulichen Haus-Einsturzes […] wird Ihnen schon gemeldet worden sein«). Diese vorgebliche Unkenntnis ist auch an der Häufigkeit des Verbs »scheinen« zu erkennen (TF1, S. 720: »Nirgends scheinen sich die Schrecknisse einer Explosion öfters zu wiederholen als in jenen Yorkshirer Kohlendistrikten […]«; »Den eben eingelaufenen Nachrichten zufolge scheint übrigens diese letzte Yorkshire-Explosion ein schauerlich schönes Schauspiel im Geleite gehabt zu haben«, »die plötzlich ins Leben gerufene unterirdische Flamme scheint von einer solchen Gewalt gewesen zu sein, daß […]«; TF3, S. 176: »Es scheint nun, daß diese Mittelwand […]«). Der Korrespondent ist nicht selbst Augenzeuge des Ereignisses. Er gibt höchstens Augenzeugenberichte wieder und bezieht sich ausdrücklich auf die englische Presse, wie in TF3, oder berichtet mit einer Verzögerung mehrerer Tage vom Unglücksort wie in TF2 (»Die letzten Tage haben wieder solch Schauspiel gebracht; ich war gestern da, um es mir anzusehen«). Bei der Beschreibung der Unglücksorte beschränkt er sich auf die Schilderung des materiellen Schadens; menschliche Opfer sind weitgehend ausgeblendet. Dass wichtige Details zu den Opfern des Unglücks ausgespart sind, umgekehrt aber die gesellschaftlichen Verhältnisse geschildert werden, zeigt, dass der Korrespondent seine Rolle nicht so sehr als Reporter persönlichen Unglücks, sondern viel-

---

44 Barbara Sandig, *Textstilistik des Deutschen*, Berlin/New York 2006, S. 357, weist darauf hin, dass in Texten oft mehrere Typen von Themenentfaltungen gemischt werden und nicht immer sauber voneinander zu trennen sind.

mehr als Kritiker eines gesellschaftlichen Zustands versteht. Zu erklären ist dies sicherlich zum einen mit Fontanes berufsbedingter Abhängigkeit von seinen Arbeitgebern, der »Zentralstelle für Preßangelegenheiten« und der konservativen *Neuen Preußischen (Kreuz-)Zeitung*, und dem damit verbundenen Hauptzweck seiner Englandkorrespondenzen, »im eigenen Land das preußische Ansehen auf- und das englische abzuwerten«.[45] Zum anderen wird aber auch eine gewisse persönliche Neigung, das Allgemeingültige im Besonderen zu finden, eine Rolle spielen.[46]

Vergleicht man Fontanes Texte mit den drei anderen journalistischen Texten der gleichen Zeit, stellt man auf textueller Ebene signifikante Unterschiede fest. Zunächst fällt auf, dass keiner der Vergleichstexte den Unglücksbericht mit einer Einleitung und einem Schluss umrahmt, wie dies in Fontanes Texten festzustellen war. Statt einer Einleitung haben die beiden längeren Berichte einen Lead, wie er auch in heutigen Berichten vorkommt, in dem die wichtigsten journalistischen W-Fragen zusammenfassend beantwortet werden. Die Berichte fahren dann fort mit Details zu den Unglücken, zur Vorgeschichte, dem Hergang des Unglücks, zu den Opfern und den Hinterbliebenen. Den Berichterstattern der drei Vergleichstexte geht es darum, den Ablauf der Ereignisse genau zu schildern. Angaben zu den Ursachen sind knapp. Abgesehen von der Aufzählung der Opfer gibt es keine Erklärungen zu den Folgen des Unglücks, geschweige denn eine Einordnung des Ereignisses in einen sozialen Kontext, wie sie für Fontanes Texte charakteristisch war. Die Perspektive in allen drei Vergleichstexten ist die eines vom Unglücksort berichterstattenden oder zumindest emotional beteiligten Korrespondenten, nicht aber die eines Kommentators, der das aktuelle Ereignis in einen größeren thematischen Zusammenhang stellt und gesellschaftliche Zustände kritisch reflektiert.

Auffällig ist, dass die Ereignisse in den Vergleichstexten in chronologischer Abfolge und unter Angabe von Uhrzeiten geschildert werden und das Thema vorwiegend narrativ entfaltet ist. Die Berichte gleichen einer Schilderung eines Ereignisses mit erzählenden Passagen, durchaus typisch für Zei-

---

45 Stefan Neuhaus, *Zwischen Beruf und Berufung. Untersuchungen zu Theodor Fontanes journalistischen Arbeiten über Großbritannien*. In: *Fontane Blätter* 54 (1992), S. 75–87, S. 76.
46 Stefan Neuhaus, *Und nichts als die Wahrheit?*, wie Anm. 43, S. 208: »Fontane, der ›Realist‹ – im weitesten Wortsinn –, suchte eben stets, in seinem Leben wie in seiner Dichtung, das Allgemeine im Besonderen, das Überzeitliche im Zeitgeschichtlichen. Deshalb wird man viele seiner literarischen Reportagen oder Reiseberichte auch in Zukunft noch mit großem Gewinn lesen können – solange man sie nicht allzu wörtlich nimmt und als reine Zeitdokumente verkennt.«

tungsartikel der Epoche über Unglücke und Verbrechen,[47] nicht einer Argumentation mit Behauptung und Begründung oder der Erklärung eines Sachverhalts. Im Text über den Einsturz zweier Häuser (B2) wird der Bericht über das Unglück in der Berliner Wasserthorstraße zeitweise von der Schilderung von einem zweiten Unglück, dem Zusammenbruch eines Neubaus am Neuen Königsthor, unterbrochen. Die beiden Schilderungen werden erzählerisch miteinander verbunden, indem der Korrespondent der Feuerwehr vom ersten zum zweiten Unglücksort folgt. Ebenso wie die Feuerwehr, die nach getaner Arbeit am Neuen Königsthor in die Wasserthorstraße zurückfährt, kehrt die Berichterstattung zurück zur Schilderung des größeren der beiden Unglücke und liefert nun im letzten Absatz des Textes weitere Informationen, insbesondere neueste Erkenntnisse zu der Anzahl der Toten und Verletzten. Eine Bewertung der Ereignisse findet nicht statt.

Unterschiede zwischen Fontanes Korrespondenzen und den Vergleichstexten bestehen auch auf der syntaktischen Ebene. Unterscheidet man die in den journalistischen Texten vorkommenden Sätze mithilfe der Kategorien Einfachsätze, Sätze mit Satzkoordination, Sätze mit Satzsubordination und Sätze mit sowohl Koordination als auch mit Subordination,[48] dann stellt man bei Fontanes Korrespondenzen einen für Zeitungstexte der Zeit typischen Anteil an Einfachsätzen fest.[49] Bei den Einfachsätzen handelt es sich meist um ausgesprochen kurze Sätze, die nicht zufällig auf etwas vorausweisen, etwas zusammenfassen, einer Aussage gerade durch ihre Kürze und Prägnanz besonderes Gewicht verleihen (zum Beispiel »Diese Worte sind nichts als eine furchtbare Doppelsinnigkeit.« (TF1), »Dies glückte nach einigen Stunden.« (TF1), »Eine Feuersbrunst wirkt anders.« (TF2), »Nicht so ein solcher Häu-

---

47 Vgl. Burger und Luginbühl, wie Anm. 16, S. 58.
48 Ich folge hinsichtlich der Satzdefinition und der Unterscheidung der vier Satzarten der Kategorisierungsweise von Michel, die am angegebenen Ort ausführlich expliziert wird (Dirk Michel, *Zeitungssyntax – Sprachwandel im 19. Jahrhundert*. In: *Deutsche Sprache. Zeitschrift für Theorie, Praxis, Dokumentation* 3 (2001), S. 223–241.) Erläuterungswürdig ist darüber hinaus, dass ein Doppelpunkt hier als einen Satz abschließendes Satzzeichen betrachtet wird, sofern danach ein vollständiger Satz folgt, der mit großem Buchstaben beginnt. Das Semikolon zwischen Hauptsätzen wird wie ein Komma angesehen, also nicht als satzabgrenzendes Satzzeichen.
49 In Fontanes Korrespondenzen beträgt der Anteil von einfachen Sätzen an der Gesamtanzahl von Sätzen 36 % (TF1), 32 % (TF2) bzw. 20 % (TF3). In Zeitungen der 1860er Jahre beobachtet Michel, *Zeitungssyntax*, 2001, S. 231, einen durchschnittlichen Anteil von Einfachsätzen von 31 % aller Sätze, wobei allerdings große Variation zwischen den verschiedenen Zeitungen zu verzeichnen sei. In den Zeitungen der 1880er Jahre gehe der Anteil der Einfachsätze allerdings drastisch auf die Hälfte zurück (16 %).

sereinsturz.« (TF2), »Zu diesem Entschluß kann man nur Glück wünschen.« (TF2), »Die oben beschriebene Mittelwand umschließt die Gefahr.« (TF3)). Trotz der größeren Anzahl komplexer Sätze wirkt die Syntax nicht überfrachtet, sondern ist gut lesbar und verständlich. Dies liegt vor allem an einem relativ hohen Anteil von Satzkoordinationen, viele von ihnen syndetisch mit der Konjunktion »und« eingeleitet, und Sätzen mit sowohl Koordination als auch Subordination.[50] Schachtelsätze, die die Verständlichkeit erschweren und für den Kanzleistil typisch sind, fallen quantitativ nicht besonders ins Gewicht. Außerdem sind in den drei Fontane-Texten Verbalkonstruktionen vorherrschend, was den Text fließen lässt und verständlich macht. Alles in allem tendiert Fontane damit eher zum expliziten als zum komprimierten Satzbau.[51]

In den Fontane-Texten fallen einige stilistisch besonders markierte syntaktische Konstruktionen auf, die in den Vergleichstexten nicht zu beobachten sind und Zeichen eines individuellen Stils sein können. Stilistisch auffällig ist zum Beispiel eine Prolepse gleich im ersten Satz des Artikels zum Grubenunglück, eine Vorwegnahme des Subjekts mit anschließender Wiederaufnahme durch das Pronomen »sie«: »Die beiden Elemente, die England reich und groß gemacht haben: das Meer und die Kohle, sie kosten ihm auch was.« (TF1, S. 720) Eine solche Prolepse ist eigentlich ein Verstoß gegen die Regeln der Schulgrammatik, doch bewirkt sie am Textanfang die besondere Betonung eines Satzglieds, lockert die Syntax auf und weckt die Aufmerksamkeit des Lesers. Syntaktisch auffällig sind auch Reihungen von Phrasen, deren zweites und drittes Glied eine Erweiterung, Spezifizierung oder Relativierung des ersten darstellen. Verbunden mit anaphorischen Wiederholungen von Wörtern oder Satzteilen ergibt sich, wie etwa im Text über den Häusereinsturz in der Tottenham Court Road, ein besonderer rhythmischer Effekt:

> Nicht so ein solcher Häusereinsturz. Er reißt <u>den Vorhang</u> weg, legt <u>die heimlichen Schäden</u>, die <u>schmutzigen Winkel</u> in ihrer ganzen Häßlichkeit bloß und würfelt den ganzen Kram <u>zu einem Trödelhaufen, zu einer Maskengarderobe des Elends</u> zusammen [...] Mehr aber als alles dies wirken die zerstreuten Kleinigkeiten, die man an den Wänden der oberen Stockwerke wahrnimmt und die an die bescheidene Häuslichkeit erinnern, <u>deren Stille</u>, <u>deren Glück</u> vielleicht so furchtbar unterbrochen wurde. (TF2, S. 733) [Hervorhebungen C. B.]

---

50 In TF1 sind 7 % Koordinationen, 36 % Subordinationen und 21 % Sätze mit sowohl Koordination als auch Subordination; in TF2 sind 16 % Koordinationen, 37 % Subordinationen und 16 % Sätze mit sowohl Koordination als auch Subordination; in TF3 sind 20 % Koordinationen, 45 % Subordinationen und 15 % Sätze mit sowohl Koordination als auch Subordination.
51 Vgl. Püschel, *Zeitungsstil und Öffentlichkeitssprache*, wie Anm. 28, S. 360–383.

Betrachtet man zum Vergleich die drei Texte in der *Altonaer Zeitung* und den *Hamburger Nachrichten* auf der syntaktischen Ebene, so lässt sich nach der Auszählung der Satzarten sagen, dass sich die Vergleichstexte eher durch eine Tendenz zur Hypotaxe auszeichnen, während Fontanes Texte eher zur Parataxe neigen. Während bei Fontane der Anteil der Sätze mit Satzkoordination vergleichsweise hoch ist, ist er in B2 relativ niedrig; in A1 und C3 kommen gar keine komplexen Sätze vor, die allein aus einer Satzkoordination bestehen.[52] Darüber hinaus weist insbesondere der Bericht über den Einsturz zweier Häuser in Berlin (B2) syntaktische Eigenschaften auf, die sich wesentlich von denen in Fontanes Texten unterscheiden. So neigt der Verfasser des Textes in den *Altonaer Nachrichten* zum komplexen Satzbau; der Anteil der Einfachsätze ist mit 26 % vergleichsweise niedrig und liegt unter dem Durchschnitt der Zeit. Insbesondere fällt in diesem Bericht der hohe Anteil von Satzsubordinationen auf, wobei oft Hauptsätzen mehrere Nebensätze untergeordnet sind und auch Nebensätzen wiederum andere Nebensätze untergeordnet sind, was oft sehr lange Sätze hervorbringt. Neben Kettensätzen, bei denen der gesamte Nebensatzkomplex dem Hauptsatz folgt, gibt es komplexe Schachtelsätze, bei denen untergeordnete Sätze in übergeordnete eingeschoben sind. Solche Schachtelsätze gelten als typisch für die Kanzleisprache, als schwer verständlich und zeichnen einen Stil aus, den Fontane in seinen Ausführungen über die Londoner Presse kritisiert hat:

> Ein Tischlermeister Schulz hatte dasselbe an sich gekauft und drei Etagen zu Tischlerwerkstätten einrichten lassen, <u>wodurch es nothwendig wurde, daß Zwischenwände u. s. w. eingerissen wurden,</u> in Folge dessen den Zimmerdecken der Halt genommen wurde. [...] Als der Mann auf Arbeit, die 5 Kinder in die Schule und die Frau auf den Markt gegangen war (die zwei jüngsten Kinder hatte sie in der Wiege zurückgelassen), sah sie, <u>als sie bei ihrer Rückkehr in das Vorderhaus eintrat,</u> mit furchtbarem Krachen das Gebäude, <u>in dem ihre Wohnung lag,</u> in sich zusammenstürzen. [...]
> Um 3 Uhr schon waren die Verunglückten hier geborgen und die Gefahr beseitigt, <u>so daß die Feuerwehr wieder nach der Unglücksstätte in der Wasserthorstraße zurückeilen</u>

---

52 In A1 ist der Anteil von Einfachsätzen mit 57 % relativ hoch. 29 % sind Sätze mit sowohl Koordination als auch Subordination und nur 14 % Sätze mit Satzsubordination. Sätze mit Koordination allein kommen nicht vor. In B2 liegt der Anteil der Einfachsätze bei 26 %. Auffällig ist der hohe Anteil von Subordinationen von 44 %. Hinzu kommen jeweils 15 % Koordinationen und Sätze mit sowohl Subordination als auch Koordination. C3 hat einen überdurchschnittlich hohen Anteil an Einfachsätzen von 53 %, wobei diese oft durch Partizipialgruppen erweitert und durch Aufzählungen recht lang sind. Sätze mit Koordination allein kommen nicht vor. Der Anteil von Subordinationen beträgt 21 % und der der Sätze mit sowohl Koordination als auch Subordination beträgt 26 %.

konnte, wo ihre Hülfe noch immer dringend erforderlich war, da noch nicht die Hälfte der Verschütteten an's Tageslicht befördert werden konnte. (B2) [Hervorhebungen C. B.]

Syntaktisch auffällig ist in Text B2 auch die Tendenz zur Komprimierung mit einer hohen Anzahl von Funktionsverbgefügen und von Nominalgruppen, die durch mehrere Attribute erweitert sind. Dadurch können selbst Einfachsätze lang und komplex werden:

> Über den gestern bereits telegraphisch mitgetheilten Einsturz zweier Gebäude in Berlin gibt die »Spenersche Zeitung« nachstehenden Bericht eines Augenzeugen: [...] Die Feuerwehr, unterstützt von Pionieren und Garde-Dragonern, unternahm nun den Versuch zur Rettung der Verschütteten. [...]
>
> [...], gegen 2 Uhr stürzte plötzlich ein beträchtlicher Theil der von hohen Fensteröffnungen durchbrochenen Umfassungsmauer ein [...]. Die sofort von der Wasserthorstraße unter persönlicher Führung des Polizei-Präsidenten v. Bernuth dorthingeeilte Feuerwehr konnte hier, wo nur eine einfache Wand ohne Balkendecke in Trümmern lag, den Verunglückten bald Hülfe bringen. (B2) [Hervorhebungen C. B.]

Bei Fontane ist umgekehrt eine hohe Anzahl von Verbalgruppen und eine Tendenz zum expliziten Satzbau festzustellen. Reihungen von Verbalphrasen, wie sie ebenfalls bei Fontane zu beobachten sind, fallen in den Vergleichstexten nicht ins Gewicht.

Ergiebig ist schließlich auch ein Vergleich von Fontanes Texten mit den Vergleichstexten auf der lexikalischen Ebene. Insgesamt ist die Lexik der Vergleichstexte emotionaler, ergriffener, sensationsbetonter als die von Fontanes Korrespondenzen. Beispielsweise fallen die Reaktionen der Bevölkerung in den Vergleichstexten stärker aus. Während der *Kreuzzeitungs*-Korrespondent beiläufig lediglich von »großer« (TF2, S. 733) bzw. »peinlicher Aufregung« (TF3, S. 176) spricht, die der Vorfall in der Öffentlichkeit hervorgerufen habe, schreibt der Berichterstatter über den Brand im Salzbergwerk dramatischer: »Schrecken und Verzweiflung hat die Bewohner Bochnia's [sic] ergriffen.« (A1). Der Augenzeuge der Explosion in Charleroi (C3) schreibt anscheinend noch ganz außer Atem: »Man denke sich unsern Schreck, als wir herbeigeeilt waren«. Fontane dagegen tritt nüchterner an den Unglücksort: »Die letzten Tage haben wieder solch Schauspiel gebracht; ich war gestern da, um es mir anzusehen.« (TF2, S. 733). Unterschiede auf lexikalischer Ebene finden sich auch bei der Beschreibung des Unglücks und der Verunglückten. Im Unterschied zu Fontanes Texten, aber ebenso wie in den Quellentexten der *Times,* wird in C3 das Wort »Katastrophe« verwendet und mit einem negativen Adjektiv zu einer »grauenhaften Katastrophe« verbunden. In der Meldung vom Brand im Salzbergwerk von Bochnia (A1) werden negativ besetzte wertende Adjektive und Adverbien sowie emotional konnotierte

Substantive verwendet. So ist die Rede »von einem fürchterlichen Brande«, von »Unglücklichen«, die erstickt sind, und von »Leichen, Sterbenden, Verstümmelten«, die überall liegen. Auch in Fontanes Text zur Explosion im Bergwerk (TF1) gibt es negative Wertungen und Konnotationen (»schrecklicher Beweis«, »furchtbare Doppelsinnigkeit«, »Schrecknisse einer Explosion«), doch erwähnt Fontane lediglich die Zahl der »Verunglückten«, ohne näher oder emotional auf die Menschenopfer einzugehen. Vielmehr finden sich positive Wertungen (»schauerlich schönes Schauspiel«) und Positives ausdrückende Verben aus dem Wortfeld Glück (»glücklich entgangen«, »Dies glückte nach einigen Stunden«). Auffällig an Fontanes Beschreibung des Elends ist vor allem die poetische Ausgestaltung. Bemerkenswert ist, dass alle drei Fontane-Korrespondenzen reich an rhetorischen Figuren sind wie Vergleichen und Metaphern, Euphemismen, Personifizierungen, Alliterationen, Zweier- und Dreierfiguren und Antithesen. Gehäuft kommen rhetorische Figuren bei der Beschreibung des Unglücksortes im Artikel über den Häusereinsturz in der Tottenham Court Road vor:

> Jede Stadt gewährt dem Fremden den Anblick gewisser Schauspiele und Eigentümlichkeiten, wonach man anderenorts vergeblich suchen würde. [...] Die letzten Tage haben wieder solch ein Schauspiel gebracht; ich war gestern da, um es mir anzusehen. Das Ganze machte den Eindruck auf mich, als habe ein partielles Erdbeben gewütet [...] Nicht so ein solcher Häusereinsturz. Er reißt den Vorhang weg, legt die heimlichen Schäden, die schmutzigen Winkel in ihrer ganzen Häßlichkeit bloß und würfelt den ganzen Kram zu einem Trödelhaufen, zu einer Maskengarderobe des Elends zusammen. Seltsame Formen, wohin man sieht. Deckenstücke eines oberen Stockwerks an der Feuerwand des unteren wie eine Landkarte herabhängend; Balken, die sich im Sturz begegneten und, mit den Köpfen aneinanderfahrend, sich gegenseitig gehalten haben; dazwischen Teppichfetzen, wie Fahnen der Zerstörung. Mehr aber als alles dies wirken die zerstreuten Kleinigkeiten, die man an den Wänden der oberen Stockwerke wahrnimmt und die an die bescheidene Häuslichkeit erinnern, deren Stille, deren Glück vielleicht so furchtbar unterbrochen wurde. Ein Holzriegel an der Wand zeigt noch die einzelnen Stücke des Küchengeräts, und ein Tassenkopf hängt wie über einem Abgrund und sieht verwundert in die ungewohnte Tiefe hinab. (TF2, S. 723–733) [Hervorhebungen C. B.]

In der Bilderwahl gibt es auffällig viele Gemeinsamkeiten zwischen den drei Fontane-Texten: In zwei Texten (TF1 und TF2) wird das Unglück mit einem Erdbeben verglichen und beschönigend als Schauspiel bezeichnet. In den beiden Texten über die Hauseinstürze werden am Unglücksort zu sehende Textilien mit Fahnen verglichen.[53] Metaphern kommen, wie in vielen anderen

---

53 TF2, S. 733 und TF3, S. 176: »[...] hoch darüber aber, [...] im obersten Stockwerk, weht ein langes Frauenkleid im Winde, schwarz und dürftig, eine Fahne über dieser Stätte der Zerstörung.«

Werken Fontanes auch, aus dem Bereich des Militärs und des Theaters. So gleicht die Mittelwand des Hauses, die zum Einsturz geführt hat, »einer durchlöcherten alt und bröcklich gewordenen Artillerie-Schießscheibe« (TF3, S. 176). Die Bilder des Vorhangs und der Maske dienen dem zukünftigen Theaterkritiker dazu, die Offenbarung des Elends, ja eines sozialen Missstandes zu illustrieren.[54]

Während in Fontanes Korrespondenzen die materiellen Schäden poetisch ausgeschmückt werden, auf menschliche Opfer dagegen nicht weiter eingegangen wird, sind die Opfer in den drei Vergleichstexten anschaulich und in großem Detail dargestellt. Besonders schrecklich beschreibt der Augenzeugenberichterstatter der Nitroglycerin-Explosion in den *Altonaer Nachrichten* die Opfer:

> Man denke sich unsern Schreck, als wir herbeigeeilt waren. Was aus Karren, Ladung und Begleiter geworden, weiß Niemand; nach langem Suchen fand man einen Knopf einer Artilleristen-Uniform, einen Mädchenfuß und einen Schädelrest. Wo der Karren gestanden, gähnte jetzt eine enorme Schlucht zwanzig Meters weiter lagen beide Pferde, von Eisenstangen durchbohrt, die Augen aus den Höhlen gerissen. [...] Hinter dem Etablissement wurden zwei Brettersäger getödtet, aber unverstümmelt gefunden; jedoch waren sie völlig nackt und vom Scheitel bis zur Sohle gleich geräucherten Schinken geschwärzt [...]. (C3)

Eine solche Sensationsberichterstattung, wie sie Mitte des 19. Jahrhunderts mit der aufkommenden Boulevardberichterstattung zunimmt,[55] ist nicht Theodor Fontanes Stil.

Zusammenfassung und Ausblick

Man könnte und sollte die Analyse von Fontanes Texten auf größerer Materialgrundlage fortsetzen und noch viele weitere Merkmale von Fontanes Individualstil herausarbeiten. Die Bestimmung des Fontane-Tons steht auch 100 Jahre nach Thomas Manns Diktum noch ganz am Anfang. Wünschenswert wäre eine von der Sprachwissenschaft für die Stilanalyse erarbeitete theoretische und methodologische Grundlage, die sich für die Literaturwissen-

---

54 TF2, S. 733 und TF3, S. 177: »Alle diese Häuser nun werden hinsichtlich ihrer Zuverlässigkeit nach der jetzigen, verhältnismäßig neuen Frontwand taxiert, während diese doch nur das Deckblatt ist, oder gar die Maske, hinter der der Tod grinst.«
55 Püschel, *›Soft News‹ 1810. Wie die Zeitung über Unglücke berichtet*, wie Anm. 19, S. 35–43.

schaft nutzbar machen lässt. Mithilfe einer produktions- und textorientierten Stilanalyse auf verschiedenen Ebenen des Sprachsystems lässt sich – das sollte die vorliegende Untersuchung zeigen – der Individualstil eines Autors bestimmen. Durch den Rekurs auf metasprachliche Autorenäußerungen, durch die Beleuchtung des Produktionsprozesses und den Vergleich mit Quellentexten sowie durch den Vergleich mit texttypologisch, thematisch und zeitlich ähnlichen Texten anderer Autoren treten sprachliche Phänomene deutlich hervor, die sich als Merkmale eines Individualstils des Autors erklären lassen. Auch innerhalb der Textsorte der journalistischen Texte sind bedeutende Unterschiede zwischen einzelnen Textexemplaren festzustellen, die in erster Linie auf den Individualstil des Verfassers zurückzuführen sind. Zwar ist auf der Suche nach dem Individualstil in journalistischen Texten immer auch der Funktionalstil journalistischer Texte als eventuelle Störgröße mit einzukalkulieren. Da sich jedoch im 19. Jahrhundert noch kein homogener journalistischer Stil herausgebildet hat und eine Vielzahl unterschiedlicher Stile nebeneinander existieren, ist es möglich, auch in Fontanes journalistischen Texten den individuellen Stil wiederzufinden, der in anderen Werken als unverkennbar fontanisch erkannt worden ist. Auch in den journalistischen Texten finden sich die Merkmale des typischen Fontane-Tons: Fontanes Individualstil zeigt sich in der feuilletonistischen Ausgestaltung aktueller Ereignisse zu Vorkommnissen von anhaltender Relevanz, in der Betonung des Allgemeinen im Besonderen. Er kommt zum Ausdruck in geistreichen Einleitungen, in mit Anekdoten und Vergleichen angereicherten Reflexionen, in Kommentaren und kritischen Pointen. Er offenbart sich in leicht dahinfließender Syntax, die trotz ihrer Ausgeformtheit nicht überfrachtet ist und den Leser nicht überfordert, sondern zur Lektüre einlädt. Und er findet sich in rhythmisch-rhetorisch arrangierter Lexik, die prosaische Ereignisse poetisiert und sensationelle Boulevardisierung vermeidet. Es ist ein Individualstil, der den Text an sich wirken lässt, wenn Faktenvermittlung und Detailtreue nicht allerhöchste Priorität haben. Es ist ein Stil, der dazu führt, dass Fontanes journalistische Texte auch noch in einer Zeit lesbar und interessant bleiben, in der Grubenunglücke und Häusereinstürze an Aktualität und Schrecken verloren haben mögen. Und so liegt es am typischen Fontane-Ton, dass Fontanes Urteil über die englische Presse auch auf seine eigenen journalistischen Texte zutrifft: »elegant, blendend, pointiert; kein Gericht, das nährt, aber eine Sauce, die schmeckt.«

Briefe aus England

Theodor Fontane und Emile Zola

Patricia Howe

In seinem Buch *The Sense of Style* zitiert Steven Pinker die Meinung von Charles Darwin, dass sprechen lernen instinktiv sei, »as we see in the babble of our young children, whereas no child has an instinctive tendency to bake, brew or write«.[1] Im Gespräch, so Pinker, messen wir unsere Reaktion auf das Sprechen des Anderen an Merkmalen wie Ton und Betonung, Lautstärke, Register und Geste; seinerseits kann der Gesprächspartner auf unser Sprechen mit Fragen, Antworten, Unterbrechungen, sogar mit Schweigen reagieren. Mit schriftlichen Formen der Kommunikation aber – in diesem Fall Briefen – hört diese Möglichkeit der Interaktion auf, denn Briefschreiber und Empfänger sind für einander unsichtbar und unhörbar, und ihre unmittelbaren Reaktionen unbekannt. Im Moment des Schreibens existiert der Leser nur in unserer Vorstellung von ihm.

Die Briefe aus England von Fontane an Emilie und von Zola an seine Frau, Alexandrine, zeigen, dass solches Quasi-Gespräch ein riskantes Unternehmen ist. Während des Aufenthalts Fontanes in England von April bis September 1852 und des Exils Zolas von Juli 1898 bis Juni 1899 bewohnen Mann und Frau zumindest in der eigenen Vorstellung verschiedene Welten. Fontane und Zola sind in England Bittende, im Falle Zolas sogar Flüchtling, während ihre Frauen sowohl mit der Verantwortung für den Haushalt und dem unaufhörlichen Hin- und Herlaufen in Belangen des abwesenden Ehemanns zurecht kommen müssen. Ihre Korrespondenzen dienen also zwei unterschiedlichen, aber miteinander verbundenen Zwecken: nämlich dem persönlichen Verhältnis

---

1   Steven Pinker *The Sense of Style. The Thinking Person's Guide to Writing in the 21st Century*, London 2015, S. 25 (»was das Geplapper unserer Kinder beweist, denn kein Kind wird instinktiv backen, brauen oder schreiben«). Siehe auch: Duden, *Briefe gut und richtig schreiben*, Mannheim 2002, S. 15: »Beim Reden weiß man, ob der Gesprächspartner verstanden hat und wie er die gesprochenen Worte rezipiert; Schreiben dagegen ist gezwungen. Zu den Mitteln der gesprochenen Sprache gehören Satzmelodie, Betonung, Mimik, Gestik u. a.«

des Ehepaars und dem praktischen Ziel, im Falle Fontanes seinen Beruf als Korrespondenten zu fördern, im Falle Zolas ihn vor der Entdeckung durch die französischen Behörden zu schützen. Für jedes Paar bestimmt die unsichere Lage Ton und Stil des Briefwechsels.

Ton und Stil werden oft als austauschbare Begriffe betrachtet, denn beim Lesen eines Werks sind sie kaum zu trennen. Ton hat aber eher mit Temperament und jeweiliger Stimmung zu tun; dabei geht es nicht um Thema und Inhalt sondern um den Ausdruck einer individuellen Persönlichkeit. Stimme und Ton, genauer gesagt, Tonumfang, lassen sich als subjektiv erkennen. Stil andererseits dient der Vermittlung der Persönlichkeit: Nach Buffon ist der Stil mit der Ordnung der Gedanken verbunden.[2] Er spiegelt aber auch den jeweils zeitgenössischen und landesüblichen Geschmack, denn er vermittelt zwischen Autor und Leser, dadurch dass er in einem bestimmten literarischen und gesellschaftlichen Kontext das Charakteristische zeigt. Er schafft eine inszenierte Darstellung des Selbst und der anderen, in der Art und Umfang der jeweiligen Inszenierung herkömmlicher Praxis entsprechen und diese weiterentwickeln. Denn Stil nimmt sowohl am Individuellen als auch am Kollektiven teil; er ist keine allumfassende Kategorie oder ein Synonym für jede beliebige literaturwissenschaftliche Analyse, sondern zielt auf das Herausstellen des Charakteristischen und Spezifischen ab. ›Stil‹ hat in diesem Sinne nicht nur etwas mit Rekurrenz zu tun, die sich im Blick auf den jeweiligen Gegenstand zeigt, sondern verlangt zugleich auch wohl syn- und diachronische Einordnungen. Denn erst im Ver- und Abgleich mit anderen Entwürfen zeigt sich das je Idiosynkratische, auf dessen pointierte Beschreibung die Untersuchung des ›Stils‹ abzielt.[3]

Stil ist also eine »gestalthafte Kategorie«: Gestalthaftigkeit meint, dass das Ganze mehr ist als die Summe seiner Teile,[4] eine etwas vorsichtige Fassung der Ansicht Buffons »Le style c'est l'homme même«.[5] Zusammen schaffen Stil und Ton eine eigene Stimme, die auf schon etablierte Formen hinweist, sie aber nach ihrer Gültigkeit befragt. Sie dienen sowohl der Kontinuität als auch dem Fortschritt der Literatur, denn der erfolgreiche Schriftsteller macht

---

2   George-Louis Leclerc de Buffon, 1707–1788: »Le style n'est que l'ordre et le mouvement qu'on met dans ses pensées« (»der Stil ist nur die Ordnung und die Bewegung, die man in seine Gedanken hineinbringt«), *Discours de réception du comte de Buffon, le 25 août 1753, Sur le Style.* http://www.academie-francaise.fr/discours-de-reception-du-comte-de-buffon (letzter Zugriff: 1. Mai 2020).
3   Maximilian Benz, *Über den Stil.* In: *Deutsche Vierteljahrsschrift,* 89/4 (2015), S. 666–674, hier S. 670.
4   Ebd., S. 668.
5   Buffon, wie Anm. 2, »Le style c'est l'homme même«.

sich dadurch bekannt, dass er etablierte Formen, Themen und Stil weiterentwickelt.

Briefe sind ein komplexes Kommunikationsmittel, das nach einem ausgewogenen Verhältnis zwischen subjektiver Absicht und gesellschaftlicher Praxis sucht und daher ein Probefall für Ton und Stil ist. »No literary form«, so P. D. James im Vorwort zu *800 Years of Women's Letters (1994)*, »is more revealing, more spontaneous or more individual than a letter«; dagegen »the changing style of letter-writing has reflected the changing style and concerns of the age.«[6] Denn durch etablierte kommunikative Praxis sollen Briefe die gesellschaftliche Einheit fördern, also hat jedes Zeitalter seine Brieffibel, die für einen Briefstil sorgt, der sowohl den Empfänger überzeugt als auch der gesellschaftlichen Auffassung der Höflichkeit entspricht.[7] Jedoch behauptet Guy de Maupassant in seinem Aufsatz »Le style epistolaire« (»Der Briefstil«), dass man seit der französischen Revolution Privatbriefe als eine Art geheimes Nationalarchiv betrachten könnte, denn von Historikern werden die Ereignisse als »plats montés« aufgetischt, »tandis que, dans les lettres, nous apprenons la cuisine de la politique, de la guerre et des révolutions«.[8] Im Laufe des neunzehnten Jahrhunderts übernimmt der offene Brief in Zeitungen und Zeitschriften eine ähnliche Rolle.

In den Briefen Fontanes und Zolas aus England an ihre Frauen spielt die Presse eine große Rolle, für Fontane wegen seiner Tätigkeit bei der preußischen Pressebehörde, für Zola nach der Veröffentlichung auf der ersten Seite der Zeitung *L'Aurore* des berühmten Briefes an Félix Faure, Präsidenten der französischen Republik, mit der Kopfzeile »J'accuse« am 13. Januar 1898 und dem darauf folgenden Prozess, in dem Zola zu den Angeklagten gehört. Für beide wird der Aufenthalt in England über die Zukunft entscheiden, wo sie liegt und wie sie sein wird, was aber weniger von der eigenen Tätigkeit als von den Bemühungen und der Großzügigkeit anderer abhängt. In unterschiedlichem Maße drücken ihre Briefe Sorge sowohl um Frauen und Kinder als auch um die eigene ungewisse Zukunft aus. Der schwankende Ton, in dem vor allem

---

6 Olga Kenyon (Hrsg.), *800 YEARS of Women's Letters* [sic]. Foreword by P. D. James, Stroud 1994, S. 1. (»Keine literarische Form enthüllt so viel, ist so spontan oder so persönlich wie ein Brief«; »hat der sich verändernde Stil des Briefes den Stil und die Interessen des Zeitalters gespiegelt.«)

7 Siehe: Victor Ho, »*Achieving service recovery through responding to negative online reviews*«. In: *Discourse and Communication*, 11/1 (2017), S. 31–50, hier, S. 32.

8 Guy de Maupassant, »*Le style épistolaire*«. In: Maupassant, *Choses et autres. Choix de chroniques littéraires et mondaines (1876–1890)*. Introduction et notes de Jean Balsano, Paris 1993, S. 89; Erstveröffentlichung in *Le Gaulois* 11. Juni 1888 (»während wir durch Briefe die Küche der Politik, des Krieges und der Revolution lernen«).

Angst, Ärger und Ungeduld hörbar werden, drückt das Gefühl der eigenen Hilflosigkeit aus, denn weder Fontane noch Zola sind in der Lage, in der eigenen Sache zu agieren. Das Gefühl des Ausgesetztseins beeinflusst Ton und Stil der Briefe, die sich von Zeit zu Zeit auch gegen England wenden.

Der Hauptzweck der Briefe ist, praktische Probleme womöglich zu lösen und den persönlichen und beruflichen Kontakt beiderseits des Kanals aufrecht zu halten. Die Sehnsucht nach Stabilität gerät aber mit dem Wunsch nach Fortschritt in Konflikt, und führt besonders bei dem jungen Fontane zu einem ungeduldigen Ton; sowohl Zola als auch Fontane befinden sich oft in der Lage, eigene Ungeduld und Depression überwinden, als auch die Ehefrau beruhigen zu müssen. Der Mangel an täglichem Kontakt, an Spontaneität innerhalb der Tagesroutine, wo jeder die eigene Rolle kennt und spielt, stört das Verhältnis zwischen den Eheleuten. Jedoch bleiben Fontane und Zola, während sie sich in England aufhalten, von ihren Frauen für Nachrichten und für praktische Hilfe abhängig. Emilie Fontane muss wiederholt den Vorgesetzten ihres Mannes in der Preußischen Pressebehörde um finanzielle Unterstützung bitten; Zolas Frau Alexandrine muss mit seinem Rechtsanwalt über die Dreyfus-Affäre verhandeln, Berichte erstatten und ihn mit Zeitungen versorgen, die darüber berichten.

Warum also England? Beide befinden sich zum zweiten Mal in England: Für beide war der erste Besuch eine angenehme Überraschung. Fontanes erster Besuch im Sommer 1844 dauerte zwei Wochen und folgte dem Reiseplan eines Touristen. Für den jungen Fontane war England vor allem das Land von Shakespeare, Byron und Dickens; zu seiner großen Freude hielten ihn andere Hotelgäste wegen seiner Kenntnisse der englischen Literatur für einen Schriftsteller. Zola wurde als Vorsteher der *Société des Gens de Lettres* als Ehrengast zum *Annual Conference Dinner of the Associaton of Journalists*, dessen britischem Gegenstück, eingeladen. Nach dem Prozess im Jahre 1888 gegen den britischen Verlag Vizetelly & Company, der Übersetzungen der berüchtigten Romane Zolas veröffentlicht hatte, zögerte er, bevor er die Einladung akzeptierte. Jedoch wurde er freundlich empfangen, nahm an einer Gala im Kristallpalast teil, in dessen Schatten er die letzten Wochen seines Exils verbringen würde, und an einem Empfang in der Guildhall, wo er eine Rede über die Verantwortung des Journalismus hielt.[9]

Für Fontane und für Zola findet der zweite Aufenthalt unter ganz anderen Umständen statt, was sich in ihren Briefen sofort bemerkbar macht. In beiden Korrespondenzen sind Ton und Stil durch Hoffnung und Angst ge-

---

9 Siehe: Frederick Brown, *Zola. A Life*, London 1996, S. 664–668.

prägt, die auf unterschiedliche Art, je nach Alter, Temperament, persönlichen Umständen und den Gewohnheiten der jeweiligen Kultur zum Ausdruck kommen. Alle Beteiligten, Fontane, Zola und ihre Frauen, leiden unter den psychischen Folgen der Entfernung, den unsicheren Umständen und der unabsehbaren Dauer der Trennung. In London zieht Fontane viermal um auf der Suche nach einer Unterkunft, die nicht zu teuer ist und wo er seine Englischkenntnisse erweitern kann. Er schickt Einführungsbriefe, lässt durch Zeitungen nach möglichen Schülern und Gesprächspartnern suchen. Zola dagegen muß sich verstecken, denn in der Öffentlichkeit ist er der Möglichkeit ausgesetzt, dass man ihn erkennt, verhaftet und nach Frankreich bringt. Zwar schützen und betreuen ihn Vizetelly und dessen Anwalt, jedoch muss er mindestens fünfmal von einem Hotel oder Haus zum nächsten umziehen und viermal den Namen gegen ein englisches Pseudonym tauschen. Er muss aus der Ferne dafür sorgen, dass seine Frau, seine Kinder und ihrer Mutter nicht in Gefahr kommen.

Solche Maßnahmen fördern das Gefühl der Entfremdung, die sich im Ton und im Falle Fontanes auch im Stil der Briefe zeigt. Für Fontane und Zola prägen die Entfernung von der Heimat und die Sorge um eine ungewisse Zukunft ihre ›Identität-als-Korrespondent‹, die, nach den vielen Entschuldigungen, Erklärungen, Vorwänden und Bitten in ihren Briefen zu urteilen, sich von der wohlbekannten Persönlichkeit des Partners stark unterscheidet. Das Bewusstsein von Abwesenheit und Entfernung entwickelt sich zum Gefühl der Ungeborgenheit und unter extremen Umständen zur Entfremdung, die in Ton und Stil des Briefwechsels mit ihren Frauen auffällt.

Während seines Aufenthalts in London schreibt Fontane dreiundzwanzig Briefe an Emilie; sie schreibt fünfzehn. Jeder schreibt im Durchschnitt vier Seiten, bzw. zwei Bogen Papier; gegen Ende des Aufenthalts werden die Briefe viel kürzer. Es fällt auf, dass Fontane die längsten Briefe sonntags und während der sogenannten Bank Holidays verfasst, die auch Zola als Ärgernis betrachtete. Ton, Stil und Struktur von Fontanes Briefen sind ungezwungen, sogar kapriziös; er springt willkürlich von einem Thema zum nächsten. Optimismus wechselt mit dem neutralen Austausch von Tatsachen, Information, dem starken Ausdruck seiner Meinungen, energischen Zurechtweisungen und Klagen. Im Allgemeinen bewahrt er den Stil eines Gesprächs; der Ton aber schwankt zwischen mitleidsvoll, verständnisvoll, kritisch und – gesteigert – streitlustig, abschätzend, herrisch; schon im ersten Brief vom 13. Mai, äußert er die eigenen Sorgen, weist aber das Elend Emiliens als selbst herbeigeführt ab.[10]

---

10 GBA Briefe, Bd. 1 *Dichterfrauen sind immer so. Der Ehebriefwechsel 1844–1857* (= *Ehebriefwechsel 1844–57*), S. 66–67.

Das komplexe Verhältnis zwischen Fontane und seiner Frau kommt in einem langen Brief Fontanes zum Ausdruck, an dem der Tonumfang der Korrespondenz sich messen lässt. Der komplizierte Gemütszustand äußert sich im Laufe des Briefes als gekränkt, verärgert, selbstgerecht, scheinheilig – dann wieder nachdenklich, gemessen, bekennend und fast, aber nicht ganz, sich entschuldigend:

> Jetzt wo Du mir sehr verständig auseinandersetzt, daß *Dein* Kommen aus so und so viel Gründen (schon der Geldpunkt wäre ausreichend) nicht geht, sagt die Strebsamkeit in mir: »Schade daß es sich nicht thun läßt« das Herz aber ruft laut hinterher »tant mieux!« Sei also ganz ruhig und glaube keinen Augenblick, daß Deine abschlägige Antwort mir besondere Lieblingspläne durchkreuzt hat. Ich *hätte Dir London gern gezeigt*; denn wiewohl mir nicht allzu viel hier geglückt ist, bleib' ich doch nach wie vor dabei: es ist das Größte, was diese Erde hat. Daß du um diesen Anblick kömmst ist mehr Dein Schade als der Meine. *Ehebriefwechsel 1844–57*, S. 66–67.

Darauf verwandelt sich missmutige Herablassung zunächst in Dankbarkeit dafür, dass Emilie ihm erlaubt, noch länger in London zu bleiben, jedoch, nachdem er die Möglichkeit erwähnt hat, Deutschstunden zu geben und dadurch die eigenen Englischkenntnisse zu erweitern, fällt er wie oft in den Imperativ und in einen selbstgerechten Ton, der das tägliche Leben Emiliens gar nicht berücksichtigt:

> An der ganzen Art der Auseinandersetzung wirst Du gemerkt haben, wie ruhig und verständig ich die Sache betrachte, thu Du nun aber auch ein gleiches und mache, wenn der Fall einer längeren Trennung, an den ich ganz bestimmt nicht glaube, eintreten sollte, mir niemals den Vorwurf aus lieblosem Egoismus meine nächsten und heiligsten Pflichten verabsäumt zu haben. *Ehebriefwechsel 1844–57*, S. 68.

Nach einigen Zeilen drückt er seine Überraschung darüber aus, dass »meine Briefe stets solch kläglichen Eindruck auf Euch machen«. Darauf folgt eine Litanei von Beschwerden, die allmählich den wahren Grund des Klagetons verdeutlicht; denn für seine Laune und deren übertriebenen Ausdruck sind verantwortlich: das englische Essen, die Langeweile, die Leute, die seine Empfehlungsbriefe nicht beachten – was mittlerweile, wie er zugibt, nicht mehr der Fall ist –, und der Geldmangel, der ihm nicht gestattet, das Angebot der Stadt zu genießen; kurz gesagt, London sei schuld. Zum Schluss aber gesteht er, dass er, auch wenn er genug Geld hätte, dennoch unglücklich wäre, denn London entbehrt wahrer Herzlichkeit und Gemüthlichkeit, die für einen Deutschen am Ende keine Luxusartikel sind – aber es wäre ungerecht solch Leben ein schlechtes und trauriges zu nennen, weil es des wahren Glücks entbehrt (*Ehebriefwechsel 1844–1857*, S. 69).

Endlich aber bekennt er in einem Ton, der den Eindruck macht, dass er eher vor sich hin spricht, dass das, was ihn erschrecke, weder die fremde Umgebung an sich noch die Einsamkeit sei, sondern die Angst vor einer Niederlage.

> Ich bin zu Zeiten sehr traurig gewesen, aber nie weil ich mich in meiner Isolirtheit kreuzunglücklich gefühlt hätte, sondern immer nur wenn mich die Furcht anwandelte: »am Ende ist alles vergeblich gewesen und Du kehrst nach Berlin gerad' so zurück wie Du weggegangen bist – ein Halbgelehrter, oder noch weniger.« *Ehebriefwechsel 1844–1857*, S. 69.

Der Brief endet traurig und resigniert, im pessimistischen Ton, mit einer unangenehmen Lehre über das Leben, die ihm der pragmatische Engländer erteilt haben soll:

> Ich lerne immer mehr einsehn, daß man ein Lump ist, oder wenigstens dafür gilt, wenn man kein Geld hat; daher das Erpichtsein des praktischen Engländers auf Erwerb. – Ich habe mich allgemach an den Gedanken gewöhnt: den Poeten in den Koffer zu packen und fest zuzuschließen. Da mag er ausschlafen bis auf bessre Zeiten. – Ich zweifle nicht daran, daß der Mensch um so viel besser fährt, je mehr er sich den Poëten vom Halse zu halten weiß. *Ehebriefwechsel 1844–1857*, S. 70.

Die traurige Erfahrung bringt eine liebevolle, aber etwas ängstliche Antwort von Emilie in dem für sie typischen Ton von Beruhigung und Klage über das eigene Schicksal. Zweifellos mit der Absicht zu trösten und zu beruhigen, verspricht oder aber droht der Brief:

> Mein Herzens-Theo ich lasse Dich *nie* wieder von mir, glaube nur, wenn ich nicht nur Unheil u. Sorgen u. Angst mit *Bestimmtheit* für uns voraus sähe, ich käme eher heute wie morgen zu Dir, denn meine Sehnsucht ist sehr groß! Unser süßes Kind hat 23 Pocken, die Ärmchen sehen schrecklich aus, gestern fieberte er sehr […] und habe ich einige schlaflose Nächte gehabt, auch die Zähne Machen ihm zu schaffen. Uebrigens wird er Dir zu meiner großen Freude ähnlicher. *Ehebriefwechsel 1844–1857*, S. 71.

Diese beiden Briefe, die in vielen Hinsichten für die Korrespondenz typisch sind, zeigen, wie die Entfernung Erlebnisse reduzieren und Reaktionen übertreiben kann. Im alltäglichen Gespräch würden Gesichtsausdrücke und Gesten solchen Austausch von Nachrichten, Klagen, Entschuldigungen und Vorwänden begleiten, wodurch der Sprechende Absicht und Zweck zeigt – sich zu beklagen, zu erklären, sich zu entschuldigen und so fort, was das gegenseitige Verständnis fördern könnte.

Der Ton hängt aber nicht nur von der fremden Umgebung ab, denn auch die Heimat provoziert genauso scharfe, beziehungsweise noch schärfere Kritik, ohne dass Fontane seine Meinung von London ändert. Die Kritik an der Heimat wurzelt im Wunsch nach Unabhängigkeit und lässt sich als Projizierung des eigenen Gefühls des Versagens auf seine Umwelt betrachten; im folgenden Auszug vom 6. August 1852 mischen sich wieder Wut und Enttäuschung:

> Wenn ich mir so die ganze Berliner Gevatterschaft – mit wenigen gern zugestandnen Ausnahmen – vor die Seele rufe, so knirsch' ich immer und möchte mich mit verzweifelter Kraft an dieser Londoner Langweiligkeit anklammern. Es ist langweilig hier: aber ich lerne einsehn, daß Langweiligkeit durchaus nicht das schlimmste ist was dem Menschen passiren kann und daß geistreiche Zirkel, Tunnel mit guten und schlechten Versen, Cap-Keller und selbst Niquet-Habel nichts sind gegen eine Tasse Thee, aber mit dem Bewußtsein getrunken: ihr könnt mir alle gestohlen werden. Ich wünsche sehnlich, Dich hier zu haben; aber im Vertrauen gesagt und unter der ausdrucklichen Versicherung, daß ich hier wirklich ein sehr einfaches Dasein führe: ich *habe auch nicht die geringste Sehnsucht nach Berlin zurückzukehren. Ehebriefwechsel 1844–1857*, S. 114.

Während Ton und Stil in seinen Äußerungen über London seine Isoliertheit und das Bewusstsein ausdrücken, dass er die ganze Misere auf sich selber geladen habe, deutet dieses Zitat eher auf Entrüstung und Zorn gegen die Heimat. Im früheren Zitat ist das Bild des Einpackens des Dichters in sein Gepäck an und für sich poetisch, und der leise Ton und subjektive Stil deuten darauf hin, dass er selber für die eigenen Empfindungen verantwortlich ist. Im letzten Zitat aber gilt seine Wut der Stadt Berlin; der Ausbruch, die energischen Gesten: »so knirsch' ich«, »möchte mich anklammern«, »mit dem Bewußtsein betrunken« – klingen nach Selbstgerechtigkeit und nach dem Glauben, dass er in der Heimat Besseres erwarten dürfte. Wo er das Londoner Elend letzten Endes gegen sich selbst wendet, gegen seine privaten Hoffnungen, erklärt das Gefühl, Berlin zuzugehören und dort zuhause zu sein, den aggressiven Ton. Aus dem gleichen Gefühl der Zugehörigkeit aber warnt er Emilie davor, seine Klage bekannt zu machen; in einem sanften, beruhigenden Ton schließt er sie persönlich davon aus. Der sanfte Ton wird auch ab und zu hörbar, wenn er sich bewusst wird, wie schwer das Leben für Emilie ist; nach Geburt und Tod des zweiten Kindes, der die plötzliche Rückkehr nach Berlin verursacht, herrscht dieser sanfte Ton.

»Ohne die Briefe an Emilie Fontane oder Georg Friedlaender hat man Fontane nicht gelesen«.[11] Auch die frühen, unreifen Briefe gehören zur Entwicklung und daher zu einem vollstandigen Bilde von Fontane. Im Allgemeinen und trotz schwankendem Glück entwickelt sich der Ton der Briefe aus England von der enthusiastischen Vorfreude während der Reise bis zum

---

11 Hugo Aust, *Theodor Fontane*, Tübingen und Basel, 1998, S. 23.

ängstlichen Gefühl der Ungeborgenheit eines jungen, unerfahrenen Mannes, der in der weiten Welt, und spezifisch in der fremden Großstadt, sich nicht zurecht findet; und letzten Endes zum Gewahrwerden der eigenen Pflichten, obwohl diese von ihm verlangen, dass er die eigenen Gaben und Ziele zeitweile vernachlässigen und hintanstellen muss. Ton und Stil der frühen Briefe aus London zeigen das Reisen als »Begegnung mit sich selbst in der Erfahrung des Fremden«[12] und vielleicht als Episoden aus einem *Bildungsroman*, den Fontane nie verfasst hat.

Wenn der Fontanesche Ehebriefwechsel sich wie ein ungeschriebener Bildungsroman lesen lässt, so betrachtet Zola die Dreyfusaffäre im nachhinein als Drama.[13] Sein Protest gegen die Dreyfusaffäre wurzelt sowohl im Sinn für Gerechtigkeit als auch in der möglichen Verwendung der Affäre als Stoff, denn in einem Brief an seine Frau schreibt er: »Cela me passionne, car il y aura peût-être plus tard une oeuvre admirable à faire.«[14] Wenn er nach Veröffentlichng des »J'accuse«-Briefes und dem darauffolgenden Prozess fliehen muss, wählt er als Asyl England, trotz der allgemeinen Erwartung, dass er Zuflucht in Italien, dem Land seines Vaters finden werde. Denn jenseits des Kanals, einer Grenze, die er als »tant matérielle que psychologique« betrachtet, fühlt er sich geborgen.[15] Daneben scheint das Problem, dass er kein Englisch kann, von geringer Bedeutung.

Zwischen dem 18. Juli 1898 und dem Juni 1899 schickt Zola sechsundvierzig Briefe an seine Frau Alexandrine; an Jeanne Rozerot, die Mutter seiner Kinder, soll er genauso viele Briefe geschrieben haben.[16] Zola redet beide

---

12 Elke Frederiksen, »*Ich reise um zu leben.*« *Selbsterfahrung in der Erfahrung des Fremden. Zur Reiseliteratur von Frauen*. In: *Begegnung mit dem Fremden*, Akten des VIII. Internationalen Germanistenkongresses Tokyo, Bd. 9: *Erfahrene und imaginierte Fremde*, hrsg. von Y. Shichiji, München 1991, S. 209–219, hier, S. 210.

13 Emile Zola, *Correspondance*, hrsg. von B. H. Bakker und Henri Mitterand et al., Montréal/Paris 1978–1995, Bd. IX, 1897–1899, S. 224–495; hier: *Préface* von Henri Mitterand, S. 9.

14 Zola, wie Anm. 13, IX, S. 99, Zola an Alexandrine Zola (»Dafür interessiere ich mich leidenschaftlich, denn es könnte vielleicht später ein bewundernswertes Werk liefern.«)

15 »sowohl praktisch als auch psychologisch«, *Pages d'exil*. In: Emile Zola, *Oeuvres Complètes*, Bd. 14, *Chroniques et Polémiques II, Impressions d'Audiences, 1898*, hrsg. von Henri Mitterand, Colin Burns und Jean-Claude le Blond et al., Paris 1966, *Introduction*, S. 1129–1136, *Pages d'exil*, S. 1137–1177. Nach der ersten Veröffentlichung von Colin Burns, in: *Nottingham French Studies* (1964), S. 2–46, und S. 48–62.

16 Nach Alain Pagès genehmigte das Zola-Archiv nur die Veröffentlichung von vier Briefen an Jeanne Rozerot in der hier zitierten Ausgabe. Siehe: *The Dreyfus Affair: J'accuse and other writings*, hrsg. von Alain Pagès, übersetzt von Eleanor Levieux, Yale 1998, S. xxxi.

Frauen mit »chère femme« an. Im Gegensatz zu Fontanes Briefen an Emilie drücken Zolas Briefe an Alexandrine stets liebevolle Sorge aus, die sich erstens der Reife des Ehepaars, zweitens dem Eigeninteresse zuschreiben lässt, denn Zola ist seiner Abhängigkeit von Alexandrine während des Exils bewusst: erstens wegen der Dreyfusaffäre, zweitens weil er unbedingt seine zweite Familie, Jeanne und ihre Kinder, schützen und versorgen will, wozu er auch den guten Willen seiner Ehefrau braucht.

Im Gegensatz zur Fontaneschen Spontaneität, die ihn von einem Thema und Ton zum nächsten springen lässt, schreibt Zola in gesellschaftlich anerkanntem Stil.[17] Während der Ton sich nach Stoff und Gemütszustand ändert, bleiben Stil und Struktur konsequent; das heißt, der Brief beginnt mit dankender Anerkennung, wendet sich sodann den im eben erhaltenen Brief erwähnten Fragen oder Problemen zu; teilt Gedanken, eigene Erlebnisse und Eindrücke mit; erteilt Anweisungen und stellt Bitten. Als die Dreyfusaffäre plötzlich endet, werden die Briefe kurz und praktisch, denn es geht jetzt nur noch um Zolas Rückkehr.

Der Ton sämtlicher Briefe hängt von dem Fortschritt der Dreyfusaffäre ab. In den ersten Monaten seines Aufenthalts herrschen Angst vor der Entdeckung, das Gefühl des Unbehaustseins und der begrenzten Möglichkeiten eines regelmäßigen Kontakts mit der Heimat. Im Laufe des Exils drücken Ton und Stil Pessimismus, sogar Hoffnungslosigkeit aus, was Zola gelegentlich überlegen lässt, ob er trotz voraussichtlich böser Folgen sofort zurückkehren sollte. Als ordnungsfördernde Therapie schreibt er täglich an seinem Roman *Fécondité* – sein Motto war schon längst Plinius' »nulla dies sine linea« gewesen –, denn im Exil war ihm das Schreiben »ma seule consolation«.[18] Zur Ablenkung liest er französische Bücher, womit ihn Vizetelly versorgt; womöglich geht er spazieren und empfängt Gäste, darunter seine Frau und, mit der Zustimmung Alexandrines, Jeanne Rozerot und seine Kinder. Mit Jeanne und den Kindern genießt er für ein paar Wochen ein glückliches, verhältnismäßig normales Familienleben. In den letzten Monaten des Exils wechselt der Ton seiner Briefe beständig zwischen tiefem Pessimismus, leiser Hoffnung und schließlich Triumph, denn der Prozess wird ausgesetzt und

---

17 Emile Zola, *Correspondance*, hrsg. von Alain Pagès, Paris 2012, S. 28. Hier erklärt Pagès, dass Zola seine Briefe normalerweise mit ›Émile Zola‹ unterschrieben hat, indem Vor- und Familienname durch einen Strich miteinander verbunden waren, wodurch er zeigen wolle, dass die Korrespondenz keine Nebensache sei, sondern den Zwecken seiner anderen Werke diene. Im Exil aber hat er nur ein undeutliches Z geschrieben.

18 Emile Zola an Alexandrine Zola. In: Zola, wie Anm. 13, S. 293; (»mein einziger Trost«).

Dreyfus kehrt aus dem Exil nach Frankreich zurück, ohne dass er freigesprochen wird, was erst 1906 nach dem Tode Zolas geschieht.

Auszüge aus den Briefen Alexandrines, die in den Fußnoten der Zolaschen Korrespondenz erscheinen, zeigen, wie eifrig sie in seiner Sache agiert, mit Rechtsanwalt und Behörden verhandelt, mit Bekannten in Kontakt bleibt und sich um den Haushalt so bemüht, dass bei seiner Rückkher alles für ihn bereit stehen wird. Sogar ihr negatives Verhalten zu seinen Kindern ändert sich seinetwegen. So deutet der ebenso höfliche wie intime Ton der Briefe darauf hin, dass sie eine Partnerschaft bilden: Er nennt sie »la sagesse même«: »Je t'embrasse de tout mon coeur, chère femme, tu es en ce moment la guardienne et la dévouée, c'est toi qui me représente et me défends. [...] Sois certaine que je n'oublierai jamais ton admirable coeur en ces tristes circonstances«.[19]

Obwohl Zola sich danach sehnt, nach Frankreich zurückzukehren, spricht er in *Pages d'exil* vom »armen England«. Es lässt sich nicht genau feststellen, ob er glaubt, in dem Land, das ihn beherbergte, unwillkommen gewesen zu sein, oder ob er das Land an sich für bedauernswert hält. Das, was Zola sowohl in den Briefen als auch in den *Pages d'exil* über das Land ausdrückt, obwohl es ihn beherbergt und geschützt hat, unmittelbar durch Vizetelly und dessen Anwalt, mittelbar – wie er selber bemerkt – durch die landesübliche Schweigsamkeit der Einwohner, stellt eine häufige Reaktion auf das Fremde dar. Denn Briefe aus der Fremde neigen dazu, das fremde Land für alles verantwortlich zu machen, was dem Reisenden bzw. dem Flüchtling fehlt, missfällt oder ihn stört. Aus Heimweh wird das vernichtende Gefühl des Verlusts, wofür man dem fremden Lande die Schuld gibt, zum Zustand der Deplazierung. Auch der kleinste Verlust trägt zu diesem Gefühl bei: Wenn Zola z. B. glaubt, sein alter Stock sei verloren, wird es ihm, als sei sein Herz »percé«; dass er ihn später in einer Ecke entdeckt, ist »un petit bonheur«.[20] Ebenso jedes Missverständnis: Wenn ein Engländer Fontane zu einem Ausflug nach Richmond »auffordert«, was er für eine Einladung im deutschen Sinne des Wortes hält, erfährt er zu seinem Leidwesen, dass das Englische »invite« zweideutig ist.[21] Die Deplazierung drückt die Sehnsucht

---

19 Emile Zola and Alexandrine Zola. In: Zola, wie Anm. 13, S. 244, »die Weisheit selber« »Ich umarme Dich aus ganzem Herzen liebe Frau, in diesem Augenblick bist Du Schutz und Treue. Du bist es, die mich vertritt und mich verteidigt [...] Sei sicher, dass ich Dein bewundernswertes Herz unter diesen traurigen Umständen nie vergessen werde.«
20 Zola, *Pages d'asyl*, wie Anm. 15, S. 1150. Emile Zola an Fernand Desmoulin, »ein kleines Glück«. In: Zola, wie Anm. 13, S. 258.
21 *Ehebriefwechsel 1844–1857*, S. 45.

nach einer allerdings idealisierten Heimat aus, nicht der Heimat, die der Reisende auf der Suche nach neuen Möglichkeiten, nach Freiheit, Reichtum und Ruhm oder um Armut oder Verfolgung zu entfliehen verlässt, sondern nach einem Wunschbild: einer Heimat, die vor allem Geborgenheit und Vertraulichkeit bietet. Dieses vom Reisenden imaginierte Land bestimmt die Litanei der Klagen über das fremde Land: Der Klageton idealisiert die Heimat zum Nachteil des fremden Landes.

In den unglücklichsten Stunden erlauben sich Fontane und Zola gelegentlich, in diesen Klageton zu fallen. Zum Gegenstand der Klagen gehören an erster Stelle: die Post und die Zeitungen, da diese die wichtigsten Mittel sind, den Kontakt mit der Heimat aufrechtzuhalten, der für Fontane bei dem Pressedienst wichtig ist und Zola über den Lauf der Dreyfusaffäre informiert. Zola, der erst spät mit Hilfe eines Wörterbuchs englische Zeitungen liest, daher von ihm zugeschickten französischen Zeitungen abhängig bleibt, klagt besonders über den Mangel an Nachrichten und erklärt seiner Frau genau, wann sie Briefe und Pakete schicken soll, um die möglichst frühe Lieferung sicherzustellen. Auch der britische Sonntag – »ce sacré dimanche«, wie Zola ihn nennt, »car tout est mort en Angleterre le dimanche« und der dem Fremden unbekannte, sogenannte Bank Holiday sind mitschuldig, denn Post und Zeitungen werden weder abgeholt noch geliefert, und auf dem Lande gibt es kaum Unterhaltung – außer Rad fahren und Cricket.[22]

Häuser und Bedienung bilden das nächste Ziel der Kritik. Die Häuser werden nicht geheizt – Fontane friert »wie ein Schneider«.[23] Das typische viktorianische Schiebefenster erinnert Zola an die Guillotine, und er hält Möbel und Ausstattung für geschmacklos. Der eher wetterwendische Fontane scheint seine abschätzenden Bemerkungen über das Leben in Tavistock Square zu bereuen, denn später schreibt er:

> Was ich Dir über meinen Aufenthalt hier im Hause schrieb, ist alles richtig, auch nicht übertrieben, nur war ich gerade in der Stimmung auf Bagatellen [...] mehr Gewicht zu legen, wie nöthig ist. Der herrschende Ton, das Hauswesen, die Verpflegung und im großen Ganzen doch auch die Bildung der Leute lassen nichts zu wünschen übrig.[24]

Er fügt aber hinzu: »daß Mr. Owen und Dr. Klosky mir vorgezogen werden und daß man nicht erpicht darauf ist eine Unterhaltung mit mir zu führen,

---

22 Émile Zola an Alexandrine Zola. In: Zola, wie Anm. 13, S. 292 und S. 244 (»dieser verfluchte Sonntag«; »denn in England ist sonntags alles tot«).
23 *Ehebriefwechsel 1844–1857*, S. 76.
24 *Ehebriefwechsel 1844–1857*, S. 76.

muß ich ertragen und werd' es auch.«[25] Dagegen verträgt er das Essen nicht, das einem den Magen verdirbt, »was bei dieser schandbaren Küche nicht ausbleiben konnte. Immer Lachs und Hammel, und Hammel und Lachs ist an und für sich nicht auszuhalten«.[26] Auch Zola beklagt sich darüber- wenn Alexandrines Köchin erfährt, was er in England essen muss, weint sie. Auf diese Nachricht antwortet er: »il faudra qu'elle me fasse oublier l'abominable cuisine d'ici. En dehors des Rôtis et du poisson frit ou grillé, je suis empoisonné.«[27] Die schlampigen Diener können kein Französisch, haben keine Ausbildung und können keineswegs die kompetente Frau daheim ersetzen: »On n'en voudrait pas chez nous pour laver la vaisselle.«.[28] Jedoch schmeckt ihm der Christmas-Pudding so gut, dass er das Rezept mit nach Frankreich nimmt. Gleich nach der Küche kommen das Wetter und die schlechten Straßen, die zumindest auf dem Lande die Bewegung verhindern, und, unter allen fremden Einrichtungen die unbegreiflichste, das Cricketspiel. Fontane hatte sich schon 1844 umsonst bemüht, das Spiel zu verstehen; wenn aber vor Zolas Fenster gespielt wird, macht dieser die Vorhänge zu.

So typisch diese Klagen als Zeichen des Heimwehs sein mögen, lassen sie sich jedoch durch die Freiheit ausgleichen. In den später verfassten *Pages d'exil* lobt Zola »la parfaite liberté qu'ils exigent pour eux-mêmes, et qu'ils respectent chez autrui«.[29] An Alexandrine schreibt er:

> Je n'ai qu'à me louer de ce pays pour sa discrétion, les personnes qui m'ont reconnu se sont tous montrés très réservées. J'ai changé de nom une fois de plus, je suis dans un pays où personne vient me chercher. Maintenant me voilà absolument convaincu qu'on ne me trouvera pas.[30]

Ferner lässt sich der Klageton weder mit dem Ausdruck echter Trauer vergleichen, zum Beispiel nach dem Tod von Fontanes zweitem Sohn, wenn Alexan-

---

25 *Ehebriefwechsel 1844–1857*, S. 76.
26 *Ehebriefwechsel 1844–1857*, S. 40.
27 Émile Zola an Alexandrine Zola. In: Zola, wie Anm. 13, S. 294 (»Sie muss mich die schreckliche hiesige Küche vergessen lassen. Mit Ausnahme von Geröstetem und Fisch, entweder gebraten oder grillt, werde ich vergiftet.«
28 Émile Zola an Alexandrine Zola. In: Zola, wie Anm. 13, S. 294 (»Bei uns würde man sie nicht einmal für den Geschirrabwasch wollen.«).
29 Zola, *Pages d'exil*, wie Anm. 15, S. 1157 (»die vollkommene Freiheit, die sie für sich selber verlangen, die sie auch bei anderen beachten«).
30 Émile Zola an Alexandrine Zola. In: Zola, wie Anm. 13, S. 283 (»Ich kann dieses Land für seine Diskretion nur loben, die Leute, die mich erkannt haben, haben sich als sehr zurückhaltend gezeigt. Ich habe den Namen noch einmal gewechselt, ich bin in einem Land, in dem kein Mensch mich suchen kommt. Jetzt bin ich ganz und gar davon überzeugt, dass niemand mich entdecken wird.«).

drine krank ist oder wenn ihr geliebter Hund stirbt, noch mit der echten Dankbarkeit Zolas Alexandrine gegenüber, oder mit dem Vergnügen, wenn man hinaus ins Grüne, in Gärten und Parks kommt, oder gar mit Zolas übermäßiger Freude, als die Dreyfusaffäre endet und er in die Heimat zurückkehren darf.

»Es ist ein sonderbares Gefühl, sich auf dem Papier jemand nähern zu wollen«, so schreibt 1799 Sophie Mereau an Clemens Brentano, und weiter: »Das Papier ist ein so ungetreuer Bote, daß es den Blick, den Ton vergißt, und oft sogar einen falschen Sinn überbringt, und doch ist selbst der Kampf mit Irrungen besser als die fürchterliche Öde, die kein Ton durchhallt.«[31]

Durch den Fontaneschen Ehebriefwechsel und die Zolasche Korrespondenz hindurch hört man die unterschiedlichsten Töne, von Trauer und tiefer Verzweiflung bis zu Unzufriedenheit und Langeweile, gelegentlich auch Freude. Im Fontaneschen Ehebriefwechsel bestimmt die Doppelperspektive zur Trennung Ton und Stil; andere Stimmen hört man aber nicht, daher wird alles, was sonst in der Nähe des Ehepaars geschehen mag, zum bloßen Gerücht. Zolas *Correspondances* dagegen liefern in den Fußnoten nur einzelne Auszüge aus den Briefen von Alexandrine. Erst die Anworten Zolas liefern einen Eindruck von ihrem Beitrag. Dafür aber tragen die vielen anderen Stimmen der *Correspondances* zum Verständnis von Zolas kompliziertem Verhältnis zu England bei.

Im Ton weisen beide Briefwechsel Ähnlichkeiten auf, denn jeder entwickelt sich im Verhältnis zu Zeichen des Erfolgs und Misserfolgs. Der Briefstil aber unterscheidet sich deutlich: Der lockere Stil Fontanes drückt vor allem jugendliche Ungeduld und Angst vor einer Niederlage aus. Emilie beantwortet die Briefe ihres Mannes beschwichtigend, aber mit Zeichen des eigenen Unglücks. Jedoch zeigen sich schon Andeutungen der reifen Emilie, die in Debatten über Kunst und Literatur »mitreden« kann.[32] Zornausbrüche und Depressionen machen sich gelegentlich im eher gemäßigten Ton Zolas bemerkbar. Seine beschwichtigenden Antworten auf Alexandrines Briefe deuten auf unterschiedliche Meinungen, vor allem auf Ungeduld, was den Verlauf der Dreyfusaffäre betrifft.

Die Briefe eines Dichters bieten gewissermaßen eine Nebenattraktion; man liest sie wohl, um festzustellen, was sie über Stil und Inhalt der literarischen Werke lehren. Im Falle Fontanes und Zolas weisen die Briefwechsel

---

31 Zitiert nach: Barbara Hahn, *»Weiber verstehen alles à la lettre« Briefkultur im beginnenden 19. Jahrhundert*. In: Gisela Brinker-Gabler (Hrsg.), *Deutsche Literatur von Frauen*, Bd. 2, *19. und 20. Jahrhundert*, München 1988, S. 13–27, hier S. 26.

32 Gotthard Erler *Einleitung*. In: *Ehebriefwechsel 1844–1857*, S. vii–xxxiv, hier, S. xxiii.

auf Reiseberichte hin. In Fontanes *Ein Sommer in London* gestalten sich Ton und Stil dem jeweiligen Gegenstand gemäß: enthusiastisch, lyrisch, lustig, kritisch; die verschiedenen Aufsätze sammeln sich zu einer Art literarischem Guckkasten, damals ein populäres Muster für die Reiseliteratur. Neben der Arbeit an seiner Trilogie, wovon *Fécondité* nur der erste Roman ist, bearbeitet Zola seine Notizen über England und die Dreyfusaffäre, die 1964 zum erstenmal unter dem Titel *Pages d'exil* erschienen.[33]

Thomas Manns Enthusiasmus für Fontanes Briefe bezieht sich auf die »Briefe des alten Fontane«: »denn die des mittleren und jungen Fontane sind im Vergleich damit unbeträchtlich.«[34] Sind sie aber tatsächlich so unbeträchtlich? Denn die jugendlichen Briefe liefern erst recht ein Bild von Fontanes »glanzlosem, bedrücktem Leben«.[35] Fontane selber war »Briefschwärmer«, weil Briefe »des Menschen Eigenstes und Echtestes geben«.[36] Dass der Fontane-Ton die Werke des Autors durchdringe, wird von ihm selber widerlegt, denn er behauptet von sich:

> ein Stilist zu sein, nicht einer von den unerträglichen Glattschreibern, die für alles nur einen Ton und eine Form haben, sondern ein wirklicher das heißt also ein Schriftsteller [...] einer, der immer wechselnd seinen Stil aus der Sache nimmt, die er behandelt.[37]

Was Fontane und Zola beim Aufenthalt in England vermisst haben, kommt in Ton und Stil der Briefe deutlich zum Ausdruck. Was haben sie aber durch ihren Aufenthalt gewonnen? Fontane betrachtete London als Schule; in dem neuen Beruf hat er Fortschritte gemacht, denn 1855 kehrt er noch einmal zurück. Ferner hat er London und England derart kennengelernt, dass er Gestalten, Orte und Sitten in seinen Romanen verwenden konnte. Für Zola, immer auf Frankreich fokussiert, stellt England bloß Zufluchtsort und Asyl dar; jedoch hat er seinen Roman *Fécondité* zu Ende schreiben können und später seine Erlebnisse in den *Pages d'exil* dargestellt. Er lernte Rad fahren, und trotz seiner negativen Einstellung zum englischen Haus, samt Möbeln, Bedienung und Décor, kaufte er zwei Porzellankatzen und nahm sie mit nach

---

33 Zola, wie Anm. 13, S. 226, Note 4. »Zola ne tarda pas à former le projet d'écrire un livre sur son séjour en Angleterre.«
34 Thomas Mann, *Der alte Fontane*. In: Wolfgang Preisendanz (Hrsg.), *Theodor Fontane*, Wege der Forschung, Bd. 381, Darmstadt 1973, S. 1–24, hier, S. 1.
35 Ebd., S. 2.
36 An Wilhelm Gentz, 3. Mai 1889, in: *Briefe Theodor Fontanes. Zweite Sammlung*, hrsg. von Otto Pniower und Paul Schlenther, Berlin 1910, S. 189.
37 3. März 1881, Fontane an Gustav Karpeles, HFA IV/3, S. 120 An Gustav Karpeles, 3. März 1881.

Frankreich. Das wichtigste Ergebnis aber war, dass Alexandrine sein Verhältnis zu seinen unehelichen Kindern akzeptierte und nach seinem Tod sich sogar mit Jeanne, der anderen »chère femme« der Korrespondenz aus England, befreundet hat.

Infolge des weitverbreiteten Protests gegen die Dreyfusaffäre hießen in Frankreich »gens de lettres« fortan »les intellectuells«.[38] Durch die Affäre wurde Zola auch in anderen Ländern berühmt; nach seinem Tod stand im Leitartikel der Neuen Freien Presse: »Die Welt ist um einen Mann ärmer geworden, der fähig war, sich für die Wahrheit großem Ungemach auszusetzen«.[39] Fontanes letztes geschriebenes Wort gilt einer Randnotiz auf der Abendausgabe der Vossischen Zeitung vom 20. September 1898, mit der er einen kritischen Artikel gegen die antisemitische Verleumdungskampagne des französichen Hofes gegen Alfred Dreyfus mit dem Prädikat »Ausgezeichnet!« kommentiert hat.[40]

Und Karl Kraus schrieb: »Von Zolas Werken kennt man das »J'accuse«. Aber er hat auch Romane geschrieben«.[41] Fontane auch, und zwar in den vielen Tönen, die ihn zu einem Stilisten, also zum Schriftsteller machen.

---

38 Jacques Le Rider *Karl Kraus und die Dreyfus-Affäre*. In: *Études Germaniques* 283 (2016/3), S. 329–357; hier: S. 343: »Während der Affäre Dreyfus setzte sich der Dachbegriff 'les intellectuells' erst recht durch.«.
39 Le Rider, wie Anm. 38, S. 353.
40 Iwan-Michelangelo D'Aprile, *Fontane. Ein Jahrhundert in Bewegung*, Hamburg 2018, S. 424.
41 Le Rider, wie Anm. 38, S. 354.

Einladung zum Lesen

Fontanes Mythopoetik und der Plauderton

Matthias Bickenbach

Mythologie war immer mein Bestes[1]

Fontanes Stil wurde nicht immer nur gelobt. In Eduard Engels Klassiker *Deutsche Stilkunst* wird er eher beiläufig erwähnt.[2] Engel lobt Fontane durchaus als guten Erzähler, er kritisiert jedoch auch seine Prosasprache.[3] Durch seinen weitreichenden Einfluss verhalf Engel allerdings, auch jenseits von Stilkriterien, Fontane zur Anerkennung als Erzähler.[4] Nach dem Publikationsverbot von Engels Schriften 1933 durch die Nationalsozialisten wurde die *Stilkunst* von Ludwig Reiners (1943) zum neuen Standardwerk gemacht und Reiners hebt explizit Fontanes Ton, seine Leichtigkeit, Gegenständlichkeit und Anschaulichkeit hervor. Er verweist auch auf die Kunst der Sentenz in der Figurenrede und bemerkt eine gewisse Rätselhaftigkeit im bildlichen Ausdruck, der Raum für die Fantasie des Lesers lasse.[5] Reiners hatte schon

---

1   HFA I/4, S. 273.
2   Eduard Engel, *Deutsche Stilkunst*, 30 Aufl. Leipzig 1922, S. 391. Im Kontext sprachlicher Verwässerungen wird Fontane über ein Zitat erwähnt, dass seine »Märkischen Wanderungen« als »große Hilfe« bezeichnet. Die Wertung ist hier uneindeutig, da das Lob als Stilblüte zitiert wird. Engels Deutsche Stilkunst erscheint seit 1911 in zahlreichen erweiterten Auflagen und ist noch heute in diversen Ausgaben im Handel.
3   Vgl. Charlotte Jolles, »*Dutzende von Briefen hat Theodor Fontane mir geschrieben ...*«. *Neuentdeckte Briefe Fontanes an Eduard Engel*. In: *Jahrbuch der Deutschen Schillergesellschaft* 28 (1984), S. 1–59, hier S. 15.
4   Heidi Reuschel, *Tradition oder Plagiat? Die ›Stilkunst‹ von Ludwig Reiners und die ›Stilkunst‹ von Eduard Engel im Vergleich*, Bamberg 2014, hier S. 87. »Er [Engel] verhalf Autoren wie Zola, Liliencron, Raabe, Poe und vor allem Fontane zu literarischer Anerkennung in Deutschland.« Vgl. auch Adolf Karl Sauer: *Das aphoristische Element bei Theodor Fontane. Ein Beitrag zur Erkenntnis seiner geistigen und stilistischen Eigenart*. Berlin 1935.
5   Ludwig Reiners, *Stilkunst. Ein Lehrbuch deutscher Prosa* (1943/44), neubarbeitete Aufl., München 2004, vgl. S. 253, S. 257 und S. 501.

1939 ein eher biographisch orientiertes Buch über *Fontane oder Die Kunst zu leben* veröffentlicht.⁶ Seit Engels und Reiners wird Fontane immer wieder gerne in den Reigen vorbildlicher deutscher Erzähler gestellt.⁷ Doch was genau seinen Stil ausmacht, das bleibt – jenseits von Lob und einzelnen Beispielen – schwer zu greifen.⁸ »Wer Fontane studiert«, so formuliert pauschal etwa Walter Jens auch mit Blick auf Briefe Fontanes, der »darf gewiß sein, daß alles, was er liest *Belletristik* ist, glänzend formulierte Zeit- und Weltbeschreibung mit interessanter Historie und einem faszinierenden Personal.«⁹ Jenseits solcher lobenden Äußerungen, wie sie schon Thomas Mann in *Der alte Fontane* (1910) formuliert,¹⁰ bleibt Fontanes Stil und Ton jedoch ein in der Forschung wenig untersuchtes Phänomen. Während die ältere literaturwissenschaftliche Forschung Fontanes Stil gänzlich in den Kontext der Bestimmung des Realismus stellte – wie Josef Thanners *Die Stilistik Theodor Fontanes* (1967), – ist in jüngerer Zeit vermehrt auf die Komplexität der Symbolsysteme und die intertextuelle Vielstimmigkeit hingewiesen worden.¹¹ Zu fragen bleibt indes, wie solche Verweisstrukturen mit Fontanes Stil zusammenhängen und welche Funktion sie nicht nur *im* jeweiligen Text übernehmen – etwa als Personalsymbol oder als Element des historischen Kontextes –, sondern auch *für* den Stil des Textes, für seinen Ton und seine Wirkung auf den Leser. In welcher Funktion sind Anspielungen und intertextuelle Verweise Teil einer werkübergreifenden Qualität der sprachlichen Darstellung, die unter dem Begriff des Stils firmiert?¹² Um den Zusammenhang des für Fontane als typisch wahrge-

---

6 Ludwig Reiners, *Fontane oder Die Kunst zu leben. Ein Brevier*, München 1939. Vgl. Reuschel, wie Anm. 4, hier S. 134–135.
7 Vgl. etwa Oskar Jancke, *Kunst und Reichtum deutscher Prosa. Von Lessing bis Nietzsche*, München 1954, oder Richard Thieberger, *Stilkunde*, Frankfurt am Main u. a. O. 1988 sowie Walter Jens, *Wer am besten redet, ist der reinste Mensch. Über Fontane*, Weimar 2000.
8 »Es gibt keinen guten Stil an sich, es gibt nur einen zweckmäßigen und einen zweckwidrigen Stil; jener ist der gute Stil, dieser ist der schlechte.« Dies sei der »Kern« des Wesens der Stilkunst, so Engel, *Deutsche Stilkunst*. 30. Aufl. Leipzig 1922, S. 20.
9 Jens, wie Anm. 7, S. 6.
10 Vgl. dazu den Beitrag von Andrew Cusack in diesem Band.
11 Vgl. Norbert Mecklenburg, *Theodor Fontane. Romankunst der Vielstimmigkeit*, Frankfurt am Main 1998.
12 Der Stilbegriff ist ebenso gebräuchlich wie problematisch. Seit sich die Stilistik um die Mitte des 19. Jahrhunderts als Teil der Sprachwissenschaft etabliert hat, steht meist die individuelle Ausdrucksweise im Vordergrund. Sie bleibt jedoch schwer fassbar, da Zeit- und Gattungsstile stets mit dem Individualstil interferieren. Dennoch wird mit Stil ein »Totaleindruck« (Wilhelm von Humboldt) wahrgenommen und adressiert. Vgl. Jürgen Trabant, *Der Totaleindruck. Stil der Texte und Charakter*

nommenen Stils mit den von ihm aufgerufenen Anspielungen aufzuzeigen, sind zunächst einige bekannte Beispiele aufzurufen, etwa das Melusinen-Motiv oder das Schaukeln in *Effi Briest* sowie schließlich die so erfolgreichen Gedichte die *Brück' am Tay* und *John Maynard*, um die Umrisse einer Mythopoetik Fontanes zu skizzieren, die für die Symbolsysteme und ihre Verweisstrukturen signifikant ist und dem Leser Anschlussoptionen anbietet. Der nicht genauer bestimmte Begriff Mythopoetik dient dabei als Platzhalter, dessen heuristische Funktion nicht darin besteht, eine bestimmte Mythologie Fontanes zu postulieren oder gar Mythen im engeren Sinne im Text aufzuspüren, sondern vielmehr das Verfahren intertextueller Verweisungen bei gleichzeitiger Integration in den Plauderton als auch stilistisches Verfahren zu beobachten und so auch das offenkundige Interesse Fontanes an tradierten Erzählungen und Geschichten, Sagen, Märchen und nicht zuletzt an Balladenstoffen als Teil eines literarischen Strategie sehen zu lernen, die Heterogenstes so mischen kann, als ob es eine Einheit wäre. Dazu sind im Roman vornehmlich der Plauderton und das Gespräch als offene Form für unterschiedliche Gegenstände die geeigneten Medien der Integration. Es ergibt sich keine geschlossene Mythologie, sondern eine Poetologie der Anspielung, die Raum für Assoziationen und mögliche symbolische Verweisungen gibt, ein Deutungsspielraum, der innerhalb der fiktiven Welt durch die Figuren ebenso gedeutet wird wie er für Leser Fontanes Angebote macht, jenseits der Handlung noch weitere Strukturen und Motive im Text zu entdecken. In dieser Funktion können sowohl Stoffe aus älteren wie jüngeren Volkserzählungen als auch literarische Beispiele als Deutungsangebote aufgenommen werden, die innerhalb der Textur des poetischen Realismus bzw. der Handlungsebene der Romane auf scheinbar überzeitliche Sinnstrukturen verweisen. Als wirkungsästhetische Verweisstruktur funktionieren die Anspielungen und Verweise auch dann noch, wenn sie, bei genauerer Betrachtung, keineswegs konsistent sind oder sich gar als aus ihren Kontexten herausgelöste, transponierte und mitunter durch Hörensagen variierte Erzählung herausstellen. In einem Brief gibt Fontane einen Hinweis auf dieses Schreibverfahren: »Ich will eine kl.[eine] rührsame Ballade schreiben«, heißt es, und dazu werde eine Geschichte »vom Thüringerwald her wo sie eigentlich spielt, nach dem Riesengebirge verlegt«.[13] Es handelt sich um »eine Verschnei-

---

der Sprachen. In: Hans Ulrich Gumbrecht und Karl Ludwig Pfeiffer (Hrsg.), *Stil. Geschichte und Funktionen eines kulturwissenschaftlichen Diskurselements*, Frankfurt am Main 1986, S. 169–188. Zur Problematik des Stilbegriffs vgl. Karl Ludwig Pfeiffer, *Produktive Labilität. Funktionen des Stilbegriffs*, ebd., S. 685–725.

13 HFA IV/3, S. 581–582. Der Lokalton als Wirkungspotenzial spielt für Fontane bereits für die *Wanderungen* eine zentrale Rolle. Lokalität erzeuge ein bestimmtes Bild und mache Geschichte anschaulich und nicht zuletzt menschlich. Vgl. Walter

ungsgeschichte« mit »Brüderchen und Schwesterchen«, also um einen potenziell märchenhaften Stoff einer Volkerzählung, der in seiner Grundstruktur übertragbar ist. Was er für die Transposition der Geschichte ins Riesengebirge nun brauche, seien noch lokale Namen für Gewässer, markante Steine oder ähnliches, kurzum für alles, »was irgendeinen Namen führt, wodurch es jeder kennt«. Dabei aber gilt auch: »Ganz exakt braucht es gar nicht zu sein, nur so viel um den Lokalton herauszubringen.«[14] Die Wirkungsqualität einer solchen rührenden »Brüderchen und Schwesterchen«-Geschichte ist eine doppelte. Als mythopoetischer Stoff, der zwar konkreten lokalen Kontexten entstammt, lässt sie sich einerseits verallgemeinern und übertragen, wird zu einer archetypischen Geschichte, die auch zu anderen Zeiten und an anderen Orten sich abspielen könnte. Zum anderen überträgt Fontane sie jedoch auch, wie der Brief beweist, so wirksam wie möglich in den genauen Kontext seiner jeweiligen literarischen Welt, in der sie durch den »Lokalton« als authentische oder zumindest allgemein bekannte Geschichte wahrgenommen werden. Es ist kein Zufall, dass viele der intertextuellen Verweise in Fontanes Romanen in den Rahmen mündlicher Dialoge gestellt sind und so als Stoffe der mündlichen Überlieferung im »Plauderton« erscheinen.

Der Plauderton und die Kunst der Anspielung

Als vorrangiges stilistisches Merkmal in Fontanes Prosa sticht noch heute jener auffällige Ton hervor, der als »Plauderton« bezeichnet wird. Er wird noch heute als signifikant wahrgenommen. In einem aktuellen Amazon-Kommentar zum *Stechlin* schreibt »Paul« am 24. März 2016 unter dem Titel: »Na gut, es ist halt Weltliteratur«:

> Ca. 50 Personen im Gespräch [...] tatsächlich, am Ende heiraten zwei und einer stirbt, wie der Autor selbst zusammenfasste. Sonst passiert nicht viel. Es plätschert alles seicht dahin, der gesellschaftliche Wandel blitzt gelegentlich durch, insgesamt aber heißt es leben und leben lassen. Aber gerade weil es so leicht plätschert, ist das Buch eine Erholung, wenn man sich eingelesen hat und den Stil aushalten kann.[15]

Erhard, *Die Wanderungen durch die Mark Brandenburg*. In: Christian Grawe und Helmuth Nürnburger (Hrsg.), *Fontane-Handbuch*, Stuttgart 2000, S. 818–S. 509, hier, S. 822.

14 HFA IV/3, S. 582.

15 Vgl. https://www.amazon.de/review/R3QA5RAVISKDT5/ref=cm_cr_dp_title?ie=UTF8&ASIN=3872912143&channel=detail-glance&nodeID=299956&store=books (letzter Zugriff: 14. August 2017).

Das von diesem Leser wahrgenommene ›Dahinplätschern‹ ist allerdings nur ein Oberflächeneffekt. Denn Fontanes Plauderton ist vielschichtig und birgt durchaus moralische wie textuelle Abgründe. Stilistisch lassen sich hier im Modus der fingierten Mündlichkeit zunächst markante Abweichungen zwischen Alltagssprache und literarischer Gestaltung studieren, etwa beim Dialekt. Fontane hielt es für literarisch notwendig, Dialekte phonetisch gerade nicht korrekt wiederzugeben. Die ›falsche‹ Version wirke besser. In einem Brief vom 15. Februar 1888 heißt es: »Und nun die Dialektfrage! Gewiß wäre es gut, wenn das alles besser klappte, und die realistische Darstellung würde neue Kraft und neue Erfolge daraus ziehen. Aber – und indem ich dies ausspreche, spreche ich aus einer vieljährigen Erfahrung – es ist sehr schwer.«[16] Denn würden Dialekte so korrekt wie möglich nachgeahmt, stelle sich ein falscher Ton ein. Es wirke alles »tot und ungeschickt, so dass ich vielfach mein ›Falsches‹ wiederherstellte. Es war immer noch besser als das ›Richtige‹.« Die Schlussfolgerung, die Fontane aus dieser Erfahrung zieht, ist bemerkenswert: »Es bleibt auch hier bei den Andeutungen der Dinge, bei der bekannten Kinderunterschrift: ›Dies soll ein Baum sein‹.«[17] In die literarische Gestaltung des Realistischen schreibt sich mithin eine markante Differenz ein, die gerade durch die Abweichung das Charakteristische wiedergibt und als Kunst der Andeutung begriffen wird. Der so stilisierte Plauderton ist zudem für die individuelle Figurengestaltung zentral. Fontane selbst hat diesen Ton zu seinen Stärken gezählt:

> Es hängt alles mit der Frage zusammen: ›wie soll man die Menschen sprechen lassen?‹ Ich bilde mir ein, dass nach dieser Seite hin eine meiner Forcen liegt, und dass ich auch die Besten [...] auf diesem Gebiet übertreffe. [...] Das Geistreiche [...] geht mir am leichtesten aus der Feder, ich bin – auch darin meine französische Abstammung verratend – im Sprechen wie im Schreiben ein Causeur, aber weil ich vor allem ein Künstler bin, weiß ich genau wo die geistreiche Causerie hingehört und wo *nicht*.[18]

Abgesehen davon, dass hier nur »eine meiner Forcen« benannt wird – es gibt also andere –, und abgesehen vom Selbstlob und der Verortung in die Tradi-

---

16 HFA IV/3, S. 585. Vgl. dazu auch Josef Thanner, *Die Stilistik Theodor Fontanes*, Den Haag/Paris 1967, S. 9.
17 HFA IV/3, S. 586–587.
18 Ebd., S. 206. Der »Plauderton des Touristen« ist seit dem ersten Band der *Wanderungen durch die Mark Brandenburg* (1861) ein stilistisches Mittel auf das Fontane im Schlusswort des vierten Bandes (1881) verweist. Vgl. dazu Walter Erhard, *Die Wanderungen durch die Mark Brandenburg*. In: Erhard, wie Anm. 13, S. 825. Erhard verweist auch darauf, dass schon dort der Plauderton mit einer »gewollten Heterogenität der literarischen Formen und reisebezogenen Themen« einhergeht und so zu einem poetischen Medium intertextueller Offenheit werden kann, vgl. ebd., S. 826.

tion des französischen Esprits seit Montaigne, steht die „Causerie" hier nicht nur wörtlich für Plauderei, die im Gewand des Humors Geistreiches mit Leichtigkeit ausspricht. Vielmehr gilt es, als Künstler auch das Übermaß zu vermeiden und sich nicht im Feinsinnigen zu verlieren. Dies gilt auch für die Integration von intertextuellen Anspielungen in den Plauderton, die nicht als autoritative Verweise oder gelehrte Zitate erscheinen sollen, sondern wie zufällig und nebenbei eingeflochten werden.

Anspielungen auf lokale Legenden, historische Kontexte und literarische Texte sind bei Fontane vielfach zu finden. Die preußische und märkische Geschichte bildet sicher einen Schwerpunkt, aber mit den Balladenstoffen integriert Fontane auch Mythen und Legenden in seine Werke. Zudem durchdringen sich Historie und Anekdote als *Fama*, als Ruhm und Gerücht zugleich, als Geschichten, die erzählt werden und als Stoffe zirkulieren. Für die Geschichte Preußens ist der »Fehrbellin-Stoff« ein gutes Beispiel für diese Durchmischung von Historie und Überlieferung. Er spielt bei Fontane von früh an und durchgehend eine Rolle. Doch Fehrbellin ist als preußischer Mythos nicht nur als biographischer und historischer Verweis auf eine Region und eine Schlacht relevant, sondern als Konglomerat von Fakten, Geschichten und Erzählungen, die er hervorbringt und die sich um ihn herum bilden.[19] Im ersten Band der *Wanderungen durch die Mark Brandenburg* notiert Fontane zum Stoffkomplex: »Ich stelle nachstehend zusammen, wo überall ich dem Fehrbellin-Stoff, zumal in Lieder und Balladen begegnet bin. Sagen.«[20] Sehr unterschiedliche Verweise verbinden sich unter dem Stichwort Fehrbellin. So bildet die »nunmehr ausgestorbene«[21] Familie von Briest in ihrer realgeschichtlichen Genealogie nicht nur einen Verweis auf Preußen, sondern auch einen subtilen Verweis auf die Romantik, denn ihre letzte Tochter war mit Friedrich de la Motte Fouqué, dem Dichter der *Undine*, verheiratet. Dieser Subtext bleibt freilich verborgen, und Innstetten ist wohl kaum das Porträt oder die Parodie des Dichters der *Undine*. Der Name Briest dient vielmehr als Schnittpunkt, an dem sich ein poetischer Raum öffnen lässt.

Angezeigt ist damit ein werkübergreifendes Verweissystem auf ›moderne Mythen‹ bei Fontane.[22] Das ist zunächst eine paradoxe Formulierung, denn

---

19 Im ursprünglichen Sinne ist Mythos »die erzählende Darstellung von kollektiv bedeutsamen Orten und Figuren oder Naturphänomenen«. Vgl. Art.: *Mythos*. In: Georg Braungart und Harald Fricke et al. (Hrsg.), *Reallexikon der deutschen Literaturwissenschaft*, Bd. 2, Berlin/New York 2000, S. 664.
20 Vgl. die Anmerkungen zum Familiennamen Briest in HFA I/4, S. 679.
21 Ebd.
22 Es geht hier nicht um die Rückführung auf eine spezifische (christliche, antike, nordische) Mythologie. Verweise auf diese sind vielmehr immer schon intertextuelle

eine regelrechte Mythologie gibt es in der Moderne nicht. Fontane schickt sich sicher auch nicht an, eine »neue Mythologie«, wie sie den Frühromantikern vorschwebte, zu begründen. Es geht nicht um die Funktion der Mythologie als vollständiges System einer Welterklärungslehre, sondern um die Qualitäten des Mythos als vielgestaltiger Stoff, der das Alte und das Neue verbindet. Dies öffnet, nicht zuletzt im Plauderton, einen poetischen Raum, in dem Hörensagen und Andeutungen eine Komplizenschaft eingehen, ohne dass Fontane dabei strikt auf Kohärenz oder historische Tatsachen achten muss. Nicht zuletzt geht es auch um ein Spiel mit dem Vorwissen der Leser, die stets einiges, kaum aber alles zuordnen können.

Als Mythopoetik Fontanes ist insofern ein Umgang mit Intertexten anzusprechen, der durch Anspielungen Bedeutung eher erzeugt, als auf eine Quelle zu verweisen. Das hat im Rahmen des fingierten mündlichen Erzählens eine doppelte Funktion. Erstens verbindet es Fontanes Werke intertextuell mit einer Vielzahl von literarischen Prätexten von der Bibel bis zum Wanderführer oder mit bekannten Autoren –Friedrich Schiller, Heinrich Heine oder William Shakespeare –, aber eben auch mit anonymen oder heteronymen Stoffen volkstümlicher Legenden und Anekdoten wie sie in schottischen Balladen, die Fontane bereits in *Jenseit des Tweed* interessieren, immer wieder neu verarbeitet und gestaltet werden. Die Überlieferungen und das Gestaltete in Balladenform interessieren ihn hier weit mehr als die historischen Fakten an sich oder die berühmten Sehenswürdigkeiten in Schottland.[23] Kriegsschauplätze und Namen erscheinen weniger als historisches Wissen denn als Anziehungspunkte für sich daran knüpfende Geschichten. Fontane greift daher vornehmlich Erzählungen und Mythen auf, die jenseits der kanonisierten Hochliteratur liegen und eher als Stoffe des lokalen kollektiven Gedächtnisses gelten können. So werden auch Gespenstergeschichten wie die Legenden der weißen Frau als Stoff relevant, weil man sie sich erzählt. Lokale Mythen, wie die untergangene Stadt Vineta an der Ostsee in *Effi Briest*, erscheinen dann innerhalb des realistischen Erzählrahmens der zeitgenössischen Gesellschaftsdarstellung, verweisen aber über ihn hinaus. Insbesondere das Melusinen-Motiv und generell die Symbolik der Natur, Pflanzen und Wasser, sind als weitere mythopoetische Motive aufzufassen, die Fontane im Plauderton der Gespräche oft genug wie nebenbei erwähnen lässt. Wirkungsästhetisch und

---

Teile des mythopoetischen Systems. Zur Mythologie im herkömmlichen Sinne vgl. Holger Erhardt, *Mythologische Subtexte in Theodor Fontanes Effi Briest*, Frankfurt am Main/Berlin et al. 2007.

23 HFA III/3, S. 179–402, vgl. etwa zur Familie der Douglas ebd., S. 227–230, zu Spukhäusern ebd., S. 241–244, zur »Lady of the Lake« ebd., S. 288–291.

funktional leistet diese Mythopoetik im Kontext der Causerie Andeutungen, die alternative Deutungen der jeweiligen Geschehnisse aufrufen.

Die im Plauderton erwähnten Intertexte und Überlieferungen von Geschichten sind daher nicht als Funktion des gelehrten Zitats zu verstehen. Vielmehr ist ihre Funktion als wirkungsästhetisches Potenzial hervorzuheben. Im Kontext von Plauderei sind sie als situativ und von Spontaneität geprägt markiert, ein Teil unterhaltsame Plaudereien. Die Verweise sind daher jedoch grundsätzlich doppelt kodiert. Zunächst sind sie Teil des Gesprächsflusses, dem Leser folgen können, ohne der intertextuellen Dimension nachgehen zu müssen. Dennoch laden sie Leser zugleich zur Reflexion und Untersuchungen der jeweiligen Verweise und Hintergründe ein. Doch bei genaueren Erkundungen erweisen sie sich oft genug gar nicht als greifbare Quelle, sondern bereits als Konglomerat von Überlieferungen und Varianten, wie es für Mythen, Sagen, Märchen und auch für Balladenstoffe durchaus typisch ist.

Fontane scheint den Wert der Andeutung als Anregung von Deutungsmöglichkeiten erkannt zu haben. »Ich muß in dieser Beziehung bei dem bleiben, was ich mir schon in einem früheren Briefe auszusprechen erlaubte«, schreibt Fontane an den Literaturprofessor und Balladendichter Pol de Mont: »[D]ie alten wundervollen Volksballaden und Volkslieder sollen uns Vorbild sein, wir sollen an ihnen Ton und Weise lernen, aber wir sollen sie nicht pure nachahmen«.[24] Er verweist in der Folge auch auf »Bürger, Goethe, Heine die Romantiker, die schwäbische Schule (Uhland, Justinus Kerner, Mörike), Strachwitz, Blomberg, Hans Hopfen« sowie auf »Wordsworth, Burns, Scott, Byron«. An »jeder einzelnen Balladenschöpfung« könne er »nachweisen, wo die Dichtung in der Überlieferung steht und wo sie neu ist«.[25]

Stilistisch ist hiermit auch ein Ausgleich zwischen der Forderung nach Klarheit und der Andeutung des Geheimnisvollen angezeigt.[26] In seiner Prosa leistet dies der Plauderton, der Andeutungen in den Fluss der Erzählung oder der Gespräche integriert, so dass die Verweise ein untergründiges Verweisnetz bilden, das in der Erstlektüre kaum auffällt, während es den Leser, der ihm nachgeht, in eine Vielfalt von Überlieferungen führt.

---

24 HFA IV/3, S. 579.
25 Ebd., S. 580. Am Ende des Briefes avisiert Fontane *Ellernklipp*, in der er das Melusinen-Motiv ausgestaltet.
26 Dass Fontane dieses allgemeine Kriterium guten Stils favorisiert, zeigt sein Brief an Otto Brahm vom 29. 10. 1882: »Sie sind wie zum Kritiker geboren: scharf, klar, fein und, was bei dieser glücklichen Dreiheit kaum ausbleiben kann, ein brillanter Stilist. Alles, was Sie schreiben, les ich mit Vergnügen, wie man einen klugen Menschen gern sprechen hört.« HFA IV/3, S. 212.

Das Verfahren hat Fontane programmatisch in seinem letzten Roman mit der Homonymie des Namens Stechlin gleich auf den ersten Seiten in Szene gesetzt. *Stechlin* wird von einem Namen für etwas Bestimmtes auf eine Vielzahl von Bedeutungen übertragen. Der Stechlin ist zugleich »[e]iner der Seen« und die Landschaft, die ihn umgibt. »Aber nicht nur der See führt diesen Namen, auch der Wald, der ihn umschließt. Und Stechlin heißt ebenso das langgestreckte Dorf, das sich, den Windungen des Sees folgend, um seine Südspitze herumzieht.«[27] Und auch das Herrenhaus, das an der Stelle eines einstigen »wirkliche[n] Schloss[es]« steht, »heißt Stechlin, *Schloß* Stechlin.«[28] In den so klaren Ton des Erzählens mischt sich eine eklatante zeichentheoretische Verwirrung. »Und wie denn alles hier herum den Namen Stechlin führte, so natürlich auch der Schloßherr selbst.«[29] Im Modus der anschaulichen Darstellung einer beschriebenen Landschaft samt ihren Details (wie den Findlingen, die die Brücke flankieren und die später im Roman einmal mit Menschen verwechselt werden) erzählt der Romantext zugleich, dass die Sprache eine unsichere Angelegenheit ist, in der Häuser Schlösser heißen und Namen alles andere als eindeutig sind. Der bestimmte Artikel des Titels wird geradezu betont als Vielfalt der Bezeichnung ausgewiesen, die mehr umfasst, als es zunächst scheint.

Alles bleibt auch hier Andeutung, gibt sich die Vielfalt der Bedeutung doch als historisch-lokale Gegebenheit. In die vermeintliche Landschaftsbeschreibung ist zudem ein lokaler Mythos integriert, der sich seinerseits als ein ganzes System von untergründigen Zusammenhängen und von erzählten Überlieferungen erweist. Der Mythos namens Stechlin ist eine lokale Legende, die man sich erzählt und die den See zu mehr macht als zu einem beliebigen Gewässer. Denn einerseits steht der See Stechlin mit den anderen Seen und Gewässern in Verbindung, wie sein Name Wasser und Land, Dorf und Schloss verbindet. Er ist, so gelesen, ein Verbindungsnetz, ein Kanal- und Kommunikationssystem, das die Grenzen von Land und Wasser, Dorf und Schloss umfasst. Er ist ein Medium, das Erzählungen generiert und das Lokale und Besondere mit dem Allgemeinen, der Welt und der Zeit, verbindet. Doch damit nicht genug. Sein lokaler Mythos handelt davon, dass dieser See darüber hinaus auch mit wichtigen Ereignissen in der weiten Welt und so sogar mit der Weltgeschichte in Verbindung stehe. Wenn es »weit draußen in der Welt«, sei es auf Island, Java oder Hawaii, »sich rege«, dann »regt sich's

---

27 HFA I/5, S. 8.
28 Ebd.
29 Ebd., S. 9. Auch den Namen Dubslav hat man dem Sohn ja »beigelegt«, ebd., S. 11.

auch hier«.[30] Was in Folge der angesprochenen Vulkanausbrüche immerhin noch einen realistischen Grund in der Sache haben könnte, eine weltumspannende unterirdische Verbindung, die den Stechlin als Seismograph ausweist, der mit einem Wasserstrahl oder Strudel die fernen Ereignisse anzeigt, wird jedoch mit der Anspielung auf das Erdbeben von Lissabon vieldeutig erweitert. Fontane fasst dies wiederum in den Plauderton einer anonymen Rede der Bevölkerung:

> Das wissen alle, die den Stechlin umwohnen, und wenn sie davon sprechen, so setzen sie wohl auch hinzu: »Das mit dem Wasserstrahl, das ist nur das Kleine, das beinah Alltägliche; wenn's aber draußen was Großes gibt, wie vor hundert Jahren in Lissabon, dann brodelt's hier nicht bloß und sprudelt und strudelt, dann steigt statt des Wasserstrahls ein roter Hahn auf und kräht laut in die Lande hinein.«[31]

Diese Stelle ist ein eindrückliches Beispiel für Fontanes Kunst der Anspielung in der Form des Plaudertons. Stilistisch sind hier die Merkmale der fingierten Mündlichkeit vereint. Es ist ein salopper Ton mit Verkürzungen einerseits (»wenn's«) und ausschmückender Alliteration andererseits (»sprudelt und strudelt«). Dieser Plauderton, sein Modus des Sagens, der einen lokalen Mythos wiedergibt, steht allerdings untergründig mit dem Erzählten des anonymen Erzählers in Verbindung. Auch er gibt durch signifikante Unbestimmtheit und bloße Andeutung Raum für die Frage, um was es sich hier eigentlich handelt, wenn es heißt, »es« rege sich »etwas«, so wie die Erzählung der Bevölkerung nur davon spricht, dass »was Großes« vom See kommuniziert werde, ohne zu bestimmen, worum es sich dabei eigentlich handelt. Die erste und naheliegende Lesart, dass es sich hier um Erdbeben, um buchstäbliche Erschütterungen handelt, bleibt damit für eine metaphorische Lesart der Erschütterung der Welt offen. Man könnte etwa die Französische Revolution erwarten, doch die Kunst der Andeutung im Plauderton nennt mit dem Erdbeben von Lissabon ein der ersten Lesart angemessenes und vergleichsweise unscheinbares Beispiel. Für Leser aber, die den Verweis aufgreifen oder von der geistesgeschichtlichen Bedeutung des Erdbebens von Lissabon wissen, wird die Übertragung in den Bereich der metaphorischen Erschütterungen der Welt deutlich genug angezeigt.

Wenn der Erzählerkommentar nach der zitierten Passage der Erzählung der Bevölkerung, abgesetzt durch eine Leerzeile, ein Fazit zieht – »Das ist der Stechlin, der *See* Stechlin« –, dann wird der bestimmte Artikel mit der Doppelbedeutung des Erdbebens von einem deiktischen und referentiellen

---

30 Ebd., S. 7
31 Ebd.

Verweis der Sprache auf einen See zum intertextuellen Verweis auf einen Referenzraum, der alle europäischen Erschütterungen oder Revolutionen impliziert. Der See ist nicht nur ein See, er ist nicht nur Gegenstand einer lokalen Sage über den roten Hahn und seine Fähigkeit, Ereignisse der Weltgeschichte anzuzeigen, sondern ein symbolisches Medium, das im Bild des Wassers das kulturelle Gedächtnis mit dem lokalen Gedächtnis der Bevölkerung in Verbindung setzt. Das Erdbeben von Lissabon von 1755 ruft nicht nur ein besonders schweres Seebeben samt Flutwelle auf den Plan, sondern eine Katastrophe, die viele weitere Katastrophen implizierte – auf das Beben folgten Flutwellen und eine Feuersbrunst, die wiederum Plünderungen und Morde nach sich zogen – und so eine Erschütterung auch von Religion und Philosophie bedingte. Am Erdbeben von Lissabon entzündete sich die Theodizee-Debatte im 18. Jahrhundert, in der die Vorsehung Gottes und Leibniz' Theorie der besten möglichen Welt in Zweifel gerieten.[32] Voltaire schreibt gegen Leibniz und Rousseau und verfasst dann seinen satirischen Roman *Candide oder Die beste aller Welten*, Kant und Goethe kommentieren das Ereignis. Nicht zuletzt Heinrich von Kleist thematisiert mit seiner Erzählung *Das Erdbeben in Chili* die Kontingenz der modernen Welt als Erschütterung von Bewusstsein und Sinndeutung.[33] Fontane ruft also einen markanten Wendepunkt auf, der als moderner Mythos vom Verlust aller Sicherheit gelten kann.

Der intertextuelle Raum bringt in das realistische Erzählparadigma so auch Elemente des Fantastischen ein, wie Georg Reichelt in einer theoretisch anspruchsvollen Arbeit, im Rückgriff unter anderem auf Barthes' Mythologie-Begriff, ausführlich gezeigt hat.[34] Als »Lokalton« wird die Intertextualität jedoch so in den Plauderton integriert, dass sie nicht hervorsticht. Volkserzählungen, Legenden oder Ereignisse, die Narrative erzeugen, werden von Fontane als vermeintlich realistische Details lokaler Gegebenheit ausgegeben und als Wirkungspotenzial eingesetzt, das in die erzählte Welt eine zweite, poetische Dimension integriert.

---

32 Vgl. Wolfgang Bredert (Hrsg.), *Die Erschütterung der vollkommenen Welt. Die Wirkung des Erdbebens von Lissabon im Spiegel europäischer Zeitgenossen*, Darmstadt 1994.

33 Heinrich von Kleist, *Das Erdbeben in Chili*. In: ders., *Sämtliche Werke und Briefe*, Bd. II, hrsg. v. Helmut Sembdner, München 1965, S. 144–159. Vgl. Karlheinz Stierle, *Das Beben des Bewußtseins. Die narrative Struktur von Kleists »Das Erdbeben in Chili«*. In: David Wellbery (Hrsg.), *Positionen der Literaturwissenschaft. Acht Modellanalysen am Beispiel von Kleists »Das Erdbeben in Chili«*, 2. Aufl., München 1987, S. 54–68.

34 Gregor Reichelt, *Fantastik im Realismus. Literarische und gesellschaftliche Einbildungskraft bei Keller, Storm und Fontane*, Stuttgart/Weimar 2001, S. 52–53, zu Fontane vgl. ebd., S. 187–218.

Der doppelte Boden der Mythopoetik

Eine Mythopoetik öffnet für den Leser – wie für die Figuren im Text – zunächst einen Anspielungsraum, bei dem es weniger auf Quellenkenntnis ankommt als auf den kommunikativen Anschluss an übergreifende Deutungsschemata.[35] Als moderne Mythen sind daher weniger die religiösen oder klassischen Mythologien angesprochen, es geht nicht um Bildungswissen oder den Rekurs auf antike Mythen (auch wenn man sie bisweilen, etwa im Raub der Proserpina für *Effi Briest*, entdecken kann[36]), sondern um eine Funktion der Anspielung, die buchstäblich *poietisch*, also hervorbringend ist, um eine Wirkungsästhetik von Verweisen, die eine »Blaupause« anbieten, »an der entlang seit Jahrhunderten immer wieder neue Inhalte erzählt und neue Deutungen generiert werden.«[37] Die Funktion der Mythopoetik liegt in dieser Möglichkeit der Stiftung von Deutungsrahmen.

> Der Mythos wird produktiv, weil er Anschlussmöglichkeiten eröffnet. Die kann man dann kritisch, die kann man kreativ nutzen, aber das ist seine eigentliche Kraft: Er stellt etwas zur Verfügung, das uns auf Gedanken bringt und indem es uns auf Gedanken bringt, über die Bilder auch Verständnisrahmen nahe legt.[38]

Mythen sind diesem Verständnis nach Schemata der Wirklichkeitsdeutung, die nicht nur auf klassische Mythologie beschränkt sind, sondern vielmehr potenziell auf alles, was im kollektiven und kulturellen Gedächtnis zirkuliert, zurückgreifen kann. Wert erhalten solche poetologisch funktionalisierten Mythen allein dadurch, dass sie als bekannt vorausgesetzt werden und dass sie anschlussfähig sind, dass sie zum Thema passen, es illustrieren oder ausdeuten. Das aber heißt auch, dass sie als Kommunikation besonders gut funktionieren.[39] Sprichwörter, Sentenzen, Topoi oder bekannte Zitate sind dabei nicht per se mythopoetisch, sie werden es jedoch, wenn sie als Deutungssche-

---

35 Zum Begriff vgl. Matthias Bauer und Maren Jäger (Hrsg.), *Mythopoetik in Film und Literatur*, München 2011.
36 Vgl. Dieter Breuer, *Unterwelten. Heines Proserpine und Fontanes Effi Briest*. In: Mark H. Gelber und Jakob Hessing u. a. (Hrsg.), *Integration und Ausgrenzung*, Tübingen 2009, S. 139–152.
37 Christoph Gehring: *Der Mythos lebt. Tagung »Mythopoetik in Film und Roman«*, unter: http://www.deutschlandfunk.de/der-mythos-lebt.1148.de.html?dram:article_id=180036 (letzter Zugriff 12.März 2020).
38 Ebd.
39 Zur Anschlussfähigkeit als Kriterium für Kommunikation vgl. Niklas Luhmann, *Die Unwahrscheinlichkeit der Kommunikation*. In: ders., *Soziologische Aufklärung*, Bd. 3, Frankfurt am Main 1981, S. 25–34.

ma funktionalisiert werden. Fontane hat in seinen Theaterkritiken programmatisch formuliert: »Vielleicht ist überhaupt nicht mehr zu leisten und eine heitere, den Tagesfragen angepasste Modernisierung des Alten, das einzige, was noch gefordert werden kann.«[40]

So können auch zeitgenössische Erzählungen oder Unfallnachrichten zu modernen Mythen werden, in denen Ereignisse als übergreifende, ›symbolische‹ Interpretationsrahmen verwendet werden. Das gilt auch für »Mythen des Alltags«, die Roland Barthes als enthistorisierte Naturalisierung bürgerlicher Identifikationskomplexe analysiert hat. Für Barthes ist der Mythos kein Bestand der traditionellen Kultur- oder Literaturgeschichte, sondern zunächst »ein Mitteilungssystem«.[41] In der Form einer Aussage könne daher »alles, wovon ein Diskurs Rechenschaft ablegen kann, Mythos werden«.[42] Dennoch ist der Mythos nach Barthes' semiologischem Modell eine besondere Form. Sie zeichnet sich durch eine Doppelstruktur aus, durch »ein sekundäres semiologisches System". Was Barthes Mythos nennt, ist der Bezug zweier Zeichensysteme, in dem eine Metasprache über einer Objektsprache errichtet ist und so das Spiel des Zeichens zwischen Bedeutetem (dem Signifikat) und Bedeutendem (dem Signifikanten) eröffnet und verschiebt.[43] Sinn und Form treten beim Mythos gerade nicht auseinander, sondern bilden eine janusköpfige Einheit, die jedoch für den Mythologen, so Barthes, lesbar sei.[44] Die Mythen des Alltags übernehmen in der Regel eine ideologische Funktion, indem sie die Geschichtlichkeit von Phänomenen verbergen und auf eine scheinbare Natürlichkeit verweisen. Sie sind damit enthistorisiert und entpolitisiert. Der Mythos ist eine Aussage, die so tut, als wäre ihre Sinnkonstruktion die einzig mögliche und ewig gültige. In der Beobachtung des Mythologen aber, der den Zusammenhang von Form und Sinn der Aussage beobachtet, werden die Mythen des Alltags daher ideologiekritisch gewendet.[45] Es geht hier nicht darum, Fontanes Texte einer semiologischen, strukturalistischen Analyse nach Barthes' Modell zu unterziehen. Vielmehr lässt sich Fontane selbst als Mythologe begreifen, der Legenden beobachtet.

Die Kunst der Anspielung generiert dabei allerdings eine Textualität, deren Doppelbödigkeit, die potenziell auf alle Details im Text ausgreift. Der

---

40 Theodor Fontane, *Theaterkritiken 1870–1874*, hrsg. von Siegmar Gerndt, Frankfurt am Main/Berlin et al. 1979, S. 95–96. Vgl. Reichelt, wie. Anm. 31, S. 209.
41 Roland Barthes, *Mythen des Alltags*, Frankfurt am Main 1964, hier S. 85.
42 Ebd.
43 Ebd., S. 92–93.
44 Vgl. ebd., S. 110 ff.
45 Vgl. Ottmar Ette, *Roland Barthes. Eine intellektuelle Biographie*, Frankfurt am Main 1998, S. 39–40.

Leser kann sich nicht mehr sicher sein, ob Details der geschilderten Szene Teil des realistischen Paradigmas sind oder nicht vielmehr symbolische Verweise auf übergreifende Zusammenhänge. Dies zeigt sich etwa an Fontanes Funktionalisierung der Botanik. Dass »Immortellen« oder »Heliotrop« ihren Doppelsinn haben und keine beliebigen Pflanzen darstellen, mag noch offenkundig sein. Sie fügen aber auch eine fundamentale christliche Symbolik ein, deren Funktion im Text erst einmal evaluiert werden muss, da eine direkte Übernahme christlicher Heilsgeschichte fragwürdig bleibt.[46] Was aber ist mit allen anderen Pflanzen? Wenn im *Stechlin* ausgeführt wird, dass aus dem »sumpfigen Schloßgraben«, der ebenfalls als Symbol der doppeldeutigen Sprache gedeutet werden kann, »der Wind vor langer Zeit ein fremdes Samenkorn in den Kübel der kranken Aloe geweht« hatte und daraufhin »[a]us der Mitte der schon angegelbten Aloeblätter die weiß und roten Dolden des Wasserliesch oder des Butomus umbellatus auf[schossen]«,[47] dann könnte dies nicht zuletzt ein Kommentar in eigener Sache zur Integration der doppelten Textstruktur sein. Zumal wenn es weiter heißt: »Jeder Fremde, der kam, wenn er nicht zufällig ein Kenner war, nahm diese Dolden für richtige Aloeblüten, und der Schloßherr hütete sich wohl, diesen Glauben, der eine Quelle der Erheiterung für ihn war, zu zerstören.«[48]

Die angesprochene doppelte Funktion zwischen gelehrter Spurensuche und wirkungsästhetischem Potenzial lässt den Plauderton Fontanes zu einem Medium werden, das Deutungen nahelegt und erzeugt. Es ist dabei jedoch auffällig, dass Fontane oft genug die konkreten Verweise in den Rahmen seines Plaudertons kleidet und sie in diesem Kontext explizit als Form des ungefähren Wissens und des Hörensagens markiert. Melusine von Barby, im *Stechlin*, ist etwa »vom Hörensagen« her »verheiratet oder nicht verheiratet«.[49] Die Deutung bleibt hier für die Figuren im Text wie für die Leser offen. Ist Melusine von Barby wirklich eine Melusine, oder trägt sie nur diesen Namen? Verheiratet oder nicht, das macht zudem den Unterschied im Mythos aus, denn nur durch die Bindung an einen Mann erhalten Melusinen ja eine Seele

---

46 Vgl. J. B. Friedrich, *Symbolik und Mythologie der Natur*, Würzburg 1859, S. 295. Der Heliotrop steht für Liebe, Wärme und Zuneigung und für die Hinwendung zu Gott. Vgl. Peter-Klaus Schuster, *Theodor Fontane: »Effi Briest, ein Leben nach christlichen Bildern«*, Tübingen 1978, S. 110–111.
47 HFA I/5, S. 9.
48 Ebd.
49 Zur Melusine im *Stechlin* vgl. Klaus Briegleb, *Fontanes Elementargeist. Die Preußin Melusine. Eine Vorstudie zum Stechlin*. In: Hanna Delf von Wolzogen (Hrsg.), *Theodor Fontane, am Ende des Jahrhunderts: Sprache. Ich. Roman. Frau*, Würzburg 2000, S. 109–122.

und bleiben dennoch dem Menschlichen stets distanziert. Die zitierte Stelle sagt mithin zunächst aus, dass man nichts Genaues weiß, zugleich aber wird eine Spur in eine umfangreiche Überlieferung und deren Aktualisierung gelegt. Es ist diese Form des offenen Verweises, die im Plauderton Fontanes erscheint und die auf Geschichten der Deutung und Umdeutung verweist. Es ist kein Zufall, dass der Unterschied zwischen Undinen und Melusinen in Fontanes Roman verwischt wird. Die Funktion der Erwähnung gilt nicht der Rückführung auf eine Quelle, sondern es zeigt, dass Fontane oft auch auf Überlieferungen verweist, die mehrere Quellen haben. Selbst wenn eine bestimmte Quelle identifiziert wird, steht diese im Kontext ihrer Überlieferungen. Mythos ist damit nicht als in sich geschlossene Mythologie zu denken, sondern als Stoff, der wieder und wieder erzählt wird, der zirkuliert und tradiert wird. Entscheidend sind zwei Funktionen dieser Mythopoetik. Zunächst die Virulenz der Geschichte, ihre tatsächliche oder von Fontane fingierte Bekanntheit. In Preußen um 1812 etwa die Geschichte des Gespenstes der weißen Frau in *Vor dem Sturm*, am Stechlin die Geschichte vom Roten Hahn, in *Effi Briest* von der untergegangenen Stadt Vineta oder von Heine als romantischem Dichter der Liebe oder auch in der zeitgenössischen Gegenwart Zeitungsberichte über Verkehrsunfälle (*Die Brück am Tay, John Maynard*). Der Bezugsvielfalt sind hier kaum Grenzen gesetzt. Zum zweiten aber fungieren die Bezüge im stilistischen Gewand eines Lokaltons trotz ihres Variantenreichtums als Deutungsmuster, das aktualisiert werden kann. Vineta verweist auf die Sündhaftigkeit, Heine auf die unglückliche Liebe, die Brücke am Tay auf die Hybris der Herrschaft der Technik. Im Unterschied zu Leitmotiven oder symbolischen Textstrukturen, die zur Charakterisierung etwa eines Charakters oder einer Mentalität dienen, fügt das mythopoetische Verfahren ein alternatives Deutungsmuster hinzu. Das Verfahren konnte Fontane in Goethes *Wahlverwandtschaften* ausbuchstabiert finden, wenn es nach der Erzählung einer »sonderbaren Begebenheit«, der Novelle *Die wunderlichen Nachbarskinder*, heißt:

> Diese Begebenheit hatte sich mit dem Hauptmann und seiner Nachbarin wirklich zugetragen, zwar nicht ganz wie sie der Engländer erzählte, doch war sie in den Hauptzügen nicht entstellt, nur im Einzelnen mehr ausgebildet und ausgeschmückt, wie es dergleichen Geschichten zu gehen pflegt, wenn sie erst durch den Mund der Menge und sodann durch die Phantasie eines geist- und geschmackreichen Erzählers durchgehen. Es bleibt zuletzt meist alles und nichts wie es war.[50]

---

50 Johann Wolfgang Goethe, *Die Wahlverwandtschaften* [1809]. In: ders.: *Die Leiden des jungen Werthers. Die Wahlverwandtschaften. Kleine Prosa. Epen*, hrsg. v. Waltraud Wiethölter, Frankfurt am Main 2006, hier S. 479.

An der Schnittstelle zwischen der Charakterisierung der Figuren durch ihre Rede und ihrem so markierten Umgang mit Wissen und Erzählungen – zwischen Aberglauben und Bildung – öffnet sich eine Textstruktur, die jenseits der geschilderten ›realistischen‹ Welt eine zweite Bezugsebene integriert. Die Pointe ist, dass ein Hörensagen ins Spiel gebracht wird, das für die Figuren im Text wie für die Leser Fontanes in seinem Anspielungsreichtum zunächst eine kommunikative Anschlussfigur ist, die mögliche Deutungsmuster bereitstellt. Es geht dabei nicht nur um solide Kenntnisse, sondern um ein Kommunikationsangebot, auf das man eingehen oder das man ausschlagen kann. Damit wird jedoch die Sprache selbst als Mythos entlarvt. Statt einer scheinbar eindeutigen Bezugsebene öffnet sie sich einem vieldeutigen Erzählen. Einfachste Details können überraschende Bezüge stiften. Das gilt etwa für die Platanen in *Effi Briest*. Doch warum Platanen und nicht irgendein anderer Baum? Die Platane korrespondiert denen in Goethes *Wahlverwandtschaften*, wo sie als Todessymbol gelten. Gerade an diesem Roman konnte Fontane studieren, wie die scheinbare Leichtigkeit der Sprache abgründige Verweisstrukturen trägt, in denen alle Details mit mehreren verschiedenen Deutungsebenen verbunden sind.[51] Doch muss ein Leser Fontanes dies wissen, um Fontanes Roman zu verstehen? Die Platane in *Effi Briest* funktioniert zunächst als sprachliches Zeichen für einen bestimmten Baum, der im Leben der Protagonistin eine Rolle spielt. Wenn ein Leser allerdings die intertextuelle Spur aufspürt, entdeckt er einen neuen Deutungsrahmen für das Schicksal Effis. Dieser führt dann jedoch unter anderem zu der Frage, wie sich Effi als Naturwesen zu Goethes Ottilie als pflanzenhaftem Wesen verhält. Der gesamte Roman wäre unter diesen Vorzeichen neu zu lesen. Solche Verweise reichern den Text also mit vielfältigen Bedeutungen an, ohne jedoch den unterlegten zweiten Interpretationsrahmen als einzig mögliche oder zentrale Deutung zu autorisieren. Vielmehr ist es gerade ein Merkmal des Stils, dass Fontane seine Andeutungen im Plauderton so setzt, dass sich innerhalb seines Realismusparadigmas die Möglichkeiten solcher Bezugnahmen auf übergreifende Deutungen öffnen, ohne als Montage oder ausgestellte Intertextualität aufzufallen.

Dennoch muss die Mehrdeutigkeit der Verweise berücksichtigt werden. Als Übernahme sprachlicher Konstruktionen, Topoi oder Redewendungen in

---

51 Vgl. Waltraud Wiethölter, *Legenden. Zur Mythologie von Goethes Wahlverwandtschaften*. In: *Deutsche Vierteljahrsschrift für Literaturwissenschaft und Geistesgeschichte* 56/1982, S. 1–64. Zu Fontanes Lektüre und seinem »hohe[n] Interesse an der künstlerischen Machart im Vorfeld der eigenen Produktion« vgl. Hugo Aust: *Kulturelle Traditionen und Poetik*. In: Christian Grawe und Helmuth Nürnberger, *Fontane-Handbuch*, S. 306–465, hier, S. 308–309.

einen neuen Kontext gewinnt der Text Mehrdeutigkeit. Immer wieder deuten Fontanes Gespräche auch die Mehrdeutigkeit der Sprache an. Etwa so: Innstetten zu Effi im 20. Kapitel: »Ich träumte, daß du mit dem Schlitten im Schloon verunglückt seist, und Crampas mühte sich, dich zu retten; ich muß es so nennen, aber er versank mit dir.«[52] Effi: »Du sprichst das alles so sonderbar, Geert. Es verbirgt sich ein Vorwurf dahinter, und ich ahne, weshalb.« Innstetten: »Sehr merkwürdig.« Was der Leser ahnen kann, ist, dass solche merkwürdigen Anspielungen ein Netz an Bezügen oder eben Ahnungen errichten, das nicht nur die Psychologie der Figuren betrifft, sondern ein symbolisches Bedeutungsnetz einführt, das hier etwa auf das Motiv des Fallens und Versinkens verweist, mit dem Effi eng verbunden ist und das des Weiteren auch die Natur symbolisch einbindet, indem mit dem »Schloon«, der zum »Sog« wird, die Gefahr des Versinkens vieldeutig erörtert und so die Landschaft in Korrespondenz zu der moralischen Gefährdung gesetzt wird.[53] Auch das Wetter korrespondiert den Zuständen Effis. Und nicht zuletzt ist Effi selbst der verführerische Abgrund, der Crampas letztlich verschlingt. Dass sie seinen Tod mit »»dann hat er den armen Kerl totgeschossen«« kommentiert, verweist auf ihre verminderte Fähigkeit zu lieben, die sie mit Melusinen und Undinen teilt.[54] Der Text selbst gleicht einem Abgrund an Verweisen und Deutungsmöglichkeiten, in denen der Leser versinken würde, wenn Fontanes Plauderton nicht all diese abgründigen Verweise gleichsam aufheben würde. Angesichts Fontanes Skepsis seinen Lesern gegenüber mag dieses Versteckspiel mit doppeltem Boden eine kalkulierte Wirkungsstruktur sein, die mit dem Wissenshorizont der Leser spielt:

Unser Lebens- und namentlich unser Gesellschaftsweg ist ja mit Quatschköpfen gepflastert. Die meisten – unglaubliches Resultat unserer höheren Geheimratsbildung – wissen gar nichts, wissen nicht, wo der Tanganjika-See liegt (dafür verzapfen sie ein paar alte Hegelsche Phrasen), wissen zwischen Scheffel und Wolff nicht zu unterscheiden und halten Stinde für einen bedeutenden Schriftsteller.[55]

---

52 HFA I/4, S. 162.
53 Ebd., S. 158–159: »Mein Gott, was sind das nur alles für Namen und Wörter!«
54 Ebd., S. 275.
55 Fontane an Guido Weiß, HFA IV/3, S. 709–800. Vgl. Fontane an Friedlaender, ebd., S. 735, Kaum jemand verstehe seine literarische Ambition und seine Bücher. Aber: »(und dies ist so wichtig und eigentlich ausschlaggebend) fehlt in all dem Dümmlichen jeder animus injuriandi; kann ich einer Dame böse sein, die von der Familie Douglas höchstens den Grafen Douglas (in der Nähe von Halle) kennt, der vorigen Winter die lange Kaiserrede hielt«.

Andeutungen und Verweise haben eine kommunikative Funktion, die nicht auf Grundlagen und Wissen rekurriert, sondern auf soziale Wirksamkeit im Gebrauch bestimmter Vorbilder und Erzählungen, die man durchaus ebenfalls Mythen der Lebensorientierung nennen könnte. Wie so etwas funktioniert, wird in *Effi Briest* aufgezeigt. Im 5. Kapitel heißt es im Gespräch von Vater und Mutter Briest:

> [S]ie gehört nicht zu denen, die so recht eigentlich auf Liebe gestellt sind, wenigstens nicht auf das, was den Namen ehrlich verdient. Sie redet zwar davon, sogar mit Nachdruck und einem gewissen Überzeugungston, aber doch nur, weil sie irgendwo gelesen hat, Liebe sei nun mal das Höchste, das Schönste, das Herrlichste. Vielleicht hat sie's auch bloß von der sentimentalen Person, der Hulda, gehört und spricht es ihr nach.[56]

Was Luise Briest hier äußert, betrifft nicht nur den Charakter ihrer Tochter, sondern gilt auch dem Mythos der romantischen Liebe als Vorstellung in der Gesellschaft. Doch das Ideal der romantischen Liebe, in der diese als das Höchste gesetzt ist – im Unterschied zu anderen historischen Liebesmodellen –,[57] konstituiert sich aus einem undeutlichen Gemisch von Überlieferungen, aus Gerede und irgendwo Gelesenem. Das Ideal der Liebe plappert Effi folglich nur nach. Indem ihre Mutter diesen Hinweis gibt, signalisiert ihre Rede dem Leser gleichsam die Anführungszeichen, in denen die Liebe in diesem Roman steht. Der Mythos der romantischen Liebe wird als gesellschaftliches Konstrukt entlarvt, das dennoch Wirkungskraft hat. Das gilt auch für die Leser selbst, auch sie haben, damals wie heute, eine ungefähre Vorstellung vom Ideal der Liebe, aber sie gehen in der Regel nicht in die Bibliothek und studieren historische Liebesmodelle.[58] In dieser Form der unscheinbaren Anspielung setzt Fontane oft Verweise auf kollektive Deutungsmuster im Plauderton ein.

Einzelne Details können aber auch sehr deutlich symbolisch sein, wie die Schaukel in *Effi Briest*, die die »Tochter der Luft« in ihrer Angstlust zwischen der Leichtigkeit des Schwebens und der Gefahr des Fallens charakterisiert. Ältere Forschungen wie die von Demetz und Thanner haben dies auf das Personalsymbol einzuschränken versucht, während die jüngere Forschung darauf verweist, dass hier Symbolsysteme am Werk sind, die mit dem Fallen,

---

56 HFA I/4, S. 39.
57 Vgl. Matthias Bickenbach, *Friedrich Schlegels »Lucinde« und das Problem der romantischen Liebe*. In: Christof Hamann und Filippo Smerilli (Hrsg.), *Sprachen der Liebe in Literatur, Film und Musik*, Würzburg 2015, S. 125–150.
58 Niklas Luhmann, *Liebe als Passion. Zur Codierung von Intimität*, Frankfurt am Main 1982.

der Luft und dem Wetter die gesamte Romanwelt umfassen.⁵⁹ Die scheinbar natürliche Anlage von Natur und Figur zeigt sich als System aus Zeichenverweisungen. Gleich dem Mythos vom Raub der Proserpina – über den wiederum Heinrich Heine ein Gedicht über die Leiden der Ehe verfasste – verbringt Effi den Winter im Hades bei ihrem Mann und den Sommer zu Hause bei ihrer Mutter.⁶⁰ Mit der Symbolik der Jahreszeiten und den Elementen von Luft und Wasser wird ein System der Naturelemente aufgerufen, dass Effi untergründig mit »Elementargeistern« in Verbindung bringt und zu so unterschiedlichen Quellentexten wie Paracelsus' *Liber de Nymphis* und Heines *Elementargeistern* führt.

Fontane zitiert hier jedoch nicht einfach das frühneuzeitliche Motiv der Mahrtenehe, der unglücklichen Verbindung zwischen Wasserfrau und Mensch bzw. Mann oder dessen romantischer Figuration, konkret Fouqués *Undine*, sondern er verbindet diese Stoffe mit der symbolischen Gestaltung der Natur, so dass diese sich als dem Menschen unverfügbare Dimension zeigt.⁶¹ Noch Effi mag, ähnlich den Melusinen, wenig Mitgefühl haben, aber das zentrale Motiv des Melusinen-Stoffes, das Problem der Seele, die Wassernixen nicht haben und für die sie die eheliche Verbindung mit einem Menschen benötigen, spielt gerade keine Rolle. Die Mythopoetik verweist nicht einfach zurück, sondern reaktualisiert in ihrem eigenen Kontext neu. Das aber hat Folgen. Die Stoffe werden enthistorisiert. Sie sind, hier im Fall des Melusinen-Motivs, kein Verweis auf eine frühneuzeitliche oder romanti-

---

59 Vgl. Peter Demetz, *Formen des Realismus. Theodor Fontane. Kritische Untersuchungen*, München 1964, S. 204–205.; Thanner, wie Anm. 13, S. 138–144. Vgl. demgegenüber Karin Tebben, *Effi Briest, Tochter der Luft. Atem, Äther, Atmosphäre – zur Bedeutung eines Motivs aus genderspezifischer Sicht*. In: *New German Review* 17/2001/2002, S. 84–106. Vgl. auch Eckhardt Momber, *»Alles geht nämlich unterirdisch vor sich ...«. Fontanes Effi Briest oder die Falle Natur*. In: Hans-Jörg Knobloch und Helmut Koopmann (Hrsg.), *Das verschlafene 19. Jahrhundert?*, Würzburg 2005, S. 115–124.
60 Breuer, wie Anm. 33, S. 141–142.
61 Für den Melusinen-Stoff vgl. Fontanes Entwurf zu einem Roman: Fontane, *Melusine*, HFA I/5, hier S. 627: »Das Mädchen ist eine Art Wassernixe«. Ausgeführt wird das Thema unter dem Titel »Oceane von Parceval«, ebd., S. 795–808. Vgl. Hubert Ohl, *Melusine als Mythos bei Theodor Fontane*. In: Helmut Koopmann (Hrsg.), *Mythos und Mythologie in der Literatur des 19. Jahrhunderts*, Frankfurt am Main 1979, S. 289–305; Irmgard Roebling, *Nixe als Sohnphantasie. Zum Wasserfrauenmotiv bei Heyse, Raabe und Fontane*. In: dies. (Hrsg.), *Sehnsucht und Sirene. 14 Abhandlungen zu Wasserphantasien*, Pfaffenweiler 1991, S. 145–204. Vgl. auch Silvia Bovenschen, *Theodor Fontanes Frauen aus dem Meer. Auch ein Mythos der Weiblichkeit*. In: Peter Kemper (Hrsg.) *Macht des Mythos – Ohnmacht der Vernunft?*, Frankfurt am Main 1990, S. 359–383.

sche Mythologie, sondern sie treten im Text als Deutungsschema für die aktuelle, die moderne Zeit auf.

Heines »Romanzen« boten Fontane über die Anspielungen und Zitate der Kapitel 16–20 [in *Effi Briest*] hinaus auch ein poetisches Modell an, das es ihm ermöglichte, den Gegenwartsstoff im Ganzen zu strukturieren und »realistische« Travestie einer uralten, sich ewig wiederholenden Geschichte »verklärend« und auch scheinbar nicht in allem passend (wie die Vergleiche des alten Briest) darzustellen.[62]

Im Rahmen des Plaudertons werden Geschichten und Intertexte aber zugleich als unverbindlich nahegelegt. Ihre Integration im Text kann nicht als Fontanes eigene Weltsicht oder als auktorialer Erzählerkommentar Gültigkeit beanspruchen, sondern Fontane lässt sie als das erscheinen, was sie sind: Wiedererzählungen überlieferter Geschichten, die fakultative Interpretation anbieten, sei es für ihre jeweiligen Erzähler, sei es für die Leser. Dass die Geschichten dann auch bereits im Text oft genug ins Reich der Legenden verwiesen werden, markiert zudem jenen Humor, den Fontane mit der Funktion der poetischen Verklärung zusammendenkt.

Ein weiteres bekanntes und besonders auffälliges Beispiel für Fontanes Kunst der Anspielung ist Crampas Berufung auf Heinrich Heine als Dichter der Liebe, die er während der Plauderei mit Effi als Verführungsrhetorik geschickt einbindet. Interessant ist nicht nur, dass der Umgang Fontanes mit Heine einen weiten Bezugsrahmen stiftet,[63] sondern dass auch in diesem Fall im Text explizit ein Nicht- und Halbwissen angeführt wird. Als Effi anlässlich der »roten Fahnen« der Bojen an den lokalen Mythos der untergegangenen Stadt Vineta erinnert wird (»Da liegt Vineta, da *muß* es liegen, das sind die Turmspitzen«), antwortet Crampas: »Das macht, weil Sie das Heinesche Gedicht kennen.«[64] Ihre Assoziation sei also durch Vorwissen motiviert. Effi aber daraufhin: »Welches?« Er: »das von Vineta«. Effi: »Nein, das kenne ich nicht; ich kenne überhaupt nur wenig. Leider.« Ihre Assoziation ist eher von der lokalen Sage an der Ostsee vor Usedom motiviert, die nicht zuletzt das Versinken einer Stadt durch Unmoral und den Richtspruch einer Wassernixe memoriert. Fontane überlagert also hier mit dem Verweis auf Heine den lokalen Mythos. Das Gedicht Heines kenne sie nicht, behauptet Effi. Cram-

---

62 Breuer, wie Anm. 33, S. 140.
63 Vgl. Peter Pütz, »*Wenn Effi läse, was Crampas empfiehlt …*«. *Offene und verdeckte Zitate im Roman*. In: Heinz Ludwig Arnold (Hrsg.), *Theodor Fontane*, München 1989, S. 174–184. Vgl. auch Christian Grawe, *Crampas Lieblingsdichter Heine und einige damit verbundene Motive in Fontanes Effi Briest*. In: *Jahrbuch der Raabe-Gesellschaft*, 22 (1982), S. 148–170.
64 HFA I/4, S. 136.

pas jedoch verweist daraufhin auf das allgemeine, zirkulierende Wissen, denn Effi habe »doch Gieshübler und den Journalzirkel!«.[65] Heine habe allerdings, so Crampas weiter, »dem Gedicht einen anderen Namen gegeben, ich glaube ›Seegespenst‹ oder so ähnlich. Aber Vineta hat er gemeint.« Es ist ein doppeltes Spiel, das Fontane hier inszeniert. Der versierte Heine-Leser Crampas kann sich angeblich nicht an den Titel des Gedichts erinnern, während der Text diesen korrekt zitiert. Das ist durchaus eine Einladung zur intertextuellen Spurensuche, zum Weiterlesen nicht bei Fontane, sondern bei Heine. Wer dies tut, wird weitere Parallelen, Differenzen und Ähnlichkeiten in Bezug auf die Geschichte Effis erkennen können und so seinen Deutungsrahmen erweitern oder verschieben. Doch reicht der Name Heine hier auch als Anspielung auf einen (vermeintlich) romantischen Dichter und seine Liebesrhetorik aus. Den Namen hat man sicher schon einmal gehört.

Fontane scheint mit zwei Händen zu schreiben, mit zwei Stilen. Einem stilistisch detailreichen Realismusparadigma, das Zeit und Ort, Figuren und deren Verhalten und Sprache klar vor Augen stellt und den Roman als Zeit- oder Gesellschaftsroman ausweist, steht ein Stil der Andeutungen zur Seite, in dem Namen und Dinge zu Zeichen werden und als Anspielung auf weitere Bezugsrahmen dienen, die ihrerseits als Mythen erscheinen: als angeblich bekannte Geschichten, die erst bei genauerem Hinsehen ihrerseits zu komplexen Erzählungen werden.

Intertextuell ergeben sich mit solchen Verweisstrukturen durchaus Probleme der Textkohärenz, wenn nämlich bei solchen offenen und verdeckten Zitaten unentscheidbar bleibt, ob Fontane den Bezugsrahmen übernimmt oder aber ein »Gegen- oder Neuschreiben« desselben inszeniert.[66] Der Plauderton aber verweist schon darauf, dass die Suche nach den Quellen hier möglicherweise mühsam ist. Über 40 Jahre beschäftigt sich Fontane mit dem Gespenst der weißen Frau. In *Vor dem Sturm* wird diese zum Gegenstand der Gespräche, bis schließlich Bamme behauptet, dass die weiße Frau jetzt schon mit der Mode gehe, denn sie trage schwarz.[67] So scherzhaft wird das Hausgespenst der Hohenzollern eingeführt. Es wird in nahezu allen Werken Fontanes erscheinen – auch in *Effi Briest*, wenn sie im *Baedeker* über das Bamberger Schloss liest.[68] Doch Fontane weiß, dass es mindestens drei ganz verschiedene

---

65 Ebd., S. 137.
66 Vgl. Reichelt, wie Anm. 31, S. 207–208.
67 Vgl. Matthias Bickenbach, *The Lady in White or The Laws of the Ghost in Theodor Fontane's »Vor dem Sturm«*. In: Andrew Cusack und Barry Murnane (Hrsg.), *Popular revenants*, New York 2012, S. 200–221.
68 Vgl. Gero von Wilpert, *Die deutsche Gespenstergeschichte. Motiv – Form – Entwicklung*, Stuttgart 1994, S. 335–336.

Genealogien und Ursprünge der weißen Frau gibt. Genau dieser Entzug eines eindeutigen Ursprungs scheint hier das zentrale Wirkungsmoment des Mythos auszumachen. Die weiße Frau ist das Schutzgespenst der Hohenzollern oder die Schuldige bei einem Giftmord, je nachdem und beides zugleich. Das heißt: Der Mythos ist deutungsoffen und kann, je nach Kontext, ganz unterschiedlich, darunter auch humoristisch, eingesetzt werden.

Es ist daher weniger das Symbolische, im Sinne einer auf eine höhere Bedeutung verweisenden Sinnstruktur, das von Fontane durch solche mythopoetischen Verweise inszeniert wird, sondern die in der Wiederzählung aktualisierte Interpretation und Umdeutung in der Form des Plaudertons als eine Geschichte oder ein Gerücht, das man kennt, von dem man schon einmal etwas gehört hat. Das Verfahren setzt intertextuell dann allerdings ein Verweissystem in Gang, das insgesamt heterogen und unübersehbar ist.

Die Dichte intertextueller Anspielungen in *Effi Briest* ist so wenig übersehbar, wie der thematische Zusammenhang mit fantastischen und romantischen Motiven, so im Fall Heines »Seegespenst«, der Holunderbaumszene aus Kleists »Käthchen von Heilbronn«, der »Olaf«-Ballade oder Brentanos »Gottesmauer«.[69]

Der realistische Text erweitere, ja entgrenze sich, so Reichelt, durch seine Verweise auf die Romantik, ohne aber das Paradigma Romantik zu übernehmen.[70] Gerade die Romantik als anderes Text- und Denkparadigma ist für Fontane daher interessant. Wenn man den merkwürdigen Satz Effi Briests »Mythologie ist mein Bestes« auf Fontane selbst rückwendet, dann erscheint diese Intertextualität als eine Struktur seines Stils, in dem Mythen des sozialen und kulturellen Gedächtnisses aufgerufen werden – hier etwa der Mythos »Romantik« im Leserwissen. Die Frage, welche Form der Romantik hier genau angesprochen ist oder welche Stellung Heine zur Romantik hat, steht dabei gar nicht zur Debatte. Vielmehr geht es darum, wirkungsvolle allgemeine Deutungsmuster aufzurufen.

Der Unfall als moderner Mythos

In einem Brief an seine Frau stellt Fontane salopp fest: »Sicherheit is nicht« [sic].[71] Mit Blick auf diese Aussage zur existenziellen Unsicherheit soll hier

---

69 Reichelt, wie Anm. 31, S. 210.
70 Ebd.
71 Vgl. Momber, wie Anm. 59, S. 121. Auf das Diktum Fontanes wird oft verwiesen, ein Nachweis der Briefstelle fehlt allerdings.

abschließend die Flexibilität des mythopoetischen Verfahrens anhand der von Fontane zu Balladen verarbeiteten zeitgenössischen Verkehrsunfälle in den Blick genommen werden. An ihnen lässt sich exemplarisch aufzeigen wie erstens auch zeitgenössische Vorfälle mythopoetisch integriert werden können und zweitens dass die genaue Quellenkenntnis für die Funktion im Text sekundär wird, gerade weil der ursprüngliche Anlass zu einem allgemeineren Fall potenziert wird. Die beiden berühmten Gedichte Fontanes, die *Brück' am Tay* (1880) über einen Eisenbahnunfall 1879 bei Dundee und *John Maynard* (1886) über den heldenhaften Steuermann auf dem Erie-See, gehen auf zeitgenössische Zeitungsberichte zurück. Die positivistische Suche nach der einen Quelle trifft den Punkt allerdings nicht wirklich. Für beide Fälle ist hier etliche Mühe investiert worden, doch die Quellen, das heißt die möglichen Zeitungsartikel, auf die Fontane sich bezogen haben könnte, werden immer mehr. Der Einzelfall des katastrophalen Ereignisses ist in den modernen Zeiten des technisierten Verkehrswesens indes kein Einzelfall, sondern zunehmend Teil des Alltäglichen. Daher korrespondiert noch der so außergewöhnliche Fall des konkreten Einsturzes der Brücke am Tay tendenziell allen Eisenbahnunglücken, er wird zum Exempel. Fontane lässt hier bekanntlich die Hexen aus *Macbeth* das Verhängnis beschwören und stellt so die Hybris menschlicher Technikbeherrschung der mythologischen Natur gegenüber. »Tand, Tand, ist das Gebilde von Menschenhand« spricht diese von ihrer höheren, poetischen Warte aus.

Im Fall von *John Maynard* betrifft das Schiffsunglück der »Schwalbe« eine Vielzahl von Schiffsuntergängen auf dem Erie-See. Norman Diffey hat darauf verwiesen, dass in den USA schon seit 1843 solche Stoffe in dem Subgenre der »Lake-Erie-Ballad« gestaltet sind.[72] Textuell verweigert Fontane die Rückführung auf einen konkreten Unfall zudem durch die programmatisch umgekehrte Reiseroute nach Osten und nicht nach Westen wie die »Schwalbe«. Was die zeitgenössischen Unfälle zum Stoff von Poesie werden lässt, ist daher nicht der tragische Einzelfall, sondern vielmehr das mythologische Potenzial des in der industriellen Moderne wiederkehrenden Schreckens, der tragische Unfall, als Geschichte, von der man gehört hat, die man erzählt und die in der Zeitung steht. Der Unfall wird zum Mythos, wenn das Scheitern der Technik und der Naturbeherrschung poetisch zum Sinnbild des Ausgeliefertseins oder aber die heroische Behauptung des Menschen zum Thema wird.

---

72 Norman R. Diffey, »*Wer ist John Maynard?« Theodor Fontane's Response to a marine Disaster in the industrial age*. In: Hans-Günther Schwarz, Geraldine Gutiérrez de Wienken und Frieder Hepp (Hrsg.), *Schiffbrüche und Idyllen*, München 2014, S. 132–140.

Die Frage des Gedichts, »Wer ist John Maynard?«, verweist, so Diffey, darauf, dass die Antwort lautet: jedermann, ein einfacher Mensch, der sein Leben für das aller anderen opfert. Dem Pessimismus in der *Brück' am Tay* stehe also der optimistische Glauben an die individuelle moralische Kraft entgegen. Der gemeinsame Bezugspunkt jedoch bleibt die Unsicherheit der modernen Lebenswelt. Fontane war sich seiner kühnen Übertragung dieser modernen Stoffe in den Balladenton bewusst. An Pol de Mont schreibt er: »[S]ind Sie einverstanden – und zwar nicht nur im Prinzip, sondern auch in der Spezialausführung – mit der balladesken Behandlung so vieler aus der Tageschronik oder dem neuesten Zeitungsblatt entnommenen Stoffe?«[73] Er selbst hielt das für »virtuos«, was jedoch eher als ein Tadel, denn als Selbstlob zu verstehen sei. Dem Zweifel zum Trotzt zeigt Fontane hiermit jedoch an, dass Form und Ton der Ballade es ermöglicht auch aktuelle Zeitereignisse in eine poetische Verklärung zu überführen, in der sie mehr werden als ein Einzelfall. Dass für Unfälle und zumal für den Topos des Schiffbruchs dabei weitere intertextuelle Prätexte aufzuspüren sind, etwa Goethes Ode *Seefahrt* und deren Bezüge zum *Psalm 107* mit ihren standhaften Steuermännern, verhindert gerade nicht, dass Fontanes Mythopoetik jenseits der Gelehrsamkeit die »transzendentale Obdachlosigkeit« des modernen Menschen in Szene setzt, die Georg Lukács als Signum des modernen Romans ausgewiesen hat. Was der Unfall als Thema für die Mythopoetik exemplarisch aufruft, ist die Frage nach orientierenden Deutungsmustern der Unsicherheit im Leben, die mit Eisenbahnunglücken und Schiffbrüchen nur sinnfällig vor Augen geführt wird. Übernimmt man dieses Deutungsschema für Fontanes Werke insgesamt, erhalten einzelne Verweise und Symbole wiederum einen erweiterten Sinn. Nicht der Referenztext, sondern das mit ihm aufgerufene Allgemeine tritt in den Vordergrund. So ist die bekannte Schaukel in *Effi Briest* nicht nur als Personalsymbol für ihren Charakter lesbar, sondern verweist auf einen bestimmten Umgang mit Risiken im Leben. Denn dass das Leben ohnehin ein einziges Schaukeln sei, hat schon Michel de Montaigne in seinen *Essais* formuliert. Im Essai *Von der Reue* heißt es: »Die Welt ist nichts als eine ewige Schaukel. Alle Dinge in ihr schaukeln ohne Unterlass: die Erde, die Felsen des Kaukasus, die Pyramiden Ägyptens [...], weil sie selbst werden und vergehen. Die Beständigkeit selbst ist nichts anderes als ein träges Schaukeln.«[74]

In einer unsicheren Welt, die über sumpfige Gräben nur Brücken errichten kann, sind Mythen sicherlich keine verlässlichen Welterklärungssysteme

---

73 HFA IV/3, S. 744.
74 Zitiert nach: Mathias Greffrath, *Vom Schaukeln der Dinge. Montaignes Versuche*, Berlin 1984, hier S. 42.

mehr. Fontane nutzt jedoch Themen, Stoffe und Zitate so, dass sie als Deutungsangebote erscheinen, die dem Einzelnen einen orientierenden Rahmen geben können, auch wenn diese sich im Kontext des Plaudertons als jeweilige subjektive oder kulturelle Interpretationsarbeit erweisen lassen. Die Anschlussfähigkeit der mythopoetischen Deutungsmuster verleiht Fontanes Stil daher Anschaulichkeit und Rätselhaftigkeit zugleich. So eignen sich antike Ehebruchsgeschichten, Bibelsprüche, Volksmärchen wie Balladenstoffe als doppelter Boden im Text des Realismus, als Verweis auf Übergreifendes, Typisches, um eine poetische Verklärung zu leisten, die dem singulären Ereignis eine exemplarische Bedeutung verleiht. Der mythopoetische Referenzraum konstituiert im realistischen Roman eine poetische Welt, die diesen erstens als autonomes Kunstwerk auszeichnet und zweitens einen wirkungsästhetischen Resonanzraum schafft, der Lesern Interpretationsangebote macht. Dass diese sich nicht problemlos ineinanderfügen, heterogen bleiben und keinen höheren konsistenten Sinn ergeben, muss dabei als Qualität wahrgenommen werden. Denn gerade der Widerstand gegen die einfache Interpretation lässt Fontanes Texte immer wieder neu lesen und in ihnen Neues entdecken.

Ehebruchsromane

Fontanes Ton im Vergleich mit Joaquim Maria Machado de Assis und Hjalmar Söderberg

Helen Chambers

Bei dem Frühjahrstreffen der Theodor Fontane Gesellschaft 1999 in Meißen habe ich über Fontane und Joseph Roth vergleichend referiert, und zwar in Hinsicht auf das Thema Heimat.[1] Als ich hinterher mit Professor Helmuth Nürnberger und einem anderen Herrn gemütlich zusammensaß, hat dieser Herr mich gefragt, warum ich eigentlich Pflaumen mit Äpfeln verglichen habe. Da ich mich fast eine Stunde lang bemüht hatte, klar zu machen, warum es sich lohnte gerade diesen Vergleich zu machen, war ich etwas verblüfft und auch entmutigt. Hier unternehme ich trotzdem wieder einen komparativen Ansatz in der Hoffnung, diesmal auf weniger skeptische Resonanz zu stoßen. Gegen mein Vorhaben wäre eventuell auch einzuwenden, dass das Forschungsgebiet Ehebruchsroman schon recht »abgegrast« ist. Wenn es eines Dementis in dieser Hinsicht bedarf, dann liefert das 2015 erschienene Buch *Die Kunst des Ehebruchs. Emma, Anna, Effi und ihre Männer* von Wolfgang Matz einen entschiedenen Gegenbeweis.[2]

Fontanes *Effi Briest* ist schon mit Ehebruchsromanen aus vielen anderen Literaturen verglichen worden, unter denen neben der französischen und russischen, auch die spanische, portugiesische, dänische, polnische, und nordamerikanische zu nennen wären.[3] Heute wende ich mich aber sowohl der

---

1 Eine Version von diesem Vortrag ist inzwischen als Artikel erschienen: Helen Chambers, *Heimat bei Theodor Fontane und Joseph Roth*. In: *Fontane Blätter* 100 (2015), S. 30–45.
2 Wolfgang Matz, *Die Kunst des Ehebruchs. Emma, Anna, Effi und ihre Männer*, Göttingen 2015.
3 Siehe z. B., Bill Overton, *The Novel of Female Adultery. Love and Gender in Continental European Fiction, 1830–1900*, New York/London 1996; Maria R. Rippon, *Judgment and Justification in the Nineteenth-Century Novel of Adultery*, Westport CT/London 2002; Naomi Segal, *The Adulteress's Child. Authorship and Desire in the Nineteenth-Century Novel*, London 1992; Dies., *The Adulteress's Children*. In: Nicholas White und Naomi Segal (Hrsg.), *Scarlet letters. Fictions of Adultery from Antiquity*

brasilianischen Literatur, nämlich dem Roman *Dom Casmurro* (1899) von Joaquim Maria Machado de Assis (1839–1908) als auch dem schwedischen Roman *Doktor Glas* (1905) von Hjalmar Söderberg (1869–1941) zu. *Dom Casmurro* gilt allgemein als Meisterwerk und Machado de Assis, Mitbegründer der Brasilianischen Akademie der Literatur und deren erster Präsident (1897–1908) gehört zu den größten realistischen Erzählern des 19. Jahrhunderts. Als Autodidakt lernte er mehrere Sprachen und war in der englischen, deutschen und in der klassischen Literatur der Antike bewandert. Von den 1860er an war er als Journalist und dann als Verfasser von Romanen, Kurzgeschichten und Gedichten bekannt. In der schwedischen Literatur gehört Hjalmar Söderberg zu den Schriftstellern von Rang um die Jahrhundertwende. Nach journalistischen Anfängen veröffentlichte er seinen ersten Roman 1895 (*Förvillelser, Verirrungen*), und der Ehebruchsroman *Doktor Glas*, 1905 erschienen, wird als sein bedeutendstes Werk angesehen.[4] Neben Romanen hat er auch Kurzgeschichten, Theaterstücke und Theaterkritiken[5] geschrieben. Beide Schriftsteller spiegeln die Gesellschaft ihrer Zeit wider, vornehmlich mit dem Blick auf klassenbewusste Schichten des Bürgertums, Stadtbewohner in Städten am Meer, ob Rio de Janeiro oder Stockholm.

Jede komparative Untersuchung schärft den Sinn für die stilistischen Eigenheiten, wohl den Ton, eines Schriftstellers. Dabei achtet man sowohl auf das, was verbindet als auch auf das, was trennt. Auf den Spuren von Fontanes literarischer Eigenart werde ich versuchen möglichst wenige von den in der kritischen Literatur schon längst erkannten Stilmitteln zu wiederholen, keine

---

to the 1990s, New York/London 1997, S. 109–122; Teresa Martins de Oliveira, *Fontane's ›Effi Briest‹ and Eça de Queiros's ›O Primo Basilio‹: Two novels of Adultery in the Context of European Realism*. In: Patricia Howe und Helen Chambers (Hrsg.), *Theodor Fontane and the European Context. Literature, Culture and Society in Prussia and Europe*, Amsterdam/Atlanta GA 2001, S. 207–215; Maite Zubiaurre, *Panoramic Views in Fontane, Galdós and Clarín*. Ebd., S. 253–263; Melanie Lauer, *Die (Sexual-)Symbolik im Ehebruch-Roman: Fontanes ›Effi Briest‹, Tolstojs ›Anna Karenina‹ und Orzeszkowas ›Der Flegel‹*, Saarbrücken 2008.

4 In der Rezension einer englischsprachigen Ausgabe des Romans bezeichnet George C. Schoolfield das Werk als »intermittently a masterpiece« (mit Unterbrechungen ein Meisterwerk). *Review. Doctor Glas. Wisconsin Introductions to Scandinavia. Series 2, 8 by Hjalmar Söderberg and Rochelle Wright*. In: *Scandinavian Studies*. 71/4 1999, S. 493–495, hier S. 493. http://www.jstor.org/stable/40920181 (letzter Zugriff 13. Februar 2017).

5 Ab 1891, und besonders von 1897–1908. Siehe: Raymond Jarvi *Hjalmar Söderberg on August Strindberg. The Perspective of a Theater Critic and the Influence of a Dramatist*. In: *Scandinavian Studies*. 68/3 (1996), S. 343–355, hier S. 343. http://www.jstor.org/stable/40919878, (letzter Zugriff 13. Februar 2017).

leichte Aufgabe. Ein zweites Problem sei ebenfalls an dieser Stelle erwähnt: die Übersetzungsfrage. Um *Effi Briest* in Originalsprache mit *Dom Casmurro* und *Doktor Glas* zu vergleichen, musste ich deutsche und englische Übersetzungen verwenden, da meine Portugiesisch-Kenntnisse begrenzt und meine Schwedisch-Kenntnisse noch erheblich schwächer sind.[6] Wenn man aber mit Übersetzungen in zwei verschiedenen Sprachen parallel arbeitet, gewinnt man Einsichten in mehrdeutige Stellen im Werk, sowie in Stellen, wo der Text vom üblichen Sprachgebrauch abweicht oder kulturspezifische Aspekte aufweist.

Eine Skizze der zwei im deutschen und englischen Sprachraum weniger bekannten Ehebruchsromane sei nun vorausgeschickt. Beide haben männliche Ich-Erzähler. Wie bei Fontane in *Effi Briest* handelt es sich um eine Ehebrecherin. Machado de Assis' Protagonist Bento Santiago schreibt in den 1890er Jahren seine Lebenserinnerungen auf. Erst als alter Mann erhält er den Spitznamen Dom Casmurro. Der Text besteht aus 148 Kapiteln von sehr unterschiedlichem Umfang mit etlichen humoristischen und metanarrativen Ausschweifungen. In einem Roman mit vielen Exkursen und intertextuellen Kniffen geistert der Einfluss von Laurence Sternes *Tristram Shandy*, Cervantes' *Don Quijote* und Ariostos *Orlando Furioso* nach. Bei näherem Hinsehen erweisen sich diese scheinbaren Ausschweifungen und schrulligen Einschübe als Komponente eines sorgfältig durchkomponierten Ganzen. Die ersten zwei Drittel des Romans sind Bentos Leben zwischen seinem 15. und 17. Lebensjahr in den 1850er Jahren gewidmet. Dieser Teil handelt von seiner erwachenden Liebe zu der um ein Jahr jüngeren Nachbarstochter Capitú. Höhe- und Drehpunkte in der Entwicklung der Liebesgeschichte der Halbwüchsigen sowie Szenen in Bentos Familienkreis werden von dem Erzähler dargestellt. Durch die Klugheit und Findigkeit des Mädchens und mit Rat und Hilfe anderer gelingt es Bento, dem feierlichen Versprechen seiner Mutter ihren Sohn zum Priester werden zu lassen, zu entkommen. Das Gelübde entsprang ihrer Dankbarkeit für seine Geburt nach dem Tod ihres Erstgeborenen. Mit siebzehn aus dem Seminar entlassen studiert Bento Jura und in Kapitel 101 wird Hochzeit gefeiert. Die verbleibenden Kapitel

---

6   Folgende Ausgaben wurden für diesen Artikel verwendet: Joaquim Maria Machado de Assis, *Dom Casmurro*. Texto Completo em Português, o. O. 2010; ders., *Dom Casmurro*, aus dem brasilianischen Portugiesisch übers. von Marianne Gareis, Zürich 2013; ders., *Dom Casmurro*, übers. von E. G. Meyenburg, Zürich 1951; ders., *Dom Casmurro*, übers. von John Gledson, New York/Oxford 1997. Hjalmar Söderberg, *Doktor Glas*, Smedjebacken 2012; ders., *Doktor Glas*, aus dem Schwedischen übers. von Helga Thiele, Leipzig 1987; ders., *Doctor Glas*, übers. von Paul Britten Austin, London 2002 [1963].

erzählen, wie er nach und nach von Eifersucht überwältigt wird, auf Trennung von seiner Frau besteht, sie und den Sohn Ezequiel in die Schweiz bringt und dort verlässt. Seine Frau Capitú stirbt dort, der Sohn auf einer archäologischen Forschungsreise in Jerusalem. Quelle von Bentos Eifersucht ist die wachsende Überzeugung, dass seine Frau ihn mit seinem besten Freund Escobar betrogen habe und dass der Sohn Ezequiel Produkt dieser Affäre sei. Escobar ertrinkt im Meer, indem er sich als waghalsiger Schwimmer den stürmischen Wellen stellt. Capitú weist alle Schuld von sich, und zum Schluss – darin ist sich die heutige Kritik einig – bleibt den Lesern unklar, ob sie tatsächlich Ehebrecherin war oder nicht.[7]

In Hjalmar Söderbergs *Doktor Glas* liegt der Fall ganz anders. Der Roman, der in der Gegenwart spielt, besteht aus Tagebucheintragungen eines Arztes zwischen dem 12. Juni und 7. Oktober. Schon am 19. Juni bekennt ihm eine »junge blühende Frau«,[8] seine Patientin Helga Gregorius, »Ich bin eine untreue Gattin. Ich gehöre einem anderen Mann.« (DG, S. 15). Sie bittet um seine Hilfe, ihren ekelhaften Mann aus medizinischen Gründen von ihr fernzuhalten. Pastor Gregorius, 57 Jahre alt, arrogant, egoistisch und von unsympathischem Aussehen, beharrt auf seinen ehelichen Rechten. Der Doktor, ein Einzelgänger, der ein traumatisches Liebeserlebnis als Halbwüchsiger hinter sich hat, verliebt sich heimlich in diese Frau, sehnt sich außerdem danach aktiv zu werden[9] und will sie – eigentlich ohne Hoffnung auf eigenes Glück – aus der Folterkammer ihrer sechsjährigen Ehe befreien und zum Glück verhelfen. Zweimal gelingt es ihm Gregorius auf längere Zeit aus gesundheitlichen Gründen, aus dem Ehebett zu verbannen. Die Termine laufen aber jeweils ab. Nach tiefgehenden moralischen und philosophischen Überlegungen überzeugt sich Glas, dass die einzige Lösung Mord sei. Er bereitet ein passendes Giftmittel vor, plant alle Einzelheiten der Tat, die bei ihm im Sprechzimmer stattfinden soll. Ganz unerwartet bietet sich eine bessere Möglichkeit, und Gregorius stirbt in einer Trinkhalle auf dem Marktplatz scheinbar an einem Herzinfarkt. Glas empfindet keine Reue, nur Angst vor der Entdeckung, die nicht erfolgt. Frau Gregorius erfährt nichts von seiner Tat. Ihr Geliebter aber verlässt sie, um eine gute Partie zu heiraten, was seine durch Schulden gefährdete finanzielle Lage sowie seinen Ruf und seine

---

7   Marta Peixoto, *'Dom Casmurro' by Machado de Assis*. In: Efraín Kristal (Hrsg.), *The Cambridge Companion to the Latin American Novel*, Cambridge 2005, S. 219–231, hier S. 219.

8   Hjalmar Söderberg, *Doktor Glas*, übers. von Helga Thiele, Leipzig 1987, S. 15. Im Folgenden wird mit Sigle (DG) und Seitenzahl nach dieser Ausgabe zitiert.

9   Er sehnt sich nach »[e]iner wirklichen Tat.« (DG, S. 10). Im Original, „[e]n verklig handling." Söderberg, *Doktor Glas*, wie Anm. 6, S. 12.

Stellung sichert. In diesem oft düsteren, klaustrophobischen Roman sind Affinitäten mit Henrik Ibsen und August Strindberg zu spüren.[10]

1. Das thematisch Verbindende

In *Effi Briest* fällt das Wort »Ehebruch« kein einziges Mal. In seiner Monographie *The Novel of Female Adultery* sieht Bill Overton Fontanes Schweigen, was das Ereignis selbst betrifft, nicht als Takt »but [as] an implicit denial that in these circumstances it is the fact of most significance.«[11] Wenn es im Roman nicht in erster Linie um Ehebruch geht, kommt Overton zu dem Schluß, »Female adultery is not, then, the subject of *Effi Briest*, but the index to an emotional and moral vacuum within the social order displayed.«.[12] Bei Machado de Assis und Söderberg wird die Tat ebenfalls diskret behandelt. In *Dom Casmurro* schöpft der Ehemann Bento zuerst Verdacht nach dem Tod des von ihm vermuteten Liebhabers seiner Frau, als er sie erwischt, wie sie die Leiche Escobars wie eine Witwe anschaut (Kapitel 123).[13] Erst im 132. Kapitel nennt er seinen Freund Escobar ausdrücklich den »Geliebten meiner Frau« (DC, S. 378). In *Doktor Glas* bleibt das Ereignis selbst verborgen, obwohl der Erzähler schon früh die Tatsache mit den zitierten Worten mitteilt. An einem Tag kaum mehr als eine Woche nach ihrem Bekenntnis, sieht Glas das Paar aus einem Haustor in einem entlegenen Stadviertel heraustreten, Frau Gregorius »blind vor Glück« (DG, S. 17). Sonst bleibt die Handlung den Ehebrechern als Paar fern.

Wenn der weibliche Ehebruch nicht das eigentliche Thema der Romane bildet, was dann? Overtons Meinung wurde schon angeführt; andere Kritiker sehen die ehebrechenden Frauen sowohl als Opfer einer überholten patriarchalen Ideologie, als auch gleichzeitig als Wegbereiterinnen eines anbrechenden freieren Zeitalters. Die Geschichten dieser Frauen deuten auf die Möglichkeit, an den etablierten sozialen Normen zu rütteln. Man könnte auch argumentieren, dass der Ehebruch weniger um seiner selbst willen dasteht, denn als Auslöser von Männergewalt, Männergewalt, die sich in jedem Fall

---

10 1888 besuchte Söderberg eine Aufführung von Strindbergs *Fräulein Julie*. 1890/91 rezensierte er Ibsens *Hedda Gabler*. Jarvi, wie Anm. 4, S. 343.
11 Overton, wie Anm. 3, S. 183.
12 Overton, wie Anm. 3, S. 184.
13 Joaquim Maria Machado de Assis, *Dom Casmurro*, übers. von Marianne Gareis, Zürich 2013, S. 360. Im Folgenden wird mit Sigle (DC) und Seitenzahl nach dieser Ausgabe zitiert.

als eitel und verfehlt erweist, ob aus rein pragmatischen oder menschlichen und moralischen Gründen. Doktor Glas befragt hinterher die Motive seiner Gewalttat und meint, er habe sie verübt, »wohl vor allem des Lebensüberdrusses Herr zu werden.« (DG, S. 108). Die Langeweile aber sei er doch nicht losgeworden (DG, S. 109). Auch Innstetten erkennt in seinem Gespräch mit Wüllersdorf, dass sein tödlicher Schuss auf Crampas nichts Sinnvolles erreicht hat.[14] Das gleiche gilt für Bento, der seine geliebte Frau ins Exil schickt, wo sie vereinsamt stirbt, während er alleine mit nichts in Aussicht als ein leeres, belangloses Alter ohne menschliche Wärme dahinlebt.

Ich möchte aber hier die These vertreten, dass ein Hauptanliegen der drei Romane, vielleicht sogar das Kernthema von allen, der Verlust der Jugend ist. Dieser Verlust ist mit sexueller Erfahrung eng verbunden. Machados Erzähler bringt das schon im 2. Kapitel unmittelbar zum Ausdruck:

> Mein Ziel war es, die beiden Enden meines Lebens zu verknüpfen und im Alter die Jugend wiedererstehen zu lassen. Doch weder gelang es mir, das wiederherzustellen, was einmal war, noch den, der ich einmal war. Mit anderen Worten, auch wenn das Gesicht das gleiche ist, so ändert sich doch der Ausdruck. Fehlten mir nur die anderen, wäre das nicht so tragisch; über den Verlust seiner Mitmenschen kommt man noch einigermaßen hinweg; aber wer fehlt, bin ich, und diese Lücke ist entscheidend. (DC, S. 8–9)

Die ungleiche Verteilung des Textes der Lebenserinnerungen auf die verschiedenen Zeitspannen in Bentos Leben zeigt eindeutig, dass es ihm und dem Autor um die Belebung der Adoleszenz geht, während die Zeit des Erwachsenen-Alters samt vermeintlichem oder tatsächlichem Ehebruch und das Sterben aller anderen Hauptfiguren in zeitraffendem Stil abgetan wird. Detailfreudig schildert Machado feinfühlig aber unsentimental prägende Szenen in der Entwicklung der Attraktion zwischen den beiden jungen Leuten: den ersten Kuss mit aller Verlegenheit, Erregung und Unsicherheit, Capitús raffiniertes Umgehen mit den Erwachsenen, um ihr gemeinsames Ziel zu erreichen und vieles andere mehr.

In seinem Roman zeigt Fontane Effi in den Anfangskapiteln mit aller Lebenslust und Ausgelassenheit der Jugend, ein spielendes Kind im Garten mit ihren Freundinnen, das auf der Schwelle der Adoleszenz steht und bald abrupt in die Erwachsenenwelt hineingeschoben wird. Selbstsicher, liebenswürdig, sorglos kennt sie die Welt der sexuellen Halbtöne nicht, auf die ihre Mutter vor der Hochzeit im Gespräch über Effis Inneneinrichtungswünsche

---

14 GBA Das erzählerische Werk, Bd. 15, *Effi Briest*, S. 337–342. Im Folgenden wird mit Sigle (EB) und Seitenzahl nach dieser Ausgabe zitiert.

hindeutet (EB, S. 32).¹⁵ Ihre Frische und Lebensfreude, das Spontane an ihrem Verhalten gehen allmählich verloren und sind mit dem Verhältnis mit Crampas schnell und endgültig hin. Etappen auf diesem Weg werden von dem Erzähler durch Effis Reaktionen markiert. Die Nachricht in Kapitel 20, dass Kessin eine Garnison mit Husaren erhalten könnte, erfüllt sie mit Erinnerungen an die verlorene Unschuld ihrer Kindheit:

> All' das unschuldige Glück ihrer Kinderjahre stand mit einemmal wieder vor ihrer Seele, und im Augenblick war es ihr, als ob rote Husaren – denn es waren auch rote wie daheim in Hohen-Cremmen – so recht eigentlich die Hüter von Paradies und Unschuld seien (EB, S. 197–198).

Und im folgenden Kapitel reagiert sie befangen auf absurde Gerüchte über Innstettens zukünftige Karriere, die sie früher erheitert hätten:

> aber in der Seelenstimmung, in der sie sich seit Schluß des Jahres befand, war sie nicht mehr fähig, unbefangen und ausgelassen über derlei Dinge zu lachen. Ihre Gesichtszüge hatten einen ganz anderen Ausdruck angenommen und das halb rührend, halb schelmisch Kindliche, was sie noch als Frau gehabt hatte, war hin. (EB, S. 203–204)

In *Effi Briest* zeigt Fontane, wie schnell und endgültig die Jugend verloren gehen kann – eine Erkenntnis, die umso schmerzlicher ist, wenn die Jugendzeit besonders glücklich und heiter war wie für Effi.

In *Doktor Glas* schildert Söderberg, ähnlich wie Machado de Assis, das prägende Jugenderlebnis der erwachenden Sexualität mit einem Mädchen aus der rückblickenden Perspektive des erwachsenen Mannes. Glas ist inzwischen Mitte Dreißig und das intensive, zehn Jahre zurückliegende Erlebnis hat nur eine durchwachte Nacht lang bei dem Mittsommerfest gedauert. Es wurde aber durch den Tod des Mädchens jäh abgeschnitten, das am Tag darauf ertrank, ohne dass sie sich wiedergesehen hätten. Im Tagebuch am 23. Juni schreibt der Doktor seine Erinnerungen an dieses traumatische Erlebnis auf und reflektiert auf den Einschnitt in sein Leben: »so verging ein Jahr nach dem anderen, und das Leben zog an mir vorbei.« (DG, S. 22). Scheinbar emotional gelähmt von dieser Erfahrung verliert er die eigene Jugend. Das Verderben von Frau Gregorius' Leben geht ebenfalls auf ein traumatisches frühes Sexualerlebnis zurück. Mit zwanzig verliebte sie sich in einen gutaussehenden, liebenswürdigen Mann. Als er sie aber eines Tages im Wald verführen wollte, war sie entsetzt und rannte davon. In einer streng religiösen Familie

---

15 »So müßt' es ein japanischer Bettschirm sein, schwarz und goldene Vögel darauf, alle mit einem langen Kranichschnabel … Und dann vielleicht noch eine Ampel für unser Schlafzimmer, mit rotem Schein.«

aufgewachsen hatte sie unklare Ideen über den Geschlechtsverkehr mitbekommen, meinte nur, dass das, was er mit ihr vorhatte, sündhaft sei. Durch ihre natürlichen Impulse und Sehnsüchte gequält, ließ sie sich an den ihr widerwärtigen Pastor Gregorius verheiraten in der Hoffnung, dass an der Seite dieses ältlichen Mannes ihre Begierde erlöschen würde (DG, S. 31). Es kam aber ganz anders. Der abscheuliche Ehemann treibt sie, ohne es zu wissen, in die Arme eines jungen attraktiven Mannes, der ihr aber untreu wird und sie ihrer Einsamkeit und unerfüllten Sehnsüchten überlässt. Die Freude der Kindheit, das Erwachen der Sinnlichkeit und die Frische und Fülle des neuen Liebeslebens sind für Frau Gregorius dahin. Doktor Glas hat einen ähnlichen Verlust erlebt, nur dass seine Kindheit nur punktuell glücklich gewesen ist. Indem er seine Vorgeschichte und die von Frau Gregorius, die sie ihm anvertraut hat, assoziativ und reflektierend in seinem Tagebuch aufgezeichnet hat, hat er das blühende, verheißungsvolle junge Leben heraufbeschworen, um es zum Schluss implizit für definitiv beendet zu erklären.

Im Kern von allen drei Romanen liegt die Erfahrung vom Verlust der Jugend, die durch Wissen um die Sexualität kompromittiert und angegriffen wird, um schließlich unheilbar beschädigt verloren zu gehen. Machado de Assis widmet diesem privilegierten Alter ein paar Jahre erzählte Zeit und zwei Drittel der Erzählzeit. Bei Fontane geht es schneller: die erzählte Zeit beläuft sich auf etwa ein Jahr, wenn man bis zur Begegnung mit Crampas auf der Veranda in Kessin zählt (EB, S. 148). Rückblickend meint Effi, »da fing es an.« (EB, S. 257), während die Erzählzeit sich auf höchstens fünfzehn Kapitel beläuft, weniger als die Hälfte des Romans. Wenn man sie aber nur bis zur Ankunft des Ehepaars in Kessin berechnet, wo Effi ihre Rolle als verheiratete Frau antritt, dann besteht die Erzählzeit aus fünf Kapiteln von insgesamt sechsunddreißig. In Söderbergs Text im Tagebuchformat lassen sich die Zeiteinheiten weniger genau auseinanderhalten, weil der Doktor in seinen Gedanken zwischen Vergangenheit und Gegenwart hin und her wechselt. In der Gegenwart kommt Frau Gregorius am 19. Juni in seine Sprechstunde. Sie ist 26, und er sieht vor sich »eine Frau, der das Herz vor Lust und Elend überfloß, eine junge blühende Frau mit dem Duft der Liebe um sich und rot vor Scham, weil dieser Duft so mächtig und stark war.« (DG, S. 15). Als er ihr am 21. August im Freien begegnet, weint sie über die Ausweglosigkeit in ihrem Liebesverhältnis und möchte sterben. Am 20. September, als Glas sie zum letzten Mal und aus der Ferne sieht, wie sie in der Nacht zum Briefkasten geht, ist sie »kreidebleich« (DG, S. 125). Innerhalb von ein paar Monaten büßt sie das blühende Leben ein. Die ersten Tage der jugendlichen Liebeserlebnisse aber, das noch unschuldige Erwachen der Sinne liegen sowohl für Glas als auch für Frau Gregorius etliche Jahre zurück und kommen nur in von ihm sowie von ihr erzählten Rückblenden zum Ausdruck. Diese Textstellen am 23. Juni (er) und am 2. Juli (sie) machen aber in ihrer plastischen Ausführlichkeit deutlich, was verloren gegangen ist.

Wenn das alles verloren geht, was bleibt? Die Antwort in *Dom Casmurro* lautet: »das Kunstwerk bleibt bestehen.« (DM, S. 334). Es ist ein Paradoxon, eigentlich die große Ironie in den drei Romanen, dass sie gerade in Geschichten, die den restlosen Verlust der Jugend thematisieren, lebendige, fein beobachtete Bilder von frischen jungen Menschen bieten, die von der Welt der Komplikationen und Halbheiten der Erwachsenen noch nicht angetastet sind. Die zirkuläre Struktur von *Effi Briest*, der im Garten mit dem Tod aufhört, wo die Geschichte mit ausgelassenem Leben angefangen hat, lädt zum nochmaligen Lesen ein, und man kann die Jugendzeit der Protagonistin ohne weiteres bei schnellem Zurückblättern doch wiederbringen. Die Literatur schafft ein Kunststück, welches der Wirklichkeit versagt bleibt.

2. Was sich der Wahrnehmung entzieht

Der Ich-Erzähler in *Dom Casmurro* bemerkt: »in Bücher, in denen etwas ausgelassen wurde, kann man alles hineinlegen.« (DC, S. 188),[16] und weiter, »so ergänze ich die Lücken in den Büchern anderer Autoren. So kannst du es auch bei mir machen.«[17] Schon im ersten Kapitel warnt er auch gegen die Suche nach genauen Bedeutungserklärungen. »Schlage nicht in Wörterbüchern nach!«[18] ermahnt er seine Leser und im 2. Kapitel äußert er sich über den Unterschied zwischen der Oberfläche der Realität und dem, was darunterliegt. Am Anfang von *Doktor Glas* verweist der Ich-Erzähler gleichfalls auf Lücken in seinem Text.[19] Und gegen das Ende in der zweitletzten Eintragung, am 7. September, schreibt er, »Das unablässige Bemühen alles zu erklären und zu verstehen, diese unentwegte Jagd nach der Wahrheit ist wahrscheinlich ein Irrweg.« (DG, S. 122). Wolfgang Matz bemängelt aber die Lücken in *Effi*

---

16 Übersetzung von Marianne Gareis leicht überarbeitet von H. C. Im Original: »Nada se emenda bem nos livros confusos, mas tudo se pode meter nos livros omissos.« Machado de Assis, wie Anm. 6, S. 100, Kap. 59.
17 Übersetzung von E. G. Meyenburg, wie Anm. 6, S. 204. Im Original: »Assim preencho as lacunas alheias; assim podes também preencher as minhas,« S. 101.
18 Übersetzung von E. G. Meyenburg, wie Anm. 6, S. 6. Im Original: »Não consultes dicionários.« S. 1.
19 »Was ich auf diesen Blättern niederschreibe, ist keine Beichte; denn wem sollte ich beichten? Ich gebe nicht alles von mir preis. Ich berichte nur was mir behagt; ich sage jedoch nichts Unwahres.« DG, S. 7.

Briest, und empfindet es als eine stiliste Schwäche, dass Fontane den Lesern Fakten vorenthält, zum Beispiel, warum sich Effi verführen lässt:

> Auf der ersten Ebene des Erzählten unterliegt *Effi Briest* hier einer Schwäche des Erzählens selber. Indem Fontane die Fakten nicht aufschreibt, sondern auf Umwegen andeutet, wird Effi selbst zu einer Person, die weniger von eigenen Impulsen angetrieben wird, als dass sie den Impulsen der anderen nachgibt. Aber auch das wird nicht so eindeutig gesagt. In der Mitte des Romans klafft ein seltsamer Leerraum. Warum läßt Effi sich verführen?[20]

Matz spricht auch von »der für diesen Roman so typischen indirekten, mehrfach gebrochenen Rätselform«.[21] Mit diesen Behauptungen soll ein anderer gemeinsamer Aspekt der Romane angegangen werden, nämlich das Verhältnis zwischen der Oberfläche des Erzählten und dem, was darunter steckt oder sich gar parallel dazu abwickelt. Es ist gewissermaßen eine epistemologische Frage. Was kann man wissen, was weiß man mit Sicherheit, und was bleibt unbekannt?

Bento und Glas verwenden rationale Argumentation vergebens, um die Wahrheit zu ermitteln. Jener bemüht den logischen Diskurs des Juristen, um zu bestimmen, ob seine Frau und sein Freund ihn betrogen haben. Zum Schluss scheint er sich selber von ihrer Schuld überzeugt zu haben, aber für die Leser bleibt die Frage offen, und die Möglichkeit, den ganzen Roman aus der Perspektive der anderen Protagonisten anders zu erzählen geistert hinter dem Text. Glas seinerseits, als Arzt und im Denken ausgebildeter Mann, verwendet gleichfalls den Diskurs der logischen Disputation, der ihm in seinem moralischen Dilemma nicht weiterhilft. Am 7. August unterzieht er sich einem »Verhör«, indem er sich in zwei Stimmen spaltet, die in der Frage nach der Möglichkeit seines berechtigten Tötens des Pastors entgegengesetzte Standpunkte vertreten (DG, S. 75 ff). Das ist eine Art *Hamlet*-Dilemma. Glas selber sieht literarische Vorgänger in Dostojewskis Raskolnikow und Zolas Thérèse Raquin (DG, S. 80). Auch hinter diesem Roman existiert der Schatten eines anderen Narrativs, der die Lage der anderen Figuren aus ihrer Sicht beleuchten würde, die aber dem Leser unsichtbar und unbekannt bleibt. Bei Fontane funktioniert die potentielle Mehrschichtigkeit des Romans auch so, indem in seinem Fall die Handlung vornehmlich durch Effi fokalisiert wird, auf Kosten der männlichen Hauptfiguren, Innstetten und Crampas. Das sind alles Romane, deren Struktur und Perspektive den Eindruck von unsichtbar parallellaufenden Handlungssträngen und -flächen

---

20 Matz, wie Anm. 2, S. 61. Vgl. ebd., »so bleibt in Crampas' Bild ein großer weißer Fleck.«, S. 104.
21 Ebd., S. 103.

erschafft, wobei der Erzähler die Augen von der angeblich zentralen Tat des Ehebrechens abwendet und sie der Wahrnehmung entzieht. Diese Technik des lückenhaften Erzählens verunsichert die Leser und fordert sie zu Weiterdenken und imaginativem Spekulieren auf, über die gedruckte Seite hinaus.

Hinzu kommt bei Fontane ein zweiter Aspekt des Erkenntnisproblems vor, ein stilistisches Merkmal, wobei das Grauenvolle, um einen englischen Ausdruck zu verwenden, »is hiding in plain sight«, d. h. wobei das Grauenvolle sich so versteckt, dass jeder es sehen kann. Naomi Segal kontrastiert in ihrem Aufsatz »The Adulteress's Children« Fontanes Ton in *Effi Briest* mit Nathaniel Hawthornes verurteilenden, symbolischen Diskurs in *The Scarlet Letter* (1850) und findet »Fontanes [text] is written with a sunnily light touch and grand-paternal warmth«,[22] was nicht falsch ist. Wenn man aber näher hinsieht, sind gerade bei scheinbar harmlosen sonnigen Stellen im realistischen Geplauder der Figuren störende bis entsetzliche Untertöne zu entdecken. Zum Bespiel hat Herr von Briest schon im vierten Kapitel, als Effi und die Mutter mit Einkäufen für die Hochzeit aus Berlin zurückkommen, etwas Brennendes auf dem Herzen, das er seinen Lieben mitteilen will:

> Briest war sehr froh, Frau und Tochter wieder zu Hause zu haben, und stellte Fragen über Fragen, deren Beantwortung er meist nicht abwartete. Statt dessen erging er sich in Mitteilungen dessen, was er inzwischen erlebt. „Ihr habt mir da vorhin von der Nationalgalerie gesprochen und von der ‚Insel der Seligen' – nun, wir haben hier, während ihr fort wart, auch so 'was gehabt: unser Inspektor Pink und die Gärtnersfrau. Natürlich habe ich Pink entlassen müssen, übrigens ungern. Es ist sehr fatal, daß solche Geschichten fast immer in die Erntezeit fallen. Und Pink war sonst ein ungewöhnlich tüchtiger Mann, hier leider am unrechten Fleck. (EB, S. 26)

Dass Briest eine Ehebruchsgeschichte so sachlich und kaltblütig erzählt ohne Rücksicht auf die Betroffenen außer sich selbst und seinen materiellen Verlust schockiert, wenn man trotz dem flotten Ton an der Oberfläche auf die Untertöne hinhört.

Dieses Gesprächsfetzen ist nicht nur und bedeutend mehr als eine vorwärtsweisende Andeutung. Es ist ein festeingenäher Bestandteil der Geschichte. Sex trumpft Familienstolz bei den Vorbereitungen für Effis Polterabend, indem Briest von seinen Einwänden gegen die Holunderbaumszene aus Kleists *Das Käthchen von Heilbronn* absieht, als er Hulda als Käthchen in enganliegendem Samtmieder erblickt (EB, S. 28). Solcher erotischen Anspielungen – »Zweideutigkeiten« nennt sie Frau von Briest – gibt es jede Menge

---

22 Segal 1997, wie Anm. 3, S. 117. Vgl. auch Matz wie Anm. 2, »Effi ist die Gelassenheit des alten Schriftstellers Fontane grundsätzlich unangemessen«, S. 76.

im Gewebe des ganzen Romans, und zwar in den Äußerungen nicht nur älterer Männer, sondern auch im Mund von Figuren beider Geschlechter und unterschiedlichen Alters. Aus diesem Spinngewebe im Sprachgebrauch des alltäglichen Lebens, gibt es für Effi kein Entkommen.

Im Geplauder mit Innstetten beim ersten Frühstück als Ehefrau vergleicht Effi den Dekor im Landratshaus zu dessen Vorteil mit dem im väterlichen Hause:

> Als Papa sich den neuen Gewehrschrank angeschafft und über seinem Schreibtisch einen Büffelkopf und dicht darunter den alten Wrangel angebracht hatte, [...] da dacht' er Wunder, was er gethan; aber wenn ich mir hier umsehe, daneben ist unsere ganze Hohen-Cremmener Herrlichkeit ja bloß dürftig und alltäglich. (EB, S. 63)

Das Elternhaus, welches Effi in der Ehe und nach der Trennung als Inbegriff der Geborgenheit, der Liebe und des Schutzes ständig vorschwebt, entpuppt sich hier als Ort der männlichen Gewalt und des Todes.[23]

Diese störende Parallelversion des Elternhauses lauert auch dicht unter der Oberfläche in zwei späten Gesprächsszenen. Als Briest am Schluss der ersten sagt, »Ich werde ganz einfach telegraphieren: ›Effi, komm.‹« atmen die Leser erleichtert auf (EB, S. 378). In dieser Diskussion von Effis Lage hat Briest humaner und vernünftiger als seine Frau gesprochen, aber gleich am Anfang des Gesprächs in dem von dem Erzähler wieder heraufbeschworenen idyllischen Garten geht aus Briests Worten hervor, dass Effi eigentlich längst wieder zu Hause hätte sein können, wenn er sich bemüht hätte, sich gegen seine Frau durchzusetzen. Seine Worte, »»Du weißt seit Jahr und Tag, wie ich darüber denke.«« und »»Ich kann dir sagen, ich hab' es seit lange satt ...«« verraten das grausame Versagen beider Elternteile (EB, S. 327–328). Ihr Gespräch am Ende des Romans weist eine ähnlich schockierende Inkongruenz auf zwischen ruhiger, gelassener Oberfläche und dem grauenvollen Unterton einer turbulenten Parallelwelt, einer Welt, in der die Geschichte der Männergewalt, der sinnlosen aber normbedingten Beschädigung und Aufopferung mehrerer Einzelleben jeder Lösung entbehrt.[24]

---

23 Das wird später nochmals diskret untermalt, als Effi sich mit dem Kind im Elternhaus aufhält. In ihrem Zimmer hängen zwei preußische Schlachtbilder. Effi will sie beim nächsten Besuch ersetzen lassen. »»[I]ch kann so 'was Kriegerisches nicht leiden.«« meint sie dazu (EB, S. 257).

24 Vgl. Matz wie Anm. 2, »Wie schon am Anfang des Romans [...] durchzieht etwas Nebelhaftes, Zweideutiges die Verhältnisse, mit einem Unterton des wahrhaft Grauenvollen.« S. 76. Matz kritisiert an Fontane, dass er nicht klar macht, warum Frauen sterben müssen (ebd., S. 77). Felicia Gordon dagegen hält, m. E. mit Recht, zwei verschiedene Lesungen für möglich: Im Ehebruchsroman des 19. Jahrhunderts sei

Eine Erklärung für diese verbale Taschenspielerei, die zum Stil in *Effi Briest* gehört und den Ton des Romans entscheidend mitprägt, findet sich in einem Satz in *Dom Casmurro*. Bento erzählt, wie sein Sohn als kleines Kind beobachtete, wie eine Katze eine Maus fing, und enttäuscht war, als sein Vater die Katze wegjagte, bevor er sehen konnte, wie sie die Maus fraß. Bento erfasst seine Reaktion darauf mit dem schönen lapidaren Satz, »Amo o rato, não desamo o gato.«.[25] (»Ich mag die Maus, lehne aber deswegen die Katze nicht ab.« (DC, S. 330)). Das entspricht der Sowohl-als-auch-Gesinnung des Realisten Fontane.

3. Körpersprache und nonverbale Kommunikation

In dem letzten Teil dieser komparatistischen Überlegungen werden die Vermittlung und Funktion der Körpersprache und der nonverbalen Kommunikation anvisiert. Im Rahmen des Ehebruchsromans geht es um die Vermittlung von Emotionen wie Angst, Schuldgefühle, Verlegenheit, Eifersucht, Liebe, Lust, Heiterkeit und Melancholie.

In *Dom Casmurro* arbeitet Machado de Assis viel großzügiger mit der Körpersprache als Fontane in *Effi Briest*. Söderberg beschränkt sich in *Doktor Glas* meist auf Gesichtsverfärbungen,[26] wenn es sich nicht um des Ich-Erzählers Beschreibung seiner eigenen unwillkürlichen physischen Symptome handelt, oder um absichtliche Strategien seine Gefühle zu verbergen oder sein Gegenüber zu manipulieren. In Machados Text spielt die Körpersprache eine zentrale Rolle. Der Ausdruck in Capitús Augen steht im Mittelpunkt der Handlung. Unentschieden bleibt, ob ihre Augen, wie der Hausfreund José Dias behauptet, »die einer listigen, hinterhältigen Zigeunerin« seien (DC, S. 80) oder »Augen wie das wogende Meer« (DC, S. 359),[27] wie Bento sie

---

das Ende mit dem Tod der Frau entweder als Versuch die sexuellen »double standards« als natürlich zu legitimieren oder als ironische Dekonstruktion der fatalen Künstlichkeit der eingebürgerten Geschlechterrollen anzusehen. Gordon, Felicia, *Legitimation and Irony in Tolstoy and Fontane*. In: Nicholas White und Naomi Segal (Hrsg.), *Scarlet letters. Fictions of Adultery from Antiquity to the 1990s*, New York/London 1997, S. 85–97, hier S. 94–95.

25 Machado de Assis, *Dom Casmurro*. Texto Completo em Português, wie Anm. 6, S. 177, Kap. 111.
26 Rotwerden ist in der Regel ein Zeichen für Verlegenheit oder Scham, Bleichwerden für Entsetzen oder Kummer bei allen drei Schriftstellern. Grün und violett im Gesicht wird Pastor Gregorius vor Todesangst.
27 Im Original: »Olhos de Resacca«, wie Anm. 6, S. 193, buchstäblich, »Unterströmungsaugen«.

wegen ihrer von ihm empfundenen unheimlichen Naturkraft bezeichnet. Capitús Augenausdruck beim Anblick des toten Escobar ist der Ursprung von Bentos Verdacht ihrer Untreue. Capitú selber ist schon als Adoleszentin eine sehr kluge Leserin der Körpersprache, eine Gabe, die es ihr ermöglicht andere zu manipulieren. Machado liefert recht plastische, ausführliche Schilderungen der Körpersprache um das Gefühlsleben seines Protagonisten zu vermitteln, wie zum Beispiel in im 12. Kapitel:

> Auf der Veranda hielt ich inne. Ich fühlte mich schwindlig, betäubt, meine Beine zitterten und das Herz schlug mir bis zum Hals. Ich wagte es nicht in unseren Garten hinab- und in den Nachbargarten hinüberzugehen. Also begann ich, auf der Veranda auf und ab zu wandern, wobei ich mich zwischendurch immer wieder festhalten musste. (DC, S. 37–38)

Nebenfiguren werden eher mit einer Beschreibung ihrer Körpersprache mit anschließendem interpretativem Kommentar eingeführt.[28] Die Figuren in *Dom Casmurro* sind überhaupt von einer ausgesprochenen Körperlichkeit.[29]

Bei Fontane sieht es anders aus. Verweise auf Körpersprache und nonverbale Kommunikation sind eher knapp formuliert und werden vom Erzähler selten kommentiert. Fontane verwendet eine nicht allzu große Auswahl an solchen äußerlichen Zeichen der Gemütsverfassung, aber die Akzente, die er mit ihnen setzt, machen den Ton des Romans zu einem guten Teil aus. Zu den Häufigsten gehört beim Sprechen oder Zuhören die Ergänzung »verlegen« oder »mit Verlegenheit«, dies bei weitem nicht nur von Effi, indem sie ihr schlechtes Gewissen zu vertuschen sucht.[30] Auch Frau von Briest, Innstetten, die Allgemeinheit am Polterabend, Gieshübler, Crampas und der Kapitän bei dem Duell verraten gelegentlich durch Ausdruck oder Miene diese Art sozial bedingter Betroffenheit. Das wiederholte Attribut zeugt davon, dass das Individuum in ein allgemein anerkanntes System von Verhaltensnormen eingebunden ist.

In *Effi Briest* nicken und lachen die Figuren oft, weinen viel seltener, und das tut eigentlich nur Effi (und die Zwillinge). Sie lächeln selten, und wenn, dann ist das meist kein gutes Zeichen. Das Wort ist negativ beladen. Lächeln signalisiert Spott, wenn Effi meint, »Wenn man zu zärtlich ist ... und dazu der Unterschied der Jahre ... da lächeln die Leute bloß.« (EB, S. 141) oder als Johanna überlegen lächelt, wenn Effi »bei den drastischen Stellen [in Roswithas Geschichten] oft laut auflachte« (EB, S. 135). Sidonies Lächeln im

---

28 Wie zum Beispiel José Dias in den Kapiteln 4 und 5.
29 Vgl. z. B. Kapitel 33, »Die Frisur«.
30 EB, S. 17, S. 20, S. 66, S. 71, S. 82, S. 106, S. 115, S. 123, S. 176, S. 178, S. 186, S. 210, S. 217, S. 221, S. 236, S. 245, S. 263, S. 302.

Schlittengespräch mit Effi ist das Zeichen eines bösartigen Überlegenheitsgefühls (EB, S. 185). Im Gespräch über die Notwendigkeit des Duells stellt sich Innstetten vor, wie ein Lächeln über Wüllersdorfs Gesicht gehen würde, als unwillkürliches Zeichen des Spotts, wenn Innstetten auf die Untreue seiner Frau nicht aktiv reagieren sollte (EB, S. 280). Das Lächeln der klatschfreudigen Geheimrätin Zwicker im Gespräch mit Effi ist auch alles andere als wohlwollend, was Effi deutlich heraushört (EB, S. 294, S. 295). Sonst, wenn Effi, Innstetten oder Crampas lächeln, was selten vorkommt, ist das ein Ausdruck gemischter, komplizierter, unbequemer Gefühle, und keineswegs Ausdruck ungebrochener, heilsamer Emotionen wie etwa Freude oder Wohlwollen. Beispielsweise »lächelte Effi vor sich hin, und es mischte sich etwas von Wehmut mit ein«, als Innstetten ihr versichert, dass sie während seiner Abwesenheit in Berlin nichts zu befürchten hat (EB, S. 202).[31] Innstetten seinerseits lächelt im Gespräch mit Wüllersdorf über die Notwendigkeit des Duells, hier ein Zeichen der halb reuevollen Resignation (EB, S. 279), und im Sterben lächelt Crampas aus ähnlichen Gründen (EB, S. 287).

Man liest öfter, dass jemand nickte,[32] meist in einem schlichten Satz ohne Adverbial-Attribute. Diese nonverbalen Ausdrücke der Zustimmung oder des Einverständnisses verleihen dem Text mit ihrer positiven Knappheit eine gewisse Beschwingtheit. Und das gilt in noch höherem Maß, wenn es um Lachen geht. Lachen und Weinen als Motive tauchen früh im Text auf. Effi verlangt im Gespräch mit der Mutter vor der Hochzeit vom Leben »immer 'was, daß ich lachen oder weinen muß.«« (EB, S. 35). Lachen ist sozusagen Lebensluft für sie und es darf nicht verwundern, dass Effi oft lacht, zirka zwanzigmal insgesamt. In vielen Fällen heißt es einfach, Subjekt + Verb, »sie/ bzw. Effi lachte« oder höchstens »sie lachte herzlich« oder »hell auf«. Es überrascht vielleicht schon eher, dass Innstetten etwa zwölfmal »lachte«, und nicht nur in den ersten Tagen der Ehe. Das ist eine beträchtliche Zahl, wenn man bedenkt, dass er auf viel weniger Seiten erscheint als seine Frau. Wichtig dabei für den Ton des Romans ist das es sich vorwiegend um eine spontane, offenherzige Reaktion handelt, einen Ausdruck ungemischter Gefühle. Diese kurzen, einfach formulierten Details des Verhaltens der beiden Hauptfiguren wirken wie Spritzen positiver Energie im Text. Die Körpersprache und nonverbale Kommunikation in *Effi Briest* werden weniger ausführlich erklärt und kommentiert als in den beiden anderen Romanen, aber Fontanes Lapidarstil

---

31 Siehe auch EB, S. 257, S. 303, S. 315.
32 EB, S. 155, S. 166, S. 173, S. 176, S. 188, S. 205, S. 210, S. 245, S. 249, S. 276, S. 277, S. 280, S. 300, S. 320, S. 323, S. 340, S. 347.

in dieser Hinsicht flößt seinem Werk frische, dynamische Impulse ein und trägt entscheidend zum Tempo der Erzählung bei.

4. Schlussbemerkung

In *Dom Casmurro*, *Effi Briest* und *Doktor Glas* finden wir in der brasilianischen, deutschen und schwedischen Literatur späte Beispiele für den Ehebruchsroman,[33] ein Erzählmuster, das den großen Schriftstellern des europäischen und nordamerikanischen Realismus schon seit der ersten Hälfte des 19. Jahrhunderts wiederholt als Spiegel der Gesellschaft gedient hat. In den drei Romanen, die hier vergleichend untersucht wurden, wird der Ehebruch den Lesern entdeckt und die Ehebrecherinnen werden bestraft, obwohl sie vom Standpunkt der jeweils gewählten Erzählperspektive aus nicht verurteilt werden. Alle drei, Machado de Assis, wie Fontane und auch Söderberg, interessieren sich für „the perversity of the norm",[34] das Sinnwidrige der Normen.

Alle drei Romane behandeln den Tod eher unsentimental und lassen moralische Fragen ungelöst. In *Effi Briest* und *Dom Casmurro* hört die Erzählung dort auf, wo sie angefangen hat. Diese kreisförmige Struktur gehört zum ironischen Grundzug in Romanen, in denen alles andere als die Wiederherstellung der Ordnung erlangt wird. *Doktor Glas* hingegen fängt mit erstickender Hitze an, um mit der Aussicht auf den ersten Schnee aufzuhören, den der Doktor willkommen heißt.[35] In allen Fällen stehen am Ende die übrigbleibenden Figuren den Lesern vor Augen, während die Ehebrecherinnen, ob tot oder verloren, abwesend sind. Im versöhnlichen Ton dieser Romanschlüsse klingt die humane Stimme von Schriftstellern an, die Verständnis für das allzu menschliche Tun und Treiben ihrer Figuren, ob Opfer oder Mitschuldige, diskursiv zu gewinnen wissen. Auch wenn – und darin liegt die ironische Ambivalenz der Texte – unter dieser Oberfläche dunkle Töne lauern und zum Reflektieren anregen.

Was den Stil betrifft sind alle drei Romane poetische Texte, ein Aspekt, auf den hier nicht näher eingegangen wurde, der aber weitere Nachforschung verdient. Im Rahmen dieser Untersuchung war es nur möglich auf eine begrenzte Auswahl an Vergleichspunkten einzugehen. Erstens gehört zum Ver-

---

33 Vgl. auch Leopoldo Alas, *Sein einziger Sohn* (1890).
34 John Gledson, wie Anm. 6, im Vorwort zu *Dom Casmurro*, New York/Oxford 1997, S. xxiii.
35 »Bald wird der erste Schnee da sein. Man spürt ihn in der Luft. Er wird mir willkommen sein. Soll er kommen. Soll er fallen.« DG, S. 126.

bindenden die Einsicht, dass alle drei Romane als Übergreifendes Thema die unerbittliche Zerstörung der Ungezwungenheit und *joie de vivre* der Jugend gemeinsam haben. Zweitens ist ihnen gemeinsam auch das raffinierte und suggestive Spiel mit der Oberfläche der narrativen Wirklichkeit und mit impliziten Parallelversionen, die in entgegengesetzte Richtungen führen. Eine Eigenart Fontanes besteht in seinem »hiding in plain sight«, oft mitten in scheinbar harmlosem Geplauder, von grauenvollen Wahrheiten. Daraus ergibt sich eine verunsichernde Doppelung im Text. Und drittens, als letzter Aspekt: der Umgang mit Körpersprache und nonverbaler Kommunikation geht in den drei Werken auseinander, was das Auge für Fontanes Stil geschärft hat. In Hinsicht auf Lächeln und Lachen konnten unterschiedliche semantische Merkmale festgestellt werden, während bei dieser komparativen Untersuchung die belebende Wirkung von der Knappheit des Satzbaus auf den Ton des Ganzen, und somit auf die Aussage des Romans, auch deutlich herauskam. Inwiefern diese Befunde sich in anderen Romanen Fontanes wiederholen und bewähren, bleibt noch zu ermitteln.

Der Fontane-Ton am Beispiel der *Poggenpuhls*

Ernest Schonfield

Dem Andenken an Barbara Lester, Teaching Fellow
an der University College London, gewidmet.

»Inhalt nicht vorhanden, aber der Ton ist vielleicht getroffen.«[1] So hat sich Fontane zur Handlungsarmut der *Poggenpuhls* in einem Brief an Heinrich Horwitz geäußert. Ihm lag demnach viel daran, den richtigen Ton zu treffen. Es liegt also nahe, *Die Poggenpuhls* als Stilübung zu betrachten. Fontane war sich wohl dessen bewusst, dass bei den *Poggenpuhls* der Ton der Kern der Sache war. Siegmund Schott gegenüber hat er bemerkt: »Das Buch ist kein Roman und hat keinen Inhalt, das ›Wie‹ muß für das ›Was‹ eintreten – mir kann nichts Lieberes gesagt werden.«[2] Die Frage nach dem Ton lässt sich meines Erachtens als Frage nach dem »Wie« verstehen: Wie wirkt der Erzähler auf uns, die Leserschaft? Wie verhält er sich uns gegenüber? Wie baut er seine eigene Glaubwürdigkeit bei uns auf? Wie appelliert er an unser Einverständnis? Wie schildert er die Romanfiguren? Wie verhält er sich den Romanfiguren gegenüber? Solche Fragen sind erzähltechnisch: Sie richten unsere Aufmerksamkeit auf die Erzählinstanz der Romane, die Martin Swales als besonders »taktvoll und zurückhaltend« bezeichnet hat.[3] Fontanes anonyme Erzähler verzichten meistens auf Kommentare; sie lassen den Figuren gegenüber Diskretion walten, d. h. sie ziehen sich zurück und lassen die Figuren für sich selbst sprechen. Als Romanschriftsteller moralisiert Fontane nicht, und er verdeckt sein literarisches Verfahren, sein Spiel mit Leitmotiven und

---

1 Theodor Fontane an Heinrich Horwitz, 6. 11. 1896 (HFA IV/4, S. 606). Barbara Lester hat mir immer viel geholfen, als ich mit ihr an der UCL zusammenarbeitete. Ich möchte auch Martin Swales für viele wertvolle Kommentare danken. Für das Gegenlesen dieses Beitrags bin ich Anita Tuta sehr dankbar. Das Gegenlesen dieses Beitrags wurde von der Royal Society of Edinburgh im Rahmen des Networks for Oratory and Politics gefördert.
2 Theodor Fontane an Siegmund Schott, 14. 2. 1897 (HFA IV/4, S. 635).
3 Martin Swales, *Möglichkeiten und Grenzen des Fontaneschen Realismus*. In: Heinz Ludwig Arnold (Hrsg.), *Theodor Fontane*, edition text+kritik, München 1989, S. 75–87, hier: S. 77.

Zitaten. Wie er schon 1855 in einer Rezension von Freytags *Soll und Haben* bemerkte: »Man will die Hände des Puppenspielers nicht sehen.«[4] Zudem berücksichtigen Fontanes Erzähler sowohl die moralischen als auch die literarischen Konventionen ihrer Zeit, indem sie Anstößiges vermeiden und Gewicht auf Dezenz legen.[5] In den *Poggenpuhls* z. B. verzichtet Fontane bewusst auf die Satire. Leo von Poggenpuhl wird durch den Tod des verhältnismäßig reichen Onkels vor einer Notehe mit einer reichen Jüdin bewahrt: Die Handlung bricht gerade dort ab, »wo die Gegensätze sich ihrer äußersten satirischen Zuspitzung nähern«.[6] Und Hugo Aust bemerkt, dass der Text »nie in die Sphäre des Romanhaft-Außergewöhnlichen« vordringt.[7] Zurückhaltung und Understatement sind Fontane wichtiger als Übertreibung. Am wichtigsten ist ihm aber die Natürlichkeit: Laut Walter Jens sei Natürlichkeit »der höchste Wert in Fontanes Tugendsystem«.[8] Einen Beweis dafür finden wir im zehnten Kapitel der *Poggenpuhls*, als Sophie an ihre Mutter schreibt: »Auch Friederike soll mir schreiben; Dienstbotenbriefe sind immer so reizend, ganz anders wie die der Gebildeten. Die Gebildeten schreiben schlechter, weil weniger natürlich«.[9] Der Fontane-Ton zeichnet sich also durch die Vermeidung der Künstlichkeit aus. Die Worte sollen nicht gewollt, sondern natürlich klingen.

Der Begriff ›Ton‹ verweist auf die Musik und auf die menschliche Stimme. Emotionale, performative und musikalische Aspekte sind hier mit einbezogen. Die Tonalität bzw. die Töne-Lehre gehört zur klassischen Rhetorik und zur Ästhetik der Biedermeierzeit, also damit auch zum literarischen Erbgut Fontanes. Friedrich Sengle hat ausführlich belegt, dass die Literatur der Biedermeierzeit »noch mit einer großen Zahl von Tönen« rechnet.[10] Im drit-

---

4 Theodor Fontane, *Gustav Freytag. Soll und Haben. Ein Roman in drei Bänden* (1855). In: HFA III/1, S. 293–308, hier: S. 302.
5 Vgl. Rudolf Helmstetter, *Die Geburt des Realismus aus dem Dunst des Familienblattes. Fontane und die öffentlichkeitsgeschichtlichen Rahmenbedingungen des Poetischen Realismus*, München 1998, S. 71.
6 Georg Lukács, *Der alte Fontane*. In: Georg Lukács, *Deutsche Literatur in zwei Jahrhunderten*, Werke Bd. 7, Neuwied und Berlin 1964, S. 452–98, hier S. 481.
7 Hugo Aust, *Theodor Fontane: »Die Poggenpuhls«. Zu Gehalt und Funktion einer Romanform*. In: Hugo Aust (Hrsg.), *Fontane aus heutiger Sicht. Analysen und Interpretationen seines Werks. Zehn Beiträge*, München 1980, S. 214–238, hier S. 215.
8 Walter Jens, *Wer am besten redet, ist der reinste Mensch. Über Fontane*, Weimar 2000, S. 10–11.
9 HFA I/4, S. 544. Im Folgenden wird auf diese Ausgabe des Primärtextes mit Sigle (P) und Seitenangabe direkt im Fließtext verwiesen.
10 Friedrich Sengle, *Biedermeierzeit. Deutsche Literatur im Spannungsfeld zwischen Restauration und Revolution 1815–1848*, Stuttgart 1971, Bd. 1, S. 594.

ten Buch von *De oratore* stellt Cicero grundlegend fest: »Diese Töne muß der Redner, wie der Maler die Farben, nach dem jedesmaligen Bedürfnis, auswählen und abändern können«.[11] Dieses Verständnis der literarischen Produktion spielte eine entscheidene Rolle im frühen neunzehnten Jahrhundert. Dabei wurde das Erzählen als eine Reihenfolge von verschiedenen Tönen verstanden. Sengle weist darauf hin, dass diese Töne-Lehre auch bei Fontane nachwirkte: Fontane beugte sich »nur bedingt« der realistischen Programmatik.[12] Zur klassischen Töne-Lehre gehört unter anderem die Idee, dass sich der Redner bzw. Autor im ständigen Dialog mit seinem Publikum befindet. Dabei sind die Erwartungen der Rezipienten von grundlegender Bedeutung. Der Redner muss den richtigen Ton treffen, um sein Publikum überzeugen zu können. Somit hängt der ›Ton‹ mit den Gefühlen und den Werten der Zuhörerschaft zusammen. Den richtigen Ton treffen heißt also, den Erwartungen des Publikums gebührend zu entsprechen und das »Gesellschafts-Etwas« nie außer acht lassen. Fontane vergisst diese performative Seite seiner Arbeit nie.

Bei der Töne-Lehre spielt der emotionelle Inhalt des Textes eine wesentliche Rolle.[13] Fontane betrachtete die Fähigkeit zur Empfindung als maßgeblich für seine Tätigkeit als Theater- und Literaturkritiker. 1873 bemerkte er in einem Brief an Maximilian Ludwig: »Meine Berechtigung zu meinem Metier ruht auf einem, was mir der Himmel mit in die Wiege gelegt hat: Feinfühligkeit künstlerischen Dingen gegenüber. [...] Ich habe ein unbedingtes Vertrauen zu der Richtigkeit meines Empfindens.«[14] Laut Walter Jens sind es drei Eigenschaften, die Fontanes literarische Kunst ausmachen: Richtigkeit des Empfindens bzw. Feinfühligkeit, »ein absolutes Gehör in allen Fragen rhythmischer Gliederung« und »die Beherrschung der rhetorischen Technik.«[15] Die Länge eines Satzes oder eines Nebensatzes, Assonanzen und Alliterationen sind hier von besonderer Bedeutung.

Im Folgenden werde ich auf einige rhetorische Merkmale Fontanes am Beispiel der *Poggenpuhls* eingehen. *Die Poggenpuhls* bieten sich als kleines Musterbeispiel für den Fontane-Ton an, weil sich dieser Text durch eine Reihe von Tönen auszeichnet, die für Fontane besonders kennzeichnend sind:

---

11 Cicero, *De oratore*, übersetzt von Friedrich Carl Wolff, Altona 1801, 2. Buch, 216. Abschnitt, S. 422; zitiert bei Sengle, wie Anm. 10, Bd. 1, S. 595.
12 Ebd., Bd. 1, S. 622.
13 Zum ›Ton‹ vgl. Elizabeth Boa und J. H. Reid, *Critical Strategies. German Fiction in the Twentieth Century*, London 1972, S. 81.
14 Theodor Fontane an Maximilian Ludwig, 2. 5. 1873 (HFA IV/2, S. 431).
15 Jens, wie Anm. 8, S. 12.

die Vertraulichkeit, die Bescheidenheit, die Diskretion und der Humor. Dabei müssen wir auch erzähltechnische Fragen stellen, z. B. warum hat dieser Roman einen solchen engen Kreis von Gestalten?[16] Warum finden wir diese Fokussierung auf die Alltagsroutine der Familie? Warum wird in diesem Roman großer Wert auf das Kleine gelegt? Im neunten Kapitel gibt der Text einen Hinweis auf seine eigene Poetik. Frau von Poggenpuhl beschreibt den Onkel Eberhard wie folgt: »Der gute Onkel ist eine Seele von Mann und kann das Wichtigtun und das Auf-Stelzen-Gehen nicht leiden, und wenn einer sagt: ›Ich bin fürs Kleine‹, der hat gleich sein Herz gewonnen.« (P, S. 533) Diese Liebe zum Kleinen und Natürlichen ist nicht nur als Charaktereigenschaft des Onkels zu verstehen, sondern auch als poetologische Vorgehensweise Fontanes. In seinen Werken sind es immer die kleinen Details, die den Unterschied ausmachen. Dabei führen uns die Gattungsfragen nicht sehr weit. Fontanes spätere Werke lassen sich schwer nach der Gattung einordnen. Was zählt, ist nicht die Gattung, sondern diese besondere Mischung aus Vertraulichkeit, Zurückhaltung und Humor, woran wir den Fontane-Ton erkennen. Dieser Beitrag geht der Frage nach, aus welchen stilistichen Aspekten sich der Fontane-Ton zusammensetzt. Fangen wir gleich mit dem Anfang des Textes an.

1. Die Einleitung (*exordium*) (1. Kapitel)

In der klassischen Redekunst ist die Einleitung (*exordium*) von besonderer Bedeutung. Laut Cicero sollen die Eingänge der Rede »nicht von außen gesucht, sondern müssen aus dem Innersten der Sache entlehnt sein, denn das exordium soll zur Behandlung der Sache hinführen – ebenso zu dem vertretenen Standpunkt«.[17] Zugleich stellt sich der Redner den Leuten vor und bittet um das Wohlwollen des Publikums. Wie stellt sich Fontanes Erzähler den LeserInnen vor? Wie versucht er, das Publikum für die eigene Rede zu gewinnen? Er zeigt, dass er ein tüchtiger Mann ist, indem er gleich zur Sache kommt. Die ersten Worte des Romans sind ja »Die Poggenpuhls« (P, S. 479). Der Erzähler zögert also nicht und stellt dem Publikum gleich die Hauptfiguren, Frau Majorin und ihre drei Töchter, vor. Ihre Adresse – sie wohnen nämlich in einem »mauerfeuchten Neubau der Großgörschenstraße« (P, S. 479) – sagt schon sehr viel über ihre Lebensart aus. Sie sind »Trocken-

---

16 Lukács, wie Anm. 6, S. 479.
17 Gert Ueding, *Einführung in die Rhetorik. Geschichte, Technik, Methode*, Stuttgart 1976, S. 208.

mieter«, d. h. Neubau-Erstmieter, die in Kauf nehmen, dass ihre Möbel durch die Mauerfeuchte Schaden nehmen. Wer sich um 1886 in der Großgörschenstraße einmietete, war »auf Reputierlichkeit bedacht, konnte aber nicht darüber hinwegtäuschen, daß er mit dem Pfennig rechnen mußte«.[18] Hier tritt der Fontanesche Erzähler als kundiger Realist in Erscheinung, als einer, der zum genauen Tatsachenbericht fähig ist. Im zweiten Satz zeigt sich aber der Erzähler in einem anderen Licht, indem er auf das ›Innerste der Sache‹ zielt. Er liefert dem Publikum einen kühnen existentiellen Gegensatz, einen, der aus der doppelten Aussicht aus der Wohnung hervorgeht. Beim Blick aus dem vorderen Bereich der Wohnung sieht man nämlich die »Grabdenkmäler« des Kirchhofs; aus den hinteren Fenstern jedoch eine riesige Werbung für »Schulzes Bonbonfabrik« (P, S. 479).[19] Diese Gegenüberstellung ist eine Art von *synkrisis*, »die wechselseitige Erhellung mit Hilfe eines Gegensatzes«.[20] Das ist zugleich eine erhebliche Vergrößerung der narrativen Reichweite: Die Doppelaussicht symbolisiert den existentiellen Gegensatz zwischen Lebensfreude und Todesangst. Das erinnert an eine Zeile Brechts aus seinem Lied »Ballade vom Förster und der Gräfin«: »Süß ist die Liebe, doch bitter der Tod«.[21] In diesem Gegensatz schwingt die gesamte Tragikomödie der Poggenpuhls mit. Das doppelte Sinnbild hat etwas Anspruchsvolles und Programmatisches an sich: Man hat hier mit Leben und Tod zu tun und mit allem, was dazwischenliegt. Allerdings nimmt dieser existentielle Gegensatz durch die massenhafte Herstellung der Bonbonfabrik und durch den überfüllten Stadtfriedhof eine besonders großstädtische Qualität an. Daran lässt sich eine Bemerkung anknüpfen, die Fontane am 19. Februar 1887 Friedlaender gegenüber machte, nachdem er die überhastete Totenfeier des 24-jährigen Fräuleins Anna Zöllner erlebt hatte. Nach der Totenfeier musste die Grabkapelle gleich geräumt werden, weil der nächste Sarg hinein musste: »von ›ruhig abwarten‹ war keine Rede gewesen. So das Leben und Sterben in einer großen Stadt. Alles fabrikmäßig, Massenproduktion«.[22] Beide Orte, der Friedhof und die

---

18 Hans Scholz, *Theodor Fontane*, München 1978, S. 21.
19 Bance meint allerdings, dass dieser doppelte Anblick eigentlich nur Frau von Poggenpuhl betrifft, weil sie die einzige Figur ist, die an Husten leidet und fortwährend Bonbons lutscht. Alan Bance, *Theodor Fontane. The Major Novels*, Cambridge 1982, S. 173.
20 Jens, wie Anm. 8, S. 12.
21 Bertolt Brecht, *Ballade vom Förster und der Gräfin*. In: Bertolt Brecht, *Große kommentierte Berliner und Frankfurter Ausgabe*, hrsg. von Werner Hecht, Jan Knopf, Werner Mittenzwei und Klaus-Detlef Müller, Berlin 1989–1998, Bd. 15, S. 209.
22 Theodor Fontane an Georg Friedlaender, 19. 2. 1887. In: Theodor Fontane, *Briefe an Georg Friedlaender*, hrsg. von Walter Hettche, Frankfurt am Main 1994, S. 96

Fabrik, sind eine Anspielung auf die neue massenhafte städtische Lebensform bzw. Sterbensform. Der Romananfang ist demzufolge kein einfacher Tatsachenbericht, sondern eine stilvolle künstlerische Darstellung des täglichen großstädtischen Existenzkampfs der Familie. Zudem versteht Rudolf Helmstetter die Gegenüberstellung von Grabdenkmälern und Werbung am Anfang der *Poggenpuhls* als Anspielung auf »die Polarität zwischen Erzählgegenstand und Erzählweise«, die für den poetischen Realismus charakteristisch ist, und er weist darauf hin, dass sich Doppel-Bildungen in zahlreichen Romananfängen Fontanes finden.[23] Die Gegenüberstellung bzw. das Doppelbildnis von Leben und Tod zeigt auch, dass von dem Erzähler vielleicht andere aufschlussreiche Gegensätze zu erwarten sind. Das weckt bereits das Interesse des Lesers.

2. Fontanes Assonanzen (1. Kapitel)

Als nächstes betrachten wir die musikalischen Qualitäten, die den Fontane-Ton ausmachen. Besonders relevant in dieser Hinsicht ist die Tatsache, dass Fontane sowohl Dichter als auch Romanschriftsteller war. Er spielt gerne mit Assonanzen. Diese ziehen sich durch das ganze erste Kapitel des Romans. Die drei Töchter stehen »überall in Achtung und Ansehen« (P, S. 484). Leo könnte ein Militärheld werden, er könnte vielleicht »die nächste große Russenschlacht, das Zorndorf der Zukunft, durch entscheidendes Eingreifen gewinnen« (P, S. 485). Dieser Satz enthält sowohl Assonanzen (»entscheidendes Eingreifen«) als auch Alliterationen (»Zorndorf der Zukunft«), die ihm eine eigene Logik und eine gewisse Zwangsläufigkeit verleihen. Diese wiederholten Assonanzen im ersten Kapitel gipfeln in der Beschreibung der Fähigkeit der Familie, aus der Not eine Tugend zu machen, wie das folgende Beispiel zeigt: »Sämtliche Poggenpuhls – die Mutter freilich weniger – besaßen die schöne Gabe, nie zu klagen, waren lebensklug und rechneten gut, ohne daß sich bei diesem Rechnen etwas störend Berechnendes gezeigt hätte.« (P, S. 482) Donald Riechel hat mit Recht auf den musikalischen Ton dieses Satzes hingewiesen: der Vokallaut »a« wiederholt sich mehrmals: »besaßen«, »Gabe«, »klagen«. Auch gehören »klagen«, »lebensklug« und »rechneten gut« zusammen.[24]

(Insel Taschenbuch). Dieser Brief befindet sich leider nicht in der HFA IV/3 aus dem Jahre 1980.
23 Helmstetter, wie Anm. 5, S. 266–67.
24 Donald C. Riechel, ›*Thou com'st in such a questionable shape*‹. *Theodor Fontane's Die Poggenpuhls*. In: Gerald Gillespie und Edgar Lohner (Hrsg.), *Herkommen und Erneuerung. Essays für Oskar Seidlin*, Tübingen 1976, S. 241–55, hier S. 245.

Dazu kommt noch das Spiel mit »rechneten«, »Rechnen« und »Berechnendes«. Das Rechnen der Poggenpuhls ist etwas durchaus Lobenswertes und Positives, es schlägt nie um ins Negative, ins »Berechnende[ ]«. Und das Spiel mit dem »a« setzt sich auf der nächsten Seite fort: Sophie »besaß [...] Talente«, und in »der bedrückten Lage« der Familie sind »diese natürlichen Gaben Tag für Tag ein Glück und Segen«. Auf der nächsten Seite geht es damit weiter, dass Manon »ganz ohne Begabung« sei, »besaß aber dafür die Gabe, sich überall beliebt zu machen« (P, S. 484). Das ist ein Ausbruch einer Klangfülle, die uns eigentlich nicht überraschen soll: Fontane hat sich prinzipiell als Dichter verstanden, und hat bis zum Lebensende Gedichte geschrieben. Diese Assonanzen vermitteln den Eindruck des lexikalischen Zusammenhalts, als ob solche Wörter und solche Werte immer zusammen gehören würden. Die »Gaben« und »Segen« bilden ein ideologisches Bedeutungsfeld, in dem sich die Familie gerne bewegt. So gesehen sind die Assonanzen Ausdruck eines Wertesystems bzw. einer Ideologie.

Im ersten Kapitel kommt auch vor, was Fontane in einem Brief an Spielhagen als »[d]as Programmmäßige, das Schemaaufstellen für die hinterher auftretenden Personen« bezeichnete.[25] In der Tat liefert uns das erste Kapitel eine genaue Aufstellung der Familienmitglieder: »So wohnten die Poggenpuhls« (P, S. 482), »So war Therese von Poggenpuhl« (P, S. 483), »So war die Rollenverteilung im Hause Poggenpuhl« (P, S. 484). Einerseits könnte man argumentieren, dass sich diese Anapher wie eine Auflistung der Personen am Anfang eines Dramas anhört oder vielleicht sogar wie ein Rezept, das ein Apotheker einem Patienten ausstellt.[26] Andererseits vermittelt die Anapher hier ein Gefühl der Vertraulichkeit, vielleicht sogar der mündlichen, intimen Kommunikation. So werden uns die Poggenpuhls in quasi-musikalischer Form vorgestellt. Das hört sich an wie »das Lied der Poggenpuhls«; die musikalische Qualität des Textes tritt hier als Ausdruck der familiären Ideologie in Erscheinung.

3. Die Alltagsroutine, die Wiederholung (2., 5. und 10. Kapitel)

Fontanes Romane zeigen eine feine Sensibilität für die Beschaffenheit des Alltags. Der Alltag als Reflexionsgegenstand ist eine Erfindung der Moderne: Erst mit der modernen Psychologie, Philosophie und Soziologie hat sich eine

---

25 Theodor Fontane an Friedrich Spielhagen, 24. 11. 1896 (HFA IV/4, S. 615).
26 Zum Zusammenhang zwischen Fontanes Ausbildung als Apotheker und seinem literarischen Stil vgl. den Aufsatz von Barry Murnane in diesem Band.

akute Sensibilität für den Alltag durchgesetzt.[27] Ingrid Mittenzwei weist darauf hin, dass *Die Poggenpuhls* nicht »von der Geschichte einer respektablen Familie« lebt, sondern »von den Kleinigkeiten ihres Alltags«.[28] Mittenzwei betont auch den »Verzicht« des Erzählers auf »eine Darstellung von Großartigem«.[29] Der Alltag besteht aus einer Reihe von Wiederholungen und Ritualen. Die Regelmäßigkeit des Poggenpuhlschen Lebens wird durch die Darstellung von deren morgendlicher Routine besonders hervorgehoben. Jeden Morgen kommt Friederike »von ihrem regelmäßigen Morgeneinkauf zurück« (P, S. 485) mit Semmeln und einem Topf Milch. Sie bereitet den Frühstückskaffee vor, heizt den Ofen im Wohnzimmer ein. Ihre »zweite Morgenaufgabe« besteht darin, Staub zu wischen (P, S. 486). Die genaue Beschreibung dieser häuslichen Pflichten sorgt für eine vertrauliche Stimmung. Es stellt sich aber bald heraus, dass diese zweite Aufgabe gar nicht leicht zu bewältigen ist. Das Bildnis von Major Balthasar von Poggenpuhl, »der Hochkircher« genannt, weil er bei der Schlacht bei Hochkirch im Jahre 1758 fiel, fällt sehr oft von der Wand. Der immer wieder abrutschende »Hochkircher« wird zum ständigen Witz, zum *Running Gag* des Romans. Das alte Dienstmädchen Friederike steht mit diesem Helden von Hochkirch »auf einer Art Kriegsfuß« (P, S. 487). Friederike muss Staub wischen, und oft, wenn sie mit dem Staublappen über das Bild fährt, fällt es auf das Sofa und muss wieder eingegipst werden. Das geschieht »wenn nicht regelmäßig, so doch sehr, sehr oft« (P, S. 487). Somit ist der »Hochkircher« Sinnbild eines unterschwelligen Dauerkampfs, der den poggenpuhlschen Alltag gekennzeichnet. Spätestens beim »Hochkircher« stellt sich heraus, dass das Leben der Familie eine ständige Herausforderung ist. Denn die Poggenpuhls müssen nicht nur den Kopf über Wasser halten, als Adelige müssen sie auch versuchen, den Kopf hoch zu halten, also einen standesgemäßen Lebensstil zu pflegen. In der Sprache von Thomas Manns *Buddenbrooks* heißt das »die dehors wahren«, oder, auf Englisch, »keeping up appearances«.[30] Im Kern geht es um die Bestrebung, die richtige Haltung

---

27 Zum Thema Alltag in *Die Poggenpuhls* vgl. Thorsten Carstensen, *Plaudereien über den Alltag: Theodor Fontanes Roman Die Poggenpuhls an der Schwelle zur Moderne*. In: Thorsten Carstensen und Mattias Pirholt (Hrsg.), *Das Abenteuer des Gewöhnlichen. Alltag in der deutschsprachigen Literatur der Moderne*, Berlin 2018, S. 5–60.
28 Ingrid Mittenzwei, *Die Sprache als Thema. Untersuchungen zu Fontanes Gesellschaftsromanen*, Frankfurter Beiträge zur Germanistik 12, Bad Homburg/Berlin 1970, S. 157.
29 Ebd., S. 158.
30 Thomas Mann, *Buddenbrooks: Verfall einer Familie*, Große kommentierte Frankfurter Ausgabe, Bd. 1.1, hrsg. von Eckhard Heftrich, Frankfurt am Main 2002, S. 291. Zum Thema »Haltung bewahren« in Thomas Manns *Buddenbrooks* vgl. Ernest

und Miene zu bewahren, auch wenn man einer Reihe von Demütigungen ausgesetzt wird. Das Sinnbild des »Hochkirchers« deutet an, dass die Bemühungen der Familie, einen respektablen Lebensstil aufrechtzuerhalten, oft zum Scheitern verurteilt sind. Von daher wird das Tragikomische des Familienschicksals wieder hervorgehoben. Einerseits sind ihre Bemühungen tragisch, andererseits sind sie komisch und manchmal sogar peinlich.[31]

Das ständige Thema im Alltag der Poggenpuhls ist die Geldknappheit, und sie drückt sich auf verschiedene Weisen aus. Die Klage über das eigene Schicksal gehört auch zum täglichen Frühstücksritual: Therese beklagt sich über die Semmeln und meint, dass man die Semmeln nicht bei »Budiker«, sondern bei »dem jungen Karchow« kaufen soll (P, S. 488). Es stellt sich gleich heraus, dass diese Bäckereifrage ein fester Bestandteil des Alltags ist: »Es war dies eine zwischen dem Mädchen und dem Fräulein jeden dritten Tag wiederkehrende Meinungsverschiedenheit« (P, S. 488). So regelmäßig ist das Gespräch also, dass es sich jeden dritten Tag wiederholt. Und es dreht sich natürlich um die Geldfrage: Wie viel Luxus können sie sich leisten? Was können sie sich gönnen und was nicht? Alles kommt darauf an, angesichts der Geldknappheit ein bescheidenes Glück zu finden. So steht, zum Beispiel, bei den Poggenpuhls kochendes Wasser immer zur Verfügung. Dabei lässt sich jederzeit eine »rasch herzustellende Kraftbrühe von französischem Namen« vorbereiten (P, S. 503). Das bietet die besten Voraussetzungen für eine abendliche »Plauderstunde« (P, S. 503), etwa wenn Manons Freundin Flora Bartenstein abends vorbeikommt. Das klingt zwar gemütlich, kann aber die Tatsache nicht aufwiegen, dass die Familie den Gästen nur eine einfache Bewirtung anbieten kann.

Auch die morgendliche Post ist als immer wiederkehrendes Familienritual zu verstehen. Der Briefträger wird vom Chor der Schwestern begrüßt: »›Der Briefträger‹, riefen alle drei Schwestern« (P, S. 489). Das Vorlesen des brüderlichen Briefes wird dann zum Familienereignis: Die Damen kommentieren den Inhalt des Briefs ausführlich, und so lernen wir Leo aus der Sicht der Familie kennen, noch bevor er persönlich erscheint. Leos bevorstehender Besuch stellt die Frauen vor die Herausforderung, zusätzliche Lebensmittel zu kaufen und auch das Geld für seine Rückreise aufzutreiben. Die Verhandlungen fangen gleich an: Vielleicht bekommt Sophie einen Vorschuss auf ihre

---

Schonfield, *Business Rhetoric in German Novels. From Buddenbrooks to the Global Corporation*, Rochester NY 2018, S. 20–25.

31 Zum Thema Humor in den *Poggenpuhls* vgl. Wolfgang Preisendanz, *Humor als dichterische Einbildungskraft. Studien zur Erzählkunst des poetischen Realismus*, München 1963, S. 219–230.

Aquarellbilder? Oder sollte man die Zuckerdose verkaufen? Die Ankunft jedes Briefes ist ein Ereignis, ist zugleich als Fortsetzung eines Gesprächs und als Gesprächsstoff zu verstehen. In den *Poggenpuhls* bestehen Kapitel 10 und 11 nur aus Briefen. Die Briefe wirken vertraulich und tragen zum informellen Gesprächston des Romans bei.[32] Die Länge eines Briefes ist auch von Bedeutung: Ein langer, gesprächiger Brief bezeugt die Liebe, die Zuneigung oder auch das Wohlergehen des Briefschreibers. Am Ende des 10. Kapitels schreibt Sophie beruhigend an ihre Mutter: »Aus der Länge meines Briefes siehst Du, daß es mir trotz alledem und alledem sehr gut ergeht« (P, S. 544).[33] Dabei fungiert der Brief als ein Zeichen der Ergebenheit gegenüber der Familie. Das Brief-Ritual bietet die Gelegenheit, die Familientreue auf den Prüfstand zu stellen. Als Leo sich im 11. Kapitel über seinen älteren Bruder Wendelin lustig macht, wird er von seiner Schwester Manon zurechtgewiesen: »Ei, ei; poggenpuhlsch ist das jedenfalls nicht« (P, S. 546). Sie fügt aber hinzu: nicht Leo sei schuldig, sondern sein »Umgangseinfluß«; gemeint ist hier der »pompöse[] [...] Ton«, den man bei den neureichen Bartensteins und Blumenthals trifft (P, S. 546). Leo begibt sich in Gefahr: Er muss zwar Karriere machen und eine reiche Ehefrau finden, aber er muss auch seinem Adelsstand treu bleiben. Das heißt, er muss sich immer »poggenpuhlsch« benehmen. Aus den vorherigen Betrachtungen ist ersichtlich, dass die Alltagsroutine der Poggenpuhls aus einem täglich wiederholten Kampf besteht. Die Familienmitglieder müssen ihre Haltung und Würde bewahren »wie es einem Poggenpuhl geziemt« (P, S. 509), und sich zugleich mit den neuen eingeschränkten Verhältnissen abfinden. Aus dieser Spannung ergibt sich der manchmal angespannte Ton der Erzählung. Die glorreichen Ahnenbilder der Familie fungieren dabei als eine Art höchster Instanz, die den Erzählvorgang ständig mitbestimmt und modelliert: »Therese selbst aber ließ ihr Auge ruhig über die über der Sofalehne hängende ›Ahnengalerie‹ hingleiten [...]« (P, S. 575). Alle Poggenpuhls – und auch deren Erzähler – sind sich der zur korrekten Haltung mahnenden »Ahnengalerie« bewusst. Man achtet stets auf sich, so dass alles in Maßen bleibt.

---

32 Laut Bance erwirkt die Veränderung des Milieus in den späteren Kapiteln, dass sich die Familie mit einem größeren Umfeld auseinandersetzen muss. Bance, wie Anm. 19, S. 182.

33 Die Phrase »trotz alledem und alledem« bezieht sich auf das Gedicht »Trotz alledem!« von Ferdinand Freiligrath, das in Anlehnung an »A Man's a Man for A' That« von Robert Burns geschrieben wurde.

4. Presse und Reklame (6. und 7. Kapitel)

Ein zusätzlicher Aspekt des Alltags, der im Roman sehr häufig erscheint, sind die gedruckten Medien, also die Reklame und die Presse. Am Anfang des Romans ist die Reklame schon zum Teil der Alltagskultur geworden: Die Wohnung hat Aussicht auf die riesengroße Werbung für Schulzes Bonbonfabrik. Reklame tritt hier als Teil des Stadtbildes in Erscheinung, und das wird im 6. Kapitel bestätigt, als Leo erklärt, dass er gerne die Werbesprüche auf einer Litfaßsäule studieren würde (P, S. 509). Leos Leidenschaft für die Reklame nimmt die Meinung des französischen Schriftstellers Blaise Cendrars vorweg, dass die Werbung »die Blume des alltäglichen Lebens, ein Zeichen für Optimismus und Fröhlichkeit« sei.[34]

Auch die Presse kommt in den *Poggenpuhls* sehr oft zum Vorschein. Rolf Zuberbühler hat gezeigt, dass die Presse eine zentrale Rolle im *Stechlin* spielt; deren Funktion in den *Poggenpuhls* bleibt noch zu untersuchen.[35] Sie wird oft zum Gegenstand der Unterhaltung, z. B. wenn Leo bemerkt, dass er die Geschichte einer alten Frau, »die ein ganzes Vermögen […] eingenäht hatte«, »mal in einer Zeitung gelesen« hat (P, S. 511). Damit spielt Leo auf die mangelnde Großzügigkeit seines Onkels an: Seine Wahrnehmung des Onkels ist also von der Presse mit beeinflusst. Gleich danach tritt Onkel Eberhard selbst auf, und er macht eine Liebeserklärung an Berlin: »das Leben ist nun mal das Beste, was eine große Stadt hat« (P, S. 512). Eberhard beschwört das Bild einer Großstadtidylle herauf, die in hohem Maße aus dem Konsum von Zeitungen besteht. Er liebt es nämlich, die Leute im Café Josty anzusehen, »wo sie schon von früh an sitzen und Zeitungen lesen« (P, S. 512); und dann werden »mit einemmal Extrablätter ausgerufen« (P, S. 512). Eberhards Großstadtidylle wäre undenkbar ohne das Zeitungslesen. Und die Zeitungslektüre gehört auch zum Alltag der Frau Majorin von Poggenpuhl. Sie will den Abend mit Zeitunglesen verbringen: »Wenn ihr alle fort seid, will ich erst das Tageblatt lesen und dann den Abendsegen.« (P, S. 515) Fontanes Gegenüberstellung von Zeitung und Abendgebet zeigt, dass die Zeitungslektüre nicht nur zum wesentlichen Bestandteil des Alltags geworden ist, son-

---

34 Blaise Cendrars, *Publicité = Poésie* (1927). In: Ders., *Œuvres complètes*, Bd. 4, Paris 1962, S. 227: »La publicité est la fleur de la vie contemporaine; elle est une affirmation d'optimisme et de gaieté; elle distrait l'œil et l'esprit. C'est la plus chaleureuse manifestation de la vitalité des hommes d'aujourd'hui, de leur puissance, de leur puérilité, de leur don d'invention et d'imagination, et la plus belle réussite de leur volonté de moderniser le monde dans tous ses aspects et dans tous les domaines.«
35 Rolf Zuberbühler, *Theodor Fontane, ›Der Stechlin‹. Fontanes politischer Altersroman im Lichte der ›Vossischen Zeitung‹ und weiterer zeitgenössischer Publizistik*, Berlin 2012.

dern auch zu einer Art von säkularem Segen. Die Gegenüberstellung lässt vermuten, dass die Zeitungslektüre als eine rituelle und moralische Bürgerpflicht zu verstehen ist, die man mit dem christlichen Gebet vergleichen kann.[36]

Onkel Eberhard hat, genauso wie Leo, einen ausgeprägten Sinn für den ungeheueren Wert der Reklame bzw. eines alten Zeitungsblattes. Im siebten Kapitel bemerkt Eberhard, dass Altpapier faszinierende Einblicke in die Geschichte geben kann:

> Sieh, das sind so Finessen, auf die man warten muß, bis man sie zufällig mal aufpickt, sagen wir auf einem Einwickelbogen oder auf einem alten Zeitungsblatt, da wo die Gerichtssitzungen oder die historischen Miszellen stehen. Denn nach meinen Erfahrungen umschließt die sogenannte Makulatur einen ganz bedeutenden Geschichtsfond, mehr als manche Geschichtsbücher. (P, S. 517)

Eberhard fungiert hier als Sprachrohr Fontanes, seine Meinung ist mit der Fontanes gleichzusetzen. Fontanes Praxis als Schriftsteller basierte auf Zugang zu einer riesigen Textmenge von Zeitungen, Zeitschriften, Pamphleten und Briefen, die er geschickt durchforsten konnte – das hat Petra McGillen schon bewiesen.[37] Für Fontane ist Altpapier also eine reiche Fundgrube von literarischen »Finessen«. Von daher könnte man Fontane als Sammler im Sinne Walter Benjamins betrachten, d. h. als einen, der gedruckte Ephemera gerne aufnimmt und wiederverwertet. Diese Wiederverwertung von Zitaten führt uns nun zur Analyse der Gemeinplätze bei Fontane.

5. Gemeinplätze (2., 3., und 10. Kapitel)

Überall in den *Poggenpuhls* kommen Gemeinplätze und Sprüche vor. Gemeinplätze (auf Lateinisch: *loci communes*) sind in der klassischen Redekunst besonders empfehlenswert, weil diese Redewendungen dem Publikum eng

---

36 Vgl. Alain de Botton, *The News. A User's Manual*, New York 2014, S. 11: »In the developed economies, the news now occupies a position of power at least equal to that formerly enjoyed by the faiths. Dispatches track the canonical hours with uncanny precision: matins have been transubstantiated into the breakfast bulletins, vespers into the evening report.«

37 Petra McGillen, *Ein kreativer Apparat. Die Mediengeschichte von Theodor Fontanes Bibliotheksnetz und Lektürepraktiken*. In: *Fontane Blätter* 103 (2017), S. 100–123. [Auf Englisch: Petra A. Spies, *A Creative Machine. The Media History of Theodor Fontane's Library Network and Reading Practices*. In: *Germanic Review* 87/1 (2012), S. 72–90].

vertraut sind. Gerade weil sie so vertraut sind, bieten sie sich als Ausdrücke des gesunden Menschenverstands an. Anders formuliert, sie erheben den Anspruch, die öffentliche Meinung zu repräsentieren. »Sinnsprüche bringen den Reden großen Vortheil, und zwar erstlich wegen der dadurch geschmeichelten Eitelkeit der Hörer: sie freuen sich nämlich, wenn Jemand einen allgemeinen Satz aufstellt, der mit den Meinungen zusammentrifft, welche sie selbst in einzelnen Fällen hegen«,[38] so Aristoteles. In *Über den Redner* nennt sie Cicero eine »gewisse Fundstätte«, die wir immer »in Bereitschaft« haben müssen.[39] Insofern ist es kein Wunder, dass Gemeinplätze häufig bei Fontane vorkommen. Die Vertrautheit der LeserInnen mit diesen Redewendungen trägt zur Vertraulichkeit des Fontane-Tons bei. Schon im zweiten Kapitel finden wir: »Gut Gewissen ist das beste Ruhekissen« (P, S. 488); »Es geschehen noch Zeichen und Wunder« (P, S. 492), im sechsten Kapitel: »Kommt Zeit, kommt Rat« (P, S. 509) und im dreizehnten Kapitel: »wer das Kleine nicht ehrt, ist des Großen nicht wert« (P, S. 562) – was als Motto für den ganzen Roman betrachtet werden könnte. Im achten Kapitel: »wenn die Not am größten ist, ist die Hilfe am nächsten« (P, S. 527). Literarische Anspielungen kommen auch vor. Als Leo im dritten Kapitel über den Mangel an reichen Verwandten klagt, zitiert er aus Goethes *Faust I* (Verszeile 1371): »man möchte rasend werden, sagt Mephisto irgendwo« (P, S. 497). Und Onkel Eberhard bezieht sich im siebten Kapitel auf ein Lustspiel von David Kalisch aus dem Jahre 1866 – *Berlin wird Weltstadt* (P, S. 516). Fontane verwendet diese Sprüche und geflügelten Worte nicht nur, um seinem Text einen vertraulichen Gestus zu geben. Im Großen und Ganzen haben diese Phrasen eine tröstliche Wirkung. Gerade weil sie nicht originell sind, weisen sie darauf hin, dass die Romanfiguren nicht allein sind, sondern an der Kultur teilhaben. Darüber hinaus ist Fontanes Umgang mit Sprüchen reflektiert, wie z. B. im dritten Kapitel, als Leo den Wahlspruch der Turner erwähnt: »Frisch, fromm, fröhlich, frei«. Leo sagt absichtlich nur »immer frisch, froh und frei – ›fromm‹ schenk ich mir« (P, S. 495). Hier benutzt Fontane den Gemeinplatz nur, weil er Kritik an dem Spruch üben will.

Auch später verwendet Onkel Eberhard Sprüche und Phrasen. Im neunten Kapitel benutzt er eine Anapher mit komischer Wirkung: Dreimal hintereinander sagt er: »Sprich nicht«. »Sprich nicht von ›versagen‹«, »Sprich

---

[38] Aristoteles, *Rhetorik*, übersetzt von Heinrich Knebel, Stuttgart 1838, 2. Buch, 21. Kapitel, S. 113.
[39] Cicero, *Über den Redner*, übersetzt von R. Kühner, 2. Buch, 130. Abschnitt. http://www.gottwein.de/Lat/CicDeOrat/de_orat02de.php (letzter Zugriff am 25. 03. 2020)

nicht von ›Verhältnissen‹«. Durch die Wiederholung der Phrase steigert sich die Szene ins Komische. Zum dritten Mal aber gibt es eine plötzliche Wendung. Eberhard sagt: »Sprich nicht von Glück, Albertine. Mag ich auch nicht hören. Selbst ist der Mann« (P, S. 536). Der Spruch betont, dass man vieles selbst machen kann. Man muss sich nicht auf andere oder auf das Glück verlassen. Gleich danach nimmt er aber seine Meinung zurück: »Aber nein, nein, ich will dies nicht gesagt haben … Sprich nur von Glück … Es ist ganz richtig …« (P, S. 536). Als sich diese Wendung vollzieht, wird das Thema des Glücks, das im Roman von zentraler Bedeutung ist, besonders hervorgehoben.[40]

Aristoteles zufolge kann man sich gegen einen Spruch durch einen anderen Spruch wehren: »Man darf aber auch Sinnsprüche gebrauchen *gegen* Sprüche, welche bereits Gemeingut geworden sind«.[41] Im 10. Kapitel findet ein regelrechter Kampf der Sprüche statt. Onkel Eberhard nennt den alten Spruch: »Sorg, aber sorge nicht zuviel, es kommt doch, wie's Gott haben will.« (P, S. 542). Manon gegenüber meint er, dass sie gegen diesen Spruch verstößt. Sie wehrt sich dagegen mit einem anderen Spruch: »Wie weh etwas tut, weiß nur der, der das Weh gerade hat.« (P, S. 542). Das erinnert an den Kampf der Motive in *Effi Briest*: Im 17. Kapitel erzählt Crampas die Geschichte von Pedro dem Grausamen und spielt auf Goethes »Der König in Thule« an; im 18. Kapitel kontert Effi diese Verführungsversuche mit Brentanos Gedicht »Die Gottesmauer«.[42] Gemeinplätze sind starke Überzeugungsmittel, aber es lässt sich über sie streiten. Sie sind Spielzüge in einem sprachlichen Spiel, das bei Fontane immer offen bleibt. Wie John Walker treffend bemerkt hat, sind Fontanes Figuren dazu gezwungen, sich selbst in der Sprache der Anderen auszudrücken.[43] Auf dieses Thema der Vielstimmigkeit komme ich später in meinen Schlussfolgerungen zurück.

---

40 Onkel Eberhard meint, dass Leo ein Glückskind ist: »Leo […] ist ein Glückskind, und das Beste, was man haben kann, ist doch immer das Glück.« (P, S. 541).
41 Aristoteles, *Rhetorik*, wie Anm. 38, 2. Buch, 21. Abschnitt. Kapitel, S. 113.
42 Auch in den *Poggenpuhls* wird auf Brentanos »Die Gottesmauer« angespielt. Die Anspielung findet sich im zehnten Kapitel, als Sophie an ihre Mutter schreibt: »Vorgestern ist Schnee gefallen; er liegt um das Schloß her wie eine Mauer« (P, S. 542). Zu Fontanes Verfahren des intertextuellen Zitierens vgl. den Beitrag von Regina Dieterle in diesem Band.
43 John Walker, *The Truth of Realism. A Reassessment of the German Novel 1830–1900*, London 2011, S. 126.

6. Einschränkungen (4. und 5. Kapitel)

Fontane liebt Einschränkungen.[44] Das berühmte Wort »beinahe« kommt mehrmals in *Effi Briest* vor und vermittelt dem Leser ein Gefühl der Unsicherheit.[45] In den meisten Texten Fontanes lässt sich gegen jede Feststellung etwas einwenden. Seine Figuren haben eine liebenswürdige Art, das Bestehende oder das Behauptete zu verneinen. Nehmen wir als Beispiel das Gespräch zwischen Leo und Frau von Poggenpuhl im 4. Kapitel. Als Leo seiner Mutter von seiner »Zuversicht«, was die Zukunft angeht, erzählt, entgegnet sie ihm: »Das klingt ganz gut, aber es ist doch nicht richtig« (P, S. 499). Und als Leo über die Freuden der Fata Morgana und der Hoffnung spricht, gibt die Mutter zu, »die Jugend kann das und darf es auch«; und sie gibt auch zu, dass »die Hoffnung oft besser als die Erfüllung« ist (P, S. 502). Dann kommt aber ihr Widerspruch: »Aber trotzdem, du hoffst zu viel und arbeitest zu wenig.« (P, S. 502) Leo lässt sich nicht unterkriegen und beteuert, dass die Heiterkeit besser als die Arbeit sei. Dann kommt das Abendbrot und ein Waffenstillstand wird angekündigt. Im Endeffekt bleibt der Streit über das gebührende Verhalten unentschieden.

Am Anfang des fünften Kapitels wird die Sauberkeit der Küche betont, jedoch mit einer feinen, aber wichtigen Einschränkung:

> Soviel sich [...] erkennen ließ, war in der Küche rundum alles in guter Ordnung und Sauberkeit, wenn auch nicht gerade blitzblank; blitzblank war nur der in seinem Kochloch stehende Teekessel, dessen Tüllendeckel beständig klapperte. Denn immer kochendes Wasser zur Verfügung zu haben war ein [...] klug erwogener Luxus der Poggenpuhlschen Familie, die sich dadurch instand gesetzt sah, jederzeit eine bescheidene Gastlichkeit üben zu können. (P, S. 503)

»Blitzblank« wäre nämlich zu viel des Guten. Es würde die Gemütlichkeit und die Gastfreundlichkeit der Poggenpuhlschen Wohnung beeinträchtigen. Es hört sich so an, als ob zu viel militärische Präzision nicht wünschenswert ist: »bescheidene Gastlichkeit« kommt vor »blitzblanke[r]« Sauberkeit. Das ist ein feiner Unterschied. So macht die Familie aus der Not einer Tugend. Auch im dreizehnten Kapitel, als Therese und Manon über die passende Kleidung beim Begräbnis streiten, wird ein feiner Unterschied gemacht. Als Therese feststellt: »Ich wenigstens stehe in der guten Tradition«, erwidert

---

44 Hierzu Rolf Parr, *Theodor Fontanes ›Rhetorik der einschränkenden Bedingung‹*. In: Peer Trilcke (Hrsg.), *Theodor Fontane*, edition text+kritik, München 2019, S. 73–82.
45 Zum Thema des »beinah« vgl. Swales, wie Anm. 3, S. 78–79.

Manon: »Aber nicht in der des guten Geschmacks« (P, S. 561). Auch hier wird über das Wesen der Familie und über ihre Haltung weiter gestritten. Was zählt am meisten: Tradition oder Anstand?

Einschränkungen sind ein wesentliches Stilmittel Fontanes, weil sie es ihm ermöglichen, die Vielseitigkeit und Vielstimmigkeit der Welt auszudrücken. Einschränkungen und Einwände sind Gegenmittel gegen die Einseitigkeit und die Borniertheit. Fontanes liebenswürdigste Figuren (Leo und Sophie von Poggenpuhl, Dubslav von Stechlin) stellen nicht nur die gesellschaftlichen Konventionen in Frage, sondern auch sich selbst. Man denkt dabei an die berühmte Aussage Dubslav von Stechlins aus dem ersten Kapitel des *Stechlin*: »Unanfechtbare Wahrheiten gibt es überhaupt nicht, und wenn es welche gibt, so sind sie langweilig.«[46] Allerdings scheinen einige Aussagen in den *Poggenpuhls* so wichtig zu sein, dass sich nichts dagegen einwenden lässt. Das geschieht z. B., als Frau von Poggenpuhl ihrem Sohn Leo sagt, dass er »das Herz auf dem rechten Fleck« hat (P, S. 528); als Eberhard sagt: »mit Liebe; das ist nun mal die Hauptsache« (P, S. 511); oder als Sophie schreibt: »Das Herz bleibt doch die Hauptsache« (P, S. 544). Die Wiederholung dieser Sätze betont ihre Ausnahmestellung im Text. Eigentlich kann man bei Fontane über alles streiten – mit Ausnahme der Liebe. Nur darüber lässt sich nicht streiten.

7. Das Spiel mit Gegensätzen (5. Kapitel)

Fontane spielt gern mit Gegensätzen. Etwas schlägt plötzlich ins Gegenteil um. So hat der Federhalter, mit dem Friederike in ihrem Wirtschaftsbuch schreibt, eine Zwitternatur: »Der aus Holz geschnittene Federhalter [...] schloß nach oben hin mit einem Adler ab, der auch eine Taube sein konnte« (P, S. 503). Es bleibt also dahingestellt, ob Friederikes Aufzeichnungen über die Einnahmen und Ausgaben von großem oder kleinem Ausmaß sind. Das Spiel mit den Gegensätzen setzt sich fort, als Leo mit Friederike die Frage bespricht, was er der Mutter zum Geburtstag schenken soll. Friederike schlägt Primeln vor; dieses Geschenk entbehrt nicht einer gewissen Ironie, was Leo gleich auffällt: »Primel oder Primula veris [...] heißt soviel wie Frühlingsanfang, und Mutter wird siebenundfünfzig.« (P, S. 507) Leo hat einen ausgesprochenen Sinn fürs Paradox; nicht nur in dieser Hinsicht ist er Dubslav von Stechlin ähnlich.[47] Das kommt zum Vorschein, als er über eine Lösung

---

46 HFA I/5, S. 10.
47 »Paradoxen waren seine Passion«, HFA I/5, S. 10.

zu seinem Geldproblem nachdenkt. Entweder heiratet er eine reiche Jüdin, oder er muss »nach Afrika« (P, S. 505). Friederike wendet dagegen ein, dass Afrika zu gefährlich ist: »Du meine Güte, die [...] schneiden uns armen Christenmenschen die Hälse ab.« (P, S. 506) Leo antwortet: »Das tun sie hier auch; überall dasselbe.« (P, S. 506). Die Replik klingt, als ob Leo den imperialistischen Gegensatz zwischen der angeblichen Fortgeschrittenheit Europas und der angeblichen Rückständigkeit Afrikas unterminieren will. Aber das meint er nicht ernst. Gleich danach zieht er seine Meinung über Afrika zurück, indem er den ausgehöhlten Edamer »wie einen kleinen Halbglobus« hält, und nur halb im Scherz sagt: »Sieh, das hier oben, das ist die Nordhälfte. Und hier unten, wo nichts ist, da liegt Afrika.« (P, S. 507) Es ist also doch nicht »überall dasselbe«. Der Gegensatz zwischen Europa und Afrika wird nur vorübergehend in Frage gestellt: Am Ende des Kapitels wird der Gegensatz wieder bekräftigt.

8. Das Theater als Metapher (7. und 9. Kapitel)

Der Ton als Konzept hängt mit dem Theater und mit der Redekunst zusammen. Hugo Aust unterstreicht die Bedeutung des Theaters im Roman. Er meint, dass das Theater das Leben nicht nur widerspiegelt, sondern dass es »das Leben unmittelbar ansichtig macht, weil [dessen] Bühnenapparat und Rollenspiel genau das vollziehen, woraus der Stoff des Lebens gewoben ist.«[48] Das Theater gilt seit der Antike als eine Metapher des Lebens. In der Literatur der Frühmoderne ist diese Metapher überall verbreitet. Das Zeitalter des Barocks hat die Welt als eine große Bühne wahrgenommen, auf der der Mensch seine Rolle vor den anderen zu spielen hat.[49] Dabei muss der sprechende Mensch den richtigen Ton treffen, wie schon in der antiken Redekunst festgestellt wurde. Der Roman *Die Poggenpuhls* thematisiert dieses Rollenspiel der Familie, als sie ins Theater geht, um eine Aufführung von den *Quitzows* zu sehen. In dem Schicksal der Quitzows, einer alten adeligen Familie, die von den Hohenzollern verdrängt wird, können die Poggenpuhls ihr eigenes Schicksal wiedererkennen. Herr von Klessenthin, ein alter Kamerad von Leo, verkörpert die Figur des Aristokraten als Schauspieler, weil er als Statist auf

---

48 Hugo Aust, *Theodor Fontane. Ein Studienbuch*, Tübingen/Basel 1998, S. 174.
49 Wilfried Barner, *Barockrhetorik. Untersuchungen zu ihren geschichtlichen Grundlagen*, Tübingen 1970, S. 89. Zur Kritik dieser Theatermetapher vgl. Michael Billig, *Arguing and Thinking. A Rhetorical Approach to Social Psychology*, Cambridge 1996, S. 44–48.

der Bühne erscheint. Als Onkel Eberhard das zur Kenntnis nimmt, staunt er ein wenig. Nach reichlicher Überlegung kommt Eberhard jedoch zu folgendem Schluss: »eigentlich ist ja doch jeder Schauspieler« (P, S. 535). Damit reflektiert Eberhard nicht nur über seine eigene Existenz, sondern auch über die soziale Funktion des Adels, der dazu berufen ist, bestimmte Werte und Traditionen zu repräsentieren. Auch der Adel muss einen schönen Schein produzieren. Die Poggenpuhls führen ihren Lebensstil in der Öffentlichkeit vor einem Publikum. Auch untereinander zu Hause versuchen sie, die ›dehors‹ zu wahren. Außer Eberhard ist Sophie die einzige Figur im Roman, die den Vergleich zwischen ihrer Person und Klessenthin weiter reflektiert:

> »Ich bin doch auch von Adel und eine Poggenpuhl, und ich male Teller und Tassen und gebe Klavier- und Singunterricht. Er spielt Theater. Es ist doch eigentlich dasselbe.«
>
> »Nicht so ganz, Sophie. Das Öffentliche. Da liegt es.«
>
> »Ja, was heißt öffentlich? Wenn sie bei Bartensteins tanzen und ich spiele meine drei Tänze, weil es unfreundlich wäre, wenn ich ›nein‹ sagen wollte, dann ist es auch öffentlich. Sowie wir aus unserer Stube heraus sind, sind wir in der Öffentlichkeit und spielen unsre Rolle.« (P, S. 533)

Hier zeigt Sophie großes Verständnis von Lebenskunst und setzt sich sogar mit den verschiedenen Arten von Publikum auseinander, wie es die Lehrer der antiken Rhetorik, Aristoteles und Cicero, immer gefordert hatten. Jeder Redner, jeder Schauspieler muss sein Publikum gut kennen, um den richtigen Ton treffen zu können.[50] Die Öffentlichkeit ist nicht homogen, sondern besteht aus vielen sozialen Schichten. Auf ähnliche Art und Weise sind auch die Bartensteins oder der Portier Nebelung eine Art »kritische Instanz«, vor der sich die Familie bewähren muss.[51]

Eine Rolle spielen heißt also, einem bestimmten Publikum gegenüber den richtigen Ton treffen zu können. Das ist dann besonders schwierig, wenn man die Rolle vor einem sehr kritischen Publikum spielen muss. Als Theaterkritiker weiß Fontane das nur zu gut. Dabei bezieht er sich am Ende des siebten Kapitels auf die Verlobung zwischen der Schauspielerin Paula Conrad (1862–1938) und dem Kritiker Paul Schlenther (1854–1961). Sophie bemerkt: »Der Verlobte soll ein sehr scharfer Kritiker sein. Ich denke es mir schwer, einen Kritiker immer zur Seite zu haben. Es bedrückt und lähmt den höheren Flug.« (P, S. 524) Ihr Begleiter, Herr von Klessenthin, antwortet

---

50 Aristoteles, *Rhetorik* 1. Buch, 9. Kapitel, 1367b.; Cicero, *De oratore*, 1. Buch, 223. Abschnitt.
51 Aust, wie Anm. 48, S. 177.

aber: »Nicht immer. Wer fliegen kann, fliegt doch.« Wir sollen unsere Darbietungen also nicht von der Anwesenheit eines Kritikers beeinträchtigen lassen. Dass es ausgerechnet Sophie ist, die so sehr über das Rollenspiel nachdenkt, ist passend. Alan Bance betrachtet sie als die reinste Erbin der Familientradition, weil sie eine echte Lebenskünstlerin ist.[52] In den späteren Kapiteln verschiebt sich die Romanhandlung nach Schloss Adamsdorf. Dementsprechend findet eine Schwerpunktverlagerung zugunsten Sophies statt. Bances Meinung nach sind die biblischen Bilder, die Sophie für die Adamsdorfer Kirche malt, als Rechtfertigung der Kunst und zugleich als Öffnung zum Universellen zu verstehen.[53] Bance weist darauf hin, dass Onkel Eberhard Sophies Bilder als »eine kleine Schöpfung« beschreibt (P, S. 557). Und der Onkel fügt gleich hinzu: »Und Schaffen macht Freude.« Es spricht also alles dafür, dass auch die bewusste künstlerische Leistung – die kleine Schöpfung – ein natürlicher Teil des alltäglichen Lebens ist. Dabei wird die künstlerische Erzeugung von Tönen nicht als etwas Unechtes verworfen, sondern als etwas Natürliches bejaht.

9. Der Ausgang (15. Kapitel)

Der Ausgang des Romans bildet ein Pendant zum Romananfang. Im ersten Kapitel gibt es eine Beschreibung der »Rollenverteilung« innerhalb der Familie. Im 15. Kapitel geschieht diese Auflistung der Poggenpuhls nun zum zweiten Mal, als Eberhards Tod in der Zeitung (in der *Post*, einer freikonservativen Tageszeitung) angezeigt wird. Agnes Nebelung, die bleichsüchtige Tochter des Portiers, muss ihren Eltern diese Todesanzeige vorlesen. Wir wissen, dass Agnes eine Begabung fürs Theater hat: »Agnes [war] wegen ihrer Figur und ihrer Vorliebe für die ›Jungfrau von Orleans‹ auch fürs Theater bestimmt« (P, S. 570). Portier Nebelung macht sich zwar lustig über den dramatischen Vortrag, aber »in der Tiefe seiner Seele« ist er »gar nicht so unberührt von dem allen« (P, S. 571–572). Agnes' Vortrag, ihre »glänzende Namensaufzählung« (P, S. 572), imponiert ihm dermaßen, dass er den großen Koffer der Damen in die Wohnung hinaufträgt. Die Auflistung der Familienmitglieder geschieht nun zum zweiten Mal und lässt den Romananfang widerhallen. Diese zirkuläre Textbewegung ist als Bestätigung der Familie und ihrer Werte zu verstehen. Die Poggenpuhls wissen nämlich, wie man sich

---

52 Bance, wie Anm. 19, S. 177.
53 Ebd., S. 183.

in der Öffentlichkeit präsentieren muss. Im Angesicht des Todes wird die Familienstruktur bejaht.

Auch die Tatsache, dass die Trauerrede für Onkel Eberhard für Agnes reserviert bleibt, ist von Bedeutung. Das zeigt, dass auch ein Kind aus einfachen Verhältnissen Repräsentationsaufgaben gut bewältigen kann. Sie ahmt den Schillerschen Ton der Familie geschickt nach. Als die Poggenpuhlschen Damen nach Hause zurückkehren, steht Agnes da, als ob sie die Marquise von Mondecar aus Schillers *Don Carlos* wäre: »wie wenn es sich um ihr Auftreten etwa als Mondecar gehandelt hätte« (P, S. 572). Und sie ist auch zu einem »gut einstudierten Hofknicks« (P, S. 572) fähig, als die Frau Majorin an ihr vorübergeht. Das ist nicht als Travestie zu verstehen, sondern als Beweis, dass Agnes das soziale Spiel mitspielen kann. Ihr sicheres Auftreten zeigt, dass sie sich im Leben zu behaupten weiß, und zwar genauso gut, wie es die Poggenpuhls machen. Und der Roman unterstreicht die Parallele zwischen den Poggenpuhls und dem Arbeiterkind, wenn Agnes' Vater sie eine »Kröte« nennt: »Sei nicht so frech, Kröte; – noch bist du nich dabei.« (P, S. 571) Die Poggenpuhls können »quaken«, aber Agnes kann das auch. Es besteht also durchaus die Möglichkeit, dass eines Tages eine Vertreterin der Arbeiterklasse die Vertreter der feudalen Ordnung ablösen könnte. Noch ist sie aber nicht dabei.

10. Schluss: Vielstimmigkeit und Gemeinsamkeit

Welche Schlussfolgerungen lassen sich aus der Analyse ziehen? Was macht den Fontane-Ton in den *Poggenpuhls* aus? In der vorangegangenen Diskussion sind einige rhetorische Merkmale des Romans analysiert worden: Ein programmatischer Anfang, der den weiteren Verlauf der Dinge andeutet, wird gefolgt von einem Spiel mit aufschlussreichen Gegensätzen. Musikalische Effekte, Assonanzen, Klangfülle; viel Humor; Einschränkungen; die Aufmerksamkeit fürs Detail; die Sensibilität für die Beschaffenheit des Alltags; der bewusste Umgang mit Gemeinplätzen, Sprüchen und Zitaten; eine kritische Hinterfragung des sozialen Rollenspiels; Mitgefühl und Mitfreude – das sind einige Merkmale, die bei der Lektüre von den *Poggenpuhls* besonders auffallen.

Darüber hinaus sollte man auch nicht vergessen, dass die Stimme des Erzählers bei Fontane zurückhaltender Natur ist. Nach dem eindrucksvollen Romananfang zieht sich der Erzähler hinter die Romanfiguren zurück. Die Charaktere sprechen meistens in eigenen Worten, ohne von dem Erzähler explizit beurteilt zu werden. Dieser Verzicht auf Besserwisserei ist eine typische

Geste Fontanes. Norbert Mecklenburg zufolge ist Fontanes Poetik von Vielstimmigkeit geprägt.[54] Mecklenburg behauptet sogar, dass Fontane manchmal »zum bloßen Arrangeur fremder Stimmen« werden kann, »wobei die Erzählerstimme zwischen den Figurenstimmen nahezu untergehen kann«.[55] Mit Bezug auf die Dialogizität Michail Bachtins sieht Mecklenburg in den Werken Fontanes »die künstlerisch organisierte Redevielfalt«.[56] Allerdings beziehen sich die individuellen Stimmen ständig auf voneinander abweichende ideologische Diskurse, so dass die individuellen Figuren zugleich als Vertreter von verschiedenen gesellschaftlichen Tendenzen in Erscheinung treten: »So redet die im Roman sprechende Figur auch als Individuum eine Gruppensprache, ihre Wörter sind ›Ideologeme‹«.[57] Darin sieht Mecklenberg die Kritikfähigkeit Fontanes. Die Zurückhaltung des Fontaneschen Erzählers lässt sich als eine Art Generosität interpretieren: Der Erzähler begnügt sich meistens damit, die Charaktere für sich selbst sprechen zu lassen und damit deren eigene Vorurteile zur Schau zu stellen. Nur durch Leitmotive, Symbole und Zitate fällt manchmal der Erzähler auf.

Trotzdem hat Fontanes Redevielfalt ihre Grenzen. In den *Poggenpuhls* z. B. lassen sich die Geschwister in zwei Gruppen teilen: Leo, Sophie und Manon erben die geistige Offenheit Onkel Eberhards; im Gegensatz dazu verfolgen Wendelin und Therese ihre programmatischen Ziele mit Verbissenheit.[58] Der Roman bleibt eher auf die geistig offenen Figuren fokussiert – der streberhafte Wendelin erscheint nicht einmal in Person, und auch seine Briefe an seine Mutter sind lediglich »Pflichtbriefe« (P, S. 555). Die Vorliebe für die gutmütigen Figuren zeigt, dass der Roman einen ausgeprägten humanistischen Kern hat. Der Erzähler lässt den größeren menschlichen Zusammenhang nie aus dem Auge. Die Figuren, die am sympathischsten wirken, beziehen sich oft auf das, was die Menschen miteinander verbindet. Im neunten Kapitel denkt die Dienerin Friederike über ihre Herrschaften nach: »Auf dem Heimwege [...] kamen Friederike allerlei Betrachtungen« (P, S. 531). Diese »Betrachtungen« haben eine zweifache Richtung: Zum einen differenziert Friederike zwischen den verschiedenen Familienmitgliedern und erkennt ihre Charakterfehler. Zum anderen betont die Dienerin deren Gemeinsamkeiten als Menschen:

---

54 Norbert Mecklenburg, *Theodor Fontane. Romankunst der Vielstimmigkeit*, Frankfurt am Main 1998.
55 Ebd., S. 79.
56 Ebd., S. 82.
57 Ebd., S. 80.
58 Bance, wie Anm 19, S. 175.

»Und daneben nun diese Poggenpuhls! Eigentlich haben sie ja gar nichts, un mitunter genier' ich mich, wenn ich sagen muß: ›ja, gnädge Frau, der Scheuerlappen geht nu nich mehr.‹ Aber sie haben doch alle so was, auch die Therese; sie tut wohl ein bißchen groß, aber eigentlich is es doch auch nich schlimm. Un nu das Leochen! Ein Tunichtgut ist er, und ein Flausenmacher, da hat die arme alte Frau ganz recht, un hat auch seinen Nagel, wie sie alle haben, bloß die Frau nich ... na, die hat sich zu sehr quälen müssen, un da vergeht es einem ... Aber man ist doch immer ein Mensch, un darin sind sie sich alle gleich.« (P, S. 531–532)

Als Dienstmagd hat Friederike gute Voraussetzungen, ein passendes Urteil über ihre Herrschaften abzugeben. Der sozialen Hierarchie zum Trotz bezieht sie sich auf eine existentielle Ebene, auf der alle Menschen gleich sind. Damit setzt sich Friederike über die sozialen Schranken schlicht hinweg. Dass diese Worte von der »treuen Seele« Friederike stammen, verleiht ihnen Gewicht. Ihre Einsicht erinnert dabei auch an das geflügelte Wort von Terenz: »Homo sum, humani nihil a me alienum puto« (»Ich bin ein Mensch, nichts Menschliches ist mir fremd«).[59] Hier vertritt Friederike die Meinung des Autors; es ist die Weisheit des alten Fontane, die aus ihr spricht: Dem »Gesellschafts-Etwas« zum Trotz gibt es doch ein Niveau, auf dem wir alle gleich sind. Auch diese Wendung zum Allgemein-Menschlichen macht den Fontane-Ton aus.

---

59 Das Zitat entstammt einem Stück von Terenz: *Heautontimorumenos* (*Der Selbstquäler*), Vers 77.

Die pharmazeutische Form Fontanes

Von *Vor dem Sturm* bis *Effi Briest*

Barry Murnane

Anlässlich von Fontanes 70. Geburtstag erschien in der *Vossischen Zeitung* ein Geburtstagsgruß von Paul Schlenther, der ein gut gemeintes, aber eigentlich wenig schmeichelhaftes Bild von Fontane als ›Apotheker-Schriftsteller‹ entwirft:

> Wenn Fontane ein Urteil, eine Ansicht, eine Tatsache ausgesprochen hat, so sucht er es durch ein ›oder wenigstens‹ oder durch ein ›beinah‹ bald mildernd, bald stärkend aufs richtige Maß zurückzuführen; nicht unähnlich einem fürsichtigen Provisor, der vor der Wage steht und genau aufs Krümchen nachstreut oder wegschüttet, was dem geforderten Gewicht nicht entspricht.[1]

Fontane wurde im März 1847 nach bestandenem Staatsexamen »Apotheker erster Klasse«[2] und hatte damit beruflich einen weitaus höheren Stand als ein bloßer »fürsichtiger Provisor« oder erster Gehilfe in einer Apotheke. Eine schriftliche Reaktion auf Schlenthers ›Würdigung‹ ist bisher nicht überliefert, auch wenn wir dank Rolf Zuberbühler wissen, wie produktiv Fontanes Lektüre der *Vossischen Zeitung* ausgefallen ist.[3] Der Jubilar wird die Würdigung aber kaum als schmeichelhaft aufgenommen haben, wie ein Vergleich mit seiner Reaktion auf das Urteil zum ›Apotheker-Schriftsteller‹ Henrik Ibsen von Emil Ritterhaus zeigt. In einem Brief an seine Tochter Martha vom 14. März 1889 schreibt er:

---

1   P[aul] S[chlenther], *Theodor Fontane. (Geboren 30. Dezember 1819)*. In: *Königlich privilegirte Berlinische Zeitung von Staats- und gelehrten Sachen*. Berlin. Nr. 607, 29. 12. 1889, Morgenausgabe, 1. Beilage. Zitiert nach Georg Urdang, *Der Apotheker als Subjekt und Objekt der Literatur*, Berlin 1926, S. 46.
2   Klaus-Peter Möller, »*Sehr gute Kenntniße der Chemie Pharmacie Botanik und Latinität*«. *Fontanes Zeugnisse aus seiner Ausbildung zum Apotheker als biographische Quellen*. In: *Fontane Blätter* 73 (2002), S. 8–41, hier S. 36 f.
3   Rolf Zuberbühler, *Theodor Fontanes* »*Der Stechlin*«. *Fontanes politischer Altersroman im Lichte der* »*Vossischen Zeitung*« *und weiterer zeitgenössischer Publizistik*, Berlin 2011.

> Betreffs Ibsen muß ich doch noch eine gute Bemerkung anfügen, die Emil Rittershaus [...] über Ibsen machte. »Haben Sie nicht bemerkt«, sagt er, »daß Ibsen ganz wie ein Apotheker wirkt; er ist den Apotheker nicht losgeworden und das spukt nun in seinen Stücken, seinen Problemen und Tendenzen, und auch in seiner Conversation. Er ist immer ein kleiner Apotheker, der abwartet und dribbelt und auf der Lauer liegt.« Es ist vollkommen richtig und ich mußte laut lachen, schon um hinter der großen Lache meine eigne Angst zu verbergen.[4]

Hatte Fontane im September noch Angst davor, sein eigenes Werk könne Spuren des ›Abwartenden‹, ›Dribbelnden‹, ›Lauernden‹ und ›Kleinlichen‹ des Apothekers aufweisen wie Ibsen, musste er sich Ende Dezember 1889 genau diese Beschreibung seines eigenen Schreibens in der *Vossischen Zeitung* gefallen lassen, wenn auch unter umgekehrten, positiven Vorzeichen. Im Guten wie im Schlechten lässt sich ein *Dispositiv* – mit Foucault gesprochen, das Netz eines historischen Ensembles von sozialen Praktiken und Gegenständen[5] – des pharmazeutischen Schreibens im literarischen Diskurs des 19. Jahrhunderts rekonstruieren und als ausgebildeter Apotheker und herausragender Autor des bürgerlichen Realismus ist Theodor Fontane mit diesem Dispositiv verbunden.

Im folgenden Beitrag steht diese Verbindung von Pharmazie und ästhetischer Praxis im Mittelpunkt, um zu fragen, ob man von einer pharmazeutischen Schreibform Fontanes sprechen kann.[6] Allerdings soll der ›Spuk‹ der Pharmazie positiver verstanden werden als Fontane dies offenbar selbst tat, denn gerade in den ihm von Schlenther zugesprochenen vorsichtigen sprachlichen und formalen Dosierungen, in seinem berühmten Hantieren mit und Montieren von Anekdoten, Andeutungen, Texten und Kontextwissen, kann man die Grundlagen seiner hochkomplexen realistischen Erzählkunst identifizieren. Dass man eine solche positive Vorstellung des Pharmazeutischen nicht ohne Widersprüche formulieren kann, liegt an Fontanes negativer Darstellung der eigenen Laufbahn als Apotheker vor allem in den 1890er Jahren. Während Schlenther den Apotheker und sein Wissen als Modell für eine

---

4   Theodor Fontane an Martha Fontane, HFA IV/3, S. 726. Der Winter 1888/1889 bringt einen allgemeinen Umschwung in Fontanes Ibsen-Rezeption: Statt enthusiastischen Eintretens wird eine zunehmende Distanz zu Ibsens Symbolismus bemerkbar, vgl. Birte Bernau, *Fontanes Ibsen-Rezeption. Ein Beitrag zur poetologischen Standortbestimmung Fontanes*, Berlin 2006, S. 183 f., S. 186 f.
5   Michel Foucault, *Dispositive der Macht*. Berlin 2000, S. 119.
6   Eine gekürzte Fassung dieses Beitrags ist erschienen als: *Fiktionale Pharmazie. Theodor Fontanes Apotheker und Apotheken vor dem Hintergrund pharmazeutischer Modernisierung im 19. Jahrhundert.* In: Peer Trilcke (Hrsg.), *Theodor Fontane*, edition text+kritik, München 2019, S. 164–177.

hochgradig komplexe realistische Ästhetik betrachtet, gilt der Apotheker für Fontane und Rittershaus als Inbegriff des Philiströsen, Kleinbürgerlichen. Diesem Dissens im pharmazeutischen Dispositiv liegt offenbar ein Wandel im Berufsbild des Apothekers zugrunde. Galt er seit der Frühen Neuzeit bis zur Romantik aufgrund seines Geheimwissens um Gift und Heilung, aber auch wegen seiner Nähe zur Alchemie als mysteriöse Gestalt und Trickster, so wird ihm durch die Verwissenschaftlichung und Professionalisierung des Berufs im 19. Jahrhundert zunehmend jegliches experimentelles, ästhetisches und anrüchig-sozialkritisches Potential abgesprochen.[7] Im positiven Urteil Schlenthers klingt das Ästhetische noch durch, aber für Fontane selbst dominiert der neuere Spuk des Philiströsen. Im Folgenden soll eine kurze Rekonstruktion von Fontanes pharmazeutischem Lebenslauf helfen, diesen Dissens zu verstehen, um in einem zweiten Schritt die Grundzüge von Fontanes pharmazeutischer Schreibform erzähltechnisch und im Schreibprozess zwischen *Vor dem Sturm* und *Effi Briest* zu erläutern.

1. Biographisches, nicht ganz so Biographisches ...

Fontane war ein guter Apotheker, aber in den dreizehn Jahren seiner unterschiedlichen pharmazeutischen Tätigkeit – vom Lehrling zum Gehilfen und schließlich zum approbierten Apotheker und Lehrherrn im Bethanien-Krankenhaus – hat er den Beruf anscheinend nicht geliebt. In dem Kapitel »In der Wilhelm Roseschen Apotheke (Spandauerstraße)« in *Von Zwanzig bis Dreißig* entwirft Fontane ein Bild seiner Jugend- und Lehrjahre, in denen er mit allen möglichen Projekten beschäftigt war, nur nicht mit der Pharmazie. Statt mit Fachzeitschriften und Lehrbüchern habe er seine Zeit mit Besuchen in Lesecafés und mit dem Dichten verbracht, und folgerichtig überblendet er im Rückblick den Tag seiner Gehilfenprüfung beim Berliner Kreisphysikus Dr. Natorp »um die Mitte Dezember« 1839 mit der Publikation der ersten Lieferung seiner Novelle *Geschwisterliebe* im *Berliner Figaro* – und damit mit seinem Debüt als Erzähler. Klaus-Peter Möller hat detailliert nachgewiesen, wie Fontane die Fakten hier fälscht, denn die Zeugnisse von Natorp wie auch von

---

7 Siehe Urdang, wie Anm. 1, S. 8–86; Matthias Dörries, *Zwischen politisch-sozialer und wissenschaftlicher Revolution. Das Apotheker-Motiv in der deutschen und französischen Literatur vom 17. bis 19. Jahrhundert*, Diss. Berlin (FU) 1989. Zum wissenschaftlichen und professionellen Kontext siehe: Berthold Beyerlein, *Die Entwicklung der Pharmazie zur Hochschuldisziplin (1750–1875). Ein Beitrag zur Universitäts- und Sozialgeschichte*, Stuttgart 1991.

Fontanes Lehrherrn Wilhelm Rose sind beide auf den 9. Januar 1840 datiert.[8] Dasselbe gilt für das Staatsexamen vor der Ober-Examinations-Kommission in Berlin im Jahr 1847, für das Fontane mit der Approbation erster Klasse ausgezeichnet wurde:

> Es war alles Durchschlupf, *hair breadth escape*. Dabei passierte das, was immer passiert, daß ich auf dem Gebiet, auf dem es am schlimmsten mit mir stand, am besten abschloß. Das war in der Botanik. Ich ging, in Frack und weißer Binde durch die Friedrichsstraße hin auf meine Marterstätte zu. Bei Raehmels Weinhandlung […] angekommen, schwenkte ich ein, um mich durch eine halbe Flasche Rotwein so weit wie möglich zu stärken und dabei noch einen flüchtigen Blick in ein kleines, mich beständig begleitendes botanisches Büchelchen zu thun. Ich schlug blindlings auf, und auf der linken Seite stand: Die Caryophyllaceen. […] [D]er alte Link, berühmter Botanikprofessor […], begann mit seiner Krähstimme gerade nach den Caryophyllaceen zu fragen. Er sah wohl, daß ich nur grad einen Schimmer davon hatte und mit diesem Schimmer alles zu vergolden trachtete. Das amüsierte ihn und so gab er mir denn ein ganz leidliches, will also sagen, unverdientes Zeugnis. Ich hatte Glück gehabt.[9]

Entgegen dieser anekdotenhaften Darstellung konnte man sich zu einem solchen Abschluss nicht durchmogeln; in der Regel bedeutete die Approbation erster Klasse, die Fontane 1847 erhielt, eine langjährige Ausbildung samt Teilstudium der Chemie, Botanik und Medizin an einer Universität, auch wenn dieses erst 1875 reichseinheitlich vorgeschrieben wurde.[10] Außer Chemievorlesungen bei Heinrich Rose, dem Bruder seines Lehrherrn Wilhelm Rose, scheint Fontane das nötige pharmazeutische Wissen an der Gewerbeschule und im Selbststudium erlangt zu haben, was zwar angesichts der Medizinalordnungen der 1820er und 1830er Jahre zunehmend ungewöhnlich, aber nicht undenkbar war. In den 1890er Jahren werden die Ausbildung, die Berufsjahre und die abschließende Prüfung aber zur bloßen Anekdote, die in der Autobiographie kaum mehr als zwanzig Seiten einnimmt. Das Eigentliche, das sollte schon mit der Gehilfenprüfung das Literarische sein, das während, neben und nach der pharmazeutischen Arbeit stattfindet.

Es gibt vielerlei Gründe, warum Fontane noch in hohem Alter um eine ›Reinigung‹ seiner eigenen Biographie bemüht war. Es sind dies einerseits ganz persönliche, aber andererseits weit verbreitete soziale Ressentiments, die in einem Brief an Henriette von Merckel aus London im Jahre 1856 erkennbar werden:

---

8   Möller, wie Anm. 2, S. 22 f.
9   GBA Das autobiographische Werk, Bd. 3, *Von Zwanzig bis Dreißig*. Autobiographisches, S. 369.
10 Beyerlein, *Die Entwicklung der Pharmazie*, S. 169.

Herr Alberts weiß, daß ich Apotheker gewesen bin, und durch ihn der Gesandte auch. Das wird nie vergessen. Anstatt zu sagen: »Tausendwetter, der Mensch muß notwendig Talent haben, weil er Apotheker war, 14 lange Jahre […]«, statt dessen heißt es: »Er kann unmöglich was Reelles leisten, denn er ist ja eigentlich nur ein Apotheker«.[11]

Der Apotheker gilt der Gesellschaft offenbar als entpolitisierter Kleinbürger, als ein in jedem Lebensbereich dilettierender Philister, ein Mann ohne Halt, Bildungsstand und ernsthafte oder kritische (ästhetische) Interessen. Das ist auch der dribbelnde, lauernde Apotheker, von dem Fontane heimgesucht wurde. Hatte er noch bis in die 1850er Jahre hinein Pläne zur Übernahme einer Apotheke gehegt und diese lediglich aus finanziellen Gründen aufgegeben,[12] ist der Journalist und Dichter Fontane spätestens[13] nach dieser demütigenden Erfahrung in London bemüht, sich vom Apothekerstand abzusetzen. So lässt sich detailliert nachzeichnen, wie er seit Mitte der 1870er Jahre in biographischen Beiträgen seine Ausbildung zum Apotheker durch ein vermeintliches Studium der »Naturwissenschaften, besonders Chemie« ersetzt.[14] Zur gleichen Zeit arbeitete Fontane an seinem Berliner Gesellschaftsroman, der unter dem Titel *Allerlei Glück* bekannt ist und Entwürfe zu zwei unschmeichelhaften Apothekergestalten enthält.[15] Kaum ein Motto beschreibt

---

11 Theodor Fontane an Henriette von Merckel, 27. 12. 1856. In: Gotthard Erler (Hrsg.), *Die Fontanes und die Merckels. Ein Familienbriefwechsel 1850–1870*. Bd. 1. Berlin/Weimar 1987, S. 109.
12 Siehe Theodor Fontane an Gustav Schwab, HFA IV/1, S. 117: »Ich habe längst erkannt, daß es sich um *Sein* und nicht um *Scheinen* handelt. Der Hochmuth ist jetzt ferne von mir, über den Apotheker hinauszuwollen. Aber es geht auch damit nicht: meine Vermögenslosigkeit macht mir den Ankauf einer Apotheke unmöglich; so daß ich, nach gerade den Hafen ersehnend, angefangen habe, mich nach Andrem umzuthun. Von meiner Feder leben *kann* ich weder, noch *will* ich es«.
13 Roland Berbig zitiert einen ironischen Brief an den ›Apotheker-Kollegen‹ Friedrich Witte von 1850, um zu zeigen, dass er bereits sehr früh Skepsis am Bürgerlich-Philiströsen seines Berufs hegte: »nur der Umstand Ihrer fast allzu pharmazeutischen Behausung hat, freilich noch unter Lachen, ein flüchtiges Bedauern bei uns rege gemacht. Fahren Sie nur fort, lieber Witte, sich mit gutem Humor in das Unvermeidliche einer pharmazeutischen Schandkneipe (gegen die Eskimohütten Escuriale sind) zu finden, und – Sie haben gesiegt«. Siehe Roland Berbig, »[…] ein Stück Doktor« und »›geschätzter Dichter‹ beim Pillendrehen«. *Theodor Fontane auf medizinisch-pharmazeutischem Terrain. Ein Vortrag*. In: *Fontane Blätter* 100 (2015), S. 112–127, hier S. 117.
14 [Autobiographische Notiz für Wilhelm Hertz. 1862], HFA III/1, S. 427.
15 Theodor Fontane, *Allerlei Glück*. In: Christine Hehle und Hanna Delf von Wolzogen (Hrsg.), *Theodor Fontane. Fragmente. Erzählungen, Impressionen, Essays*. Bd. 1. Texte. New York/Berlin 2016, S. 103–173. Siehe auch Julius Petersen, *Fontanes erster Berliner Gesellschaftsroman*. In: *Sitzungsberichte der Preußischen Akademie der Wissenschaften. Philosophisch-historische Klasse*, Berlin 1929, S. 480–519.

Fontanes Einstellung zu seinem gelernten Beruf als Pharmazeut besser als ein wiederkehrender Vers aus Bertolt Brechts Gedichtzyklus *Aus dem Lesebuch für Städtebewohner*: »Verwisch die Spuren«.

2. Plauderton und Pharmazie

Diese Spuren waren jedoch kaum wegzuwischen. In dem bereits zitierten Brief an Martha verbirgt Fontane seine Angst, ertappt zu werden, hinter einem Lachen. In einem Brief zwei Wochen später an den Journalisten Friedrich Stephany wirkt die Angst nach, als Fontane sich selbst die Frage stellt, »wie steht es mit dir? merkt man es auch?«[16] Nur einige Monate später gibt ihm Schlenther die Antwort: An seinem abwägenden, vorsichtigen Erzählstil (»›oder wenigstens‹ [...] ›beinah‹«) und an seinem genauen Blick für Gewohnheiten und soziale Realität (»aufs richtige Maß«) merkt man Fontanes Ausbildung. Das Pharmazeutische scheint dem Autor wie der zeitgenössischen Kritik mitunter zum poetologischen Kern von Fontanes Erzählen zu gehören.

Was es heißt, die eigene pharmazeutische Ausbildung in Literatur kanalisiert zu haben und damit eine pharmazeutische Poetik zu formulieren, geht aus diesen Textzeugnissen hervor. Der Kern von Fontanes Ästhetik wurde in den vorsichtigen sprachlichen und formalen Gestaltungen seiner Texte identifiziert. Aus einem wohl dosierenden Montieren von Informationen, Andeutungen und Anekdoten gehe ein charakteristischer ›Ton‹ hervor, in dem Schlenther die Spuren seiner pharmazeutischen Ausbildung findet. Die akustische Metaphorik ist an dieser Stelle nicht zufällig, denn der Grundstein für die stilistische und formale Analyse von Fontanes Werken aufgrund ihrer charakteristischen ›klanglichen‹ Gestaltung und Effekte legte schon die zeitgenössische Kritik. *Vor dem Sturm* (1878) griff auf den plaudernd-belehrenden Tonfall der ersten Bände der *Wanderungen* zurück (wie Andrew Cusack im vorliegenden Band eindrücklich zeigt), wofür ihn die konservative Literaturkritik zunächst lobte. Hier ist vor allem die teilweise dramatisch anmutende Gestaltung des Stoffes in der Gesprächs-, Anekdoten- und Bonmot-Kultur Berlins und des Oderbruchs gemeint, die bald als Geburt des Romanciers aus der Talentschmiede des Journalisten Fontane schlagwortartig identifiziert wurde, ein zentraler Topos der Fontane-Forschung bis heute.[17] Statt Hand-

---

16 Theodor Fontane an Friedrich Stephany, HFA IV/3, S. 728.
17 Fontane hatte umfangreiche werkpolitische Mühe auf sich genommen, diese Rezeption bei der konservativen Presse zu beeinflussen, vor allem im Briefverkehr mit Ludovika Hesekiel; ihre Rezension hebt auch die Verbindung zum ›Heimatdichter‹ der Wanderungen besonders hervor. Siehe: [Ludovika Hesekiel], *»Vor dem Sturm.«*

lung oder Spannung entwirft Fontane ein breites Geflecht differenzierter Charaktere und lässt unterschiedliche Einstellungen zu Politik und Gesellschaft, zur Tradition und zur neuen Zeit in ihren Unterhaltungen anschaulich werden. In der fiktionalen Inszenierung dieser Unterhaltungen entsteht eine mehrstimmige Klangwelt des Winters 1812 auf 13, der – wie noch zu sehen sein wird – eigentlich ein komplexes Netz an Texten unterschiedlichster Provenienz zugrunde liegt.

Ein gutes Beispiel für dieses Schreibverfahren findet man im Gespräch über die weiße Frau in Buch IV, wie Matthias Bickenbach gezeigt hat.[18] Nachdem Renate von Vitzewitz im 11. Kapitel die Gruppe um ihren Vater Berndt, Bamme, Drosselstein, Hansen-Grell und Hirschfeldt, durch ihre Erzählung vom Porträt Wangelines von Burgsdorff – also der weißen Frau – zu einem Besuch auf Schloss Hohen-Ziesar angeregt hat, entfaltet sich im 12. Kapitel ein langes Gespräch über die literarischen Quellen und die mögliche politische Bedeutung dieses Gespenstes. Nach Drosselsteins Erzählung der Geschichte seiner Großtante Wangeline, ist es Bamme, der ihn mit der Gegengeschichte der Gräfin von Orlamünde provoziert. »Nur Bamme schüttelte historisch-kritisch den Kopf und sagte [...] ›Pardon, Drosselstein, daß ich Ihnen widerspreche [...]‹.« Bamme habe »alles [gelesen], was von Peter Goldschmidts ›Höllischem Morpheus‹ an bis auf Rentsch' ›Brandenburgischen Zedernhain‹ hinunter über die weißen Frauen geschrieben worden ist«, und stellt Dissonanzen und eine unsichere Faktenlage zur weißen Frau fest, die ihn zum Geisterbanner der Familie Drosselstein macht: »Ich kann den Verdacht nicht unterdrücken, daß sich Ihre Verwandten, die Burgsdorffs, eine neue weiße Frau kreiert haben«.[19] Daraufhin »preßte [Drosselstein] die Lippen zusammen und sagte pikierter, als sich mit seiner sonstigen Sprechweise vertrug: ›Eh bien, General, wenn Sie den ›Höllischen Morpheus‹ gelesen haben, [...] so verzichte ich darauf, Ihre Meinungen zu widerlegen‹.«[20] In der inszenierten Oralität dieser Szene betont Fontane gerade die Heterogenität der Auslegungen sowie

---

Roman aus dem Winter 1812 auf 1813 von Theodor Fontane. In: *Neue Preußische Kreuzzeitung* 291, 12. Dezember 1878. Siehe hierzu: Luise Berg-Ehlers, *Theodor Fontane und die Literaturkritik. Zur Rezeption eines Autors in der zeitgenössischen konservativen und liberalen Berliner Tagespresse*, Bochum 1990, S. 126–129.

18 Matthias Bickenbach, *The Lady in White or The Laws of the Ghost in Theodor Fontane's »Vor dem Sturm«.* In: Andrew Cusack und Barry Murnane (Hrsg.), *Popular Revenants*, New York 2012, S. 200–221.

19 GBA Das erzählerische Werk, Bd. 1–2, *Vor dem Sturm. Roman aus dem Winter 1812 auf 13*, Bd. 2, S. 341.

20 Ebd.

die Wandelbarkeit der Legende – was hier durch den innerfiktionalen Bezug auf reale Quellen und Lektüren humoristisch enttarnt wird.

Solche innerfiktionalen Zitierverfahren liefern allerdings ein poetologisch wichtiges Anzeichen für Fontanes eigenes Schreibverfahren. Der Roman insgesamt – auch diese Episode – setzt sich aus tatsächlichen Mitschriften des Autors zusammen, teilweise bis in den Wortlaut hinein. Fontane zitiert und paraphrasiert ausgiebig aus unterschiedlichen Quellen, allen voran Adalbert Kuhns *Märkische Sagen und Märchen* und Julius von Minutolis *Die weiße Frau*, um das Gespräch zu formulieren. Bereits im 11. Kapitel ist Hansen-Grells Kindheitserinnerung an die weiße Frau (»Es ist mir noch in Erinnerung, daß ich als Kind immer mit Gruseln von den ›vier Augen‹ las, die ›zwischen stünden‹ und aus der Welt geschafft werden müßten«[21]) eine Paraphrase von Kuhns Darstellung (»Einstens wurde ihr [der Orlamünderin] die Rede Albrechts des Schönen, Burggrafen zu Nürnberg, hinterbracht, der gesagt hatte: ›gern wöllt ich dem schönen Weib meinen Leib zuwenden, wo nicht vier Augen wären!‹«[22]). Bammes Argumentation speist sich hauptsächlich aus Julius von Minutolis »[g]eschichtlicher Prüfung der Sage« *Die weiße Frau*, was in seiner Bezugnahme auf Goldschmidt und Rentsch am deutlichsten erkennbar ist.[23] Seine ironische Bemerkung, dass »Konrad von Burgsdorff« von seiner »wirklichen weißen Frau (meiner Orlamünderin) die Berliner Schloßtreppe hinuntergeworfen wurde«, leitet sich wiederum aus Kuhns *Märkische Sagen* ab (»[...] worauf sie ihn [den Kurfürsten] statt aller Antwort mit solcher Gewalt die Treppe hinunter warf«).[24] Auch die Bemerkung Turganys am Anfang des folgenden Kapitels »Der Plan auf Frankfurt«, dass er die weiße Frau für »die patriotischste Frau des Landes« halte, weil sie »den großen Empereur zweimal aus ihrem Schlosse hinausgespukt hat«,[25] basiert auf Minutoli, der eine Anekdote über die Heimsuchung Napoleons auf dem Weg nach Rußland mitteilt, welche mit einer Beschreibung von ihrem »patriotisch deutschen Sinn« eingeführt wird und in dem Spruch »Ce maudit château« gipfelt.[26] Auch Turgany behauptet: »›Ce maudit château‹ waren seine höchsteigenen Worte«. Nicht nur das Gespräch als Ganzes, sondern auch die einzel-

---

21 GBA Das erzählerische Werk, Bd. 2, S. 334.
22 Adalbert Kuhn, *Märkische Sagen und Märchen nebst einem Anhange von Gebräuchen und Aberglauben*, Berlin 1843, S. 126.
23 Julius von Minutoli, *Die weiße Frau. Geschichtliche Prüfung der Sage und Beobachtung dieser Erscheinung seit dem Jahre 1486 bis auf die neueste Zeit*, Berlin 1850, S. 12 und S. 15.
24 GBA Das erzählerische Werk, Bd. 2, S. 341; Kuhn, wie Anm. 20, S. 126.
25 GBA Das erzählerische Werk, Bd. 2, S. 345.
26 Minutoli, wie Anm. 21, S. 15 und S. 17.

nen Beiträge und Anekdoten der jeweiligen Figuren im Roman sind demnach das Ergebnis der intertextuellen Vermischung und Zusammenstellung des vom Autor vorgefundenen Materials, das innerfiktional von Bamme auch markiert wird. Zufallsprodukte sind solche Gespräche und Anekdoten nicht, denn bereits in den Dispositionen und Arbeitsplänen für den Roman im Notizbuch E 2 findet sich eine Liste von Quellen, die Fontane berücksichtigen wollte, inklusive Sammlungen »Märkische[r] und norddeutsche[r] Sagen«.[27] Das Gespräch um die weiße Frau ist nur ein punktuelles Beispiel für Fontanes Verfahren, welches gerade in seiner Nebensächlichkeit gut geeignet ist, das tatsächliche Ausmaß dieser Praktiken zu illustrieren.

In *Vor dem Sturm* entwickelt Fontane eine Schreibform, die sich durch Polyphonie und Intertextualität auszeichnet und die ich im Anschluss an Jacques Derrida als pharmazeutisch bezeichnen möchte. In *Platons Pharmazie* erläutert Derrida eine als *Dissemination* bezeichnete Vorstellung von Intertextualität, nach der jeder Text im Augenblick seines Schreibens und Lesens sich stets aus anderen Texten speise, auf andere Texte verweise und demnach als supplementär erscheine.[28] Auf Platons Verständnis von Schrift als „Pharmakon" verweisend, nennt Derrida dieses Verfahren auch pharmazeutisch, wobei dieser Begriff für ihn grundsätzlich für jeden Text gilt. Ausgehend von einer Nebenbemerkung in *Dissemination*, die auf die spielerischen Digressionen, ironischen Verweisketten und Fußnoten Jean Pauls aufbaut,[29] ist jedoch eine enger abgesteckte und reflektierte pharmazeutische Poetik mit erkennbaren (an der Textoberfläche oftmals explizit markierten) Instanzen von Dissemination und Intertextualität denkbar. Wie am Beispiel Bammes im bereits erwähnten Auszug aus *Vor dem Sturm* erkennbar wird, liegt z. B. dem Plauderton Fontanes und dem ihn fundierenden disseminierenden Verfahren ein komplexes Netz an Textzeugnissen aus den Lektüren des Autors selbst zugrunde. Damit verschiebt sich der Fokus auf die ›Gemachtheit‹ von Texten, was eine Überarbeitung von Derridas Konzept in Richtung einer *materiellen* und nicht nur *ideellen* Kritik zur Folge hat. Worum es mit dieser Aktualisierung geht, ist eine exemplarische Rekonstruktion der Lese- und Vermischungspraktiken, mittels deren der Autor seinen Text zustande bringt.

Fontane reflektiert dieses Schreibverfahren in brieflichen Äußerungen und Selbstkommentaren. Auf die Anfrage einer Leserin, ob sie seine Nach-

---

27 Staatsbibliothek zu Berlin – Preußischer Kulturbesitz, Handschriftenabteilung, Nachlass Theodor Fontane: Notizbuch E 2, Bl. 52v–53v. Dauerleihgabe im Theodor-Fontane-Archiv, Potsdam.
28 Jacques Derrida, *Dissemination*. Hrsg. v. Peter Engelmann, übers. v. Hans-Dieter Gondek, Wien 1995, S. 48 f. und S. 53 f.
29 Ebd., S. 35 f., Fn. 15.

erzählung der Sage vom »Judenklemmer« im »Quitzow«-Abschnitt von *Fünf Schlösser* selbst literarisch weiter verwerten dürfe, schreibt er:

> Ich gehe davon aus: was gedruckt ist, ist ein gedeckter Tisch, wo jeder zulangen kann und je mehr, desto besser; auch die so viel betonte Namensnennung oder Quellenangabe ist mir gleichgültig. So stehe ich Ihnen denn mit dem »Judenklemmer«, so weit ich dabei mit zusprechen [sic!] habe, ganz und gar zu Diensten. Aber nicht alle denken so und am wenigsten der, von dem der Judenklemmer eigentlich herrührt, was ich am eignen Leibe schaudernd erfahren. Die Geschichte [...] ist [...] vom Pater Handmann [sic] in Seedorf bei Lenzen a. E. in einem Sagenbuche »Neue Sagen aus Mark Brandenburg«, oder so ähnlich, zuerst erzählt worden. [...] Das ist mir aber von Pastor H. [...] sehr verdacht worden, so daß ich Mühe hatte, ihn zu beruhigen.[30]

Pikant war das Ganze, weil Fontane Handtmanns *Sagen aus der Mark Brandenburg* Jahre zuvor positiv rezensiert hatte, was darauf hindeutet, dass er den Stoff bereits einige Jahre mit sich herumgetragen hatte. Georg Wolpert hat den Fall rekonstruiert und Fontanes Zitierverfahren in *Fünf Schlösser* detailliert nachgewiesen.[31] Dieser Brief ist ein biographischer Zufallsfund, aber auch eine markante und aussagekräftige Formulierung seiner Einstellung zu fremden und eigenen Texten. Man muss zwar Unterschiede zwischen Fontanes journalistischen und kulturhistorischen Schriften wie den *Wanderungen*, zwischen den Entwürfen und Notizen und den fiktionalen Erzählungen und Romanen anerkennen, aber die Stoffsammlung, das gleichzeitige Finden und Erfinden von Erzählstoffen, sind, wie *Vor dem Sturm* zeigt, in beiden Fällen dennoch dieselben. In der fortschreitenden Arbeit an und mit diesen Quellen verfeinert Fontane den Text, um diesen Gestaltungsprozess zu glätten und beinahe unsichtbar werden zu lassen.

3. *Vor dem Sturm*, Pharmazie und Realismus

Während Jean Paul solche Schreibpraktiken in der Apothekergestalt Nicholas Marggraf im *Komet*-Roman fiktionalisiert, beruhen sie im Falle Fontanes auf seine im Beruf tatsächlich erlernten Arbeitspraktiken und Aufschreibsysteme. Im mittleren 19. Jahrhundert ist der Pharmazeut trotz zunehmender Industrialisierung in der Herstellung von Medikamenten noch ein Vermischungs-

---

30 Zitiert nach Hans-Peter Möller, *Eduard Handtmann. Der Pfarrer von Seedorf*. In: *Jahrbuch Ostprignitz-Ruppin* (2005), S. 43–54, hier S. 52 f.
31 Georg Wolpert, *Handtmanns märkische Sagen auf Fontanes Fensterbrett*. In: *Leipziger Jahrbuch zur Buchgeschichte* 20 (2011/2012), S. 155–180, hier S. 165–7, der synoptische Vergleich auf S. 176–8.

künstler, der Einzelstoffe präpariert, dosiert, vermischt und zu einem neuen Stoff als (hoffentlich) wirksames Medikament macht (wobei die eigenständige Präparation von Grundstoffen bereits in den 1840er und 1850er Jahren zunehmend durch eine industrielle Großherstellung abgelöst wurde).[32] Das ließe sich anhand einer genauen Rekonstruktion der Lehrinhalte in der Apothekerausbildung in Deutschland nachvollziehen:[33] Gehörte der praktische Vermischungsunterricht zum Grundstoff von Trommsdorffs Pensionsanstalt in Erfurt (der Vorläufer der Gewerbeschulen für Apotheker),[34] so bleibt dies ein zentraler Bestandteil in Philipp Hankes *Leitfaden zur Vorbereitung auf die Preußische Apotheker-Gehilfen-Prüfung* von 1841. Neben der Geschichte der Pharmazie und einer erweiterten Einführung in die Physik, Botanik und Chemie erlernt man hier die Einrichtung der Apotheke und den Umgang mit Instrumenten (Abschnitt 2), die Gewinnung und Aufbewahrung von Pflanzenstoffen (Abschnitt 3) sowie die »Zubereitung und Vermischung der Arzneien« (Abschnitt 4).[35] Eben diese Vermischungspraktiken von unterschiedlichen Grundstoffen betreibt Fontane aber auch auf literarischem Boden mit der extremen Form von Intertextualität und Dissemination in *Vor dem Sturm*, überträgt also die Praktiken seines gelernten Berufs in die Schriftstellerprofession hinein. Als Schriftsteller erscheint Fontane hier als Handwerker, und wie beim Apotheker Distelmeier in *Allerlei Glück* noch zu sehen sein wird, verbindet er selbst dieses Handwerk mit dem des Apothekers.

Aus Sicht der heutigen Fontane-Forschung, die sich nach dem intertextuellen Aufspüren von literarischen ›Einflüssen‹ nun auch eine genetische Rekonstruktion von Fontanes Texten detailliert vornimmt, sind Fontanes Texte das Ergebnis eines komplexen intertextuellen Zitierverfahrens aus Zeitungen, Zeitschriften, historischen Quellen und belletristischer Literatur.[36] Das lässt

---

32 Vgl. Paul Ridder, *Im Spiegel der Arznei. Sozialgeschichte der Medizin*, Stuttgart 1990, S. 56–59, S. 61–70.
33 Für einen ersten Ansatz dazu vgl.: Andrea Kanold, *Lehrbücher für die praktisch-theoretische Ausbildung in der Apotheke*. In: Wolf-Dieter Müller-Jahncke (Hrsg.), *Der Apotheker und seine Fachliteratur*, Stuttgart 2001, S. 95–102.
34 Vgl. Johann B. Trommsdorff, *Nachricht von der chemisch=physikalischen, und pharmaceutischen Pensionsanstalt, für Jünglinge*. In: *Journal der Pharmacie für Aerzte, Apotheker und Chemisten* Bd. 2, Heft 1 (1794), S. 212–6, hier S. 214 f.
35 Philipp Hanke, *Leitfaden zur Vorbereitung auf die Preußische Apotheker-Gehilfen-Prüfung*, Berlin 1841, hier Bd. I. S. 3–4; ein Überblick der Vermischungspraktiken in Bd. II. S. 10–24.
36 An der Spitze dieser neuen und sehr produktiven Forschungsrichtung steht Gabriele Radecke mit ihrer digitalen Edition der Notizbücher (https://fontane-nb.dariah.eu/index.html), aber auch mit ihrer Untersuchung zur Entstehung von *L'Adultera*, sowie Walter Hettche mit seinen Arbeiten zu *Vor dem Sturm* und schließlich Petra Spies

sich in *Vor dem Sturm* im Kleinen wie im Großen zeigen und schließt die Verwendung von Zufallsfunden und intensiver Recherche gleichermaßen ein. So ist eine Nebenbemerkung Kathinkas über das Bleigießen (»Wir haben Blei gegossen […] Eva meint, daß es ein Brautkranz sei«[37]) im Kapitel II.19, »Silvester in Guse«, auf einen Zeitungsausschnitt über Aberglauben in Brandenburg zurückzuführen, den Fontane im Notizbuch E 2 (Bl. 52v) eingeklebt hat. Inhaltlich wichtiger und umfangreicher sind allerdings die Exzerpte, die Fontane aus den Memoiren Friedrich August Ludwig von der Marwitz' machte und an mehreren Stellen, u. a. für die Schilderung von Berndts Treffen mit dem Grafen von Hardenberg in Kapitel II.7 (»Nach Tisch«), verwendete. Diese Episode ist aus teils paraphrasierenden, teils wörtlichen Übernahmen aus einer längeren Passage in Marwitz' Erinnerungen zusammengestellt, in denen dieser sich kritisch über die diplomatische Politik Hardenbergs äußert. Fontane gestaltet diese Episode als Gespräch zwischen Berndt und der Tischgesellschaft um Bamme auf Schloss Guse; bemerkenswert ist, dass Marwitz den Abschnitt in seinen Memoiren über sein Treffen mit dem Minister selbst als erinnertes Gespräch gestaltet hatte. Der Plauderton war also bereits vorgegeben. Aus diesem Abschnitt befinden sich einige detaillierte und einige stichwortartige Exzerpte auf Bl. 54v–57r im Notizbuch E, die dann in der Endfassung verwendet werden. Bei Marwitz liest man:

> »Dies sey seine Meinung auch; schon lange habe er auf einen solchen Zeitpunkt gewartet« – er detaillirte mir alle seine geheimen Verbindungen mit England und (während des Krieges) mit Rußland, – »jetzt müßten und würden wir Alles wieder gewinnen, darum werde auch schon gerüstet. Wahrscheinlich aber werde man es nicht brauchen, Napoleon sey so herunter, daß er Frieden machen müsse, und wir würden ohne Blutvergießen blos durch Negociationen zu unserm Zweck kommen.« Ich erstarrte! – Also noch nicht belehrt? die Zeit nicht begriffen? Napoleon noch nicht kennen gelernt?[38]

Berndt von Vitzewitz schimpft zunächst, dass »er mir alle seine geheimen Verbindungen mit England und (während des Krieges) mit Rußland [detail-

---

[jetzt McGillen] mit ihrer Arbeit zu den *Wanderungen*. Siehe z. B. Gabriele Radecke, *Vom Schreiben zum Erzählen. Eine textgenetische Studie zu Theodor Fontanes »L'Adultera«*, Würzburg 2002 (Epistemata, Bd. 358); Walter Hettche, *Die Handschriften zu Theodor Fontanes »Vor dem Sturm«. Erste Ergebnisse ihrer Auswertung*. In: *Fontane Blätter* 58 (1994), S. 193–212; Petra Spies [McGillen], *Original Compiler. Notation as Textual Practice in Theodor Fontane*. Diss. Princeton, 2012.

37   GBA Das erzählerische Werk, Bd. 1, S. 358.
38   [Friedrich August Ludwig von der Marwitz,] *Aus dem Nachlasse Friedrich August Ludwig's von der Marwitz auf Friedersdorf, Königlich Preußischen General-Lieutenants a. D.* Hrsg. Marcus Niebuhr. Bd. 1. *Lebensbeschreibung*. Berlin 1852, S. 333.

lierte]«; »er treibt Diplomatie, nicht Politik. [...] Er spricht von ›Negociationen‹, ein Lieblingswort« (186).[39] Als er auf die Frage der Rüstung zu sprechen kommt, kann man eine direkte Übernahme aus Marwitz finden:

> »Vitzewitz, wir rüsten.« Aber auch dieses Nichts war ihm schon wieder zuviel. »Wir rüsten«, fuhr er fort, »ohne höchstwahrscheinlich dieser Rüstungen zu bedürfen. Napoleon ist herunter, er muß Frieden machen, und wir werden ohne Blutvergießen zu unserem Zwecke kommen. Englands und Rußlands sind wir sicher.« Ich war starr. [...] Als ich die Treppe hinabstieg, sagte ich mir: »Also noch nicht belehrt! Die Zeit noch nicht begriffen! Napoleon noch nicht kennengelernt!«[40]

Von der Lektüre über die Mitschriften und Notizen bis zur Endfassung sieht man eine Bearbeitung der Quellen durch Fontane, die an dieser Stelle vor allem in der Umgestaltung von Marwitz' parenthetischem Zusatz (»Also noch nicht belehrt [...]«) zu einem nachträglichen Selbstgespräch Berndts auf der Treppe erkenntlich ist. Diese Vermischungspoetik ermöglichte es Fontane, das Gesellschaftliche in seiner Widersprüchlichkeit quasi in Selbstdarstellung zum Erscheinen zu bringen; zugleich werden die Spuren zu den vielfältigen Quellentexten verwischt und auf der Textoberfläche verborgen.

Ausgehend von der Transposition eines materiellen Zeugnisses der historischen Wirklichkeit zu einem fiktionalen Raum an dieser Stelle erkennt man den Übergang von einem vorfiktionalen Ereignis aus Fontanes preußischer Umwelt hin zur fiktional-erzählten Welt des Romans, die entindividualisiert und somit allgemein gültig gemacht werden soll. Ein solches Verfahren geht – freilich nicht ohne Abweichungen – auf den Essay *Unsere lyrische und epische Poesie seit 1848* (1853) zurück.[41] Zu diesem Zeitpunkt verlagerte Fontane seine vormärzlichen politischen auf literarische Interessen und entwickelte eine realistische Programmatik an der Stelle des idealistischen Erbes der Vormärz-Literaten.[42] Er diagnostiziert einen enthistorisierten ›Realismus‹ für alle ›wahre‹ Kunst und beruft sich dazu u. a. auf Goethe. Sich vom prosaischen Verismus abgrenzend,[43] betont Fontane die Relevanz der ›Verhandlung‹ zwischen Realität und Poesie, die in eine Aneignung und Anverwandlung des

---

39 GBA Das erzählerische Werk, Bd. 1, S. 209.
40 GBA Das erzählerische Werk, Bd. 1, S. 210.
41 HFA III/1, S. 236–260.
42 Vgl. Hugo Aust, *Fontanes Poetik*. In: Helmuth Nürnberger und Christian Grawe (Hrsg.), *Fontane-Handbuch*, Stuttgart 2000, S. 412–466, hier S. 413.
43 Doch manchmal seien auch Objektivität und Realismus dasselbe; »sie unterscheiden sich nicht im Wie, sondern im Was« (HFA III/1, S. 240).

›Wirklichen‹ münden soll.⁴⁴ Hierzu zählen der Plauderton, die Relevanz der symbolischen Repräsentation und der Humor. Der Konversationsstil in *Vor dem Sturm* etwa erlaubt es, das Gesellschaftliche samt Widersprüchen in Selbstdarstellung zum Erscheinen zu bringen. Mehr als nur historisches Kolorit zu vermitteln, entsteht dadurch ein erzählerischer Realismus, der historische, biographische und literarische Intertexte als ›Realitätssplitter‹ verwendet, um eine gesteigerte wirklichkeitsgetreue Referenzialität des Romans zu erreichen. Mögen diese realen Quellen und textuellen Spuren für Fontanes Zeitgenossen oft erkennbar gewesen sein, sind sie heute bestenfalls für detektivisch arbeitende professionelle Leser, die Zugang zu den Notizbüchern, Arbeitsmanuskripten und bibliographischen Materialen Fontanes haben, aufzuspüren. Im Zuge des Schreibprozesses lässt sich eine Tendenz zu Aussparungen und Andeutungen im Erzählverlauf ausmachen, um die Referenzialität des Romans zu reduzieren. Fontane sieht die Aufgabe des Realismus nämlich nicht in einer Verdopplung der gesellschaftlichen Realität: Der realistische Dichter vertritt für ihn die Interessen des »Wahren« (242),⁴⁵ indem er über die Darstellung des »[W]irkliche[n]« hinausgehe. Er fordert die Ergänzung des »nackte[n], prosaische[n] Realismus« (241) durch eine »Läuterung«⁴⁶ (241) oder »poetische Verklärung« (237),⁴⁷ die in eine konzeptionelle »Versöhnung« münden soll und an anderer Stelle mit den Begriffen »Intensität, Klarheit, Übersichtlichkeit und Abrundung«⁴⁸ umrissen wird.

Auf der materiellen Ebene der Textentstehung lässt sich diese Läuterung in der Bearbeitung der Quellen sowie in den Aussparungen und Andeutungen in der Erzählhaltung erkennen. Durch solche Andeutungen werden die wunden Stellen des Sozialen angezeigt, ohne die nackte, prosaische Realität ›veristisch‹ zu doppeln. Realistische Kunst wird zu einem therapeutischen Korrektiv einer als unzulänglich empfundenen Wirklichkeit stilisiert:

> Der Realismus wird ganz falsch aufgefaßt, wenn man von ihm annimmt, er sei mit der Häßlichkeit ein für allemal vermählt; er wird erst ganz echt sein, wenn er sich umgekehrt mit der Schönheit vermählt und das nebenherlaufende Häßliche, das nun mal zum Leben gehört, verklärt hat.⁴⁹

---

44 Vgl. Otfried Keiler, *Zu Stellung und Reichweite des Realismus-Gedankens in den theoretischen Schriften Theodor Fontanes. Arbeitsthesen*. In: *Fontane Blätter* 4 (1980), S. 585–615.
45 HFA III/1, S. 242.
46 HFA III/1, S. 241.
47 HFA III/1, S. 237.
48 Theodor Fontane, Rezension von *Paul Lindaus »Der Zug nach dem Westen«*, HFA III/1, S. 569.
49 Theodor Fontane an Friedrich Stephany, HFA IV/3, S. 729.

Symbolische Verdichtungen – mitunter botanischer und pharmazeutischer Natur,[50] wie etwa das Mutterkorn in *Vor dem Sturm*, der Machandelbaum in *Grete Minde* oder der Heliotrop in *Effi Briest* – repräsentieren diese ›hässlichen‹ Stellen der Realität und werden dabei auch zu strukturierenden Merkmalen der jeweiligen Texturen.

Literatur bietet demnach narrativierte Lösungsperspektiven für gesellschaftliche Konflikte. In dem humorvollen, unverbindlichen ›Nebeneinander‹ der Gespräche und ihrer Zusammenstellung in *Vor dem Sturm* lässt sich beispielsweise eine mäßigende ›Verhandlung‹ der politischen Querelen um 1812 im Sinne von Fontanes realistischer Programmatik nachzeichnen. Fontane spricht in einem Brief an Paul Heyse dem Anschein nach programmatisch von der Gestaltungsidee des »Vielheits-Romans« in dieser Hinsicht.[51] Inhaltlich lässt sich diese ›Läuterung‹ etwa im Scheitern von Berndts Aufstand in Frankfurt am Ende des vierten Buchs sehen, eine Niederlage, die Tubal, Othegraven und vor allem den politisch-idealistischen Autor Hansen-Grell das Leben kostet. Man kann in dieser Hinsicht im übertragenen Sinne von einer impliziten pharmazeutischen Funktion von Fontanes Texten sprechen: Durch die Verklärung erweist sich die Literatur als Pharmakon gegenüber der Realität, dessen Heilkräfte mithilfe stilistischer Mittel dosiert werden, ein therapeutisches Programm, das als solches auch von Zeitgenossen erkannt wurde.[52] Die Schreibverfahren in Texten wie *Vor dem Sturm*, in denen reale Missstände in fiktionale Symbolen verdichtet und vorsichtig dosiert werden, lassen sich auch im übertragenen Sinne als pharmazeutische Verfahren bezeichnen, denn genau diese vorsichtige Präsentation macht das ›Dosieren‹ und ›Dribbeln‹ aus, das nach Fontane selbst als Merkmal des Apothekers gelten.

---

50 Siehe Klaus-Peter Möller, *Liebstöckel und Wacholder. Beobachtungen zur Pflanzensymbolik in Theodor Fontanes Stechlin und anderen erzählerischen Werken.* In: *Jahrbuch Ostprignitz-Ruppin* (2015), S. 10–37.

51 Theodor Fontane an Paul Heyse, HFA IV/2, S. 639. Nur dem Anschein nach, weil der Brief eigentlich als nachträgliche Rechtfertigung gegenüber Heyses Kritik an der fehlenden Erzählordnung im Roman zu lesen ist, die ihm Wilhelm Hertz zuvor heimlich zugespielt hatte.

52 Bemerkenswert ist jedoch, wie Fontane große werkpolitische Mühe auf sich nahm, um eine allgemeine Akzeptanz seiner Romane und ihrer Verklärungspoetiken zu erreichen, wie man etwa anhand der kritischen Reaktionen auf seinen späteren Roman *L'Adultera* am deutlichsten sehen kann. Siehe die Zusammenfassung der positiven kritischen Reaktionen in GBA Das erzählerische Werk, Bd. 4, *L'Adultera*, S. 184–188.

4. Zusammenkleben und Zusammenmischen: Pharmazeutische Arbeitspraktiken und Aufschreibverfahren

In programmatischen Selbstkommentaren Fontanes lassen sich diese Verfahren auch auf romanpoetologischer Ebene finden. Vor allem in den Entwürfen und Notizen zu *Allerlei Glück* findet sich eine paratextuelle Beschreibung davon, wobei bemerkenswert ist, dass Fontane hier selbst auf eine pharmazeutische Metaphorik und einige Apothekerfiguren zurückgreift. Neben Heinrich Brose, der als Inbegriff des kleinkarierten und unkultivierten bürgerlichen Philisters zu gelten hat, hätte es laut Manuskript noch eine zweite »Hauptfigur« in *Allerlei Glück* gegeben, nämlich Broses früheren Gehilfen Lampertus Distelmeier. Distelmeier ist »[e]in ehemaliger Apothekergehülfe, der sich kurze Zeit etablierte, bankrutt machte und nun von Aushülfe-Stellungen, Erfindungen [...]« lebt; er »las viel, wie nur ein Apotheker lesen kann, und vertrat in Sprechen und Schreiben höhere Bildung«.[53] Er ist auch sogar ein Dichter: »Dann las er Tag und Nacht, machte auch selber Verse«, die Fontane auch geschrieben hat und »Distelmeiers Lieder« nennt.[54] Ist Brose als Karikatur von Fontanes einstigem Lehrherrn Wilhelm Rose zu sehen, kann man den sprunghaften, genialen und literarisch-interessierten Distelmeier vielleicht als eine Art Selbstporträt Fontanes lesen. Für Fontane sollte *Allerlei Glück* schließlich der »Roman meines Lebens oder richtiger die Ausbeute desselben« werden.[55] Fontane gab das Projekt schlussendlich auf, weil sein Exposé vom Verleger Gustav Karpeles offenbar abgelehnt wurde, aber das Vorhaben nimmt dennoch eine wichtige Schwellenposition in Fontanes Schaffen ein.[56]

Was es heißt, wie ein Apotheker zu lesen und zu schreiben, sagt uns Fontane selbst in den Entwürfen zu *Allerlei Glück*:

> Wenn er [Distelmeier] etwas las, so schnitt er es aus, klebte es in sein »Motoren-Buch« oder »Anregungs-Buch« und schrieb in der Regel gleich eine Bemerkung bei. Diese Dinge waren dann meist begraben. Erfüllte ihn etwas ganz; so kam es nicht in das Buch, sondern blieb auf seinem Tische liegen oder beschäftigte ihn dermaßen, daß eine Mahnung gar nicht nöthig war. Er machte sich dann gleich drüber her und hatte 8 Tage lang für nichts anderes Sinn. (137)

In ihrer Beschreibung von Fontanes »Fragmenten« – den Konvoluten von Materialien zu literarischen Projekten, die Fontane bis zu seinem Tod auf, in

---

53 Fontane, *Allerlei Glück*, wie Anm. 14, S. 135.
54 Fontane, *Allerlei Glück*, wie Anm. 14, S. 137.
55 Theodor Fontane an Gustav Karpeles, HFA IV/3, S. 19.
56 Siehe Petersen, *Fontanes erster Berliner Gesellschaftsroman*, S. 482. Siehe auch den Brief von Theodor Fontane an Gustav Karpeles, HFA IV/3, S. 19.

und um seinen Schreibtisch herum aufbewahrte – identifizieren Hanna Delf von Wolzogen und Christine Hehle gerade ein solches Lese- und Aufschreibsystem als das Merkmal von Fontanes eigenem Schreiben: »In den überlieferten Texten von Fontanes Fragmenten sind die Quellen, aus denen er seine Stoffe bezog, deutlich erkennbar, etwa durch Literaturangaben und eingeklebte Materialien wie Zeitungsausschnitte […]«,[57] oder, wie man am Beispiel von *Vor dem Sturm* auch sehen konnte, auch historische Darstellungen, Biographien und belletristische Quellen wie Romane und Sammlungen von Sagen. Distelmeiers Lesepraktiken erinnern auch an die von Petra McGillen beschriebene Technik des »brutal reading« Fontanes, also seines schnellen, selektiven und produktionsorientierten Leseprozesses, dessen erste Aufschreibstufe Mitschriften von Zitaten und Paraphrasen waren, die Fontane edierte, überarbeitete und in die Arbeitsmanuskripte seiner entstehenden Schreibprojekte einbaute, ja mitunter auch unberührt einklebte.[58] Auch im Brose-Roman ist diese rezeptive Produktionsstrategie nachzuweisen: Neben dem Flugblatt für eine Patentmedizin, das »Hamburger Universalpflaster«, das mit dem Stößer Johann Unzensgruber aus Broses Apotheke in Verbindung steht, findet sich auch ein Zeitungsausschnitt »Dr Schliemanns Ausgrabungen« in Verbindung mit Heinrich Broses »Passion für Ausgrabungen«,[59] ein Zeichen seiner »halbkomischen«, dilettantischen wissenschaftlichen Tätigkeiten.[60]

Distelmeiers Lese- und Schreibverfahren legen einen epistemologischen und wissensgeschichtlichen Vergleich mit Fontanes pharmazeutischer Ausbildung nahe. Zum einen erinnert dieses Ordnungssystem an die pharmazeutische Schriftgattung der Pharmakopöe. Als Grundtext in der Ausbildung pharmazeutischer Gehilfen seit der Frühen Neuzeit gestaltet sie sich formal und inhaltlich als Sammlung von Rezepturen und Arbeitsvorschriften, zunächst in lateinischer, aber seit Mitte des 18. Jahrhunderts auch zunehmend in deutscher Sprache.[61] Vor allem angesichts der vielen durchnummerierten Dispositionen, Kapitel- und Werkübersichten, gesammelten Erzählstoffe, Charakterprofile, Zitatenkonvolute, Zeitungsausschnitte usw. in Fontanes Notizbüchern, die gewissermaßen die Herstellungsschritte zur Fertigstellung

---

57 Fontane, *Fragmente*, wie Anm. 14, S. XV.
58 Petra Spies [McGillen], *A Creative Machine. The Media History of Theodor Fontane's Library Network and Reading Practices*. In: *The Germanic Review. Literature, Culture, Theory*, 87:1 (2012), S. 72–90, hier S. 73.
59 Fontane, *Allerlei Glück*, wie Anm. 14, S. 114–5.
60 Ebd., S. 105.
61 Vgl. Christoph Friedrich, *Pharmakopöen. Spiegel der pharmazeutischen Technologie*. In: *Pharmazeutische Zeitschrift* 145 (2000), S. 2122–2127.

der Romane vermitteln, ist dieser Vergleich nahelegend.⁶² Während der Apotheker Fontane noch gelernt hatte, Medikamente durch die Vermischung von separaten Grundstoffen selbst in Handarbeit herzustellen, sodass hierdurch neue Produkte entstehen, betreibt der Autor Fontane einen vergleichbaren Vermischungsprozess in der Entstehung seiner literarischen Texte.

Zum anderen erinnert Petra McGillen daran, dass das praktische Hantieren mit Papier – Falten, Kleben, Bekleben und Beschriften – zu Fontanes schriftstellerischen und pharmazeutischen Tätigkeiten gleichermaßen gehörte. Als Autor verfügte er über Notizbücher und Exzerpte, die er in selbstgebastelten Umschlägen und Behältern um seinen Schreibtisch herum aufbewahrte. Diese wurden im Schreibprozess abgeschrieben, zusammengeklebt, überschrieben, und bearbeitet, um seine Romane ›anzufertigen‹. Nach Abschluss der Arbeit an einem Schreibprojekt wurden weitere Umschläge und Kartonbehälter gebastelt, in denen die fertigen ›Produkte‹ auf dem Dachboden aufbewahrt werden konnten.⁶³ In der vorindustriellen Ausbildung des Apothekers gehörten solche Tätigkeiten zum Arbeitsfeld des Lehrlings, aber auch als qualifizierter Apotheker wird Fontane diese Verfahren für die Vorbereitung von Arzneien in Pulverform, so genannte »Apothekerbriefchen«, die der Patient zuhause einnehmen konnte, verwendet haben.⁶⁴ Fontanes spätere Ängste, als Apotheker-Schriftsteller aufzufliegen, scheinen mehr als berechtigt.

5. Gieshüblers Stab und Lyra: Pharmazie und Literatur »Nach dem Sturm«

In der Konzeption von *Allerlei Glück* als »Jetztzeit=Roman« regte Fontane eine poetologische Unterscheidung zwischen dem Erstling *Vor dem Sturm*

---

62 Solche Aufschreib- und Copy-und-Paste-Verfahren lassen sich auch in den handschriftlichen Nachlässen anderer Autoren im 19. Jahrhundert finden. Fontanes Umgang mit Notizbüchern und Dispositionen ist vergleichbar mit den Arbeitsweisen von Nichtapothekern, die etwa aus dem Studium der Theologie oder Rechtswissenschaften ebenso Archivierungspraktiken entwickeln konnten. Auch wenn hier keineswegs eine ›pharmazeutische‹ Besonderheit Fontanes behauptet wird, legt seine Berufserfahrung den Schluss nahe, dass seine Schreibprozesse durch die Ausbildung geschult wurden. So oder so wird Fontanes Schreiben im Diskurs des 19. Jahrhunderts mit dieser Ausbildung verbunden und zwar nicht zuletzt durch seine eigenen Reflexionen auf seine Schriftstellerkarriere, wie hier auch gezeigt wird.

63 Petra McGillen, *Original Compiler*, wie Anm. 34, S. 43 f.

64 Vgl. Hanke, *Leitfaden*, Bd. II, S. 11; eine zeitgenössische (amerikanische) Illustration dieser Herstellungsform findet sich in J. P. Remington, *The Practice of Pharmacy. A Treatise*, Philadelphia 1886, S. 954. Siehe hierzu Wolf-Dieter Müller-Jahncke/

(»dem historischen«) und seinen späteren Gesellschaftsromanen (»dem modernen«, womit Fontane hier *Allerlei Glück* als Vorbild für die späteren Romane meint) an.[65] Die Forschung ist ihm weitestgehend in diesem Urteil gefolgt, und *Vor dem Sturm* zählt nicht zu den meistgelesenen oder -interpretierten Werken Fontanes. Das Arbeitsmanuskript bietet neben dem von der Forschung postulierten Übergang vom historischen Roman zu den preußischen Gesellschaftsromanen aber auch einen Übergang von der Vermischungskunst in der Form der Gesprächsmontage zu einem eher epischen Erzählen, das ihm in den 1880er Jahren größere Erfolge bescheren wird. Doch wie die biografische, intertextuelle und textgenetische Fontane-Forschung gezeigt hat, speisen sich auch seine späteren Erzählungen und Romane aus einem komplexen Netz an teilweise innerfiktional markierten literarischen Texten, Zeitungsartikeln, historischen Quellen, Briefen und Privatgesprächen Fontanes selbst. Fontane mag mit dem satirischen Porträt Distelmeiers sich von seiner eigenen pharmazeutischen Poetik kritisch distanziert haben, völlig aufgegeben hat er diese Schreibweise jedoch nicht.

Auch Fontanes vielleicht berühmtester Gesellschaftsroman *Effi Briest* bleibt von diesen intertextuellen Vermischungsverfahren nicht unberührt, wobei hier eine weitere, besondere Form pharmazeutischen Schreibens sichtbar wird. Während bislang eher von disseminierenden Spuren von und zu literarischen, historischen und biographischen Texten anderer Autoren die Rede war, lässt sich in *Effi Briest* auch ein Netz an Bezügen, Selbstzitaten und Wiederverwertungen innerhalb des eigenen Werks nachzeichnen. Obwohl eine genauere, genetisch interessierte Lektüre von *Effi Briest* denkbar wäre, die z. B. inhaltliche und materielle Überschneidungen zwischen den Darstellungen von Swinemünde in den *Kinderjahren* und denen von Kessin im Roman nachzuzeichnen versucht – etwa in der Ausmalung von Gieshüblers Apotheke oder in der Beschreibung von Innstettens Heim[66] –, soll hier aufgrund des direkten Vergleichs mit *Vor dem Sturm* vor allem auf die Figur der weißen Frau eingegangen werden. Nach *Vor dem Sturm* erscheint die weiße Frau bei Fontane auch in der Ballade »Wangeline von Burgsdorff oder die weiße Frau« (1853), in den *Wanderungen* (1862–82), *Graf Petöfy* (1884), *Irrungen, Wirrungen* (1887), *Fünf Schlösser* (1889) und *Frau Jenny Treibel*

Christoph Friedrich/Ulrich Meyer, *Arzneimittelgeschichte*, Stuttgart 2005, S. 21 und S. 28; Stuart Anderson, *Making Medicines. A brief history of pharmacy and pharmaceuticals*, London/Chicago, 2005, S. 207–210.

65 Fontane, *Allerlei Glück*, wie Anm. 14, S. 103.
66 Vgl. die Anmerkungen Christine Hehles zu S. 50 und S. 58 in GBA Das erzählerische Werk, Bd. 15, *Effi Briest. Roman*, S. 426–430.

(1891). Wenn sie schließlich auch in *Effi Briest* (1894) erscheint, besteht also eine langjährige intertextuelle Spur durch Fontanes Werk hindurch.

In *Effi Briest* spielt eine in dem Erzählerbericht markierte Erzählung von der weißen Frau in den ersten Nächten in Kessin eine wichtige Funktion, da sie als *Lektüre* die Erscheinung des handlungsbezogen bedeutsameren Spuks des Chinesen vorbereitet.[67] Zum ersten Mal allein gelassen in Innstettens Haus, sucht sich Effi vom »Gefühl der Einsamkeit« durch eine Entspannungslektüre zu beruhigen: »Und so suchte sie nach einem Buche. Das erste, was ihr zu Händen kam, war ein dickes, rotes Reisehandbuch [...]. Und so schlug sie denn auf gut Glück auf: Seite 153.«[68] Die Lektüre des Reisehandbuchs ist kein Glücksfall für Effi, da sie ihr anschließend zu einer schreckhaften Erinnerung wird. Innerfiktional wird die Dissemination durch das Zitieren zwei längerer Passagen entfaltet, in deren Mittelpunkt eine vermeintliche Besprechung im *Baedeker* über das »Porträt« der weißen Frau in der Eremitage in Bayreuth stehen soll. Effis Lesestoff berichtet auch – wie bereits die Gespräche in *Vor dem Sturm* – von den multiplen Zuschreibungen der Legende, und obwohl die Geschichte ein »Gruseln« hervorruft, weil die weiße Frau »mit herben, etwas unheimlichen Gesichtszügen« porträtiert ist,[69] liest Effi weiter, um die moderne Anekdote von der Heimsuchung Napoleons in Bayreuth im Jahr 1812 zu zitieren:

> Eben dies alte Porträt (dessen *Original* in der Hohenzollerschen Familiengeschichte solche Rolle spielt) spielt als *Bild* auch eine Rolle in der Spezialgeschichte des Schlosses [...]. Es heißt, daß, als Napoleon hier übernachtete, die ›weiße Frau‹ aus dem Rahmen herausgetreten und auf sein Bett zugeschritten sei. Der Kaiser, entsetzt auffahrend, habe nach seinem Adjutanten gerufen und bis an sein Lebensende mit Entrüstung von diesem ›maudit château‹ gesprochen.[70]

Diese – oder eine auch nur ähnliche – Textstelle existiert weder in der zur Entstehungszeit des Romans aktuellen Auflage des Baedeker-Hefts *Deutschland nebst Theilen der angrenzenden Länder*, noch in früheren Ausgaben, die womöglich aus Innstettens Jugend stammen könnten.[71] Eine wahrscheinli-

---

67 Zur komplexen Anlage des Chinesen-Motivs vgl. die überzeugende Studie von Silke Arnold-de Simine, »*denn das Haus, was wir bewohnen, [...] ist ein Spukhaus*«. Fontanes »*Effi Briest*« und Fassbinders Verfilmung in der Tradition des »*Female Gothic*«. In: The Germanic Review 78/2004, S. 83–113.
68 GBA Das erzählerische Werk, Bd. 15, S. 80.
69 GBA Das erzählerische Werk, Bd. 15, S. 81.
70 Ebd., S. 81 f.
71 Karl Baedeker, *Deutschland nebst Theilen der angrenzenden Länder*. Bd. 1. *Österreich, Süd- und West-Deutschland*, Coblenz 1867, S. 292 und S. 307 f.

chere Quelle ist Julius von Minutolis »Geschichtliche Prüfung der Sage«, aus dem bereits seinerzeit Turganys anti-französische Worte in *Vor dem Sturm* stammten,[72] die hier anekdotenhaft als Schlusspointe von Effis Lektüre wiederkehren. Bei Minutoli wird von zwei vermeintlichen Gemälden der weißen Frau in Bayreuth berichtet: Eines stellt ein Hoffräulein »in Maskencostüm« von einem »weiße[n] Schäferinnenkleid« dar, das andere eine ältere Frau, der »Schönheit und Anmuth ganz gefehlt« habe, die »einen ganz dunkeln mit Pelz besetzten Anzug und Kappe mit über die Stirn herabfallendem weißen Besatz« trägt.[73] Von »einer Halskrause, die den Kopf zu tragen scheint«,[74] wie im Roman ist hier zwar nicht die Rede, doch Minutolis Erläuterungen zur »schwarz-weißen Frau«[75] sind in Fontanes ins Unheimliche gedrehter Paraphrase noch vorhanden. Die schaurige Steigerung der Beschreibung mag aber auch an Fontanes eigene Aufenthalte in Bayreuth zur Entstehungszeit der ersten Fassung von *Effi Briest* um 1889 erinnern,[76] denn in keiner Schriftquelle ist die Rede davon, dass das Gemälde »an einer dem Fremden unsichtbaren Tapetentür hängt, hinter der sich eine vom Souterrain her hinaufführende Treppe befindet«.[77] Wie Friedrich Hermann Hofmann nur einige Jahre später berichtet, gehörte aber ein solches schauriges »Märlein« zum Repertoire der »geschäftsgewandten« Gästeführer in den Bayreuther Schlössern, die »das sensationslüsterne Reisepublikum« mit einem »wohltätigen Nervenkitzel […] das Gruseln lernen [sic!]« wollten.[78] Es ist gut möglich, dass Fontane durch solche publikumswirksamen Schauerinszenierungen angeregt war, seine alte Vorliebe für die weiße Frau zu aktualisieren. Als Leseakt ist die disseminierende Bewegung von Fontanes pharmazeutischem Schreibverfahren hier auch innerfiktional im Text markiert. Die Dissemination ist jedoch keine selbstreflexive Spielerei, sondern führt bis zum politischen und gesellschaftskritischen

---

72 GBA Das erzählerische Werk, Bd. 2, S. 345: »»Auch zu den weißen [Frauen stehe ich gut],‹ wiederholte Turgany. ›Ganz besonders aber zu der Bayreutherin, die letzten Sommer wieder viel von sich reden machte. Natürlich in den Zeitungen. Ich halte sie für die patriotischste Frau des Landes, seit sie den großen Empereur zweimal aus ihrem Schlosse hinausgespukt hat. »Ce maudit château« waren seine höchsteigenen Worte. […].‹«
73 Minutoli, *Die weiße Frau*, S. 15 f.
74 GBA Das erzählerische Werk, Bd. 15, S. 81.
75 Minutoli, *Die weiße Frau*, S. 16.
76 Siehe Roland Berbig, *Theodor Fontane. Chronik.* Bd. 4: *1884–1895*, Berlin/New York 2010, S. 3011–3013.
77 GBA Das erzählerische Werk, Bd. 15, S. 81 f.
78 Friedrich Hermann Hofmann, *Ein Bildnis der »weißen Frau«*. In: *Hohenzollern-Jahrbuch* 8 (1904), S. 242–3, hier S. 243.

Kern von Fontanes Roman, denn durch den Bezug auf das Haus Hohenzollern erhält Effis einsamer Leseakt eine politische Dimension: Bereits zu Beginn ihres Ehelebens in Kessin werden somit die Beziehungsprobleme der Innstettens als Medium weiterführender, gesellschaftlicher Konflikte im zeitgenössischen Preußen sichtbar.

Auf der materiellen Ebene der Textüberlieferung lässt sich Fontanes Verfahren des Klebens und Vermischens von Textstücken nachzeichnen, das hier als pharmazeutische Schreibpraxis beschrieben wurde. Obwohl in dem Konvolut »Effi Briest«, welches das fast vollständige »Brouillon« zu den Kapiteln 2–36 beinhaltet, nur zwei Arbeitsschritte erkennbar sind (eine erste, offenbar schnelle Niederschrift mit Feder, danach die sprachliche Korrektur mit blauem Bleistift), lassen sich auch heterogene Phasen der Romanentstehung ausmachen. Im fortlaufenden Text finden sich auch Einfügungen von Dispositionen, Notizen, Anmerkungen und offenbar früheren Entwürfen zu einzelnen Szenen. Da die Entstehungsgeschichte dieses Romans schneller verlief als beim Romanerstling, beschränken sich solche palimpsestartigen Einsprengsel mehr auf Material aus früheren Entstehungsstufen des Romans selbst, als dies in den Mitschriften und Exzerpten in *Vor dem Sturm* der Fall war. So ist z. B. die Anziehung zwischen Effi und ihrem Cousin Dagobert auf einem eingelegten Blatt im Konvolut zu Kapitel 3 zu finden.[79] In einzelnen Kapiteln sind Figurennamen offenbar austauschbar (z. B. heißt Innstetten abwechselnd Waldemar, Geert und Ralph und Crampas heißt zunächst Zinnowitz und erst in Kapitel 16, Bl. 5 und 7 Crampas).[80] Auch hinsichtlich des Chinesen und der Rolle des Spuks im Roman lässt sich anhand einer ausformulierten Disposition mit Gesprächsentwürfen auf einer Blattrückseite sehen, dass Fontane sehr schnell die Reichweite und Funktion dieser Stelle erfasst hat. Hier liest man, dass Zinnowitz/Crampas

> schon lange vorher (gleich beim Ausritt am Strand oder schon am Veranda) [...] über Innstettens Stellung zum Spuk [hechelt]: »er hielt es für was Apartes, das ist das Eine und das Zweite ist: es übe einen Druck eine Angst, es wirkt erzieherisch. Er hatte immer was vom Pädagogen.[81]

Offenbar spukten beide Gespenster und die Frage ihrer Schlüsselfunktion durch den Schreibprozess hindurch, aber auch in den handschriftlichen

---

79 Bl. 14, Vorderseite; siehe GBA, Das erzählerische Werk, Bd. 15, S. 403
80 Die nachfolgenden Bemerkungen und Bezüge zu den Handschriften beziehen sich auf den Abschnitt »Überlieferung« im Anhang zur GBA, Das erzählerische Werk, Bd. 15, S. 400–404.
81 Konvolut zu Kapitel 21, Bl. 16, Rückseite; siehe GBA, Das erzählerische Werk, Bd. 15, S. 403 f.

Zeugnissen geht dieser Spuk für einen Leser um. Das materielle Vermischungsverfahren des Zusammenklebens, das Fontane bereits in *Vor dem Sturm* in zugegeben ausgeprägterer Form entwickelte, ist also auch in *Effi Briest* samt eingeklebten Zetteln vorhanden.

Diese Rekonstruktion eines exemplarischen und zentralen Abschnitts von *Effi Briest* widerlegt Fontanes Beschreibung des Erfolgsrezepts für den Roman. Gegenüber dem Verleger Hans Hertz behauptete er, das Buch sei ihm:

> so gelungen, weil ich das Ganze träumerisch und fast wie mit einem Psychographen geschrieben habe. Sonst kann ich mich immer der Arbeit, ihrer Mühe, Sorgen und Etappen erinnern – in diesem Falle gar nicht. Es ist so wie von selbst gekommen, ohne rechte Überlegung und ohne alle Kritik.[82]

Vielmehr geben die überlieferten Manuskripte und Unterlagen Auskunft darüber, dass auch *Effi Briest* das Ergebnis von Fontanes inzwischen vertrautem, aus mehrstufigen Stufen bestehendem Schreibprozess ist. Und wie bereits in *Allerlei Glück* wartet auch dieser Roman – als selbstreflexives Zeichen für Fontanes Engführung von Pharmazie und Literatur – mit einem literarisch und ästhetisch interessierten Apotheker auf: Alonzo Gießhübler, der erste Kessiner, zu dem Effi nach dem Umzug einen persönlichen Umgang findet, der

> neben allem anderen, auch ein eifriger und aufmerksamer Zeitungsleser [war], ganz zu geschweigen, daß er an der Spitze dieses Journalzirkels stand, und so verging denn fast kein Tag, wo nicht Mirambo ein großes, weißes Kouvert gebracht hätte, mit allerhand Blättern und Zeitungen [...].[83]

Innstetten charakterisiert Gieshübler auch in literarischen Begriffen: »weißt Du ihn aber in Zutrauen und gute Laune zu bringen, so redet er wie ein Buch.«[84] Immer wieder werden Gieshüblers Belesenheit und sein Schreiben thematisiert, und tatsächlich schickt er häufig Briefe und Billets mit literarischem Inhalt an Effi – etwa die kleinen Gelegenheitsgedichte zu ihren Weihnachtsgeschenken[85] oder die Journale, die er auch nach der Geburt ihrer Tochter Annie an sie nach Hause schickt.[86] In seinem Leseverhalten weist

---

82 Theodor Fontane an Hans Hertz, HFA IV/4, S. 430. Im Buch selbst wird der Psychograph durch die Sängerin Trippelli erwähnt (GBA, Das erzählerische Werk, Bd. 15, S. 94).
83 GBA, Das erzählerische Werk, Bd. 15, S. 119.
84 GBA, Das erzählerische Werk, Bd. 15, S. 67.
85 Siehe zum Beispiel GBA, Das erzählerische Werk, Bd. 15, S. 113.
86 Siehe GBA, Das erzählerische Werk, Bd. 15, S. 148 und S. 210.

Gieshübler sogar Ähnlichkeiten zum Apotheker Distelmeier auf, wie die von Mirambo überbrachten »Blätter und Zeitungen« zeigen. In diesen Texten sind »die betreffenden Stellen angestrichen [...], meist eine kleine, feine Bleistiftlinie, mitunter aber auch dick mit Blaustift und ein Ausrufungs- oder Fragezeichen daneben.«[87] Das ist ein Beispiel für die schnellen, selektiven und produktiven Lesepraktiken, die Fontane bereits in *Allerlei Glück* als pharmazeutisch markierte und als fiktionale Reflexion der eigenen Schreibverfahren auszubauen gedachte. Als Gelegenheitsdichter und Ästhet mit groteskem Körper sind Distanzierungsmechanismen eingebaut, doch als Reflexionsfigur für das eigene pharmazeutische Schreiben erscheint Gieshübler dennoch: Bezeichnend sind vor allem Gieshüblers Anmerkungen, Bleistiftlinien und Blaustiftzeichen, denn gerade solche editorischen Markierungen gehören zu den markantesten Merkmalen in Fontanes Notizen, Handschriften und Romanmanuskripten – auch von *Effi Briest*, wie ein Blick auf das Arbeitsmanuskript (»Brouillon«) im Stadtmuseum Berlin zeigt.[88]

Gieshüblers Selbstsymbolisierung – die Lyra und Stab oder Pfeil, die auf seinen Kärtchen und Briefstempeln stehen[89] – versinnbildlicht die Verbindung von Pharmazie und Literatur, verweist sie doch auf die Heilkunst *und* auf die schönen Künste zugleich: Die Leier verweist auf Apollon, als Gott der Musik und Dichtung aber auch der Heilkunst bekannt (wie Fontanes Zeitgenosse, der Pharmaziehistoriker Hermann Schelenz berichtet), was im Stab des Äskulap repräsentiert wird.[90] In dieser Doppelfunktion des Ästhetiker-Apothekers scheint Gieshübler einer anderen Zeit anzugehören. Er tritt auf als »kleiner, schiefschultriger und fast schon so gut wie verwachsener Herr in einem kurzen eleganten Pelzrock und einem hohen, sehr glatt gebürsteten Zylinder«,[91] seine kalligraphische Schönschrift und seine umständlichen Umgangsformen sind bemerkenswerte Erinnerungen an eine vergangene Zeit von Alchemie und verborgenem Wissen. Innstetten – und nicht nur er[92] – täuscht

---

87 GBA, Das erzählerische Werk, Bd. 15, S. 119.
88 Vgl. die Zusammenfassung in GBA, Das erzählerische Werk, Bd. 15, S. 400: »Der Text der ausformulierten, fortlaufenden Niederschrift ist mit Tinte geschrieben und mit Tinte, Bleistift und Blaustift verschieden stark überarbeitet [...].«
89 GBA, Das erzählerische Werk, Bd. 15, S. 93 f.
90 Hermann Schelenz, *Geschichte der Pharmazie*, Berlin 1904, S. 85–88, S. 148; Äskulap/Asklepios ist der Sohn von Apollon und Koronis.
91 GBA, Das erzählerische Werk, Bd. 15, S. 70.
92 Ministeralrat Wüllersdorf schreibt telegrammartig aus Kessin an Innstetten: »Eine Welt von Dingen erlebt; Schmerzliches, Rührendes, Gieshübler an der Spitze. Der liebenswürdigste Pucklige, den ich je gesehen. [...] Es wäre zu wünschen, daß es mehr Gieshübler gäbe. Es gibt aber mehr andere.« (GBA Das erzählerische Werk, Bd. 15, S. 288 f.).

sich in seinem Urteil über den Apotheker-Alchemisten Gieshübler, der sei ein »kapitaler Mann«.[93] Die schöngeistigen und literarischen Interessen des Apothekers sind es, die Effi und Crampas zuallererst zusammenführen. Auch der Erzähler weiß von der Gefährlichkeit Gieshüblers als Impresario der Gesellschaftsspiele: Während Innstetten gedenkt, die langen Winterabende mit Rückblicken auf die glücklichen Flitterwochen zu verbringen, kommt ihm »der unschuldige harmlose Gieshübler« bezeichnenderweise in die Quere, der »trotz großer Abgeneigtheit gegen zweideutiges Handeln, dennoch im Dienste zweier Herren gestanden [hatte]. Der eine, dem er diente, war Innstetten, der andere war Crampas«.[94] Crampas übernimmt bezeichnenderweise die Regie des Stückes mit dem sprechenden Titel *Der Schritt vom Wege*, es ist aber Gieshübler, der mit seiner Idee für einen Theaterabend Crampas überhaupt die Möglichkeit gibt, sich Effi zu nähern: »Nun, also Gieshübler hat mir von Plänen für die Ressourcenabende geschrieben und von einem Entrepreneur namens Crampas«, sagt Effi über ihre ›Geheimkorrespondenz‹.[95] Auf diese »Fährlichkeit« des Apotheker-Literaten Gieshübler wies bereits seine Muse Trippelli unter Bezugnahme auf Shakespeares *Romeo und Julia* hin: Im Theater und in der Literatur »wird vergiftet und erstochen«.[96] Damit erweist sich der Apotheker als eine Art Tricksterfigur, denn seine ›Gaben‹ – die literarischen wie die gesellschaftlichen – sind nicht nur heilender Natur; die »alchymistische Geheimkorrespondenz« wird zum ermöglichenden Medium des für die »arme Effi«[97] so katastrophalen Ehebruchs. Gieshübler erscheint demnach als die Verkörperung der von Jacques Derrida in der Mythologie und Philosophie rekonstruierten Vielseitigkeit des Pharmakons und seines Urhebers, des *Pharmakeus*, der Philosoph, Schreiber, Heilkünstler, Magier und Giftmörder zugleich sein kann.[98]

Fontanes Schreibweise in *Effi Briest* ist nicht minder doppelbödig als die Schönschrift Gieshüblers, die Effi und Crampas zusammenführt. Dazu gehört, dass Fontane die »berühmten ›Schilderungen‹«, also die Darstellung des Vollzugs des Ehebruchs, eben ausspart.[99] Das Gestaltungsverfahren Fontanes, charakterisiert als »hinreichende Genauigkeit«,[100] verzichtet auf Explikation

---

93 GBA, Das erzählerische Werk, Bd. 15, S. 67.
94 Ebd., S. 168.
95 Ebd., S. 147.
96 Ebd., S. 108.
97 Ebd., S. 345.
98 Derrida, *Dissemination*, S. 130 f.
99 Theodor Fontane an Unbekannt, HFA IV/4, S. 454.
100 Theo Buck, *Zwei Apotheker-Figuren in »Madame Bovary« und »Effi Briest«. Anmerkungen zur realistischen Schreibweise bei Flaubert und Fontane*. In: *Jahrbuch der Raabe-Gesellschaft* (1976), S. 33–59, hier S. 49.

und verlangt vom Leser daher ein erhöhtes Maß an interpretatorischer Mitarbeit.[101] Der Erzähler soll eine Ehebruchgeschichte erzählen, darf diese aber gemäß dem Verklärungsprinzip nur durch Andeutungen, Verdichtungen und Auslassungen gestalten. Die Figur des Apothekers gewinnt für den Roman damit die Funktion einer »Orientierungsinstanz«,[102] denn solche Reduktionsprozesse gehören zur vorsichtigen sprachlichen und formalen »Dosierung« von Informationen, die von Fontanes Zeitgenossen als geradezu pharmazeutischer Stil bezeichnet wurde. Man wird das Gefühl nicht los, dass die Erzählhaltung auch ein vergleichbares Spiel mit doppeltem Boden wie Gießhüblers Briefverkehr und literarisch-künstlerische Aktivitäten austrägt: Im Dunkeln hinter der »Gasglühlicht-Beleuchtung«[103] findet die ›schäbige‹ Realität des Ehebruchs statt, die Fontanes Roman aber konsequent verschweigt. Solche Auslassungen lassen sich auch durch den Verweis auf Fontanes – zu diesem Zeitpunkt bereits 40 Jahre alte – programmatisch-realistische Poetik erklären. Nicht nur in formaler oder gestalterischer Hinsicht lässt sich Fontanes pharmazeutisches Schreiben in *Effi Briest* finden, als altmodische Tricksterfigur erscheint Gießhübler als gutmütige, aber gefährliche Figuration des Autors: ein *Pharmakeus*, der Schreiber, Heilkünstler und Giftmischer zugleich ist.

6. Schluss: Der Schreibtisch als Apotheke

Aus *Vor dem Sturm*, *Allerlei Glück* und *Effi Briest* geht eine produktive Verbindung von Pharmazie und ästhetischer Praxis hervor, die einerseits Fontanes formale Schreibpraktiken beschreibbar werden lässt, andererseits durch innerfiktionale Spiegelungen wie Distelmeier oder Gießhübler markiert ist. Diese von Fontane als ›Spuk‹ empfundene Spur der epistemologischen und wissensgeschichtlichen Praktiken der Pharmazie konzentriert sich in den ihm von Zeitgenossen wie Paul Schlenther zugesprochenen sprachlichen und formalen Dosierungen, im vorsichtigen Abwiegen von Anekdoten, Andeutungen und Auslassungen. Auch wenn Distelmeier von Zeichen der Ironie keineswegs frei bleibt und Gießhübler als altmodischer Trickster figuriert wird, kann man in diesem pharmazeutischen Schreiben die Grundlagen von Fontanes hochkomplexer realistischer Erzählkunst identifizieren.

---

101 Dietrich Weber, »*Effi Briest*« – »*Auch wie ein Schicksal*«. Über Andeutungsstil bei Fontane. In: *Jahrbuch des Freien deutschen Hochstifts* (1966), S. 457–474.
102 Buck, wie Anm. 98, S. 50.
103 Theodor Fontane an Ernst Heilborn, HFA IV/4, S. 508.

Die Symbole für diese Schreibverfahren sind Fontanes Medien – die Arbeitsmanuskripte und Notizbücher – und sein Archiv und Aufbewahrungsort: der in der Forschung immer wieder fetischisierte Schreibtisch. Für letzteren haben Hehle und Wolzogen die Metapher des Arsenals als »Zeughaus« und »Speicher« vorgeschlagen.[104] Durch die Bezeichnung von Fontanes Schreibpraktiken und Erzählformen als pharmazeutisch möchte ich aber eine neue Metapher vorschlagen: die *Apotheke*. Die »Apotheke« bedeutet etymologisch eine Lager- und Abgabestätte von Medikamenten.[105] Geht man davon aus, dass Fontane seine Notizen und Arbeitsmanuskripte in und um seinen Schreibtisch gelagert hat und darüber zuhause und (durch seine Frau) auch aus der Ferne gekonnt schaltete und waltete, ist die Lagerstelle »Schreibtisch« mit der Lagerfunktion der Apotheke für ihn vergleichbar. Der »kleine[ ] Romanschriftsteller-Laden«,[106] den Fontane 1878 mit *Vor dem Sturm* aufzumachen gedachte und der auf diesen Medien und dieser Lagerstelle basierte, wäre demnach als Apotheker-Laden passend beschrieben. Fontane ist also durchaus ein Apotheker-Schriftsteller, aber Grund zur Angst hätte er deswegen nicht haben müssen, denn diese Professionalität im Schreiben ermöglichte es ihm, seine Begabung als Autor vollends zu erfüllen.

---

104 Fontane, *Fragmente*, wie Anm. 14, Bd. 1, S. XII.
105 In den Medizinalgesetzen von Kaiser Friedrich dem Zweiten im Jahr 1241 wird zum ersten Mal dezidiert von der Apotheke als Lagerraum von medikamentösen Präparaten gesprochen. Siehe: Rudolf Schmitz, *Geschichte der Pharmazie. Band I. Von den Anfängen bis zum Ausgang des Mittelalters*. Unter Mitarbeit von Franz-Josef Kuhlen, Eschborn 1998, S. 448–451. Siehe auch: Peter Dilg, *Die Apotheke als Forschungsstätte*. In: *Berichte zur Wissenschaftsgeschichte* 23 (2000), S. 303–315.
106 Theodor Fontane an Ludovica Hesekiel, 28. 5. 1878, HFA IV/2, S. 572.

»Der Reine darf alles«

Theodor Fontane und die literarische Kritik des Kulturprotestantismus

John Walker

»Doch, Herr Baron. [...] Was die Schwäche nicht darf, das darf die Reinheit, die Reinheit der Überzeugung, die Lauterkeit der Gesinnung. [...] Der bloß Schwächere darf nichts, nur der Reine darf alles«. (HFA I/2, 355–356)

Dieses Zitat entstammt einem Dialog, der im siebten Kapitel von Fontanes Roman *Irrungen, Wirrungen* stattfindet. Es handelt sich um ein Gespräch bei Hillern zwischen Botho, dem mit ihm befreundeten Offizier Leutnant von Wedell und Bothos Onkel Baron von Osten, der bei ihm in Berlin zu Besuch ist. Gegenstand des Gesprächs ist die Absetzung Harry von Arnims im Jahre 1874, des deutschen Botschafters in Paris, der wegen Unterschlagung von Amtsgeheimnissen des Landesverrats angeklagt wurde.

Unser Schlüsselzitat »der Reine darf alles« deutet auf eine psychologische und gesellschaftliche Problematik hin, die in allen großen Gesellschaftsromanen Fontanes behandelt wird und mit der Legitimation des persönlichen und sozialen Handelns durch das Gewissen zu tun hat. Unser Thema wird viele Probleme berühren, die an sich theologischen Ursprungs sind oder im gesellschaftlich-kulturellen Kontext von Fontanes Werk zum Teil durch einen spezifisch theologischen Diskurs zum Ausdruck kommen. In diesem Beitrag möchte ich aber nicht in erster Linie den historischen Bezug der mannigfachen Äußerungen zu religiösen Fragen in Fontanes Romanen erörtern. Vielmehr möchte ich die spezifisch literarische, d. h. in diesem Kontext dialogische, Kritik in den Vordergrund stellen, die Fontane in seinen Romanen an einer Bewusstseinsstruktur übt, die ich mit dem Stichwort *Kulturprotestantismus* bezeichnen möchte und die mit der politischen und kulturellen Säkularisierung des deutschen Protestantismus im neunzehnten Jahrhundert verbunden ist, d. h. mit einem Prozess, wobei eine säkularisierte Form der protestantischen Tradition trotz dem Verfall des subjektiven Glaubens immer noch kulturell und politisch relevant bleibt.

Der Begriff des Kulturprotestantismus kann mehrere Strömungen im deutschen Protestantismus des späten neunzehnten Jahrhunderts bezeichnen, die weder in ihrer theologischen Fragestellung noch in ihrer gesellschaftlich-politischen Auswirkung identisch sind. Zum Beispiel wird in der liberalen, durch den Neokantianismus geprägten Theologie Adolf von Harnacks (1851–1930)[1] eine Ethik der geistigen Freiheit mit einem Bekenntnis zum modernen säkularen Staat verbunden, die politisch sowohl konservativ als auch liberal ausgelegt werden könnte. Das einflussreiche Buch von David Friedrich Strauss *Der alte und der neue Glaube* (1872) setzt den christlichen Glauben praktisch mit einer Ethik des Fortschritts gleich, wobei die christliche Lehre durch einen »Katechismus der modernen Ideen« und eine »Pietät des Universums« ersetzt werden soll.[2] Was aber allen diesen Denkern gemein bleibt ist ihre These, sowohl explizit verkündet als auch in ihren Betrachtungen zur zeitgenössischen Kultur und Gesellschaft ständig impliziert, dass der moderne Ausdruck der christlichen Lehre von der historisch-dogmatischen Tradition losgekoppelt und mit den Hauptthesen des modernen säkularen Denkens vereinbart werden könne. In diesem Beitrag wird unter dem Begriff »Kulturprotestantismus« eher diese Grundposition als der mögliche Einfluß irgendeines Theologen auf Fontanes Werk verstanden. Diese im Deutschland des späten neunzehnten Jahrhunderts kulturpolitisch einflussreiche Grundhaltung ist mit dem spezifisch lutherischen Begriff der Freiheit verbunden, der eine strenge und nur durch das Gewissen zu vollziehende Unterscheidung erfordert zwischen der in weltlichen Dingen geltenden Gehorsamspflicht und der in geistigen Dingen maßgebenden Gewissensfreiheit.[3] Dieser seit der Reformationsbewegung bestehende Konflikt wird durch den besonderen, weil verspäteten deutschen Weg zur politischen und kulturellen Modernität auf die Spitze getrieben,[4] besonders weil in diesem Zeitraum – dem späten neunzehnten Jahrhundert – sowohl die innerkirchliche Entwicklung des deutschen Protestantismus als auch die politische Ausgrenzung des Katholizismus durch

---

1 Siehe z. B. Adolf von Harnack, *Das Wesen des Christentums*, mit einem Geleitwort von Wolfgang Trillhaas, Gütersloh, 1985 [1900]. S. 92–94 (»Das Evangelium und die Lehre, oder die Frage nach dem Bekenntnis«).
2 Siehe Nietzsches Kritik an Strauss in *Unzeitgemässe Betrachtungen*, in Nietzsche, *Kritische Gesamtausgabe*, hrsg. Giorgio Colli und Mazzino Montinari, Berlin, 1988, Bd. 1, S. 175 ff.
3 Im Sinne von Luthers Lehre in *Von der Freiheit eines Christenmenschen*. Siehe Luther, *Studienausgabe*, hrsg. v. Hans-Ulrich Delius, Berlin, 1982, Bd. 2, S. 265.
4 Siehe Helmut Plessner, *Die verspätete Nation. Über die Verführbarkeit bürgerlichen Geistes*. In: ders., *Gesammelte Schriften*, hrsg. v. Gunter Dux et al., Frankfurt am Main, 1982, S. 73–81.

die Falkgesetze dahin tendieren, die politische mit der theologischen Legitimation des deutschen Staates gleichzusetzen.[5] Allerdings ist der Kulturprotestantismus mit der lutherischen Tradition nicht identisch. Im gleichen Zeitraum wird er in Deutschland von der entgegengesetzten Strömung des Pietismus entschieden bekämpft. Gleichwohl möchte ich behaupten, dass dieser dem deutschen Protestantismus innewohnende Konflikt im Deutschland des ausgehenden neunzehnten Jahrhunderts eine politisch wie kulturell besonders relevante Form annehmen kann, die in einigen dialogischen Abschnitten Fontanes großer Gesellschaftsromane kritisch beleuchtet wird.

In dem Gespräch, das den Titel meines Beitrags liefert, wird das Problem durch jene meisterhafte Schilderung des Dialogs behandelt, die ein Hauptmittel der Gesellschaftskritik in Fontanes Werk darstellt.[6] Ich möchte die These vertreten, dass diese Betonung der Diskursebene – ja die Hervorhebung der Distanz, die zwischen dieser und der wirklichen Handlungs- und Lebenswelt bestehen mag – die eigentliche Quelle eben dieser Gesellschaftskritik ist. Stil ist bei Fontane von Inhalt untrennbar, da in der von seinen Romanen wiederspiegelten Gesellschaft soziale Konflikte oft auf einer Diskursebene ausgetragen werden, welche die Erkenntnis der gesellschaftlichen Wirklichkeit nicht vermittelt, sondern erschwert oder gar verhindert. Immerhin ist Fontanes Erzählkunst oft unter dem Gesichtspunkt jener Verklärung und Läuterung der Realität erörtert worden, die nach Fontane jedem echten Realismus wesentlich ist und der Bloßlegung eben jener Wahrheit des Wirklichen dient, die sonst in der Wirklichkeit versteckt bleiben würde.[7] Richard Brinkmanns Satz von der »Verbindlichkeit des Unverbindlichen«[8] bei Fontane mag zwar dem in Fontanes Werk vorherrschenden Geist der Toleranz Rechnung tragen, kann aber so ausgelegt werden, als ob Fontanes Realismus die Haltung einer politisch verdächtigen, weil angeblich dem Gebiet des politischen Handelns völlig entrückten Innerlichkeit eher reflektieren als kritisch analysieren würde.[9] In diesem Beitrag möchte ich die These vertreten, dass Fontanes Stil als Kritik eben dieser Haltung fungieren kann, und zwar durch

---

5 Siehe Eda Sagarra, *Theodor Fontane. ›Der Stechlin‹*, München, 1986, S. 29–35.
6 Eine hervorragende Analyse des Dialogs bei Fontane stammt von Norbert Mecklenburg: *Theodor Fontane. Romankunst der Vielstimmigkeit*, Frankfurt am Main, 1998, besonders S. 59–120. Vgl. auch Richard Brinkmann, *Theodor Fontane. Über die Verbindlichkeit des Unverbindlichen*, Tübingen, 1977, S. 127–154.
7 Vgl. Fontane, *Unsere lyrische und epische Poesie seit 1848*, HFA II/1, S. 240–242.
8 Vgl. Brinkmann, *Theodor Fontane*, wie Anm. 7, S. 180–183.
9 Vgl. Hugo Austs Interpretation von Fontanes Werk in Bezug auf die Idee der Verklärung: Hugo Aust, *Theodor Fontane: ›Verklärung‹. Eine Untersuchung zum Ideengehalt seiner Werke*, Bonn, 1974, im besonderen S. 4–25 und S. 327–334.

eine textimmanente Analyse von Fontanes literarischer Kritik an jenem säkularisierten religiösen Diskurs, den ich *Kulturprotestantismus* genannt habe.

Im Gespräch zwischen Leutnant von Wedell und Baron von Osten steht zur Debatte, ob und unter welchen Umständen die Auflehnung gegen das politische und militärische Gesetz erlaubt und wie ein solches Handeln zu rechtfertigen sei. Das Thema kommt zuerst im Kontext einer längeren Unterhaltung über die Stellung des alten preußischen Militäradels im neuen Bismarckschen Reich zum Ausdruck, wobei von Osten auf den Konflikt zwischen edler Gesinnung und preußischem Bürokratismus hinweist (HFA I/2, S. 354). Erst wenn der Baron seinen Gesprächspartner auffordert, seine eigene Auffassung der Frage zu bestätigen bzw. zu widerlegen, geht Leutnant Wedell auf die tiefere moralische Problematik des Konflikts zwischen Gewissen und Gesetz ein, zunächst aber aus der Perspektive einer überlieferten Meinung.

> Wedell, in immer wachsender Verlegenheit, suchte nach einem Ausgleichs- und Beruhigungsworte: »Gewiß, Herr Baron, es ist, wie Sie sagen. Aber Pardon, ich habe damals, als die Sache zum Austrag kam, vielfach aussprechen hören, und die Worte sind mir im Gedächtnis geblieben, daß der Schwächere darauf verzichten müsse, dem Stärkeren die Wege kreuzen zu wollen, das verbiete sich in Leben wie Politik, es sei nun mal so: Macht gehe vor Recht«. (SW, 1, 2, S. 355)

Erst als der Baron die Frage stellt, ob kein Appell gegen das Recht des Stärkeren bestehe, wird von seinem jüngeren Gesprächspartner zwischen faktischer Unterlegenheit (»[d]er bloß Schwächere«) und Lauterkeit der Gesinnung (»der Reine«) unterschieden und die These verfochten, dass eben diese von der inneren Gesinnung verbürgte innere Reinheit die Auflehnung gegen das militärische Gesetz legitimieren könne.[10] Dann aber wird die Lauterkeit der Gesinnung des hier gemeinten Handelnden, des deutschen Botschafters in Paris Harry von Arnim, geleugnet, der auf Grund einer möglichen Anklage wegen Landesverrats ins Ausland hat fliehen müssen: »›Sie wissen aber, auch ohne daß ich es sage, daß *er*, der das Wagnis wagte, diese Lauterkeit der Gesinnung *nicht* hatte‹«. (HFA I/2, S. 356)

Trotzdem wird nicht erklärt, *warum* das Attribut der Reinheit dem so Handelnden verweigert werden müsse. Allerdings entzöge sich ebenso jede positive Beurteilung des Handelns des Botschafters der rationalen Begründung, da jedes Urteil sich auf das Gewissen des handelnden Subjekts beziehen müsste. Durch Leutnant von Wedells »Ausgleichs- und Beruhigungsworte« (HFA I/2 S. 355) wird Baron von Osten eher psychologisch befriedigt als

---

10 HFA I/2, S. 355–356.

intellektuell überzeugt. Von Wedells Replik gibt keine positive Antwort auf von Ostens Frage, ob die Handlung des Botschafters Harry von Arnim zu rechtfertigen sei oder nicht, bietet aber dem Fragenden eine psychologische Perspektive, die ihm erlaubt, seine Frage neu zu verstehen und die damit verbundenen Zweifel einigermaßen zu überwinden: »›Nur der Reine darf alles‹, wiederholte der alte Baron mit einem so schlauen Gesicht, daß es zweifelhaft blieb, ob er mehr von der Wahrheit oder der Anfechtbarkeit dieser These durchdrungen sei«. (HFA I/2, S. 356) In diesem Gespräch fällt allerdings das Wort ›Gewissen‹ nicht, wohl aber die Ausdrücke »Reinheit der Überzeugung« und »Lauterkeit der Gesinnung«. Hier geht es in erster Linie nicht darum, *was*, sondern *wie* entschieden und unter welchem Gesichtspunkt die Notwendigkeit der Gewissensentscheidung verstanden werden sollte; z. B. ob ›Pflicht‹ nicht immer ›Gehorsam‹, sondern auch die Pflicht zur Auflehnung bedeuten könne. In diesem Abschnitt kommt eine Semantik zum Vorschein, die auch in der Liebesgeschichte des Romans eine entscheidende Rolle spielt und auch die paulinische Apologie der ›Reinheit‹ in Glaubenssachen suggeriert.[11] Freilich ist an dieser Stelle nicht explizit vom religiösen Kontext die Rede. An vielen anderen Stellen in Fontanes Werk wird aber eine ähnliche Problematik behandelt, wobei ein religiöser bzw. theologischer Diskurs offen geführt wird. Gleichwohl möchte ich in erster Linie nicht Fontanes oft theologisch geprägte Semantik analysieren, sondern zu zeigen versuchen, wie Fontanes Kunst des Dialogs auf die Schlüsselfunktion eines religiös geprägten Diskurses in der preußischen Gesellschaft des späten neunzehnten Jahrhunderts verweist und diese kritisch beleuchtet. Dabei muss beachtet werden, dass das semantische Feld der Religion eine Doppelfunktion innehat: es dient sowohl dem Ausdruck als auch der Kritik der Rolle, die das religiöse Bewusstsein in der Gesellschaft des deutschen Kaiserreichs spielt.

In Fontanes erstem großen historischen Roman *Vor dem Sturm* (1878) wird diese Kritik durch eine Darstellung jenes historischen Geschehens vermittelt, welches für das nationale Selbstverständnis des unter preußischer Führung vereinigten deutschen Reiches eine Schlüsselrolle spielt: die sogenannten Befreiungskriege des Winters 1812–13, als Preußen mit Russland einen Frieden schloss und sich endlich von der napoleonischen Besatzung befreite. Wie überall in Fontanes Werk wird die Problematik des sittlichen und politischen Handelns vorwiegend dialogisch behandelt: auf der Gesprächsebene, auf der der allgemeine Diskurs der Gesellschaft seinen realen, weil persönlichen und zwischenmenschlich veranlassten und verantwortlichen

---

11 Vgl. Römer, 14, v. 14.

Ausdruck findet. In diesem Roman wird das Problem der politischen Entscheidung der Bevölkerung und ihrer Vertreter durch einen konkreten historischen Kontext bestimmt: den Rückzug der französischen Truppen vor dem anrückenden russischen Heer und deren Versuch, die unmittelbar östlich liegende Oder zu überqueren. Einige französische Deserteure haben schon den Fluss überquert und Angriffe auf die Zivilbevölkerung verübt. Der preußische König, dem jeder preußische Junker und Offizier die Treue geschworen hat, hält aber an seinem Bündnis mit Frankreich gegen Russland fest. Mitten im Roman kommt in einem zentralen Kapitel die Nachricht, dass der preußische General Yorck einen Waffenstillstand mit den Russen bei Tauroggen geschlossen und so den preußischen König gezwungen hat, die preußische Bevölkerung zum Widerstand gegen die Franzosen aufzurufen.

Trotzdem müssen die Einwohner des Dorfs bei Frankfurt an der Oder ohne Kenntnis der erst später bekanntgewordenen Kapitulierung des Grafen Yorck und der damit geänderten Machtverhältnisse *unmittelbar* entscheiden, wie sie sich unter möglichem Einsatz des Lebens zu verhalten haben. Zuerst einmal kreist das Gespräch zwischen dem Junker Vitzewitz und dem Dorfschulmeister Kniehase um den Begriff der Treue. Er habe zwar dem König die Treue geschworen, sagt Vitzewitz, doch müsse des Königs Bruch seiner Treue zur preußischen Nation ihn, Vitzewitz, von seinem eigenen Treueeid entbinden. Es gebe, so Vitzewitz, eine natürliche Treue, welche höher als die politische stehe: »Ich will um der beschworenen Treue willen die natürliche Treue nicht brechen ... so löst er sich von *seinem* Schwur und entbindet mich des meinen« (HFA I/3, S. 216). In dem Gespräch wird versucht, den Begriff der Treue auf das praktische Handeln zu beziehen. Der Diskurs kreist um die Schlüsselvokabeln »Erde«, »Blut« und »Heimat«. Als Vitzewitz die beschworene politische Treue dem Gedanken einer höheren natürlich-menschlichen Treue gegenüberstellt, erwidert sein Gesprächspartner Kniehase, dass diese natürliche Treue nur auf der unmittelbaren Beziehung des Volkes zur Heimaterde beruhen könne. Die Rechtstitel des Volkes auf das Land seien aber vom König verliehen worden. Nichtsdestoweniger sei für Vitzewitz der unmittelbare Bezug des Volkes zum Lande Grund genug, um die politische Entscheidung zu legitimieren: »›Doch Kniehase‹, fuhr Berndt fort, ›die Erde tut es, *muß* es tun, weil sie unser Erstes und Letztes ist‹«. (HFA I/3, S. 217)

Endlich beteuert Vitzewitz seine Position, indem er die Erinnerung an das wirkliche Blut wachruft, das auf diesem Boden vergossen worden ist, und zwar das eines angeblich unschuldigen Zivilisten, der im Jahre 1807 von den Franzosen erschossen worden ist.

In dieser Situation sind die Einsicht und die Überzeugungskraft des altlutherschen Konrektors Othegraven von zentraler Bedeutung. Auf der expliziten Gesprächsebene gibt Othegraven Vitzewitz vor Kniehase recht, indem er implizit auf den Lutherschen ›Zwei Reiche‹-Gedanken Bezug nimmt und an jene höhere Treue appelliert, die das innere sittliche Gesetz eben dadurch aufrechterhält, dass sie dem äußeren politischen Gesetz passiv widersteht: »Zeigen wir dem König, daß wir für ihn einstehen, auch wenn wir ihm widersprechen [...] Es gibt eine Treue, die, während sie nicht gehorcht, erst ganz sie selber ist«. (HFA I/3, S. 220)

Vitzewitz fasst die Intervention des Pastors als Rechtfertigung seines Handelns auf: »Aus der Hand Gottes«, rief Bernd, »kommen die Könige, aber auch viel anderes noch. Und es gibt dann einen Widerstreit, das letzte bleibt immer das eigene Herz, eine ehrliche Meinung und – der Mut, dafür zu sterben«. (Ebd.) Was aber im ganzen Dialog hervorgehoben wird, ist weder die Rechtfertigung von Vitzewitzens möglicher Entscheidung vor Kniehases Kritik, noch die Befürwortung von Othegravens orthodox-lutherischer Theologie gegenüber der seines ebenso politisch indifferenten wie theologisch liberalen Amtskollegen Pastor Seidentopf. Der ›Zwei Reiche‹-Gedanke ließe sich in dieser wie in jeder anderen Situation ebenso sehr mit politischem Quietismus vereinbaren. Was durch Fontanes dialogische Kunst eigentlich zum Vorschein kommt, ist das, was auf der expliziten Diskursebene nur ganz flüchtig erwähnt wird: die Notwendigkeit der *Entscheidung* selbst und der damit verbundenen Verantwortungsethik:[12]

> »Es ist so Schulze Kniehase«, nahm Othegraven wieder das Wort, »und sich entscheiden ist schwerer als gehorchen. Schwerer und oft auch teurer. Sehen Sie sich um, das ganze versagt den Dienst; überall fast ist es der einzelne, der es wagt«. (HFA I/3, S. 221)

Nur das einzelne Subjekt – der konkret agierende Mensch – kann entscheiden. Vitzewitzens Widersacher Kniehase hat sicherlich Recht, indem er ihn mit dem Satz zurechtweist: »die Erde tut es nicht«. Keiner der Begriffe, die in diesem Gespräch von den verschiedenen Teilnehmern in Anspruch genommen werden – »Erde«, »Blut«, »Heimat«, »Ehre«, »Treue«, »Gesinnung« –, kann Grundlage der politischen Entscheidung sein.[13] Vielmehr dient der ständige Bezug der Gesprächspartner auf solche Vorstellungen dazu, ihr Ausweichen vor der eigenen Verantwortung zu legitimieren. Der in diesem Fall konkret

---

12 Im Sinne von Max Webers berühmter Unterscheidung zwischen »Gesinnungsethik« und »Verantwortungsethik« in *Politik und Beruf*. In: Max Weber, *Gesamtausgabe*, hrsg. v. Horst Baier et al., Tübingen, 1992, 1, 17, S. 237–238. Vgl. Hugo Aust, wie Anm. 10, S. 108.
13 Vgl. Peter Demetz, *Formen des Realismus: Theodor Fontane. Kritische Untersuchungen*, München, 1964, S. 72–73.

Agierende – Berndt von Vitzewitz – hat bis jetzt nichts entschieden. Ebenso wenig kann General von Yorcks Kapitulation bei Tauroggen Vitzewitzens eventuellen Entschluss legitimieren. An einer anderen Schlüsselstelle des Romans wird die Nachricht von Yorcks Waffenstillstand mit den Russen durch einen Vortrag des deutschen idealistischen Philosophen Fichte an der Berliner Universität vermittelt, dem Vitzewitzens Sohn Lewin beiwohnt. Fichte betont, dass Yorcks Handlung nicht objektiv zu beurteilen sei:

> »General Yorck hat kapituliert. Das Wort hat sonst einen schlimmen Klang, aber da ist nichts, das gut oder böse wäre an sich; wir kennen den General und wissen deshalb, in welchem Geiste wir sein Tun zu deuten haben«. (HFA I/3, S. 371)

Nach Fichte soll es hier wieder auf die Reinheit der Gesinnung ankommen. Was aus dieser vermeintlichen Einsicht abgeleitet werden kann, sind weder der konkrete Beweggrund noch die objektiven Folgen der Entscheidung, sondern die abstrakte Notwendigkeit der Entscheidung selbst: »Vor Allem tun wir, was der tapfere General tat, d. h. *entscheiden* wir uns«. (Ebd.)

Als Vitzewitz tatsächlich den Entschluss fasst, einen Angriff auf die französische Garnison bei Frankfurt an der Oder zu unternehmen, bei dem sein Sohn Lewin ums Leben kommen könnte, muss er nicht nur die möglichen Folgen, sondern auch seine prinzipielle Unkenntnis der eigentlichen Beweggründe seines Handelns selbst verantworten. Seine Gewissensprüfung, die Fontane dialogisch als ein Zwiegespräch gestaltet, kann ihm zu keiner endgültigen objektiven Einsicht verhelfen: So sprach er zu sich selbst ... »Berndt, täusche dich nicht, belüge dich nicht selbst. Was war es? War es Vaterland und heilige Rache, oder war es Ehrgeiz und Eitelkeit? Lag bei dir die Entscheidung?« (HFA I/3, S. 648)

In diesem Roman ist Pastor Othegraven eine Schlüsselfigur, weil sein durch die Luthersche Theologie geprägtes Bewusstsein – d. h. im realen Sinn sein Gewissen – sein Handeln nicht nur *an sich*, sondern *an und für sich* bestimmt. Zwar nimmt der semantische Inhalt seiner Rede an dem kulturellen Diskurs teil, den er mit seinem Gesprächspartner teilt. Der moralische Inhalt dieses Diskurses wird aber nur in dem Maße wirklich, als er diesen semantischen Inhalt auf sein eigenes Tun nicht nur reflexiv, sondern auch praktisch-handelnd bezieht. Die Wahrheit seiner Theologie speist sich aus derselben Quelle wie ihre Wirklichkeit, das heißt aus ihrer Fähigkeit, Othegravens sittlich verantwortliches Handeln nicht nur zu begründen, sondern zu ermöglichen. Diese Wahrheit wird Fontanes Lesern vermittelt durch die letzten Worte Othegravens vor seiner Hinrichtung durch ein französisches Kriegsgericht: eine Aussage, die alle Aporien seiner Theologie ungelöst, seine menschliche Überzeugungskraft aber durchscheinen lässt:

»Sagen Sie es Jedem, der es hören will, daß ich in der Hoffnung auf Jesum Christum, aber zugleich auch in dem festen Glauben stürbe, mein Leben an eine gute Sache gesetzt zu haben. Ich habe gepredigt: ›Selig sind die Friedfertigen‹, aber es ist auch geboten, uns zu wehren und für unser Leben und Gesetz zu streiten«. (HFA I/3, S. 654)

Fontanes letzter großer Gesellschaftsroman *Der Stechlin* (1898) hat vor seinem früheren historischen Roman sowohl den Vor- als auch den Nachteil, dass er von der unmittelbaren Gegenwart und nicht der Vergangenheit handelt, nämlich von der sozialen und kulturellen Problematik, die unserem eigentlichen Thema zugrunde liegt. Hier geht es um das Verhältnis des Christentums zu den großen sozialen Bewegungen seiner Zeit, zum Beispiel zur fortschreitenden Industrialisierung und Technisierung, zur Sozialdemokratie und nicht zuletzt zum Versuch des deutschen Protestantismus, dem Prozess des gesellschaftlichen Wandels gerechtzuwerden. Dieser Versuch wird in der Figur Pastor Lorenzens verkörpert: einer klerikalen Figur, die sowohl die strenge Autoritätsgläubigkeit der jüngst vereinten preußischen Landeskirche als auch das soziale Engagement der sogenannten christlich-sozialen Bewegung widerspiegelt.

In *Der Stechlin* wird Pastor Lorenzen im Laufe eines Gesprächs vorgestellt, das während eines Ausflugs auf der Spree stattfindet zwischen dem alten Stechlin, seinem Sohn Woldemar, Graf Barbys Töchtern Melusine und Armgard und einem adligen katholischen Ehepaar. Das Thema des Gesprächs ist zunächst das Verhältnis des Christentums zur rasch vorausschreitenden gesellschaftlichen Entwicklung, die durch die äußere Umgebung – die Industrieanlagen der Berliner Vorstädte – veranschaulicht wird. Auf der Hinfahrt (HFA I/5, S. 142) wird das Thema nur flüchtig berührt, und zwar in Bezug auf die durch die Falkgesetze aktuell gewordene ›Papst und Rom Frage‹, die Woldemar im Vergleich zu den großen weltpolitischen Themen (»ob es glückt, ein Nilreich aufzurichten, ob Japan ein England im stillen Ozean wird ...«) (Ebd.) für überflüssig hält. Auf der Rückreise aber wird das Gespräch ernsthafter, als Woldemar die Persönlichkeit seines »Lehrers und Erziehers« (HFA I/5, S. 153) Pastor Lorenzen als christliches und menschliches Vorbild aufstellt. Woldemar schätzt an seinem Lehrer vor Allem die Reinheit seines Charakters: »Aber soviel bleibt: ich liebe ihn sehr, weil ich ihm alles verdanke, was ich bin, und weil er reinen Herzens ist«. »›Reinen Herzens‹, sagte Melusine. »Das ist viel. Und Sie sind dessen sicher?« (Ebd.) Das Gespräch wird unterbrochen, indem das Schiff an einem Gelände vorbeifährt, wo mit den neuesten technischen Mitteln ein Feuerwerksspektakel dargeboten wird. Doch ruft die katholische Baronin die Gesprächsteilnehmer auf das von Woldemar eben eingeführte Thema zurück:

»Ich muß angesichts dieser doch erst kommenden Luftschifferschlachten ganz ergebenst daran erinnern, daß für heute noch wer anders in der Luft schwebt, und zwar Pastor

> Lorenzen. Von *dem* sollte die Rede sein. Freilich, der ist kein Pyrotechiker«. (HFA I/5, S. 156)

Die ›christliche‹ Figur Lorenzens wird also zuerst in Bezug auf die moderne Kultur dargestellt, wozu das Christentum Stellung nehmen und worin es sich behaupten muß. Als Antwort an die Baronin vergleicht Woldemar seinen Freund mit einem »Aeronauten«, da sein Christentum sich vor Allem in sozialem Idealismus äussern soll: »Er ist so recht ein Excelsior-, ein Aufsteigemensch, einer aus der wirklichen Obersphäre, genau von daher, wo alles Hohe zu Haus ist, die Hoffnung und sogar die Liebe« (Ebd.)

Was aber kann ein solcher Idealismus in der modernen Welt eigentlich bedeuten? Wie verhalten sich die christlichen Grundtugenden – Glaube, Liebe, Hoffnung – zueinander? Wie insbesondere verhält sich das subjektive Wollen – das hier mit »Hoffnung« und »Liebe« gleichgesetzt wird – zum objektiven Glaubensinhalt?

> »Ja,« lachte die Baronin, »die Hoffnung und sogar die Liebe! Wo bleibt aber das Dritte? Da müssens zu uns kommen. Wir haben noch das Dritte; das heißt also, wir wissen auch, was wir *glauben* sollen«.
>
> »Ja, *sollen*«.
>
> »Sollen, gewiß. Sollen, das ist die Hauptsache. Wenn man weiß, was man soll, so find't sich's schon. Aber wo das Sollen fehlt, da fehlt auch das Wollen. Es ist halt a Glück, daß wir Rom haben und den Heiligen Vater«. (Ebd.)

Hier handelt es sich primär nicht um die päpstliche Autorität, sondern um die von der katholischen Baronin in Anspruch genommene Glaubensgewissheit, die von dieser Autorität verbürgt werden soll. Gegenstand des Gesprächs ist die Frage, wie sich der christliche Glaube zum sittlichen Sollen und also zum praktischen Wollen zu verhalten habe. Führt das *Sollen* wirklich zum *Wollen*? Wie verhält sich die historisch überlieferte christliche Lehre zum wirklichen, d. h. zum Handeln bereiten christlichem Bewusstsein in der Moderne? Die Frage bezieht sich aber nicht auf »Liebe« oder »Hoffnung«, sondern auf »das Dritte«.

Im gegebenen Kontext ist diese eine Frage an den deutschen Protestantismus des ausgehenden neunzehnten Jahrhunderts, den Woldemar von Stechlin und sein Lehrer Pastor Lorenzen vetreten. Woldemar berichtet von seiner letzten Begegnung mit seinem Lehrer und bemerkt, dass dieser in »großer Erregung« (HFA I/5, S. 157) war »und zwar über ein Büchelchen, das er in Händen hielt«. Die Baronin schlägt ein Buch von Tolstoi vor, das mit »Anpreisung von Askese« zu tun haben soll. Doch handelt es sich merkwürdigerweise um ein Buch von dem portugiesischen Missionspriester Joao de Deus. Für

Lorenzen verkörpert der portugiesische Priester jenes Ideal der sich selbst opfernden Liebe, das die christlich-soziale Bewegung in die Praxis umsetzen soll. Woldemar berichtet, wie sein Lehrer seine durch die Lektüre des Portugiesen gewonnene Einsicht in der Sprache der persönlichen Bekehrung beschreibt:

> »Dieser Joao de Deus«, so etwa waren seine Worte, »war genau *das*, was ich wohl sein möchte, wonach ich suche, seit ich zu leben, *wirklich* zu leben angefangen, und wovon es beständig draußen in der Welt heißt, es gäbe dergleichen nicht mehr. Aber es gibt dergleichen noch, es muß dergleichen geben oder doch *wieder* geben«. (HFA I/5, S. 158)

Die von Woldemar mitgeteilten Worte seines Lehrers Lorenzen zeugen von der von ihm persönlich erlebten Wirklichkeit des Glaubens und seinen Ausdruck in der gesellschaftlichen Realität, d. h. wie der christliche Glaube in der Moderne (wie in der Gestalt von Joao de Deus) lebendig werden könne. Diese ist ebensosehr eine intellektuelle wie eine praktische Frage, denn es geht ebensosehr um die geistige Autorität des überlieferten Glaubens wie um seine Fähigkeit, das authentisch christliche Handeln in der zeitgenössischen Gesellschaft zu motivieren. In Lorenzens gewiss subjektiv ehrlichem christlichen Diskurs geht es in der Tat um eine Kritik des modernen Kapitalismus und des bürgerlichen Egoismus, der ihn ideologisch rechtfertigen soll: »Unsre ganze Gesellschaft (und nun gar erst das, was sich im besonderen so nennt) ist aufgebaut auf dem Ich. Das ist ihr Fluch, und daran muß sie zugrunde gehen«. (Ebd.)

Wenig später findet ein Gespräch zwischen Melusine und Lorenzen statt, wo Melusine Woldemars Verehrung für seinen Lehrer erwähnt und erzählt, wie die jungen Leute bei dem Schiffsausflug eine Art »geheimen Bund« geschlossen haben zu Ehren von Joao de Deus und Lorenzen selbst. (HFA I/5, S. 269) Der Bund soll eine Art Gemeinschaft stiften, die das authentische christliche Bekenntnis in der modernen Gesellschaft zum Ausdruck bringen soll. Lorenzen erklärt sich bereit, der Gemeinschaft beizutreten und erörtert sein eigenes soziales Programm. (HFA I/5, S. 271) Dabei hebt er den Unterschied zwischen dem »Christlichen« und dem »Kirchlichen« hervor wie auch die »naive Neigung, alles ›Preußische‹ für eine höhere Kulturform zu halten«. (Ebd.) Dieser »naive Glaube«, meint er, habe einst »eine gewisse Berechtigung« gehabt, besitze sie aber nicht mehr, und zwar wegen dem »Neuen«, das jetzt kommen soll. Dieses »Neue« wird von Lorenzen in politisch-sozialen Kategorien definiert, d. h. in der Anerkennung der Prinzipien von Freiheit und Gleichheit: »Der Hauptgegensatz alles Modernen gegen das Alte besteht darin, daß die Menschen nicht mehr durch ihre Geburt auf den von ihnen einzunehmenden Platz gestellt werden«. (Ebd.) Jedoch wird die Idee des Neuen auch theologisch als Übergang vom alten zum neuen Bund bestimmt, wobei der Bezug zwischen Theologie und Politik unklar bleibt:

»Ich lebe darin und empfind' es als eine Gnade, da, wo das Alte versagt, ganz in einem Neuen aufzugehn. Um ein solches ›Neues‹ handelt es sich. Ob ein solches ›Neues‹ sein soll (weil es sein muß) oder ob es *nich*t sein soll, um diese Frage dreht sich alles«. (Ebd.)

Hier wird das eigentliche Problem des christlichen Handelns angesprochen, das für den evangelischen Christen auf persönlicher Ebene nur durch eine Theologie des von der Gnade geschenkten Glaubens zu ›lösen‹ sei. Jedoch beansprucht die christlich-soziale Bewegung, die theologische Frage des christlich gerechtfertigten Handelns auch auf die politische Ebene zu beziehen. Es fehlt aber den Gesprächsteilnehmern genau das, was die katholische Baronin früher zu ›haben‹ meint: einen Glauben, der den authentischen Ausdruck der christlichen Lehre in Politik und Gesellschaft zu ermöglichen vermöchte. In dem von Fontane geschilderten Dialog kommt aber kein solcher geistig und praktisch überzeugender christlicher Glaubensinhalt zur Sprache, sondern eher die Reflexion derselben in dem kulturell und gesellschaftlich bestimmten Diskurs der Sprechenden.

In keinem seiner Romane geht es aber Fontane um die Befürwortung bzw. Ablehnung irgendeiner theologischen Position, sondern eher darum, welchen ›Sitz im Leben‹ der theologische Diskurs in der realen Welt hat und wie sich die Wortführer dieses und anderer Diskurse in jener Welt verhalten. Freilich geht es Fontane nicht darum – hierin liegt seine wahre Ethik der Unverbindlichkeit – seinen Lesern ein bestimmtes moralisches Urteil vorzuschreiben. Noch weniger will er durch seine dialogische Darstellung ein solches Urteil in den Mund eines seiner Gesprächsteilnehmer legen.[14] Vielmehr geht es ihm um die Vermittlung einer Wahrheit und einer Ethik, die zwischen den expliziten Äußerungen seiner Gestalten liegt und deswegen implizit bleiben muss. Ich möchte behaupten, dass eine Hauptleistung von Fontanes Erzählkunst darin besteht, die Distanz zwischen Diskurs und Handlungsebene zu entlarven und deren gesellschaftliche Bedeutung bloßzustellen. In Fontanes Welt werden Diskurs- und Handlungsebene auseinandergehalten. In seinem Werk werden sie aber durch seine dialogische Kunst für seine Leser aufeinander bezogen. In diesem Sinne möchte ich die These vertreten, dass Fontanes ›Stil‹ nicht nur ein Ton ist: er gehört zur Wirklichkeit und wohl auch zur Wahrheit seines Werkes.

---

14 Hier möchte ich Eckart Beutels Identifikation von Fontanes eigener Ethik der »Verbindlichkeit des Unverbindlichen« mit der Position Lorenzens in Frage stellen. Vgl. Eckart Beutel, *Fontane und die Religion. Neuzeitliches Christentum im Beziehungsfeld von Tradition und Individuation*, Gütersloh, 2003, S. 217–218.

Dass die Schrift erfüllet würde

Semantisierte Typografie in Theodor Fontanes *Märkischen Reimen*

Andreas Beck

Dem Altersstil[1] Fontanescher Reimereien möchte ich mich im Folgenden nähern, und zwar anhand von Gedichten, die in der Zeitschrift *Zur guten Stunde* publiziert wurden. Längst ist zwar bekannt, »daß in dieser Zeitschrift einige, wenn nicht *die* Glanzstücke der späten Lyrik Fontanes zuerst erschienen sind«,[2] aber dasjenige, was die betreffenden Texte glänzen lässt, ist bislang womöglich erst teilweise in den Blick geraten. Gerontofontaneske Verse, so Karl Richters klassisch gewordene Sicht, zeichnen sich aus durch eine Veränderung des Tons, durch Lässigkeit in knitteliger Metrik, alltagsnaher Syntax, Wort- und Stoffwahl – durch kunstvolle Pathosferne als kritisch-skeptische Distanznahme von gesellschaftlichen Normen.[3] Das ist richtig, aber unbefriedigend – denn die Rede von einem »*neue[n] Ton*«[4] der Altersgedichte, die Rede vom Fontane-›Ton‹ überhaupt birgt eine problematische Implikation.

---

1 ›Stil‹ definiere ich für meine Analysezwecke freihändig als ›Bündel bestimmter Merkmale der Handhabung und Formung künstlerischen Materials‹ – hier der Sprache –, ›das sich in einer begrenzten, aber signifikant großen Zahl von Artefakten relativ vollständig beobachten lässt und es derart erlaubt, besagte Artefakte als eine ausreichend distinkte Gruppe zu konturieren und sie etwa einer Produktionsinstanz, einer Epoche oder einer Gattung zuzuordnen‹.
2 Roland Berbig, *Theodor Fontane im literarischen Leben. Zeitungen und Zeitschriften, Verlage und Vereine*, Berlin/New York 2000, S. 261.
3 Vgl. Karl Richter, *Das spätere Gedichtwerk*. In: Christian Grawe und Helmuth Nürnberger (Hrsg.), *Fontane-Handbuch*, Stuttgart 2000, S. 726–747. Diese Darlegungen stimmen teils wörtlich mit früheren Arbeiten überein; vgl. exemplarisch Karl Richter, *Die späte Lyrik Theodor Fontanes*. In: Hugo Aust (Hrsg.), *Fontane aus heutiger Sicht. Analysen und Interpretationen seines Werks*, München 1980, S. 118–142. – In meiner Auflistung fehlt die mäßig präzise Stilkategorie des ›Humors‹, auf die Richter ostinat verweist; zur Selbstreflexion des Schriftsteller-Ichs in Fontanes Altersreimen s. u. Anm. 16.
4 Richter, *Das spätere Gedichtwerk*, wie Anm. 3, S. 735.

Als akustische Metonymie nämlich steht sie einer adäquaten Textanalyse entgegen: Indem sich solcher ›Ton‹ weder sehen noch greifen lässt, bedient, wer ihm nachspürt, eine weitgehend entmaterialisierte Auffassung von ›Text‹: eine, die ›Text‹ zu einem virtuell-abstrakten Konstrukt hypostasiert, das sich jenseits seiner verschiedenen sicht- und handhabbaren konkreten Vorliegenheiten gleichbleibt. Der Fontane-›Ton‹ verkürzt den ›Stil‹ in Fontanes Werk u. a. um das Moment des Visuellen, er hindert die Würdigung schriftbildlicher Phänomene in Manuskript und Druck – wodurch er jenem methodischen Imperativ entgegensteht, den Roland Berbig formuliert hat: »Jeder Text Fontanes verträgt es nicht nur, auf seinen Publikationsort hin analysiert zu werden, er erfordert es geradezu«, was gegebenenfalls auch die Frage zu stellen bedeute, »[w]ie wichtig« das »Layout der Zeitschrift« gewesen ist,[5] in der Fontane-Texte veröffentlicht wurden.

Dies will ich fragen und anhand der *Siegesbotschaft* im Kontext der *Märkischen Reime* exemplarisch die Relevanz von Strategien der *mise en page* für Fontane-Gedichte in *Zur guten Stunde* aufzeigen. Komplementär zu den anderen Beiträgen dieses Bands geht es mir darum, auf Phänomene der Materialität bzw. Visualität als einen nicht zu unterschätzenden Stilaspekt Fontanescher Texte aufmerksam zu machen.[6] Zudem verstehe ich meine Ausführungen

---

5 Berbig, wie Anm. 2, S. 101.
6 Layoutphänomene spielen in Analysen Fontanescher Gedichte, soweit ich sehe, kaum je eine Rolle; eine Ausnahme bilden die typografisch auffälligen Rahmenstrophen der *Brück' am Tay*, betreffende Studien sind aufgeführt in: Andreas Beck, *Bau auf, Bau auf! Poetische Ingenieurskunst in Theodor Fontanes ›Die Brück' am Tay‹*. In: *Angermion* 7 (2014), S. 127–156, hier S. 136 f. – Indes dürfte meine Arbeit zur *Brück' am Tay* schier die einzige sein, die in Layoutphänomenen die mögliche Pointe eines Fontane-Gedichts wittert; vergleichbar erscheint mir lediglich der Versuch von Dirk Rose, *Lebensende, Epochenanfang, »Zauber der Form«. Fontanes Alterslyrik*. In: Henriette Herwig (Hrsg.): *Merkwürdige Alte. Zu einer literarischen und bildlichen Kultur des Alter(n)s*, Bielefeld 2014, S. 279–309, hier S. 296, den »Raum weißen Papiers« nach dem letzten Vers von *Würd' es mir fehlen, würd' ich's vermissen?* als einen des »Nachhall[s]« und der Reflexion des Rezipienten zu verstehen. Rose bezieht sich jedoch nicht auf zeitgenössische Drucke – die seine Sicht kaum stützen: Im Erstdruck nämlich, in der Ausgabe der *Gedichte* von 1889 (vgl. Theodor Fontane, *Gedichte. Gedichte (Sammlung 1898). Aus den Sammlungen ausgeschiedene Gedichte*, hrsg. von Joachim Krueger und Anita Golz, 2., durchgesehene und erweiterte Auflage, Berlin 1995, S. 448), schließt das nachfolgende Gedicht (*Ueberlaß es der Zeit*) räumlich vergleichsweise eng an *Würd' es mir fehlen, würd' ich's vermissen?* an, und in den *Gedichten* von 1892 und 1898 schrumpft dieser spärliche Freiraum noch: Dort nimmt die Schriftgröße zu, die Überschriften werden in voluminöseren Zierbuchstaben gesetzt, und die 1889 verwendeten optisch zurückhaltenden waagerechten Trennstriche zwischen den Gedichten weichen 1892 auffälligeren, raumgrei-

methodisch als Diskussionsbeitrag zu Matthias Bickenbachs Darlegungen: Er argumentiert dahin, Anspielungen in Fontane-Texten nicht zuletzt als Aktivierung eines Wissensraums vager zeitgenössischen Hörensagens zu begreifen – während hier, wie auch bei Regina Dieterle, die Leistungsfähigkeit einer Lektüre zur Debatte steht, die heuristisch in solchen Allusionen präzise Bezugnahmen auf klar konturierte Wissensbestände bzw. konkrete Prätexte vermutet.

Auf die typografischen Manöver der *Märkischen Reime* führen uns rhetorische Strategien, die für den greisen Versschmied Fontane charakteristisch sind. Dessen Gedichte in *Zur guten Stunde* zeichnen sich durch Wiederholungen verschiedener Art aus,[7] etwa durch wiederkehrende Wörter und Wortgruppen innerhalb eines Gedichts: In *Waldemar Atterdag*[8] z. B. beschließt der Beiname des merkwürdigen Titel-›Helden‹ sämtliche Balladenstrophen; in *Herr von Ribbeck auf Ribbeck im Havelland*[9] wiederum findet der in sich bereits redundante Titel sein Echo im ersten und letzten Vers (worauf Fontane eigens hinwies[10]). Weiterhin finden sich Repetitionen zwischen Gedichten, die auf einer Zeitschriftenseite kopräsent sind; in einem von Fontanes Gedichtensembles in *Zur guten Stunde* operieren vier von fünf Gedichten mit den Reimwörtern »Glück«/»zurück«.[11] Eines allerdings nicht, doch auch *Schlaf* hat teil am Stilprinzip der Wiederholung: Er begegnet hier ja im Gefolge von *Trost*, einem Gedicht, das Fontane bereits im Roman *Vor dem Sturm* veröffentlicht hatte – und dort heißt es, nachdem Lewin von Vitzewitz dieses Gedicht zu Papier gebracht hat: »Es war ihm von Zeile zu Zeile freier ums

---

fenderen floralen Vignetten, deren Größe 1898 nochmals wächst – sodass sich im Vergleich jener drei Auflagen die typografische Strategie zeigt, Leerräume zwischen den Gedichten zu überbrücken. Vgl. Theodor Fontane, *Gedichte*, 3. vermehrte Auflage, Berlin 1889, S. 32; ders., *Gedichte*, 4. vermehrte Auflage, Berlin 1892, S. 32; ders., *Gedichte*, 5. vermehrte Auflage, Berlin 1898, S. 32.

7 Vgl. Theodor Fontane an Pol de Mont am 24. Mai 1887: u. a. »Kunst der Wiederholungen« könne man »[a]us der Volksballade [...] lernen«; Theodor Fontane, *Unveröffentlichte Briefe an Pol de Mont. Ein Beitrag zu Fontanes Theorie der Ballade*, mitgeteilt von Jaen Gomez. In: *Fontane Blätter* 15 (1972), S. 465–474, hier S. 468.

8 *Zur guten Stunde* 2 (1888), Sp. 853 f.

9 *Zur guten Stunde* 4 (1889), Sp. 1007 f., und 5 (1889/90), Sp. 61–64; den verwirrenden mehrsträngigen Publikationsverlauf von *Zur guten Stunde* erhellt Georg Wolpert, ›Herr von Ribbeck‹, ›Kaiser Friedrich‹ und ›Eine Frau in meinen Jahren‹ ... *Datierungsfragen zu den Veröffentlichungen Theodor Fontanes in der Zeitschrift ›Zur guten Stunde‹*. In: *Fontane Blätter* 87 (2009), S. 92–121.

10 Vgl. Theodor Fontane an Julius Rodenberg am 11. Juni 1889, HFA IV/3, S. 698.

11 *Es kribbelt und wibbelt weiter* (4,1/3), *Rückblick* (1,1 f.), *Trost* (2,2/4) und *Der Alte Musikant* (3,2/5) – *Zur guten Stunde* 3 (1888/89), Sp. 231 f.

Herz geworden. Er [...] legte sich nieder und *schlief* ein.«[12] Später im Roman wiederholt sich Lewin nachts die dritte Strophe seines Gedichts – nachdem er fest geschlafen hatte, nun aber, jäh erwacht,[13] auf ein »*Wach*kommando[]«[14] wartet. Vor dieser Folie ist es nur konsequent, dass *Trost* bei seiner abermaligen Veröffentlichung in *Zur guten Stunde* erneut in der Nähe von ›Schlafen‹ und ›Wachen‹ zu stehen kommt – eben in der Nähe des Gedichts *Schlaf*, in dem es heißt: »Ich liege *wach*, es meidet mich der *Schlaf*« (v. 2).[15]

Damit haben wir weitere Formen der Wiederholung vor uns, die Fontane-Gedichte in *Zur guten Stunde* aufweisen: Frühere Texte werden wiederabgedruckt, der Gedichtstil des alten Fontane erstreckt sich also nicht allein auf Neuproduktionen; und solche Wiederabdrucke können durch Neukontextualisierung frühere Fontanesche Textkonstellationen aufrufen. Derartige Repetitionen schaffen autoreflexive intertextuelle Verstrebungen, mit denen sich Fontane selbstbewusst an (damals wohl eher rare) Fontane-Leser richtet und auf die Konstitution seines Œuvres hinarbeitet.[16]

Diese sowie andere Formen der Wiederholung, denen wir in den *Märkischen Reimen* (wieder-)begegnen werden, dienen nicht zuletzt der Modellierung von Zeit, einem poetischen Zeitmanagement, das sich einer Verlangsamung bis zum Stillstand verschreibt: einer Inszenierung heilsamer Statik,[17] die den Anspruch erkennen lässt, auf politisch-gesellschaftliche und/oder menschlich-existentielle Problemsituationen die angemessene – d. h. dichterische – Reaktion zu bieten. In *Waldemar Atterdag* unterbindet der König mit seinem ostinaten »Atterdag« (1,8, 2,12, 3,14, 4,14) balladentypische »That« (1,7), er verschiebt sie auf den »A n d e r n - Ta g« (1,8); passiv duldet er Adelsaufstand, Feindesangriff und Hahnreischaft, schier wird er zur lächerlichen Karikatur eines Balladenhelden – bis er, da er zuletzt im Sterben liegt, mit

---

12 Theodor Fontane, *Vor dem Sturm. Roman aus dem Winter 1812 auf 13. Dritter Band. Alt-Berlin*, Berlin 1878, S. 85; Hervorhebung A. B.
13 »Er schlief fest, viele Stunden lang [...] und fuhr auf«; Theodor Fontane, *Vor dem Sturm. Roman aus dem Winter 1812 auf 13. Vierter Band. Wieder in Hohen-Vietz*, Berlin 1878, S. 225.
14 Ebd., S. 227; Hervorhebung A. B.
15 *Zur guten Stunde* 3 (1888/89), Sp. 232; Hervorhebungen A. B.
16 Eine Spielart jener Autoreflexion des Schriftsteller-Ichs, die Richter, *Das spätere Gedichtwerk*, wie Anm. 3, S. 729, in Fontanes Altersgedichten ausmacht. Jener Selbstbezug scheint allerdings ausschließlich in Gedichten verortet zu werden, wo er explizit formuliert vorliegt.
17 Es »zeichnet sich [...] Fontanes späte Lyrik durch ein Betonen von Dauer aus«; Jürgen Fohrmann: *Homogene Zeit und Alltagswelt. (Theodor Fontanes späte Lyrik)*. In: Edward McInness und Gerhard Plumpe (Hrsg.): *Bürgerlicher Realismus und Gründerzeit 1848–1890*, München 1996, S. 453–456, hier S. 453.

seinem abermaligen »Atterdag« (5,14), das die Ballade beschließt, den eigenen Tod auf einen ›andern Tag‹ verschiebt.[18] Das immergleiche Wort, das immergleichen tatenlosen Stillstand verursacht, wird just in dieser Eigenschaft schließlich zur entscheidenden Tat,[19] da es als ein derart stillstellendes zuletzt das endgültige Verstreichen der Lebenszeit hemmt. Eine Antwort auch auf die trüben zeitgeschichtlichen Umstände: Der *Waldemar Atterdag*, dessen königlicher Protagonist durch sein gesprochenes Wort sein Leben fristet, erschien – ein halbwegs berechenbarer Zufall – am Tag vor dem Tod Kaiser Friedrichs III., der zuletzt nicht mehr sprechen konnte.[20]

Ähnlich liegen die Dinge in *Herr von Ribbeck auf Ribbeck im Havelland*. Hier verstreicht die Zeit ziemlich rasch: »So ging es viel Jahre« (2,1), »Und im dritten Jahr« (3,9), »Und die Jahre gehen wohl auf und ab« (4,1). Zeitraffung prägt den Binnenteil der Ballade, doch jener Wiederholungsrahmen von Titel, erstem und letztem Vers bremst sie aus. Er überführt das zerstörerische Fortschreiten der Zeit in ein sich gleichbleibendes »noch immer« (4,9) der Textkomposition, in eine formale Statik,[21] die der glücklichen inhaltlichen Wendung entspricht. Mit solcher ›segenspendenden‹ Performativität haben wir Leser im Lektürevorgang auf der Ebene des *discours* teil an dem guten Ende auf der Ebene der *histoire*.

---

18 Entsprechend spielt die letzte Strophe in »Roskild-Abtei« (5,1), wo sich zwar die Grablege der dänischen Könige befand, wo Waldemar Atterdag aber *nicht* bestattet wurde (vgl. [Theodor Fontane], *Roeskilde. (Fortsetzung.)*. In: *Wochenblatt der Johanniter-Ordens-Balley Brandenburg* 6/13 (1865), S. 70 f., hier S. 70); er starb auch nicht in Roskilde, sondern im Schloss von Gurre (vgl. *Geschichte von Dänemark von der ältesten bis auf die neueste Zeit, nach C. F. Allen*, Leipzig 1849, S. 127). – Für den Hinweis auf die ›Verfehltheit‹ von Roskilde im *Waldemar Atterdag* danke ich Khaleda Al Ahmad und Nicola-Kim Raschdorf (Bochum).

19 Das ist konsequent: Bis zum Schlusswort der Ballade ist balladeskes Handeln nur in Figurenrede von entsprechenden Taten präsent – im Wort, das dann am Ende selbst zur Tat wird.

20 Die betreffende Nummer bzw. das betreffende Heft von *Zur guten Stunde* erschien am 14. Juni 1888, vgl. Wolpert, wie Anm. 9, S. 104 und S. 115.

21 Eine stimmige Fortführung jener Zeitraffung, die spürbar hierauf angelegt ist: Die stete Wiederkehr der ›Jahre‹ steht als Wiederholung dem ausgesagten zeitlichen Fortschreiten formal bereits entgegen, und auf solchen performativen Widerspruch hin scheinen die immer wiederkehrenden Jahre gelesen werden zu wollen: »die Jahre gehen wohl auf und ab« (4,1), diese Formulierung benennt keinen Fortschritt, sondern nur mehr ein bloßes Hin und Her als Vorstufe des zuletzt eintretenden Stillstands. – Zum Ineins von Zeitstillstellung und dauernder Wiederkehr desselben im *Herrn von Ribbeck* vgl. Rolf Selbmann: *Von Birnbäumen und Menschen. Eine neue Sicht auf Fontanes Ballade ›Herr von Ribbeck auf Ribbeck im Havelland‹*. In: *Fontane Blätter* 72 (2001), S. 94–108, hier S. 97.

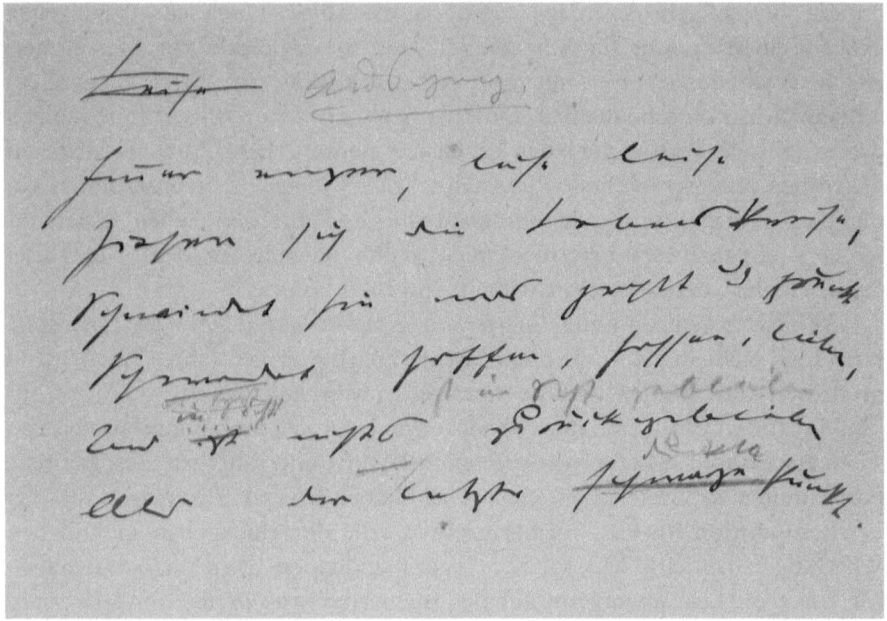

Abb. 1: Eigenhändige Entwurfshandschrift Fontanes zu *Ausgang* (Privatbesitz). Grundschicht Tinte, mit Blei- und Blaustift korrigiert.

Auch ohne Wiederholungen lässt sich heilsamer Stillstand ins Werk setzen – wie in *Ausgang*²² mittels Typografie und Layout. Davon zeugt bereits der Titel des Gedichts, der in der Grundschicht des erhaltenen Entwurfsmanuskripts (Abb. 1) noch fehlt und erst später nachgetragen wurde – womöglich im Hinblick auf den späteren Druckort des Gedichts: *Ausgang* kam in *Zur guten Stunde* tatsächlich an einem ›Ausgang‹ zu stehen, nämlich rechts unten am Seitenende (Abb. 2), am ›Ausgang‹ des Gedichtensembles, wo der Leser weiterblättern und -lesen wird, wo es weitergeht, bis zum tödlichen ›Ausgang‹ des Lebens. Oder vielleicht doch nicht? »Und ift nichts zurückgeblieben«, lautet der vorletzte Vers im Entwurf zunächst, bevor sich dessen schließlicher Wortlaut weitestgehend herausbildet: ›Und nichts ift in Sicht

---

22 *Zur guten Stunde* 2 (1888), Sp. 1104.

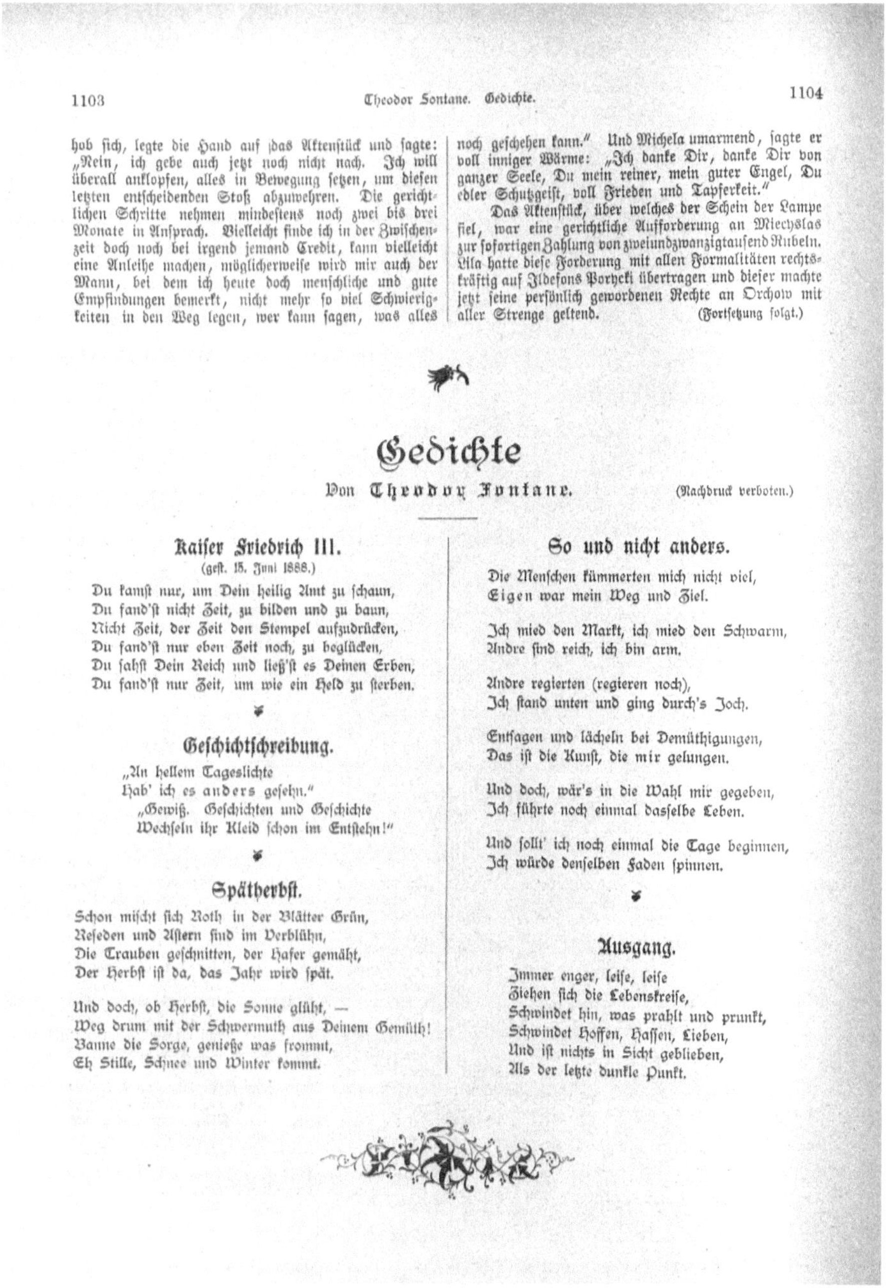

1103 Theodor Fontane. Gedichte. 1104

hob sich, legte die Hand auf das Aktenstück und sagte: „Nein, ich gebe auch jetzt noch nicht nach. Ich will überall anklopfen, alles in Bewegung setzen, um diesen letzten entscheidenden Stoß abzuwehren. Die gerichtlichen Schritte nehmen mindestens noch zwei bis drei Monate in Anspruch. Vielleicht finde ich in der Zwischenzeit doch noch bei irgend jemand Credit, kann vielleicht eine Anleihe machen, möglicherweise wird mir auch der Mann, bei dem ich heute doch menschliche und gute Empfindungen bemerkt, nicht mehr so viel Schwierigkeiten in den Weg legen, wer kann sagen, was alles noch geschehen kann." Und Michela umarmend, sagte er voll inniger Wärme: „Ich danke Dir, danke Dir von ganzer Seele, Du mein reiner, mein guter Engel, Du edler Schutzgeist, voll Frieden und Tapferkeit."

Das Aktenstück, über welches der Schein der Lampe fiel, war eine gerichtliche Aufforderung an Miecyslas zur sofortigen Zahlung von zweiundzwanzigtausend Rubeln. Lila hatte diese Forderung mit allen Formalitäten rechtskräftig auf Ildefons Porycki übertragen und dieser machte jetzt seine persönlich gewordenen Rechte an Orchow mit aller Strenge geltend. (Fortsetzung folgt.)

Gedichte

Von Theodor Fontane. (Nachdruck verboten.)

Kaiser Friedrich III.

(gest. 15. Juni 1888.)

Du kamst nur, um Dein heilig Amt zu schaun,
Du fand'st nicht Zeit, zu bilden und zu baun,
Nicht Zeit, der Zeit den Stempel aufzudrücken,
Du fand'st nur eben Zeit noch, zu beglücken,
Du sahst Dein Reich und ließ'st es Deinen Erben,
Du fand'st nur Zeit, um wie ein Held zu sterben.

Geschichtschreibung.

„An hellem Tageslichte
Hab' ich es anders gesehn."
„Gewiß. Geschichten und Geschichte
Wechseln ihr Kleid schon im Entstehn!"

Spätherbst.

Schon mischt sich Roth in der Blätter Grün,
Reseden und Astern sind im Verblühn,
Die Trauben geschnitten, der Hafer gemäht,
Der Herbst ist da, das Jahr wird spät.

Und doch, ob Herbst, die Sonne glüht, —
Weg drum mit der Schwermuth aus Deinem Gemüth!
Banne die Sorge, genieße was frommt,
Eh Stille, Schnee und Winter kommt.

So und nicht anders.

Die Menschen kümmerten mich nicht viel,
Eigen war mein Weg und Ziel.

Ich mied den Markt, ich mied den Schwarm,
Andre sind reich, ich bin arm.

Andre regierten (regieren noch),
Ich stand unten und ging durch's Joch.

Entsagen und lächeln bei Demüthigungen,
Das ist die Kunst, die mir gelungen.

Und doch, wär's in die Wahl mir gegeben,
Ich führte noch einmal dasselbe Leben.

Und sollt' ich noch einmal die Tage beginnen,
Ich würde denselben Faden spinnen.

Ausgang.

Immer enger, leise, leise
Ziehen sich die Lebenskreise,
Schwindet hin, was prahlt und prunkt,
Schwindet Hoffen, Hassen, Lieben,
Und ist nichts in Sicht geblieben,
Als der letzte dunkle Punkt.

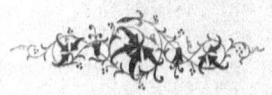

Abb. 2: *Zur guten Stunde* 2 (1888), Heftausgabe (Reproduktion nach meinem Exemplar, A. B.).

geblieben‹²³ – als was? »Als der letzte dunkle Punkt.« Eine Metapher für den Tod, sicher, aber der ›dunkle Punkt‹ lässt sich auch harmlos, unbildlich-wörtlich verstehen: Auf der Manuskript- wie der Druckseite ›bleibt‹ ja am Ende ›nichts in Sicht‹ als der ›letzte dunkle Punkt‹ des Satzzeichens, das den Entwurf und später das Gedicht in *Zur guten Stunde* beschließt.²⁴ *Ausgang* soll offenbar nicht nur gelesen, sondern dezidiert auch *gesehen* werden,²⁵ nicht umsonst führt die Endversion des vorletzten Verses durch fünfmalige i-Assonanz betonte (›*ist nichts in Sicht geblieben*‹) optische Wahrnehmung ein. So bleibt der Text mit seiner typografisch-performativen Schlusspointe bei sich und läuft gerade *nicht* auf den Tod, auf das Jenseits der bedruckten Seite und des Lebens zu, sondern verharrt diesseits des ›Ausgangs‹ dorthin, diesseits des letalen ›Exitus‹.

Wiederholung, Verlangsamung bis zum Stillstand, Semantisierung der Typografie – diese Stilphänomene später Fontane-Gedichte sind auch für die *Märkischen Reime* (Abb. 3a und b)²⁶ zentral. Meine Rekonstruktion von deren

---

23 Nur diese grammatisch und metrisch stimmige Lesart erlaubt der Entwurfstext des Verses nach den vorgenommenen Überarbeitungen. Strenggenommen führen diese aber nicht auf einen bestimmten Wortlaut; zuletzt steht vielmehr zu lesen:
    ist in Sicht geblieben
    »Und in Sicht nichts zurückgeblieben«.
24 Das Moment des *dunkelfarbigen* Punkts – der typografische Assoziationen weckt – war Fontane offenbar wichtig. In der Grundschicht der Entwurfshandschrift lautete der letzte Vers: »Als der letzte schwarze Punkt.« Dann erfolgte die Streichung »schwarze«, und »eine« wurde vor »letzte« eingefügt, mit dem zwischenzeitlichen Resultat »Als der eine letzte Punkt.« Dies schwächt das visuelle Moment und so die typografische Konnotation des Verses; zuletzt aber nahm Fontane die Streichung »eine« vor und fügte über »schwarze« »dunkle« ein, mit dem schließlichen Ergebnis »Als der letzte dunkle Punkt.« Das lädt zur Identifizierung von ».« mit dem »dunkle[n] Punkt« ein, vermeidet aber den plakativen Zug der Grundschicht. – Die hier angesetzte Schreibchronologie liegt aufgrund der strengen metrischen Verhältnisse (vierhebige Trochäen, Stabat-Mater-Strophe) nahe: ›Als der eine letzte schwarze Punkt.‹ sowie ›Als der eine letzte dunkle Punkt.‹ sind, weil dem metrischen Schema widersprechend, als zwischenzeitliche Textstände wenig plausibel.
25 Dies entgeht sowohl Fohrmann, wie Anm. 17, S. 455 f., als auch Heinrich Detering, *Storm und Fontane als Lyriker.* In: *Fontane Blätter* 80 (2005), S. 106–124, hier S. 122.
26 *Zur guten Stunde* 4 (1889), Sp. 937–940 (Heftausgabe) bzw. Sp. 703 f. (Nummernausgabe). – Textgrundlage (nach ihr Zitate unter Angabe von Strophe und/oder Vers) meiner Analyse ist die Nummernausgabe, in der die *Märkischen Reime* auf einer Seite kopräsent sind, und nicht die Heftausgabe, in der sie auf der Vorder- und Rückseite eines Blatts zu stehen kommen. Diese Entscheidung erscheint mir dem Gegenstand angemessen: Zunächst zeichnet sich im Satz von Fontanes Gedichten in *Zur guten Stunde* das grundsätzliche Bestreben ab, die betreffenden Texte auf einer und derselben Seite zu bieten (hierauf sind denn auch, wie sich zeigen wird,

textueller Strategie beginnt bei einer Wiederholung, die Aufschluss gibt über die Machart der *Siegesbotschaft* und *à la longue* auf Kompositionsprinzipien des Gedichtzyklus führt. In der *Siegesbotschaft* verliest »der Boote von [...] Cremen«[27] ein »Telegramm«:

> [...] »Düppel ist genommen;
> Wir Schanze fünf, Garde Schanze sieben,
> Feldwebel Probst beim Sturme geblieben.
> Verluste wenig. Danske viel . .« (v. 20–23)

Diese Nachricht wird mehrmals vorgetragen:

> Und genauer zu wissen, wie's alles gewesen,
> muß Neumann es immer wieder lesen. (v. 25 f.)

---

die *Märkischen Reime* kalkuliert): Bei sieben Publikationsanlässen ist dies sowohl in der Heft- als auch der Nummernausgabe gegeben; in zwei Fällen (*Märkische Reime* und *Herr von Ribbeck*) ›korrigiert‹ die spätere Nummernausgabe den Satz der Heftausgabe in diesem Sinn. In einem Fall (*Walter Scott in Westminster-Abtei*) befindet sich der Text wenigstens auf *einer* Doppelseite. Demgegenüber befindet sich lediglich ein Gedicht (*Walter Scotts Einzug in Abbotsford*) in Heft- und Nummernausgabe nicht auf *einer* (Doppel-)Seite; und nur in einem Fall (*Aus der Gesellschaft*) verteilt die Nummernausgabe Gedichte, die in der Heftausgabe auf der nämlichen Seite versammelt waren, auf die Vorder- und Rückseite eines Blatts (vgl. Wolpert, wie Anm. 9, S. 115 f.). Weiterhin stellt das Layout der *Märkischen Reime* in der Heftausgabe wahrscheinlich eine typografische Notlösung dar, die der konzeptuellen Anlage des Zyklus zuwiderläuft: Der Romanschluss, der den Gedichten hier vorhergeht und gut 75 % des Satzspiegels einnimmt, macht in dessen unterem Viertel einen Lückenfüller erforderlich. Diese Funktion fällt dem Beginn der *Märkischen Reime* zu, die sich derart nicht auf einer und derselben Seite befinden. Trotzdem bleibt auch hier das Bestreben sichtbar, zusammengehörigen Text auf *einer* Seite zu präsentieren: In der Heftausgabe nämlich eröffnet *Vom Fehrbelliner Schlachtfeld* den Zyklus und nicht *Gruß*; hätte letzterer hier die Ouvertüre gebildet, dann hätte der Seitenumbruch das Fehrbellin-Gedicht zerteilt. Diese von der Nummernausgabe abweichende Textreihung ist wohl das Resultat satztechnischer Sachzwänge, die die Anlage des Ensembles stören. Immerhin ist die Folge *Gruß, Vom Fehrbelliner Schlachtfeld, Adlig Begräbniß, Siegesbotschaft* dadurch autorisiert, dass auch die dritte Auflage der *Gedichte* sie bietet (vgl. Fontane, *Gedichte 1889*, wie Anm. 6, S. 265–268), die zum Zeitpunkt der Erstveröffentlichung der *Märkischen Reime* (4./6. Juli 1889, vgl. Wolpert, wie Anm. 9, S. 115 f.) bereits gesetzt war (vgl. Krueger/Golz (Hrsg.), *Fontane: Gedichte*, wie Anm. 6, S. 406); die *Gedichte* von 1892 und 1898 behalten diese Anordnung des Zyklus dann bei, vgl. Fontane, *Gedichte* 1892, wie Anm. 6, S. 273–277; Fontane, *Gedichte* 1898, wie Anm. 6, S. 291–294. – All dies legt m. E. nahe, dass eine Untersuchung des poetischen Kalküls der *Märkischen Reime* in *Zur guten Stunde* mit der Nummernausgabe zu arbeiten hat.

27 Zwischenzeitliche Alternativvariante in der eigenhändigen Entwurfshandschrift (vier Blätter, Blatt 1 im Deutschen Literaturarchiv Marbach/Neckar, die Blätter 2–4 im Theodor-Fontane-Archiv Potsdam), hier Bl. 2.

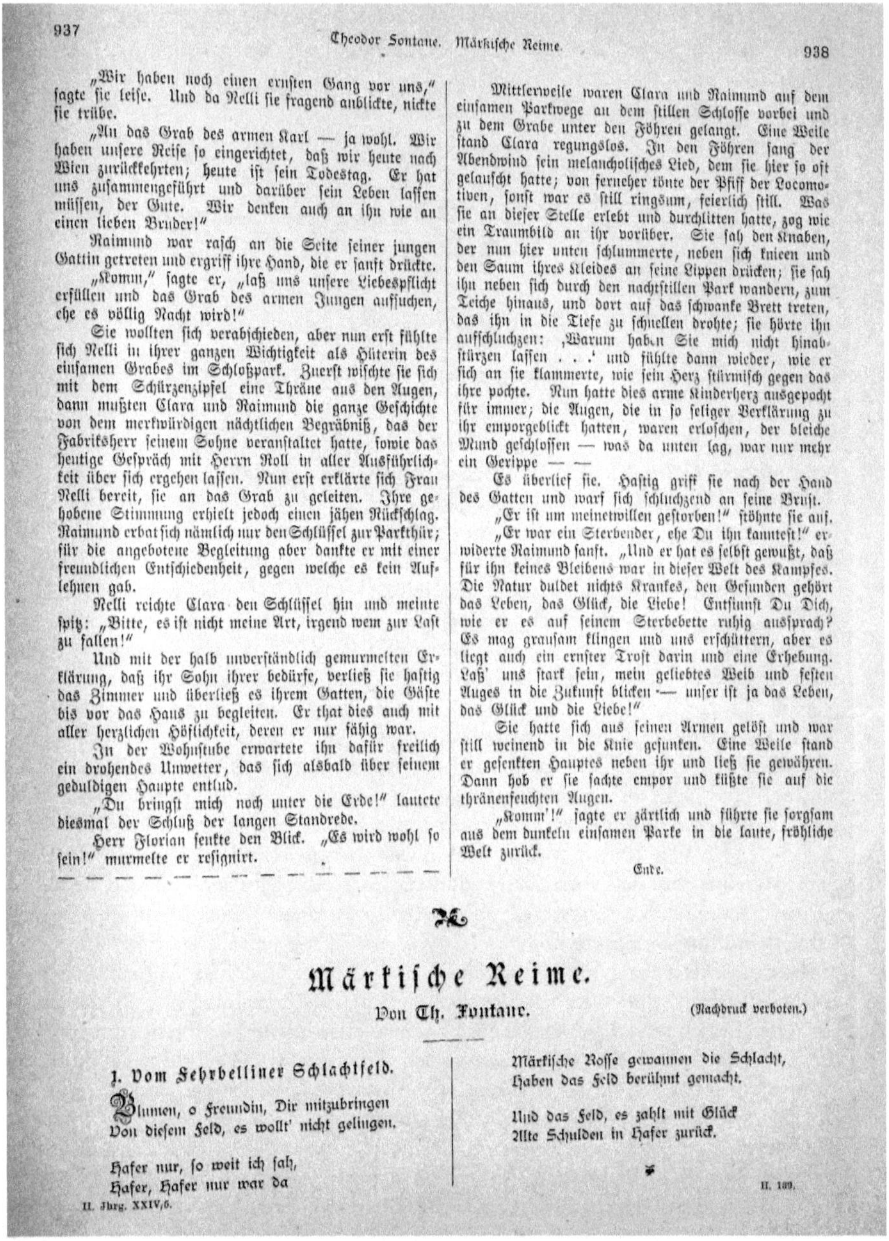

937 Theodor Fontane. Märkische Reime. 938

„Wir haben noch einen ernsten Gang vor uns,“ sagte sie leise. Und da Nelli sie fragend anblickte, nickte sie trübe.

„An das Grab des armen Karl — ja wohl. Wir haben unsere Reise so eingerichtet, daß wir heute nach Wien zurückkehrten; heute ist sein Todestag. Er hat uns zusammengeführt und darüber sein Leben lassen müssen, der Gute. Wir denken auch an ihn wie an einen lieben Bruder!“

Raimund war rasch an die Seite seiner jungen Gattin getreten und ergriff ihre Hand, die er sanft drückte.

„Komm,“ sagte er, „laß uns unsere Liebespflicht erfüllen und das Grab des armen Jungen aufsuchen, ehe es völlig Nacht wird!“

Sie wollten sich verabschieden, aber nun erst fühlte sich Nelli in ihrer ganzen Wichtigkeit als Hüterin des einsamen Grabes im Schloßpark. Zuerst wischte sie sich mit dem Schürzenzipfel eine Thräne aus den Augen, dann mußten Clara und Raimund die ganze Geschichte von dem merkwürdigen nächtlichen Begräbniß, das der Fabriksherr seinem Sohne veranstaltet hatte, sowie das heutige Gespräch mit Herrn Roll in aller Ausführlichkeit über sich ergehen lassen. Nun erst erklärte sich Frau Nelli bereit, sie an das Grab zu geleiten. Ihre gehobene Stimmung erhielt jedoch einen jähen Rückschlag. Raimund erbat sich nämlich nur den Schlüssel zur Parkthür; für die angebotene Begleitung aber dankte er mit einer freundlichen Entschiedenheit, gegen welche es kein Auflehnen gab.

Nelli reichte Clara den Schlüssel hin und meinte spitz: „Bitte, es ist nicht meine Art, irgend wem zur Last zu fallen!“

Und mit der halb unverständlich gemurmelten Erklärung, daß ihr Sohn ihrer bedürfe, verließ sie hastig das Zimmer und überließ es ihrem Gatten, die Gäste bis vor das Haus zu begleiten. Er that dies auch mit aller herzlichen Höflichkeit, deren er nur fähig war.

In der Wohnstube erwartete ihn dafür freilich ein drohendes Unwetter, das sich alsbald über seinem geduldigen Haupte entlud.

„Du bringst mich noch unter die Erde!“ lautete diesmal der Schluß der langen Standrede.

Herr Florian senkte den Blick. „Es wird wohl so sein!“ murmelte er resignirt.

— — — — — — — — — — — — — —

Mittlerweile waren Clara und Raimund auf dem einsamen Parkwege an dem stillen Schlosse vorbei und zu dem Grabe unter den Föhren gelangt. Eine Weile stand Clara regungslos. In den Föhren sang der Abendwind sein melancholisches Lied, dem sie hier so oft gelauscht hatte; von ferneher tönte der Pfiff der Locomotiven, sonst war es still ringsum, feierlich still. Was sie an dieser Stelle erlebt und durchlitten hatte, zog wie ein Traumbild an ihr vorüber. Sie sah den Knaben, der nun hier unten schlummerte, neben sich knieen und den Saum ihres Kleides an seine Lippen drücken; sie sah ihn neben sich durch den nachtstillen Park wandern, zum Teiche hinaus, und dort auf das schwanke Brett treten, das ihn in die Tiefe zu schnellen drohte; sie hörte ihn aufschluchzen: ‚Warum haben Sie mich nicht hinabstürzen lassen . . .‘ und fühlte dann wieder, wie er sich an sie klammerte, wie sein Herz stürmisch gegen das ihre pochte. Nun hatte dies arme Kinderherz ausgepocht für immer; die Augen, die in so seliger Verklärung zu ihr emporgeblickt hatten, waren erloschen, der bleiche Mund geschlossen — was da unten lag, war nur mehr ein Gerippe — —

Es überlief sie. Hastig griff sie nach der Hand des Gatten und warf sich schluchzend an seine Brust.

„Er ist um meinetwillen gestorben!“ stöhnte sie auf.

„Er war ein Sterbender, ehe Du ihn kanntest!“ erwiderte Raimund sanft. „Und er hat es selbst gewußt, daß für ihn keines Bleibens war in dieser Welt des Kampfes. Die Natur duldet nichts Krankes, den Gesunden gehört das Leben, das Glück, die Liebe! Entsinnst Du Dich, wie er es auf seinem Sterbebette ruhig aussprach? Es mag grausam klingen und uns erschüttern, aber es liegt auch ein ernster Trost darin und eine Erhebung. Laß' uns stark sein, mein geliebtes Weib und festen Auges in die Zukunft blicken — unser ist ja das Leben, das Glück und die Liebe!“

Sie hatte sich aus seinen Armen gelöst und war still weinend in die Knie gesunken. Eine Weile stand er gesenkten Hauptes neben ihr und ließ sie gewähren. Dann hob er sie sachte empor und küßte sie auf die thränenfeuchten Augen.

„Komm'!“ sagte er zärtlich und führte sie sorgsam aus dem dunkeln einsamen Parke in die laute, fröhliche Welt zurück.

Ende.

Märkische Reime.

Von Th. Fontane. (Nachdruck verboten.)

1. Vom Fehrbelliner Schlachtfeld.

Blumen, o Freundin, Dir mitzubringen
Von diesem Feld, es wollt' nicht gelingen.

Hafer nur, so weit ich sah,
Hafer, Hafer nur war da

Märkische Rosse gewannen die Schlacht,
Haben das Feld berühmt gemacht.

Und das Feld, es zahlt mit Glück
Alte Schulden in Hafer zurück.

II. Jhrg. XXIV,5. II. 189.

Abb. 3a: *Zur guten Stunde* 4 (1889), Heftausgabe (Reproduktion nach meinem Exemplar, A. B.). Die Gedichte stehen nicht auf einer Doppelseite, sondern auf der Vorder- und Rückseite eines Blatts.

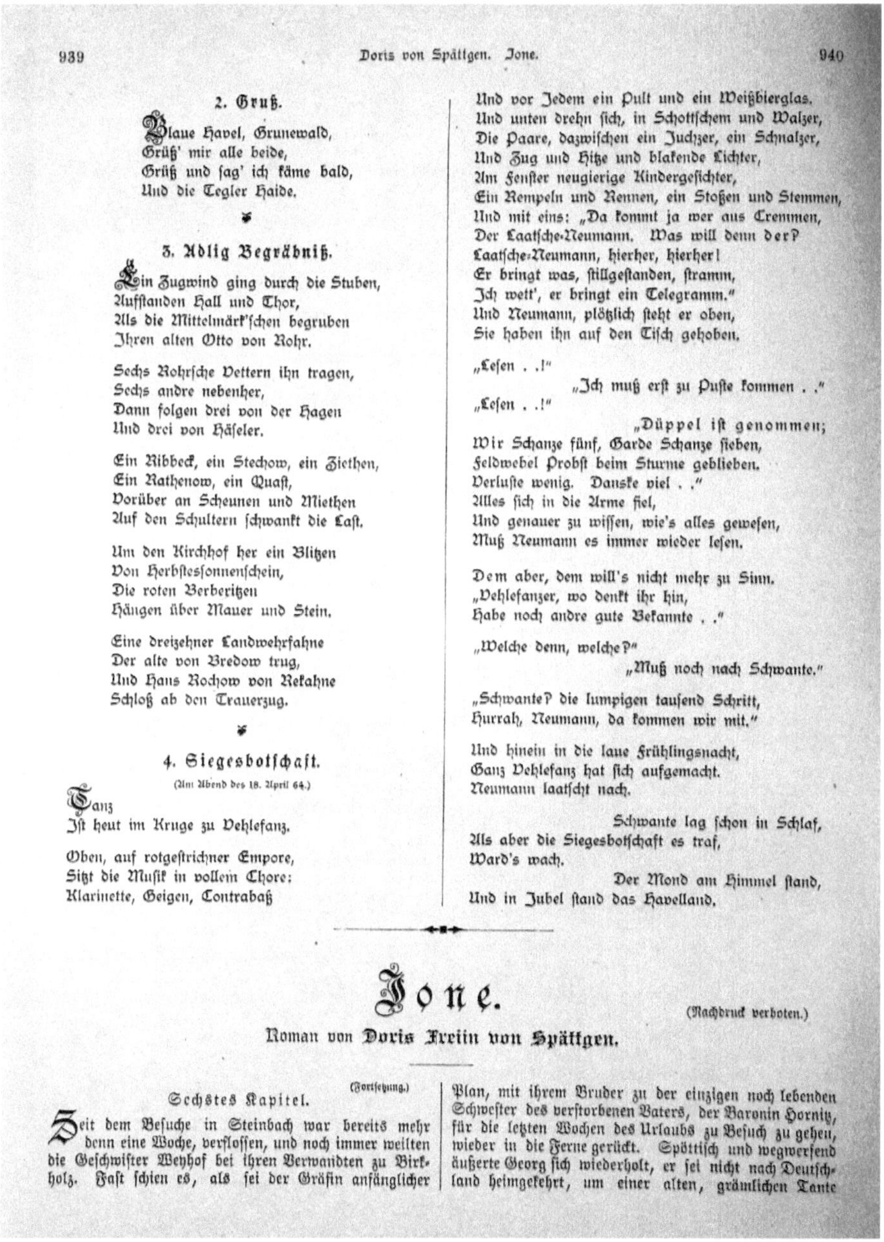

939   Doris von Spättgen. Jone.   940

2. Gruß.

Blaue Havel, Grunewald,
Grüß' mir alle beide,
Grüß und sag' ich käme bald,
Und die Tegler Haide.

3. Adlig Begräbniß.

Ein Zugwind ging durch die Stuben,
Aufflanden Hall und Thor,
Als die Mittelmärk'schen begruben
Ihren alten Otto von Rohr.

Sechs Rohrsche Vettern ihn tragen,
Sechs andre nebenher,
Dann folgen drei von der Hagen
Und drei von Häseler.

Ein Ribbeck, ein Stechow, ein Ziethen,
Ein Rathenow, ein Quast,
Vorüber an Scheunen und Miethen
Auf den Schultern schwankt die Last.

Um den Kirchhof her ein Blitzen
Von Herbstessonnenschein,
Die roten Berberitzen
Hängen über Mauer und Stein.

Eine dreizehner Landwehrfahne
Der alte von Bredow trug,
Und Hans Rochow von Rekahne
Schloß ab den Trauerzug.

4. Siegesbotschaft.

(Am Abend des 18. April 64.)

Tanz
Ist heut im Kruge zu Vehlefanz.

Oben, auf rotgestrichner Empore,
Sitzt die Musik in vollem Chore:
Klarinette, Geigen, Contrabaß
Und vor Jedem ein Pult und ein Weißbierglas.
Und unten drehn sich, in Schottschem und Walzer,
Die Paare, dazwischen ein Juchzer, ein Schnalzer,
Und Zug und Hitze und blakende Lichter,
Am Fenster neugierige Kindergesichter,
Ein Rempeln und Rennen, ein Stoßen und Stemmen,
Und mit eins: „Da kommt ja wer aus Cremmen,
Der Laatsche-Neumann. Was will denn der?
Laatsche-Neumann, hierher, hierher!
Er bringt was, stillgestanden, stramm,
Ich wett', er bringt ein Telegramm."
Und Neumann, plötzlich steht er oben,
Sie haben ihn auf den Tisch gehoben.

„Lesen ..!"
         „Ich muß erst zu Puste kommen .."
„Lesen ..!"
         „Düppel ist genommen;
Wir Schanze fünf, Garde Schanze sieben,
Feldwebel Probst beim Sturme geblieben.
Verluste wenig. Danske viel .."
Alles sich in die Arme fiel,
Und genauer zu wissen, wie's alles gewesen,
Muß Neumann es immer wieder lesen.

Dem aber, dem will's nicht mehr zu Sinn.
„Vehlefanzer, wo denkt ihr hin,
Habe noch andre gute Bekannte .."

„Welche denn, welche?"
         „Muß noch nach Schwante."

„Schwante? die lumpigen tausend Schritt,
Hurrah, Neumann, da kommen wir mit."

Und hinein in die laue Frühlingsnacht,
Ganz Vehlefanz hat sich aufgemacht.
Neumann laatscht nach.

Schwante lag schon in Schlaf,
Als aber die Siegesbotschaft es traf,
Ward's wach.
         Der Mond am Himmel stand,
Und in Jubel stand das Havelland.

Jone.

(Nachdruck verboten.)

Roman von Doris Freiin von Spättgen.

Sechstes Kapitel.
(Fortsetzung.)

Seit dem Besuche in Steinbach war bereits mehr denn eine Woche verflossen, und noch immer weilten die Geschwister Weyhof bei ihren Verwandten zu Birkholz. Fast schien es, als sei der Gräfin anfänglicher Plan, mit ihrem Bruder zu der einzigen noch lebenden Schwester des verstorbenen Vaters, der Baronin Hornitz, für die letzten Wochen des Urlaubs zu Besuch zu gehen, wieder in die Ferne gerückt. Spöttisch und wegwerfend äußerte Georg sich wiederholt, er sei nicht nach Deutschland heimgekehrt, um einer alten, grämlichen Tante

---

Abb. 3a: *Zur guten Stunde* 4 (1889), Heftausgabe (Reproduktion nach meinem Exemplar, A. B.). Die Gedichte stehen nicht auf einer Doppelseite, sondern auf der Vorder- und Rückseite eines Blatts.

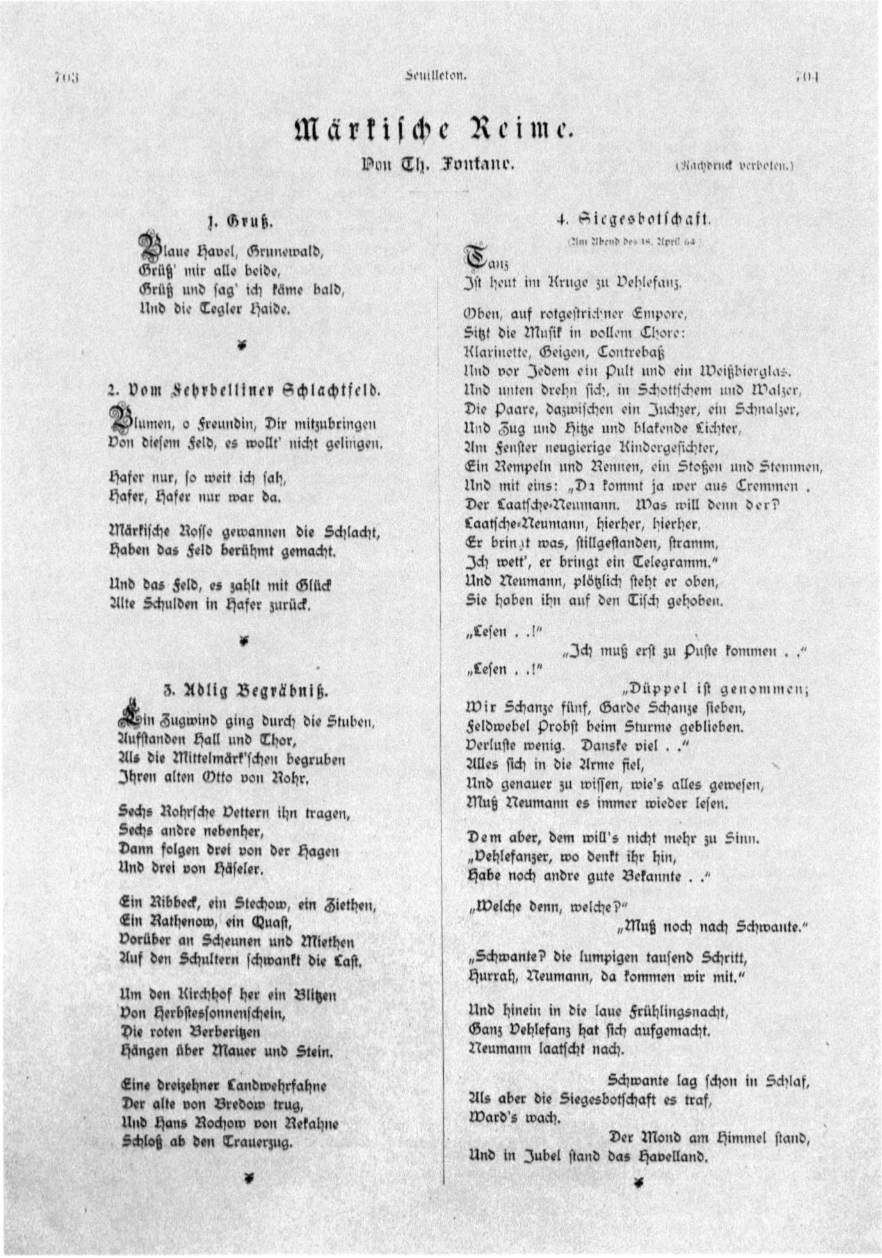

Märkische Reime.
Von Th. Fontane.
(Nachdruck verboten.)

1. Gruß.

Blaue Havel, Grunewald,
Grüß' mir alle beide,
Grüß und sag' ich käme bald,
Und die Tegler Haide.

2. Vom Fehrbelliner Schlachtfeld.

Blumen, o Freundin, Dir mitzubringen
Von diesem Feld, es wollt' nicht gelingen.

Hafer nur, so weit ich sah,
Hafer, Hafer nur war da.

Märkische Rosse gewannen die Schlacht,
Haben das Feld berühmt gemacht.

Und das Feld, es zahlt mit Glück
Alte Schulden in Hafer zurück.

3. Adlig Begräbniß.

Ein Zugwind ging durch die Stuben,
Aufstanden Hall und Thor,
Als die Mittelmärk'schen begruben
Ihren alten Otto von Rohr.

Sechs Rohrsche Vettern ihn tragen,
Sechs andre nebenher,
Dann folgen drei von der Hagen
Und drei von Häseler.

Ein Ribbeck, ein Stechow, ein Ziethen,
Ein Rathenow, ein Quast,
Vorüber an Scheunen und Miethen
Auf den Schultern schwankt die Last.

Um den Kirchhof her ein Blitzen
Von Herbstessonnenschein,
Die roten Berberitzen
Hängen über Mauer und Stein.

Eine dreizehner Landwehrfahne
Der alte von Bredow trug,
Und Hans Rochow von Rekahne
Schloß ab den Trauerzug.

4. Siegesbotschaft.
(Am Abend des 18. April 64)

Tanz
Ist heut im Kruge zu Vehlefanz.

Oben, auf rotgestrich'ner Empore,
Sitzt die Musik in vollem Chore:
Klarinette, Geigen, Contrebaß
Und vor Jedem ein Pult und ein Weißbierglas.
Und unten drehn sich, in Schottschem und Walzer,
Die Paare, dazwischen ein Juchzer, ein Schnalzer,
Und Zug und Hitze und blakende Lichter,
Am Fenster neugierige Kindergesichter,
Ein Rempeln und Rennen, ein Stoßen und Stemmen,
Und mit eins: „Da kommt ja wer aus Cremmen .
Der Laatsche-Neumann. Was will denn der?
Laatsche-Neumann, hierher, hierher,
Er bringt was, stillgestanden, stramm,
Ich wett', er bringt ein Telegramm."
Und Neumann, plötzlich steht er oben,
Sie hoben ihn auf den Tisch gehoben.

„Lesen . .!"
　　　„Ich muß erst zu Puste kommen . ."
„Lesen . .!"
　　　„Düppel ist genommen;
Wir Schanze fünf, Garde Schanze sieben,
Feldwebel Probst beim Sturme geblieben.
Verluste wenig. Danske viel . ."
Alles sich in die Arme fiel,
Und genauer zu wissen, wie's alles gewesen,
Muß Neumann es immer wieder lesen.

Dem aber, dem will's nicht mehr zu Sinn.
„Vehlefanzer, wo denkt ihr hin,
Habe noch andre gute Bekannte . ."

„Welche denn, welche?"
　　　　　„Muß noch nach Schwante."

„Schwante? die lumpigen tausend Schritt,
Hurrah, Neumann, da kommen wir mit."

Und hinein in die laue Frühlingsnacht,
Ganz Vehlefanz hat sich aufgemacht.
Neumann laatscht nach.

　　　　Schwante lag schon in Schlaf,
Als aber die Siegesbotschaft es traf,
Ward's wach.
　　　　Der Mond am Himmel stand,
Und in Jubel stand das Havelland.

Abb. 3b: *Zur guten Stunde* 4 (1889), Nummernausgabe (Reproduktion nach dem Exemplar des Instituts für Zeitungsforschung Dortmund, Sign. IZs 57/375).

Doch da nur zwei von zehn Schanzen Erwähnung finden, nur wenige militärische Einheiten auszumachen sind[28] und mit »Feldwebel Probst« nur ein prominenter Akteur[29] unspezifisch begegnet,[30] bieten jene recht dürren Worte auch bei steter Wiederholung nichts ›Genaueres‹ hinsichtlich ›aller‹ Umstände der Schlacht.

Diese wenig zielführende Repetition ist nun Teil einer produktiven Wiederholung: einer, die durchsichtig wird auf dasjenige textuelle Verfahren, das historischen Großereignissen angemessen ist. Schon die erstmalige Verlesung des Telegramms stellt eine Wiederholung dar, sie reproduziert ja mündlich einen schriftlich bereits vorliegenden Text. Der Würde des Telegramms ist dies wenig zuträglich, denn so ist das moderne, rasante Nachrichtenmedium Telegraf, um seine Adressaten zu erreichen, auf das archaische Medium des Boten zu Fuß angewiesen – auf einen Boten mit dem sprechenden Namen »Neumann«, genauer: auf »Laatsche-Neumann« (v. 13), dessen Schritttempo das Telegramm ausbremst und um seinen Vorteil der Hochgeschwindigkeit bringt.

Eine amüsante mediengeschichtliche Reflexion: Als Nachrichtenüberbringer, der mäßig gut zu Fuß ist, bewegt sich ›Laatsche-Neumann‹ im Gefolge des sprichwörtlichen ›hinkenden Boten‹.[31] Was ist ein ›hinkender Bote‹? Eine später eintreffende unangenehme Nachricht, die eine zu rasch verkündete frohe Botschaft widerruft;[32] der ›hinkende Bote‹ korrigiert sie,

---

28 Schanze V wurde, s. u., vom 24. und 64. Infanterie-Regiment genommen; Schanze VII von je einer Kompanie der Regimenter Elisabeth und Augusta; vgl. Theodor Fontane, *Der Schleswig-Holsteinische Krieg im Jahre 1864*, Berlin 1866, S. 218 f.

29 Neben dem tapferen dänischen Leutnant An(c)ker auf Schanze II etwa, seinem Überwinder, dem preußischen Leutnant Schneider, oder aber dem sich aufopfernden Pionier Klinke; entsprechende Heldenerzählungen z. B. bei Fontane, *Der Schleswig-Holsteinische Krieg*, wie Anm. 28, S. 201–203, und ders., *Der Tag von Düppel*. In: ders., *Gedichte*, 2., vermehrte Auflage, Berlin 1875, S. 218–221 (Zitate aus dem *Tag von Düppel* nach dieser Ausgabe unter Angabe von Strophen- und Verszahl).

30 Es ›fehlt‹, dass Probst die erste preußische Fahne auf den Schanzen aufgepflanzt haben soll; vgl. Fontane, *Der Schleswig-Holsteinische Krieg*, wie Anm. 28, S. 215; Fontane, *Gedichte 1875*, wie Anm. 29, S. 219.

31 Das erhaltene Entwurfsmanuskript (wie Anm. 27) stützt diese Sicht. Fontane erwog, »Neumann« als »Boote[n]« einzuführen (Bl. 2), und an späterer Stelle (v. 35) war statt »Neumann laatscht nach« zuvor »Neumann hinkt nach« vorgesehen (Bl. 4).

32 Vgl. Jacob und Wilhelm Grimm, *Deutsches Wörterbuch*, Bd. 2, Leipzig 1860, Sp. 273; Ida von Düringsfeld und Otto von Reinsberg-Düringsfeld, *Sprichwörter der germanischen und romanischen Sprachen*, Leipzig 1872, S. 135; *Trübners Deutsches Wörterbuch*, hrsg. von Alfred Götze, Bd. 1, Berlin 1939, S. 400 f.; Karl Schottenloher, *Flugblatt und Zeitung. Ein Wegweiser durch das gedruckte Tagesschrifttum*, Bd. 1, neu hrsg., eingeleitet und ergänzt von Johannes Binkowski, München 1985 [zuerst 1922], S. 250.

er »kompt [...] hernach vnd bringet die gewisseste zeitung«, er »bringt die Wahrheit.«[33] Diese Berichtigungsfunktion betrifft insbesondere voreilige militärische Erfolgsmeldungen: Wenn etwa die Österreicher, da sich die Schlacht bei Torgau zunächst gut anlässt, sogleich eine »Siegesbotschaft nach Wien« schicken, bringt »der hinkende Bote bald das Gegenteil nach[ ]«;[34] oder es werden »Jubel und Verzweiflung der großen Nation vor und nach der Schlacht bei *la belle Alliance*« als »der Siegesbote und der hinkende Bote« einander gegenübergestellt.[35] Dem ›hinkenden Boten‹ eignet so eine kritisch-medienreflexive Dimension: Diese Figur kommt ja um 1600 auf, da die ›Neuen Zeitungen‹ stark zunehmen, und sie floriert im 30jährigen Krieg als einer Blütezeit übereilter Erfolgsnachrichten; im hinkenden Boten gewinnt die Skepsis gegenüber einem Nachrichtenwesen Gestalt, das auf größtmögliche Geschwindigkeit setzt, er ist Teil einer Diskussion um verlässliche Wege der Nachrichtenerzeugung und -übermittlung[36] – und in dieser Eigenschaft zitiert ihn Laatsche-Neumann in der *Siegesbotschaft*.

Aber was ist hier richtigzustellen? »D ü p p e l i s t g e n o m m e n« (v. 20), das ist, wie die nachfolgenden spärlichen Details, korrekt. Hiergegen wendet sich Laatsche-Neumann auch nicht;[37] er bestreitet eine voreilige Siegesbotschaft auf anderer Ebene, eine von einem medialen Kampfplatz. Laatsche-Neumann wendet sich gegen den Siegeszug von Hochgeschwindigkeitsmedien: Er veranstaltet einen provokant langsamen, performativ widersprüchlichen Triumphzug des Telegramms, um diesem die langsam herangereifte Darstellungskompetenz des gealterten Balladiers Fontane entgegenzusetzen. Entsprechend steht Laatsche-Neumann zunächst für die Ballade allgemein:

---

33 *Deutsches Sprichwörter-Lexikon. Ein Hausschatz für das deutsche Volk*, hrsg. von Karl Friedrich Wilhelm Wander, Bd. 1, Leipzig 1867, Sp. 442. Vgl. auch Schottenloher, wie Anm. 32, S. 250; Hedwig Pompe, *Famas Medium. Zur Theorie der Zeitung in Deutschland zwischen dem 17. und dem mittleren 19. Jahrhundert*, Berlin/Boston 2012, S. 94 f.

34 Franz Ludwig Haller von Königsfelden, *Darstellung der merkwürdigsten Schweizer-Schlachten [...]*, Konstanz 1826, S. 233.

35 Annonce der Maurerschen Buchhandlung, Berlin, Anzeige von T. H. Friedrich, *Dritter satyrischer Feldzug*, 1816. – Ähnliches bietet u. a. das Flugblattpaar *Der jauchtzende Bothe/Der hinckende Bothe* (1632); kommentierte Abbildung in: *Deutsche illustrierte Flugblätter des 16. und 17. Jahrhunderts*, Band II/2, hrsg. von Wolfgang Harms, Michael Schilling und Andreas Wang, 2., ergänzte Auflage, Tübingen 1997, S. 488–491; vgl. auch Schottenloher, wie Anm. 32, S. 250.

36 Vgl. Schottenloher, wie Anm. 32, S. 250–253; Pompe, wie Anm. 33, S. 93 f.

37 Eine Brechung der Siegesbotschaft durch Laatsche-Neumann konstatiert Richter, *Das spätere Gedichtwerk*, wie Anm. 3, S. 744, und ders., *Die Erneuerung der Ballade in Fontanes Alterswerk*. In: *Fontane-Blätter* 71 (2001), S. 102–119, hier S. 109 f. und S. 114 f.

Und Neumann, plötzlich steht er oben,
Sie haben ihn auf den Tisch gehoben. (v. 17 f.)

In dieser ›gehobenen‹ Position tut er ein außergewöhnliches Ereignis kund, wodurch er einem Bänkelsänger ähnelt, der seine Sensationsmoritaten ja gleichfalls von einem erhöhten Standpunkt, vom mitunter tischähnlichen ›Bänkel‹ aus zum besten gibt (s. Abb. 4). Mit dem Kremmener Boten ist also der Bänkelsang präsent, eine Gattung, aus der sich im späteren 18. Jahrhundert die deutsche Kunstballade entwickelte.[38] Laatsche-Neumann führt gegenüber dem Telegramm also den Ursprung der Kunstballade ins Feld,[39] und damit diese selbst.

Die Verlesung des Telegramms präzisiert solche Parteinahme: Außer der eigentlichen Siegesbotschaft erscheint im Telegrammtext nur noch *ein* Wort gesperrt: »W i r Schanze fünf«. Wer ist dieses ›Wir‹? Teile des 24. sowie des 64. Infanterieregiments eroberten jene Schanze,[40] und aus gutem Grund marschieren hier just diese Einheiten auf. Beiden nämlich eignet ein Bezug zu Neuruppin: Bei Errichtung des 64. Regiments 1859 bezog dessen 1. Bataillon Garnison in Neuruppin,[41] wo bereits seit 1813/15 das »Regiment Mecklenburg-Schwerin Nr. 24« lag.[42] Das ›W i r‹ im schriftlichen Telegrammtext meint also Textproduzenten, die mit Neuruppin in Verbindung stehen, und das gilt auch für das mündlich von Laatsche-Neumann wiederholte ›W i r‹, denn der Bote »aus Cremmen« (v. 12) dürfte seinen Vortragstext nicht von

---

38 Vgl. u. a. Rudolf Wildbolz, *Kunstballade*. In: *Reallexikon der deutschen Literaturgeschichte*, 2. Auflage, hrsg. von Werner Kohlschmidt und Wolfgang Mohr, Bd. 1, Berlin 1958, S. 902–909, hier S. 903; Wolfgang Braungart, *Bänkelsang*. In: *Reallexikon der deutschen Literaturwissenschaft*, hrsg. von Klaus Weimar, Bd. 1, Berlin/New York 1997, S. 190–192, hier S. 192.

39 Es ist medienhistorisch stimmig, das Nachrichtenmedium Telegramm mit dem Bänkelsang zusammenzusehen – letzterer ist ja aus dem frühneuzeitlichen Zeitungslied entstanden; vgl. Braungart, *Bänkelsang*, wie Anm. 38, S. 190 f.; Rolf Wilhelm Brednich, *Zeitungslied*. In: *Reallexikon der deutschen Literaturwissenschaft*, hrsg. von Jan-Dirk Müller, Bd. 3, Berlin/New York 2003, S. 889 f., hier S. 890.

40 Vgl. [Gustav] Gentz, *Geschichte des 8. Brandenburgischen Infanterie-Regiments Nr. 64 (Prinz Friedrich Karl von Preussen) von Errichtung des Regiments bis zum Jahre 1873*, Berlin 1878, S. 83 und S. 88–90; Fontane, *Der Schleswig-Holsteinische Krieg*, wie Anm. 28, S. 214 f.; Theodor Fontane, *Wanderungen durch die Mark Brandenburg. Erster Theil. Die Grafschaft Ruppin*, 4. vermehrte Auflage, Berlin 1883, S. 195.

41 Der Standort wurde indes bereits 1860 nach Prenzlau verlegt; vgl. Gentz, wie Anm. 40, S. 1.

42 »Das jetzige Ruppiner Regiment Nr. 24«; Fontane, *Wanderungen/Grafschaft Ruppin* (wie Anm. 40), S. 167.

Abb. 4: *Romanzen der Deutschen*, Leipzig 1774, Frontispiz (Reproduktion nach meinem Exemplar, A. B.).

dort,⁴³ sondern aus Neuruppin bezogen haben, wo sich 1864 die nächstgelegene Telegrafenstation befand.⁴⁴ Ein zweistimmiger Hinweis auf Neuruppin, der es nahelegt, in jenem ›W i r‹ zuletzt eine Selbstreflexion der dritten Textproduktionsinstanz zu sehen, die hier im Spiel ist: derjenigen, der sich die Ballade *Siegesbotschaft* verdankt, also des Autors »Th. Fontane«, der in Neuruppin geboren wurde.⁴⁵ Derart stellt das dreistimmige ›W i r‹ im mündlich sowie im Druck wiederholten Telegrammtext dem Medium Telegraf durch den hinkenden Boten Laatsche-Neumann den Bänkelsang und in dessen Gefolge Fontanesche Balladik als Korrektiv entgegen.

Und zwar Fontanes Altersballade als Berichtigung früherer Produktionen. Im Zentrum der *Siegesbotschaft* steht ein durch optische Freistellung betonter doppelter anaphorischer Imperativ:

»Lesen . .!«
                [...]
»Lesen . .!«
                [...] (v. 19 f.)⁴⁶

Dieser wiederholten Lektüreaufforderung sollten wir nachkommen. Wir werden aber nicht das Telegramm ruminieren, sondern uns anderweitig umtun – vom Balladenbeginn her, der dem Gedichtzentrum korrespondiert:

Tanz
Ist heut im Kruge zu Vehlefanz. (v. 1 f.)

Anfangs ein Einwortvers: Das antizipiert die spätere typografische Freistellung von »›Lesen . .!‹«, und es entspricht dessen gattungsreflexiver bänkelsängerischer Einbettung, da »Tanz« an die Abkunft der ›Ballade‹ vom romanischen *ballare*, ›tanzen‹, erinnert.⁴⁷ Zudem verweist »Tanz« darauf, was hier unter

---

43 Vgl. Richter, *Erneuerung der Ballade*, wie Anm. 37, S. 110.
44 *Uebersicht der Linien und Stationen des deutsch-österreichischen Telegraphen-Vereins, welche am 1. Januar 1864 in Betrieb standen*. In: *Zeitschrift des deutsch-österreichischen Telegraphen-Vereins* 11 (1864), S. 77–119, hier S. 95.
45 Passend zu dieser Lesart des ›W i r‹ spricht Fontane in den *Wanderungen* davon, dass »[u]nsere 24er [...] der Schanze V gegenüber[standen]«, Fontane, *Wanderungen/ Grafschaft Ruppin* (wie Anm. 40), S. 195; bereits im Einzugsgedicht *7. December 1864* hatte er »die 24er [...] meine Ruppiner« genannt, Fontane, *Gedichte 1875* (wie Anm. 29), S. 238.
46 Die *Siegesbotschaft* umfasst 38 Verse, und jene Imperative sind genau in der Mitte, zu Beginn von v. 19 und v. 20 platziert.
47 Vgl. etwa Rolf Wilhelm Brednich, *Volksballade*. In: *Reallexikon der deutschen Literaturgeschichte*, 2. Auflage, hrsg. von Werner Kohlschmidt und Wolfgang Mohr, Bd. 4, hrsg. von Klaus Kanzog und Achim Masser, Berlin/New York 1984, S. 723–734,

gattungspoetologischem Aspekt zur (Re-)Lektüre ansteht – zitiert doch dieser Einwortvers zu Gedichtbeginn strukturell den Einsatz des *Tags von Düppel*,⁴⁸ einer inhaltlich verwandten früheren Fontane-Ballade:

> Still! —
> Vom 18. April
> Ein Lied ich singen will. (1,1–3)

Die *Siegesbotschaft* wiederholt den *Tag von Düppel*, von ihm her will sie gelesen werden,⁴⁹ und zwar auf eine Repetition hin, die dem Verhältnis von Telegramm und Laatsche-Neumann analog ist: So, wie dieser das Telegramm korrigierend ausbremst, so berichtigt die *Siegesbotschaft* den rasanten *Tag von Düppel*, indem sie dessen Darstellung entschleunigt und in heilsamen Stillstand überführt. Das geschieht durch Reprise der musikbegleiteten Dynamik der früheren Ballade; diese inszeniert eine von der Militärkapelle untermalte vehemente Angriffsbewegung:

> Und vorgebeugt zu Sturm und Stoß
> Brach das Preußische Wetter los.
>
> [...]
> Der S t u r m m a r s c h flügelt ihren Schritt;
> Der Sturmmarsch, — ja, tief in den Trancheen
> Dreihundert Spielleut' im Schlamme stehn. (2,8–3,4)

Diese Dynamik war eine geradlinige –

> »*Vorwärts*« donnert der Dirigent,
> Kapellmeister Piefke vom Leibregiment.

---

hier S. 723; Christian Wagenknecht, *Ballade*. In: *Reallexikon der deutschen Literaturwissenschaft*, hrsg. von Klaus Weimar, Bd. 1, Berlin/New York 1997, S. 192–196, hier S. 193.

48 In der zum Zeitpunkt der Erstveröffentlichung der *Siegesbotschaft* ›aktuellen‹ 2., vermehrten Auflage von Fontanes *Gedichten* (1875) weist allein der *Tag von Düppel* einen derartigen Beginn auf.

49 Hierfür spricht nicht nur die thematische Nähe beider Texte sowie die strukturidentische Füllung des jeweils ersten Verses, sondern auch der erste Reim der *Siegesbotschaft*, der sein Pendant in 1,6f. des *Tags von Düppel* findet (s. u.). Überdies macht die dritte Auflage der *Gedichte* deutlich, dass der *Tag von Düppel* einen Prätext der *Siegesbotschaft* darstellt: In den *Gedichten* von 1875 folgt auf den *Tag von Düppel* (S. 218–221) *Am Jahrestag von Düppel* (S. 222f.), und zwischen diesen Texten werden in den *Gedichten* von 1889 die *Märkischen Reime* eingefügt (vgl. Fontane, *Gedichte 1889* (wie Anm. 6), S. 262–270) – so wird die *Siegesbotschaft* im Kontext anderer Düppel-Gedichte Fontanes als Nachfolgerin des *Tags von Düppel* kenntlich.

Und »*vorwärts*« spielt die Musica
Und »*vorwärts*« klingt der Preußen Hurrah (3,7–4,2; Hervorhebungen A. B.)

– und sie war unter Beschleunigung auf ein anderswo liegendes, höheres (auch im räumlich-konkreten Sinn) Ziel hin ausgerichtet:

Sie springen, sie klettern, *ihr Schritt wird Lauf* —
Feldwebel Probst, er ist *hinauf*! (4,5 f.; Hervorhebungen A. B.)

Ähnlich und doch ganz anders die *Siegesbotschaft*: Auch hier Bewegung zu Musik – aber wenn der *Tag von Düppel* aus klingender ›Tiefe‹ die Schanzen ›hinauf‹ stürmt, so überführt die *Siegesbotschaft* solche Steigerung in eine gemäßigte Antiklimax. Hier »[s]itzt die Musik« »[*o*]*ben*, auf rotgestrichner Empore« (v. 3 f.), von wo aus eine inferiore Bewegung in den Blick gerät:

Und *unten* drehn sich, in Schottschem und Walzer,
Die Paare [...] (v. 7 f.; Hervorhebungen A. B.)

Ein *unter*geordnetes friedlich-ziviles Treiben, und im Unterschied zum ›Vorwärts‹ der Düppeler Sturmkolonnen auf ein feindliches Gegenüber hin ›drehn sich‹ hier ›die Paare‹: Sie vollziehen eine Kreisbewegung, die auf ihren Anfang zurückführt, die eben keinen *Fort*schritt, sondern in ihrer Selbstgenügsamkeit im Grunde Stillstand bedeutet. Die *Siegesbotschaft* wiederholt in entschleunigender Variation[50] ein Zentralmotiv des *Tags von Düppel*, und sie exponiert die zirkuläre Umbiegung von dessen forscher Geradlinigkeit als ein Charakteristikum der Gattung ›Ballade‹, als Richtungsänderung des späten Fontane. Der »Schottsche[]«, in dem sich die Paare »drehn«, nimmt das gattungsreflexive Moment des »Tanz[es]« zu Beginn auf – schottische Stoffe standen ja, wie der Bänkelsang, an der Wiege der deutschen Kunstballade.[51] Dieser Gat-

---

50 Man kommt im Wirtshaus ja kaum voran: »Ein Rempeln und Rennen, ein Stoßen und Stemmen« (v. 11).
51 Vgl. exemplarisch [Johann Gottfried Herder], *Auszug aus einem Briefwechsel über Ossian und die Lieder alter Völker*. In: *Von Deutscher Art und Kunst. Einige fliegende Blätter*, Hamburg 1773, S. 1–70, hier S. 25–27 und S. 48 f. – Gerade Fontanes Balladen halten den schottischen Gattungsursprung präsent: der *Archibald Douglas* etwa oder die *Brück' am Tay*, nicht zuletzt auch die ersten Fontane-Balladen in *Zur guten Stunde* (*Walter Scotts Einzug in Abbotsford* und *Walter Scott in Westminster-Abtei*, vgl. *Zur guten Stunde* 2 (1888), Sp. 169–172 und Sp. 307–310); deren Protagonist ist der schottische Dichter Walter Scott, der seine Nationalität im Namen trägt und dessen »›*Minstrelsy of the Scottish border*‹ [...] auf Jahre hin meine Richtung und meinen Geschmack bestimmten«; Theodor Fontane, *Von Zwanzig bis Dreißig*. In: GBA *Von Zwanzig bis Dreißig. Autobiographisches.* Bd. 3. Hrsg. von der Theodor Fontane-Arbeitsstelle, Universität Göttingen, 2014, S. 183.

tung erscheint nun gegenüber spektakulärer, nach außen gerichteter Aktion in früheren (insbesondere Fontaneschen) Produktionen ein selbstbezogen-zirkuläres Moment eingeschrieben, dämpfende Wiederholung und Verlangsamung werden als prominente Züge der ›Ballade‹ propagiert.[52]

Hierzu stimmt der Verlauf der *Siegesbotschaft*, der zuletzt eben kein *Fortgang* ist; vielmehr findet die zirkuläre Bewegung zu Beginn gegen Ende mehrfach ihr Pendant. Zunächst inhaltlich: »›Muß noch nach Schwante‹« (v. 30), belehrt Laatsche-Neumann »aus Cremmen« (v. 12) die »›Vehlefanzer […]‹« (v. 28) – was wundernimmt, denn der Weg von »Kremmen« nach »Vehlefanz« führt ja über »Schwandte« (Abb. 5),[53] wo der Bote also eigentlich schon gewesen sein müsste, der so in den Verdacht gerät, lediglich hin und her zu latschen. Ähnlich verhält es sich mit der Komposition der *Märkischen Reime*; sie enden mit der *Siegesbotschaft*, mit deren Schluss auch sie nicht recht fortgekommen sind, sondern eine charakteristische Mischung von Kreislauf und Stillstand bieten:

> […] Der Mond am Himmel *stand*,
> Und in Jubel *stand* das *Havelland*. (v. 37 f.; Hervorhebungen A. B.)

Mit dem letzten Vers der *Siegesbotschaft* kehren die *Märkischen Reime* zu ihrem Ausgangspunkt, zum ersten Vers des *Grußes* zurück, der mit der »Blaue[n] Havel« anhebt. Diese Wiederholung der ›Havel‹ (die sonst nicht erwähnt wird) schließt den Zyklus zu einem Text-Kreis, der so im Zeichen der Landschaft zum Stehen kommt: Nicht umsonst reimt das ›Havelland‹ zweifach, sowohl im End- als auch im Binnenreim, auf ›stand‹.[54]

---

52 Solche Alterswendung (vgl. zu ihr u. a. *An Klaus Groth (1878)*. In: *Aus dem Nachlaß von Theodor Fontane*, hrsg. von Josef Ettlinger, 2. Auflage, Berlin 1908, S. 155 f.; Richter, *Das spätere Gedichtwerk* (wie Anm. 3), S. 746) hat frühe Vorläufer, etwa im *Archibald Douglas* (1854/56), der sich in vergleichbarer Weise mäßigend von Balladenmustern (etwa von Strachwitz' *Herz von Douglas*) distanziert (vgl. Theodor Fontane, ›*Archibald Douglas*‹, *Entwurfsmanuskript. Universitätsbibliothek Heidelberg, Heid. Hs. 2765* […], hrsg. von Andreas Beck und Bünyamin Uygur [http://heidicon.ub.uni-heidelberg.de/id/574510; 16. 6. 2017], S. 13 f.); Texte wie die *Siegesbotschaft* führen solche Tendenz dann weiter.

53 Vgl. *Provinz Brandenburg*, Glogau o. J. [ca. 1855] – Dass Fontane dies gewusst haben dürfte, legt das Gedicht *Welches von beiden* nahe, das in zeitlicher Nähe (»4. Novemb. 89«) zur Erstpublikation der *Siegesbotschaft* entstand; der zweite Vers lautet dort, passend zu den lokalen Verkehrswegen, »Cremmen, Schwante, Vehlefanz«; Theodor Fontane, *Gedichte. Gelegenheitsgedichte aus dem Nachlaß. Hamlet-Übersetzung. Dramenfragmente*, hrsg. von Joachim Krueger und Anita Golz, 2., durchgesehene und erweiterte Auflage, Berlin 1995, S. 264 f.

54 Hierzu stimmen weiterhin die a-Assonanzen des Gedichtschlusses, ›stand *das* Havelland‹, mit denen der Text auch akustisch auf der Stelle tritt – wie bereits der Krem-

Abb. 5: *Provinz Brandenburg*, Glogau o. J. [ca. 1855], Ausschnitt (Reproduktion nach meinem Exemplar, A. B.).

Aber wozu solches entmilitarisiertes, verlangsamtes Kreisen bis zum Stillstand? Ist das ›Firlefanz‹ – der Ortsname ›Vehlefanz‹ provoziert diese Sicht ja geradezu –, d. h. ein läppisches Treiben,[55] das ironisch den Glanz preußischen Waffenruhms mattiert? Also doch eine ›Korrektur‹ der Siegesbotschaft von Düppel durch den hinkenden Boten Laatsche-Neumann – dahingehend, dass dieser als personifizierte Abstandnahme vom wilhelminischen Militarismus Vehlefanz ansteuert? Nein. Jener balladeske Firlefanz dient Fontane vielmehr dazu, den Aufstieg Brandenburg-Preußens als einen, der sich wiederholtem Schlachtenruhm verdankt, voll zur Geltung zu bringen – und zwar just mit Hilfe des verdächtigen Klangs von ›Vehlefanz‹.

Freilich bahnt dieser kuriose Ortsname heroikzersetzender Komik den Weg, und so mag in ihm die »zunehmende[ ] [...] Preußenskepsis« des alten Fontane[56] mitschwingen – doch auch vom Lächerlichen zum Erhabenen ist es mitunter nicht weit.[57] Die *Siegesbotschaft* führt »Vehlefanz« als Reimwort

---

mener Bote auf dem (Rück-)Weg nach Schwante: »Neum*a*nn l*a*atscht n*a*ch. Schwante l*a*g schon in Schl*a*f« (v. 35, Hervorhebungen A. B.).
55 Zu ›Firlefanz‹ im Sinne von »*etwas läppisches*« vgl. Jacob und Wilhelm Grimm, *Deutsches Wörterbuch*, Bd. 3, Leipzig 1862, Sp. 1673.
56 Berbig, wie Anm. 2, S. 102.
57 »Gerade diese Ambivalenz, das Ironisieren *und* der Geltungsanspruch der Konvention, kennzeichnet die späte Lyrik Fontanes«; Fohrmann, wie Anm. 17, S. 455 f.

auf den ersten Vers »Tanz« ein, der metrisch-strukturell den Beginn des *Tags von Düppel* wiederholt. Dies tut er nun nicht nur als Einwortvers, sondern zudem dadurch, dass er ein Reimpaar auf ›-anz‹ einführt, wie es sich auch in der ersten Strophe des *Tags von Düppel* findet:

> Still! —
> Vom 18. April
> Ein Lied ich singen will.
> […]
> […]
> Ein »achtzehnter« war es, voll und *ganz*,
> Wie bei Fehrbellin und Belle-*Alliance*, — (1,1–7; Hervorhebungen A. B.)

›Vehle*fanz*‹ in der *Siegesbotschaft* zitiert mit seinem Klangbild also ein Reimpaar aus dem *Tag von Düppel*; eines, das aufgrund teilweiser Datumsgleichheit die Erstürmung der Düppeler Schanzen am 18. April 1864 mit dem Sieg der Brandenburger 1675 über die Schweden bei Fehrbellin sowie mit dem Sieg der Preußen 1815 über Napoleon bei Waterloo (jeweils am 18. Juni) verknüpft. Diese gloriose Trias kehrt mit der *Siegesbotschaft* wieder – nicht in einem Reimpaar, sondern im Rahmen der *Märkischen Reime* in die Fläche der Druckseite transponiert. Für eine solche Übertragung bot sich ›Vehlefanz‹ an – denn als Wort zitiert es akustisch jenes Reimpaar dreifachen Ruhms aus dem *Tag von Düppel*, während es als Ort, südwestlich nahe Fehrbellin gelegen (Abb. 5),[58] die dort vordem siegreich geschlagene Schlacht präsent hält. Wenn also in der *Siegesbotschaft* die Nachricht von der Eroberung der Düppeler Schanzen Vehlefanz erreicht, dann kommt Düppel dadurch ›bei Fehrbellin‹ zu stehen – auch unmetaphorisch konkret, nämlich typografisch: Die *Märkischen Reime* nehmen in der Nummernausgabe von *Zur guten Stunde* eine zweispaltige Seite ein (Abb. 3a), und links neben der *Siegesbotschaft*, die die gesamte rechte Spalte besetzt, ist das Gedicht *Vom Fehrbelliner Schlachtfeld* zu lesen.[59]

Düppel, Fehrbellin – aber wo bleibt Waterloo? Wir finden es unter dem *Fehrbelliner Schlachtfeld*, in *Adlig Begräbniß*, wenn wir dieses von der *Siegesbotschaft* her lesen. Dort verweist jenes gesperrt gedruckte ›W i r‹ auf zwei Regimenter mit Verbindung nach Neuruppin – ein Aspekt, unter dem *Adlig*

---

58 Vgl. *Provinz Brandenburg*, Glogau o. J. [ca. 1855].
59 Diese Konstellation stellt eine weitere Wiederholung dar: Bereits das Gedicht *Havelland* verknüpft »Vehlefanz« mit dem »Tag von F e h r b e l l i n« – dieser bildet dort den Schluss der fünften, jenes vorher den der vierten Strophe; Fontane, *Gedichte* 1875, wie Anm. 29, S. 233.

Begräbniß einen Bezug zu Waterloo entbirgt. Die fünfte Strophe des Gedichts erwähnt »[e]ine dreizehner Landwehrfahne« (5,1), eine Fahne der 1813 gegründeten preußischen Landwehr;[60] aber welches Regiment ist damit gemeint? Blicken wir durch die Brille der *Siegesbotschaft* nach Neuruppin: »Das sechste kurmärkische Landwehrregiment trat hier am 6ten April [1813] zusammen. [...] Der Regimentskommandeur hieß von Rohr«,[61] und zwar Otto von Rohr,[62] also just so, wie die Person, bei deren Bestattung in *Adlig Begräbniß* (vgl. 1,4) jene ›dreizehner Landwehrfahne‹ mitgeführt wird – die also wohl auf das »6. kurmärkische[] Landwehrregiment« verweist, das u. a. »bei [...] Wavre« focht.[63] Wavre ist nun nicht Waterloo – aber fast und damit irgendwie doch: Dort nämlich, ein wenig östlich von Waterloo, kämpften an jenem ruhmreichen 18. Juni 1815 (und noch am Tag darauf) preußische Einheiten gegen französische Verbände; zwar mussten die Preußen weichen, doch hatten sie ihre Gegner daran gehindert, ihrem »im Gefecht begriffenen Kaiser zu Hülfe zu ziehen«, was »wahrscheinlich der Schlacht bei Waterloo eine für Napoleon bessere Wendung gegeben haben« würde.[64] Das verlorene Treffen bei Wavre war also mitverantwortlich für den Triumph bei Waterloo – was für die *Märkischen Reime* heißt, dass *Adlig Begräbniß*, im Textverbund mit der *Siegesbotschaft*, durch die Nennung »Otto[s] von Rohr« und der »dreizehner Landwehrfahne« den *18. Juni* als Tag des Siegs bei Waterloo und zugleich als Pendant zum Sieg bei Düppel am *18. April* aufruft.

Als Reprise des *Tags von Düppel* lässt die *Siegesbotschaft* die Gedichtfolge *Vom Fehrbelliner Schlachtfeld, Adlig Begräbniß, Siegesbotschaft* verstehbar werden als eine (gegen die Chronologie des Erzählten[65]) chronologisch stimmige,

---

60   Und nicht eine »Fahne des Landwehrregiments Nr. 13«, Krueger/Golz (Hrsg.), *Fontane: Gedichte* (wie Anm. 6), S. 565); vgl. hierzu Andreas Beck, *Mittelmärkische Mathematik. Das Dreikaiserjahr 1888 in Fontanes ›Adlig Begräbniß‹*, in: Fontane Blätter 85 (2008), S. 46–68, hier S. 54 und S. 68.

61   Ferdinand Heydemann, *Die neuere Geschichte der Stadt Neu-Ruppin*, Neuruppin 1863, 120 f.

62   Vgl. Kurt von Priesdorff, *Soldatisches Führertum. Teil 7. Die preußischen Generale von 1813 bis 1820*, Hamburg [1937], S. 224 f.; zu *diesem* Otto von Rohr vgl. auch Fontane, *Wanderungen/Grafschaft Ruppin*, wie Anm. 40, S. 389–401.

63   Theodor Fontane, *Wanderungen durch die Mark Brandenburg. Vierter Theil. Spreeland. Beeskow-Storkow und Barnim-Teltow*, Berlin 1882, S. 326.

64   Vgl. *Allgemeine deutsche Real-Encyklopädie für die gebildeten Stände. Conversations-Lexikon*, 10., verbesserte und vermehrte Auflage, Bd. 15.2, Leipzig 1855, S. 111 (s. v. ›Wavre‹).

65   Der Besuch auf dem Fehrbelliner Schlachtfeld zielt auf kein genaues Datum, wohl aber die Vorgänge in *Adlig Begräbniß*: Ihnen liegt der Tod Ottos von Rohr im Mai 1888 zu Grunde (vgl. Beck, *Mittelmärkische Mathematik* (wie Anm. 60), S. 49 und S. 65), *Adlig Begräbniß* spielt also nach der *Siegesbotschaft*.

von erfolgreichen Waffengängen getragene Fortschrittsgeschichte Brandenburg-Preußens in Versen. In dieser Hinsicht erweist sich die *Siegesbotschaft* im Kontext der *Märkischen Reime* als akkurate Repetition des *Tags von Düppel*, die dessen teleologisch-lineare Geschichtsauffassung bestätigend übernimmt. Solche Linearität bleibt in den *Märkischen Reimen* trotz deren unmilitärischem Charakter unangefochten – zirkulär umgebogen und bis zum Stillstand entschleunigt erscheint ›nur‹ die im *Tag von Düppel* geschilderte lineare, auf ein anderes hin ausgerichtete Bewegung im Raum.

Daran haben alle Gedichte der *Märkischen Reime* teil: »Märkische Rosse gewannen die Schlacht« (3,1), heißt es in *Vom Fehrbelliner Schlachtfeld*, doch das hierdurch »berühmt« (3,2) gewordene Feld »zahlt« erst Jahrhunderte später »[a]lte Schulden in Hafer zurück« (4,1 f.) – durch langsames Wachstum im Kreislauf der Jahreszeiten, durch eine Bewegung, die sich erdverwurzeltimmobil ausnimmt. Retardiert bis statisch präsentiert sich auch *Adlig Begräbniß*: Der verstorbene »alte[ ] Otto von Rohr« (1,4) ist gerade *nicht* der Regimentskommandeur, der unter der »dreizehner Landwehrfahne« (5,1) bei Wavre kämpfte, sondern, eine Generation später, ›nur‹ sein Neffe[66] – bei dessen Begräbnis anfangs noch »[e]in *Zug* wind« geht (1,1), dessen Dynamik indes mit dem letzten Vers »*Schloß ab* den Trauer*zug*« (5,4; Hervorhebungen A. B.) in kreiskompositorischer Umlenkung ›abschließend‹ abebbt.[67] All dies stimmt zu analogen, oben geschilderten Momenten in der *Siegesbotschaft*, deren Ende die nicht eben rasche Bewegung auch des *Grußes* in zirkulären Stillstand überführt. Im Eröffnungsgedicht des Zyklus agiert ein mäßig dynamisches Sprecher-Ich: Räumlich wird es erst später seinen Gegenstand, die Landschaft der Mark Brandenburg, erreichen – »Grüß und sag' ich käme bald« (v. 3) –, wo es auch textlich noch nicht recht ist, denn es hat einen Adressaten seiner Botschaft zu nennen versäumt, den es syntaktisch stark verzögert nachträgt – »Und die Tegler Haide« (v. 4). Bei diesem trägen ›Ich‹ wundert es nicht, dass die *Märkischen Reime*, wenn ihr letzter Vers endlich die ›Havel‹ erreicht, zu der sie seit ihrem Beginn unterwegs sind, mit solcher zirkulären Textbewegung landschaftlich zum Stehen kommen.

Die *Märkischen Reime* bieten also preußische Geschichtsschreibung in teleologisch aufsteigender Linie – aber in *nicht* linearer Darstellung, die in

---

66 http://www.einegrossefamilie.de/egf/abfrage.pl?aktion=stammbaum_tabelle&person_id=66251&anzahl_generationen=3&sprache=de [letzter Zugriff 15. 9. 2020] – Jenen älteren Otto von Rohr »begruben« auch kaum, wie in *Adlig Begräbniß*, »die Mittelmärk'schen« (1,3); er wurde »beigesetzt [...] zu Alt-Kunkendorf (Kr. Angermünde)«, also in der Uckermark; von Priesdorff, *Soldatisches Führertum* (wie Anm. 62), S. 225.
67 Vgl. Beck, *Mittelmärkische* Mathematik, wie Anm. 60, S. 54 f.

histoire und *discours* auf ein verlangsamtes selbstgenügsames Kreisen setzt, das schließlich in Statik übergeht. Diesen Darstellungsmodus macht die *Siegesbotschaft* in variierender Wiederholung des *Tags von Düppel* gegenüber der Vorgängerballade geltend:[68] als Korrektur, die sie als Fontanesche Altersballade mit dem hinkenden Boten und Kreisläufer Laatsche-Neumann gegenüber dem Telegramm sowie gegenüber dem *Tag von Düppel*, der in der Zeitung[69] und buchförmigen Gedichtsammlungen[70] erschienen war, anmeldet. Anders formuliert: Der hinkende Bote Laatsche-Neumann verweist auf die Überlegenheit des Medienformats Zeitschrift, wenn es gilt, durch besagte Darstellungsstrategien historische Großereignisse angemessen, d. h. in Fontanes poetisch-altersballadesker Historiografie wirksam werden zu lassen.

Jene Darstellungsstrategien nämlich scheinen zuletzt auf das typografische Dispositiv der Zeitschrift hin berechnet. ›Zuletzt‹, denn das Ende der *Märkischen Reime* bildet in dieser Hinsicht eine signifikante Schnittstelle zwischen *histoire* und *discours*. Mit der Wiederholung der ›Havel‹ im Schlussvers der *Siegesbotschaft* wird die gemächliche zirkuläre Bewegung im erzählten Raum, zurück nach Schwante, wo dann Still-»stand« (v. 37 f.) eintritt, zu einer Kreisbewegung im Raum des Erzählens, die in Statik mündet, und das meint insbesondere auch: auf der Fläche der *einen*, zweispaltig bedruckten Zeitschriftenseite im Quartformat. Auf ihr sind ja, anders als dann in den buchförmigen *Gedichten*,[71] sämtliche *Märkische Reime* kopräsent, sodass auf ihr schier mit einem Blick die kreiskompositorische Wendung des letzten Verses des Zyklus zurück zum ersten erfasst werden kann – gebannt in den starren Schriftsatz der *einen* Seite.

Das landschaftliche Auf-der-Stelle-Treten des kreiskompositorisch geschlossenen Zyklus hat so auch eine typografische Dimension, es ist auch ein

---

68 Zwar gibt es auch dort gewichtige Haltepunkte, etwa, wenn gegen Ende »[w]einend die Sieger stehn« (9,1) – aber danach setzt neuerliche Bewegung ein, denn nun steigt die Militärkapelle »herauf aus dem Schlamm der Trancheen« (9,2). Ähnlich der Schluss des Gedichts: Er nimmt sich kreiskompositorisch aus, indem der Titel der Ballade, der ›Tag von Düppel‹, im Zentrum des letzten Verses steht – aber auch hier es geht weiter, wenigstens in den *Gedichten*, denn dort folgt dem *Tag von Düppel* der *Jahrestag von Düppel* (vgl. Fontane, *Gedichte* 1875, wie Anm. 29, S. 222 f.), sodass ersterer hier trotz jenem kreiskompositorischen Zug entschieden auf ein textuelles Jenseits seiner ausgerichtet ist.
69 Theodor Fontane, *Der Tag von Düppel*. In: *Beilage zu N⁰. 109. der Neuen Preußischen (Kreuz-) Zeitung*. […] Donnerstag, den 12. Mai 1864, S. [1].
70 Vgl. neben Fontane, *Gedichte* 1875, wie Anm. 29, S. 218–221, etwa L[ouis] Starost (Hrsg.), *Frische Blätter zum Preußischen Lorbeerkranze*, Breslau 1866, Abt. Gedichte, S. 24–26.
71 Dort nehmen die *Märkischen Reime* jeweils vier Seiten ein, s. Anm. 26.

Bei-sich-Bleiben des gesetzten Texts auf der *einen* Druckseite. Diese Engführung von Landschaft und Typografie legt die Rede von einer ›typografischen Landschaft‹ nahe, was präzise das poetische Kalkül der *Märkischen Reime* beschreibt: Wir hatten ja gesehen, dass die *Siegesbotschaft* gegenüber dem *Tag von Düppel* die Verbindung der Schlachten von Düppel und Fehrbellin *via* Vehlefanz als eine landschaftlich-topografische in die Typografie der zweispaltigen Zeitschriftenseite überträgt. Und wenn die *Siegesbotschaft* derart typografisch-landschaftlich Kontakt aufnimmt zu dem neben ihr gedruckten *Fehrbelliner Schlachtfeld*, dann antwortet sie lediglich auf entsprechende Avancen von dort.

Auch mit dem *Fehrbelliner Schlachtfeld* begegnen wir dem Stilphänomen der Wiederholung: Die *Märkischen Reime* republizieren ein Gedicht, das schon im *Morgenblatt für gebildete Leser* sowie in den ersten Auflagen der *Wanderungen durch die Mark Brandenburg* erschienen war.[72] Doch die *Märkischen Reime* reproduzieren nicht nur das vorgefundene Gedicht,[73] sondern auch eine Textkonstellation von dessen Erst-, also Zeitschriftenveröffentlichung – und sie setzen solche Wiederholung folgerichtig mittels der Typografie der Zeitschriftenseite um. Eine Seite nach jenem Gedicht nämlich hieß es im *Morgenblatt* über die Kirche des Dorfs Hakenberg, in dessen »unmittelbarer Nähe« sich die »Schlacht von Fehrbellin« zugetragen hatte:[74]

> Diese Kirche [...] geht einem gründlichen Umbau entgegen, der mit besonderer Rücksichtnahme auf den Fehrbelliner Schlachttag geleitet werden soll. Der Thurm wird wesentlich erhöht und [...] mit vier Seitenthürmchen geschmückt werden, die wie eben so viele Auslüge (*look-outs*) [...] hervorspringen sollen. Von diesen Thürmchen aus wird man [...] einen prächtigen Ueberblick [...] haben, bis Cremmen [...] hin und zu den blauen Seen der Havel.[75]

Nicht nur die Kirche, auch Fontanes Text wurde umgebaut: Er fand Eingang in die Buchausgabe der *Wanderungen*, wo »Nauen und Ruppin« an die Stelle

---

72 Vgl. Theodor Fontane, *Bilder und Geschichten aus der Mark Brandenburg. (Fortsetzung.).* In: *Morgenblatt für gebildete Leser. Nr. 35. 26. August 1860*, S. 824–827, hier S. 825; Theodor Fontane, *Wanderungen durch die Mark Brandenburg*, Berlin 1862, S. 165; Theodor Fontane, *Wanderungen durch die Mark Brandenburg. Erster Theil. Die Grafschaft Ruppin. Barnim-Teltow*, 2. vermehrte Auflage, Berlin 1865, S. 222.
73 Es erfuhr hierbei eine Reihe von Umarbeitungen: Ein Titel wurde hinzugefügt und die alte Eingangsstrophe (»Auf der Fehrbelliner Flur | Gab es B l u m e n am Schlachttag nur.«) durch zwei neue ersetzt. Weiterhin wurde die Sperrung von »R o s s e« sowie »H a f e r« in der vorletzten bzw. letzten Strophe aufgegeben und in 4,1 zudem »dies [*Morgenblatt*: dieß] Feld« in »das Feld« geändert.
74 Fontane, *Bilder und Geschichten* (wie Anm. 72), S. 824.
75 Ebd., S. 826.

der ›blauen Seen der Havel‹ traten.[76] Bei späteren Textumbauten wurde das Fehrbellin-Gedicht aus den *Wanderungen* entfernt,[77] bevor Fontane es in den *Märkischen Reimen* dann mit jenen ›look-outs‹ ausstattete, die der Erstveröffentlichungskontext in Aussicht gestellt hatte. In *Zur guten Stunde* erlaubt nun die Zeitschriftenseite *Vom Fehrbelliner Schlachtfeld* aus besagten »Ueberblick«: sowohl »bis Cremmen«, das wir in der rechten Textspalte im zwölften Vers der *Siegesbotschaft* ausmachen können – recht präzise in der Verlängerung des Verses »[...] so weit ich sah« (2,2),[78] der erst in *Zur guten Stunde* steht –, als auch bis zur »blauen [...] Havel«, mit der über jenem Gedicht der *Gruß* anhebt.[79] Ein Umbau, der augenscheinlich die Schaffung einer typografischen Landschaft auf der Zeitschriftenseite anvisiert – und zwar einer, in der historische Entwicklungslinien sichtbar werden, denn jene Umbaumaßnahmen leitet »besondere[ ] Rücksichtnahme auf den Fehrbelliner Schlachttag«: An ihm wurde, wie es in *Morgenblatt* und *Wanderungen* heißt, die »berühmte Schlacht geschlagen, die [...] den Grund zu der Selbstständigkeit und Größe unserer Monarchie legte«[80] – den Grund, auf dem man bei späterer kriegerischer Gelegenheit aufbaute. Und eine solche Gelegenheit fassen die *Märkischen Reime* ins Auge, wenn sie mit Hilfe des Layouts der Zeitschriftenseite von Fehrbellin her die Aussicht nach Cremmen hin eröffnen als eine historisch-teleologische Perspektive hin zur *Siegesbotschaft* von Düppel.

Vom Fehrbelliner Schlachtfeld lässt den Leserblick durch eine typografische Landschaft der Mark Brandenburg wandern und ihn dort nachmalige preußische Triumphe ausmachen – bevor er sich mit der *Siegesbotschaft* umwendet, von »Vehlefanz« (v. 2) her jene Satzlandschaft in gegenläufiger Richtung abermals durchmisst und so zur Fehrbelliner »Preußen-Wiege« zurückgelangt,

---

76 Fontane, *Wanderungen*, wie Anm. 72, S. 169; Fontane, *Wanderungen/Grafschaft Ruppin, Barnim-Teltow*, wie Anm. 72, S. 225.
77 Krueger/Golz (Hrsg.), *Fontane: Gedichte*, wie Anm. 6, S. 564.
78 Für diesen Hinweis danke ich Nadine Hellwig (Bochum).
79 Die *Märkischen Reime* erneuern so dessen zeitweilig unterbrochene Nachbarschaft zum *Fehrbelliner Schlachtfeld*: Im *Morgenblatt* war der *Gruß* (auch er wurde dort erstpubliziert, vgl. Theodor Fontane, *Bilder und Geschichten aus der Mark Brandenburg. (Fortsetzung.)*. In: *Morgenblatt für gebildete Leser*. Nr. 34. 19. August 1860, S. 806–808, hier S. 807) nur eine Nummer bzw. 18 Seiten vom *Fehrbelliner Schlachtfeld* entfernt – bevor sich mit den *Wanderungen* 214 Seiten zwischen beide Texte schoben; vgl. Fontane, *Wanderungen* (wie Anm. 72), S. 165 und S. 379. – Auch der *Gruß* wurde aus den *Wanderungen* nachmals ausgesondert; vgl. Krueger/Golz (Hrsg.), *Fontane: Gedichte*, wie Anm. 6, S. 564.
80 Fontane, *Bilder und Geschichten*, wie Anm. 72, S. 824 f.; Fontane, Wanderungen, wie Anm. 72, S. 163 und S. 166; Fontane, *Wanderungen/Grafschaft Ruppin, Barnim-Teltow*, wie Anm. 72, S. 220 und S. 222.

zum »Ahnherr[n] unsrer Siege«.[81] Damit dürfte deutlich sein, dass all die Wiederholungen, Verlangsamungen und Kreisbewegungen bis zum Stillstand, mit denen die *Siegesbotschaft* bzw. die *Märkischen Reime* operieren, auf eine gemäßigte, kreisende Bewegung des Leserblicks in der Statik einer typografischen Landschaft hin angelegt sind – wo dem Rezipientenauge in selbstgenügsamem Schweifen Preußens glorreiche Fortschrittsgeschichte sichtbar wird.

Solches Ineins von historischer Entwicklung und typografischer Landschaft leistet eine erfolgreiche Modellierung von Zeit und geht so ästhetisch-medial ein gesellschaftliches Problem des späten 19. Jahrhunderts an. Fontane hatte es in *Quitzöwel*, seinem ersten Beitrag im ersten Heft von *Zur guten Stunde*,[82] vor der Kontrastfolie des 14. Jahrhunderts umrissen:

> Bänkelsänger [...], die solche Gesänge [von nahen kriegerischen Ereignissen] vortrugen, zogen viel durchs Land, denn die Zeit zeitigte beständig dergleichen, weil man [...] m e h r erlebte wie heut zu Tage, wo sich das Dasein ausschließlich in große Politik und kleines und kleinstes Haus- und Privatleben theilt. Damals aber gab es noch etwas Dazwischenliegendes, das nicht groß und nicht klein war.[83]

Diese Spaltung modernen Daseins heben die *Märkischen Reime* in ihrer vielschichtigen, medienbewussten Gestaltung auf, indem sie Laatsche-Neumann als Nachfolger jener Bänkelsänger ›durchs Land ziehen‹ lassen und so Ersatz für jenes verlorengegangene ›Dazwischenliegende‹ schaffen: Ihr in und um Vehlefanz kreisender balladesker Firlefanz vermittelt glänzende preußische Geschichte, mag sie auch bei Brüssel oder im Süden Dänemarks spielen, mit märkischer Alltäglichkeit; durch jenes unsinnsverdächtige poetische Treiben konstituiert sich Preußen unter geschickter Nutzung medienformatspezifischer Typografie als eine von historischen Großereignissen bedingte und von ihnen bis ins Kleinste durchdrungene politisch-historische Layoutlandschaft.[84] Geschichte erfüllt sich hier auf der zweispaltig gesetzten Zeitschrif-

---

81 Theodor Fontane, *Havelland*. In: Fontane, *Gedichte 1875* (wie Anm. 29), S. 231–233, hier S. 233. – Dieser Aspekt geht in den *Gedichten* verloren, deren Satz eine synoptische Wahrnehmung von »Fehrbellin[ ]« und »Cremmen« bzw. »Vehlefanz«, ein Schweifen des Leserblicks zwischen jenem und diesen beiden nicht zulässt. Derart trifft es wohl kaum zu, dass ›die Gedichte Fontanes im textlichen Umfeld von *Zur guten Stunde* nicht die Wirkung erreichen, die sie in den Gedichtsammlungen erzielt haben‹; vgl. Berbig, wie Anm. 2, S. 261.
82 Vgl. Wolpert, wie Anm. 9, S. 114.
83 Theodor Fontane, *Quitzöwel oder die Quitzow's in Geschichte, Lied und Sage* [Beginn]. In: *Zur guten Stunde* 1 (1887/88), Sp. 37–48, hier Sp. 43 f.
84 Der *Tag von Düppel* reklamiert für sich eine vergleichbare Wirkung: »Und durch die Lande drauß und daheim | Fliegt wieder hin ein süßer Reim: | ›Die P r e u ß e n sind

tenseite im Quartformat: Sie ist der Ort, wo historisch gewichtige Zeit wirksam wird, der privilegierte Chronotopos, wo solche *Zeit* die *Schrift* erfüllt und sie in einem emphatischen, sehr genauen Sinn zu einer Zeit-Schrift werden lässt.

Eine Leistung, die das Potential von Gedichten auf der Zeitschriftenseite als einer selbstgenügsam gestalteten typografischen Fläche unter Beweis stellt: die Überlegenheit solcher Dichtung gegenüber dem Telegramm, das auf Geschwindigkeit setzt und wortkarg, kontextlos, fast nichtssagend gerät; gegenüber der Tageszeitung, deren Seiten kaum berechenbare, disparate Textkonglomerate bieten;[85] gegenüber Balladen wie dem *Tag von Düppel*, die in geradlinig-offensiver Dynamik über sich hinausweisen; und schließlich gegenüber einspaltig gesetzten, buchförmigen Gedichtsammlungen in Oktav. Eine Leistung, die Fontanes späte Balladik bzw. Altersgedichte durch Wiederholung, Verlangsamung bis zum Stillstand und Semantisierung der Typografie ins Werk setzen – durch Stilphänomene, die mehr Beachtung finden sollten.

---

die Alten noch, | Du Tag von D ü p p e l, lebe hoch!‹ — « (10, 7–10). Aber wer steht dafür, dass dieser ›süße Reim‹ wirklich ›durch die Lande fliegt‹? Die *Märkischen Reime* stellen dies sicher, indem sie typografisch ihre eigene Ziellandschaft bilden, als *märkische* Reime selbst die ›Lande daheim‹ sind.

85 Was hat der *Tag von Düppel* in der *Kreuzzeitung* etwa mit Stellungsgesuchen als »Gesellschafterin« oder »Hauslehrer für Secunda« in der Nachbarspalte zu schaffen? *Beilage zu N°. 109. der Neuen Preußischen (Kreuz-) Zeitung. [...] Donnerstag, den 12. Mai 1864*, S. [1].

Siglen und Abkürzungen

HFA   Hanser Fontane-Ausgabe: *Werke, Schriften und Briefe* [zuerst *Sämtliche Werke*], hrsg. von Walter Keitel und Helmuth Nürnberger, München 1962–1997. (Abteilung, Bd. X, S. Y. Bsp.: HFA I/1, S. 10)
GBA   Große Brandenburger Ausgabe, begründet und hrsg. von Gotthard Erler, fortgeführt von Gabriele Radecke und Heinrich Detering, Berlin 1994 ff. (Abteilungstitel, Bd. X, Werktitel, S. Y. Bsp.: GBA Das erzählerische Werk, Bd. 1–2, *Vor dem Sturm. Roman aus dem Winter 1812 auf 13*, Bd. 1, S. 10.)
AFA   Aufbau Fontane-Ausgabe, hrsg. von Peter Goldammer, Gotthard Erler et al., Berlin/Weimar 1969–1993 (Abteilung, Bd. X, S. Y. Bsp.: Romane und Erzählungen I, S. 10)
FBG   Fontane Bibliographie: Wolfgang Rasch, *Theodor Fontane Bibliographie. Werk und Forschung*, in Verbindung mit der Humboldt-Universität zu Berlin und dem Theodor-Fontane-Archiv Potsdam, hrsg. von Ernst Osterkamp und Hanna Delf von Wolzogen, 3 Bde, Berlin/New York 2006.

Zu den Autoren und Autorinnen

ANDREAS BECK ist Leiter des Teilprojekts *Schema mit Variationen. Internationale Layoutstandards und lokale Schrift/Bild-Idiome in illustrierten Journalen 1850–80* im Rahmen der Forschergruppe 2288 *Journalliteratur: Formatbedingungen, visuelles Design, Rezeptionskulturen* an der Ruhr-Universität Bochum. Schwerpunkte seiner Forschung sind u. a. Schrift/Bild-Beziehungen in der Frühen Neuzeit (Emblematik), holzstichillustrierte Journale und Bücher des 19. Jahrhunderts in ihrem europäischen Kontext sowie Gedichte Theodor Fontanes. Ein Verzeichnis seiner Publikationen ist verfügbar unter: http://staff.germanistik.rub.de/andreas-beck/publikationen-2/.

MATTHIAS BICKENBACH, Dr. phil., ist apl. Prof. für Neuere deutsche Literatur am Institut für Deutsche Sprache und Literatur I der Universität zu Köln. Promotion über die Geschichte des Lesens, Habilitation über die Evolution fotografischer Bilder am Beispiel des Autorenporträts. Aktuelle Forschungsschwerpunkte gelten der Poetologie der Literatur des 18. und 19. Jahrhunderts, Medien und Kulturtechniken sowie digitalen und materialen Lesekulturen. Zuletzt erschienen (Hrsg. mit Heiko Christians und Nikolaus Wegmann) *Historisches Wörterbuch des Mediengebrauchs* (2 Bde.) Köln, Weimar, Wien: Böhlau 2015 und 2018; »Noch ›nicht einmal Optik studirt‹. Clemens Brentanos Medienästhetik und ihre Abweichung von der Frühromantik«, in: Volker C. Dörr und Rolf J. Goebel (Hrsg.): *Literatur in der Medienkonkurrenz.* Bielefeld: Aisthesis 2018, S. 49–66; »Geschichte und Formen individuellen Lesens«, in: Alexander Honold und Rolf Parr (Hrsg.): *Grundthemen der Literaturwissenschaft: Lesen.* Berlin, Boston: de Gruyter 2018, S. 256–272; »Opening, Turning, Closing: The Cultural Technology of Browsing and the Differences between the Book as an Object and Digital Texts«, in: Nicolas Pethes und Gabor Kelemen (Hrsg.): *Philology in the making in the digital Age.* Bielefeld: transcript 2019, S. 163–176. 2020 erscheint die Monografie *Bildschirm und Buch. Versuch über die Zukunft des Lesens.* Berlin: Kadmos.

CLARISSA BLOMQVIST
geb. 1973. Studium der Germanistik, Anglistik und Erziehungswissenschaften an der Universität Hamburg; Promotion 2002 mit einer linguistischen Analyse der Nachrichtenbearbeitung bei der Deutschen Presse-Agentur (dpa) und verschiedenen deutschen Tageszeitungen. Lehrtätigkeiten in Germanistik mit den Schwerpunkten Linguistik und Deutsch als Fremdsprache an Universitäten in Deutschland (Hamburg), England (Aston/Birmingham) und Schweden (Mälardalen, Stockholm und Linköping). Publikationen zur Sprache der Medien, zu Lese- und Schreibprozessen und zu Theodor Fontane. Seit 2020 Pressechefin der Deutschen Botschaft in Stockholm.

HELEN CHAMBERS
M. A., Ph. D (Glasgow); 1972–1999 Lecturer/Senior Lecturer am Department of German der Universität Leeds; 1998 Gastdozentin an der Universität Melbourne; 1999–2009 Professorin für deutsche Literatur an der Universität St Andrews, seit 2010 emeri-

tiert. Forschungsschwerpunkte: moderne deutsche und österreichische Literatur mit Schwerpunkten auf Theodor Fontane und Joseph Roth, englisch-deutsche Kulturbeziehungen, Frauenliteratur, Reportage, Rezeptionsgeschichte, literarische Übersetzung. Neuere Buchpublikationen: *Theodor Fontane im Spiegel der Kritik* (2003), *Humor and Irony in Nineteenth-Century German Women's Writing: Studies in Prose Fiction 1840– 1900* (2007), *Fontane-Studien. Gesammelte Aufsätze zu Romanen, Gedichten und Reportagen* (2014). Hrsg.: *Violence, Culture and Identity: Essays on German and Austrian Literature, Politics and Society* (2006). Übersetzungen, zus. mit Hugh Rorrison: Theodor Fontane, *Effi Briest* (2000 [1997]), *No Way Back* (*Unwiederbringlich*, 2013 [2010]). In der Schriftenreihe der Internationalen Joseph Roth Gesellschaft, *Zeichen der Zeit: Aufsätze zur Reportage von Joseph Roth* (2013). Bis 2016 Herausgeberin der Reihe Cultural Identity Studies (Peter Lang, 30 Bände).

ANDREW CUSACK, geboren 1969, hat im Malz- und Brauwesen in Irland und Schottland gearbeitet. 1994 ging er mit einem Stipendium der schottische Malzindustrie nach München. 1998–2003 Studium der Germanic Languages am Trinity College Dublin, in Berlin und in Gent. 2007 Promotion am Trinity College Dublin mit einer Arbeit zum Wanderer-Motiv in der deutschen Literatur des 19. Jahrhunderts. 2007–2011 Lecturer in German am Trinity College Dublin. 2011–2012 Fellow der Alexander von Humboldt Stiftung am Institut für Kulturwissenschaft der Humboldt Universität Berlin. Seit 2012 Lecturer, seit 2019 Senior Lecturer in German an der University of St Andrews.

REGINA DIETERLE, geboren 1958 in Horgen (Schweiz), Germanistin, promovierte an der Universität Zürich, unterrichtet an der Kantonsschule Enge in Zürich. Seit 1998 regelmäßige Forschungsaufenthalte in Berlin und Brandenburg. Ab 2004 für zehn Jahre Vorstandsmitglied der Theodor Fontane Gesellschaft, 2010 bis 2014 als deren Vorsitzende. Publikationen zu Leben und Werk von Annemarie Schwarzenbach, Theodor Fontane und Martha Fontane, Lydia Escher und Karl Stauffer-Bern. Zuletzt erschienen: *Theodor Fontane. Biografie* (Carl Hanser Verlag, München 2018) sowie *»Zu sehr emancipirt«. Die Tragödie der Lydia Escher* (Verlag Nimbusbooks, Wädenswil 2019).

PATRICIA HOWE
Ph. D. London, bis 2007 Senior Lecturer, seit 2007 Honorary Research Fellow, Queen Mary University of London. Forschungs- und Publikationsschwerpunkte: narrative Fiktion, Komparatistik und Reiseliteratur des 19. und frühen 20. Jahrhunderts. Publikationen u. a. zu Fontane, Hofmannsthal, Droste-Hülshoff und Ferdinand von Saar. Ausgewählte Buchveröffentlichungen: *Hugo von Hofmannsthal. Commemorative Essays*, London 1981 (hg. zus. mit William E. Yuill); *Theodor Fontane and the European Context: Literature, Culture and Society in Prussia and Europe*, Amsterdam, 2001 (hg. zus. mit Helen Chambers); *Theodor Fontane – Dichter des Übergangs*, Würzburg 2013 (Hrsg.). »Sonderbare, unverlässliche Welt«. Fontanes Fragmente zwischen Vormärz und Moderne, in: Hanna Delf von Wolzogen, Christine Hehle (Hrsg.), *Formen ins Offene. Zur Produktivität des Unvollendeten*, Untersuchungen zur deutschen Literaturgeschichte, Bd. 151, De Gruyter, 2018, S. 195–209. »Speaking Names and Empty Domains. Effi Briest and the ›Awful being‹«, in: *Sprachkunst, Beiträge zur Literaturwissenschaft*, Jg. XLIX/2018, pp. 31–46.

BARRY MURNANE
Nach Studium der Germanistik, Anglistik und Geografie in Dublin und Göttingen promovierte Barry Murnane 2006 mit einer Arbeit über das Gespenstische bei Franz Kafka. Von 2007–2012 arbeitete er am Institut für Germanistik an der Martin-Luther-Universität Halle-Wittenberg, seit 2012 ist er Associate Professor für Germanistik an der Universität Oxford und Fellow am St John's College. Seine Lehr- und Forschungstätigkeit umfasst den Zeitraum vom späten 17. Jahrhundert bis zur Gegenwart mit besonderen Schwerpunkten in den Bereichen des Kulturtransfers, der Medical Humanities sowie des Verhältnisses von Literatur und Populärkultur. Zuletzt erschienen u. a. »Fantastic Histories and Discursive Doubles: Scott, Hoffmann, Alexis and De Quincey« in *Angermion* (2016) und der Band *Essen, töten, heilen. Praktiken literaturkritischen Schreibens im 18. Jahrhundert* (2019).

GABRIELE RADECKE, geb. 1967. Studium der Germanistik, Politik- und Rechtswissenschaft in Mainz und München. Seit 2009 wissenschaftliche Mitarbeiterin (Eigene Stelle) an der Georg-August-Universität Göttingen, Gründerin und Leiterin der dortigen Theodor Fontane-Arbeitsstelle. Hrsg. der Großen Brandenburger Ausgabe (zusammen mit Gotthard Erler und Heinrich Detering) sowie Leitung und Hrsg. der digitalen Edition von Theodor Fontanes Notizbüchern. Forschungsschwerpunkte: Editionswissenschaft sowie deutsche Literatur des 19. und 20. Jahrhunderts. 2017 wurde sie mit dem Stiftungspreis der Universität Göttingen in der Kategorie »Wissenschaft und Öffentlichkeit« ausgezeichnet. Zuletzt erschienen: *Theodor Fontane: Wundersame Frauen. Weibliche Lebensbilder aus den »Wanderungen durch die Mark Brandenburg«* (Manesse 2019; hrsg. zusammen mit Robert Rauh), *Mathilde Möhring* (Reclam 2019; Hrsg.) und *Theodor Storm – Theodor Fontane. Der Briefwechsel* (Erich Schmidt Verlag 2018; Hrsg.).

ERNEST SCHONFIELD, geb. 1971 in Hammersmith, London, ist Lecturer in German an der Universität Glasgow. Er studierte Germanistik und Romanistik an der Universität Sussex (BA) und Germanistik an University College London (PhD). Seine Dissertation *Art and its Uses in Thomas Mann's Felix Krull* wurde von Professor Martin Swales betreut; sie erschien 2008. Sein letztes Buch *Business Rhetoric in German Novels: From Buddenbrooks to the Global Corporation* wurde 2018 veröffentlicht. Herausgeber von *Alfred Döblin. Paradigms of Modernism* (2009, zusammen mit Steffan Davies) und *Georg Büchner: Contemporary Perspectives* (2017, zusammen mit Robert Gillett und Daniel Steuer). Aufsätze zu J. P. Hebel, Heine, Raabe, Fontane, Brecht, und Emine Sevgi Özdamar. Er betreibt eine Website zur deutschen Literatur: www.germanlit.org

JOHN WALKER, geb. 1956 in Newcastle under Lyme, England, ist Reader in German Intellectual History am Birkbeck College der Universität London, wo er seit 1994 lehrt und 2006–09 als Fachschaftsleiter des Fachbereichs Languages, Literature and Culture gedient hat. Zu seinen Veröffentlichungen zählen *The Truth of Realism* (Oxford: Legenda, 2013) und (herausgegeben von Ian Cooper und John Walker) *Literature and Religion in German-Speaking Europe from 1200 to the Present Day* (Cambridge: Cambridge University Press, 2019). Sein nächstes Buch heißt *Wilhelm von Humboldt and Transcultural Communication in a Multicultural World. Translating Humanity* und wird 2021 bei Boydell und Brewer (London und New York) erscheinen.

MICHAEL WHITE, geb. 1982, Studium der Germanistik und Romanistik in St Andrews, Grenoble und Freiburg i. Br., Promotion 2010; seit 2013 Lecturer in German an der Universität St Andrews. Forschungsschwerpunkte: Literatur des 19. Jahrhunderts, vor allem Fontane, Realismus, Raum in der Literatur, Übersetzung. Buchveröffentlichungen: *Space in Theodor Fontane's Works: Theme and Poetic Function*, London 2012; *Theodor Fontane and Cultural Mediation* (Hrsg. mit Ritchie Robertson), Leeds 2015; Mit Margaret Rogers et al., *Thinking German Translation: A Course in Translation Method*, 3. Aufl., London 2020.

Namenregister

Adelung, Johann Christoph 31
Alberti, Conrad 38
Alexis, Paul 34
Ariosto 179
Aristoteles 207 ff.
Arnim, Harry von 245, 248 ff.
Aust, Hugo 9, 196, 211

Bachtin, Michail 215
Bally, Charles 13, 14
Bance, Alan 213
Barthes, Roland 161, 163
Beck, Andreas 19
Becker, Karl Ferdinand 31, 32
Beeren, Hans Heinrich Arnold von 108
Benjamin, Walter 206
Berbig, Roland 258
Beutner, Tuiscon 121
Bickenbach, Matthias 18, 223
Bismarck, Otto von 92
Bleibtreu, Karl 37
Blomqvist, Clarissa 11, 12, 17, 55, 101, 104
Brahm, Otto 13, 23, 37
Brecht, Bertold 97, 199, 222
Brentano, Clemens 148, 172
Brinkmann, Richard 7, 39, 40
Buffon, Georges-Louis Leclerc, Comte de 136
Bürger, Gottfried August 61
Bußmann, Hadumod 13

Cervantes 179
Chambers, Helen Elizabeth 9, 12, 18
Cicero 197 ff., 207, 212
Conrad, Paula 212
Cusack, Andrew 17

Darwin, Charles 135
Davy, Humphrey 125
De Bruyn, Günter 52

Demetz, Peter 8, 168
De Mont, Paul 158, 174
Derrida, Jacques 19, 225, 241
Dieterle, Regina 16, 17, 104, 105, 259
Diffey, Norman 173, 174
Dortu, Max 65
Dostojewski, Fjodor 186
Doves, Alfred 26, 27, 28
Dreyfus, Alfred 150

Eagleton, Terry 15
Eggers, Friedrich 53
Engel, Eduard 4, 5, 28, 29, 151, 152
Ense, Karl Varnhagen von 33
Epstein, E. L. 13
Erler, Gotthard 74, 84
Ernst, Otto 26
Etzel, Anton von 89

Faure, Félix 137
Fichte, Johann Gottlieb 252
Fischer, Hubertus 52
Flaubert, Gustave 28
Fleischer, Wolfgang 27, 30
Fontane, Martha 217, 222,
Freytag, Gustav 196
Friedlaender, Georg 7, 26, 27, 33, 142, 199
Friedrich II 97
Friedrich Wilhelm I 98
Foucault, Michel 218

Genette, Gérard 56, 57, 66
Galdós, Benito Pérez 28
Goethe, Johann Wolfgang von 107, 158, 161, 165, 166, 174, 207, 208, 229
Goldschmidt, Peter 223
Grawe, Christian 72
Grésillon, Almuth 73
Guirard, Pierre 22

Hanke, Philipp 227
Hardenberg, Karl August von 228
Harnack, Adolf von 246
Hart, Heinrich 34, 35, 36
Hassel, Paul 54
Hawthorne, Nathaniel 187
Hehle, Christine 51, 74, 85, 233, 243
Heine, Heinrich 157, 169, 170 ff.
Helmstetter, Rudolf 200
Hertz, Hans 239
Hertz, Wilhelm 93
Hettche, Walter 73, 74
Heyse, Paul 231
Heyse, Karl 31
Hildebrandt, Bruno 8
Hirschfeldt, Eugen und Moritz 50 ff.
Hofmann, Friedrich Hermann 237
Holleben, Heinrich von 57
Horwitz, Heinrich 195
Howe, Patricia 18
Humboldt, Wilhelm 31

Ibsen, Henrik 181, 217 ff.

James, P. D. 137
Jens, Walter 1, 152, 196 ff.
Joao de Deus 254 ff.
Jolles, Charlotte 3, 120

Kalisch, David 207
Karpeles, Gustav 232
Karl XII 97
Kant, Immanuel 161
Kayßler, Leopold 54
Keller, Gottfried 2, 25, 28
Keitel, Walter 73
Klein, Julius 79
Kleist, Heinrich von 161, 172, 187
Kraus, Joachim 6
Kraus, Karl 150
Kuhn, Adalbert 224

Leibniz, Gottfried Wilhelm 161
Lester, Barbara 195
Lindau, Paul 79
Lindau, Rudolf 54
Linn, Marie-Luise 31, 32
Ludwig, Maximilian 197
Lukács, Georg 7, 174

Machado de Assis, Joaquim Maria 18, 178, 179, 181 ff., 189 ff.
Mann, Thomas 2, 3, 6, 69, 104, 111, 133, 149, 152, 202
Maupassant, Guy de 137
Marwitz, Friedrich August Ludwig von der 52, 228 ff.
Matz, Wolfgang 177, 185 ff.
McGillen, Petra 206, 233 ff.
Mecklenburg, Norbert 10, 215
Merckel, Henriette von 121, 220
Mereau, Sophie 148
Meyer, Conrad Ferdinand 71
Meyer, Richard 108, 109
Minutoli, Julius von 224, 237
Mittenzwei, Ingrid 9 ff., 202
MhicFhionnbhairr, Andrea 96, 102
Mommsen, Theodor 115
Montaigne, Michel de 156, 174
Motte-Fouqué, Friedrich Baron de la 156, 169
Möller, Klaus-Peter 219
Müller-Seidel, Walter 9
Mundt, Theodor 31, 32, 33
Mungolo, Domenico 73
Murnane, Barry 19

Napoleon I 47, 63, 65, 224, 228 ff., 236, 278 ff.
Napoleon III 90
Neumann, Christian 69
Neureuter, Hans Peter 100
Nürnberger, Helmuth 8, 10, 177

Oechsli, Wilhelm 92
Overton, Bill 181

Parcelsus [Theophrastus von Hohenheim] 169
Petersen, Julius 73
Pietsch, Ludwig 53, 54, 55
Pinker, Stephen 135
Preisendanz, Wolfgang 6, 8

Radecke, Gabriele 11, 17, 104, 105
Reichelt, Gregor 161
Reiners, Ludwig 151, 152
Rentsch, Johann Wolfgang 232
Reuter, Hans-Heinrich 8, 105

Richter, Helmut 8, 10
Richter, Karl 257
Richter, Jean Paul 33, 225 ff.
Riechel, Donald 200
Richthofen, Ferdinand von 115
Ritterhaus, Emil 217
Rohmer, Ernst 95
Rohr, Otto von 279 ff.
Rose, Heinrich 220
Rose, Wilhelm 220, 232
Roth, Joseph 177
Rousseau, Jean-Jacques 161
Rozerot, Jeanne 143, 144

Sandig, Barbara 26, 43
Schaeffer, Jean-Marie 15
Scherr, Johannes 90 ff.
Schiller, Friedrich 157, 214
Schlenther, Paul 212, 217 ff., 222, 242
Schneider, Louis 52, 54
Schonfield, Ernest 18
Schott, Siegmund 195
Schreinert, Kurt 7
Schulte-Sasse, Joachim 15
Schultze, Christa 74
Segal, Naomi 187
Sengle, Friedrich 41
Shakespeare, William 157
Söderberg, Hjalmar 18, 178, 181, 183, 189, 192
Spielhagen, Friedrich 23, 35, 36
Spillner, Bernd 113
Spitzer, Leo 14
Sterne, Laurence 179
Stifter, Adalbert 73
Strauss, David Friedrich 246
Streiter-Buscher, Heide 11

Strindberg, August 181
Strodtmann, Adolf 54
Swales, Martin 195

Thanner, Josef 3, 152, 168
Tietz, Friedrich 104
Tolstoi, Lew Nikolajewitsch 254

Voltaire [Arouet, François-Marie] 161

Wackernagel, Wilhelm 31, 32, 33
Wahlen-Jürgaß, Johanna Christiana Sophie von 99
Walker, John 10, 19, 208
Walker, Aldona Mogenis 10
Warren, Austin 14
Wellek, René 14
Wenger, Erich 3, 5, 11, 12
Werner, Renate 15
White, Michael 16
Wichert, Ernst 115
Wolff, Wilhelm 52
Wolpert, Georg 226
Wolzogen, Hanna Delf von 85, 233, 243
Wülfing, Wulf 103
Wülker, Richard P. 79

Yorck, Hans David Ludwig 57, 250, 252

Zeller, Hans 71
Zöllner, Anna 199
Zola, Alexandrine 135 ff.
Zola, Emile 18, 34, 135 ff., 186
Zuberbühler, Rolf 205, 217

www.ingramcontent.com/pod-product-compliance
Lightning Source LLC
Chambersburg PA
CBHW020325170426
43200CB00006B/273